U0524962

博士论文
出版项目

汕头城市发展的空间形态与进程
（1860—1949）

The Spatial Form and Process of
Shantou's Urban Development (1860—1949)

欧阳琳浩　著

中国社会科学出版社

审图号：GS（2024）3372 号

图书在版编目(CIP)数据

汕头城市发展的空间形态与进程：1860—1949/欧阳琳浩著. ——北京：中国社会科学出版社，2024.9
ISBN 978-7-5227-3524-5

Ⅰ.①汕…　Ⅱ.①欧…　Ⅲ.①城市史—研究—汕头—1860-1949　Ⅳ.①K296.53

中国国家版本馆 CIP 数据核字(2024)第 091518 号

出 版 人	赵剑英
责任编辑	吴丽平
责任校对	郝阳洋
责任印制	李寡寡

出　　版	中国社会科学出版社
社　　址	北京鼓楼西大街甲 158 号
邮　　编	100720
网　　址	http://www.csspw.cn
发 行 部	010-84083685
门 市 部	010-84029450
经　　销	新华书店及其他书店
印　　刷	北京君升印刷有限公司
装　　订	廊坊市广阳区广增装订厂
版　　次	2024 年 9 月第 1 版
印　　次	2024 年 9 月第 1 次印刷
开　　本	710×1000　1/16
印　　张	24
插　　页	12
字　　数	356 千字
定　　价	139.00 元

凡购买中国社会科学出版社图书，如有质量问题请与本社营销中心联系调换
电话：010-84083683
版权所有　侵权必究

图 1 汕头市区区域全图

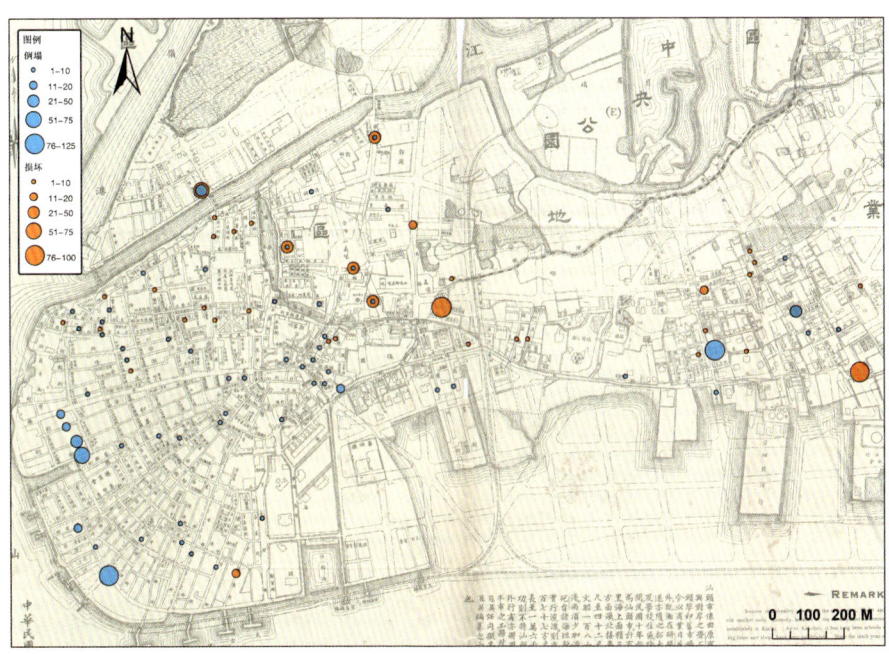

图 2 1922 年汕头市楼屋受灾情况空间分布示意图

图3 汕头市改造计划图（1925）

图 4 最新汕头地图（1937）

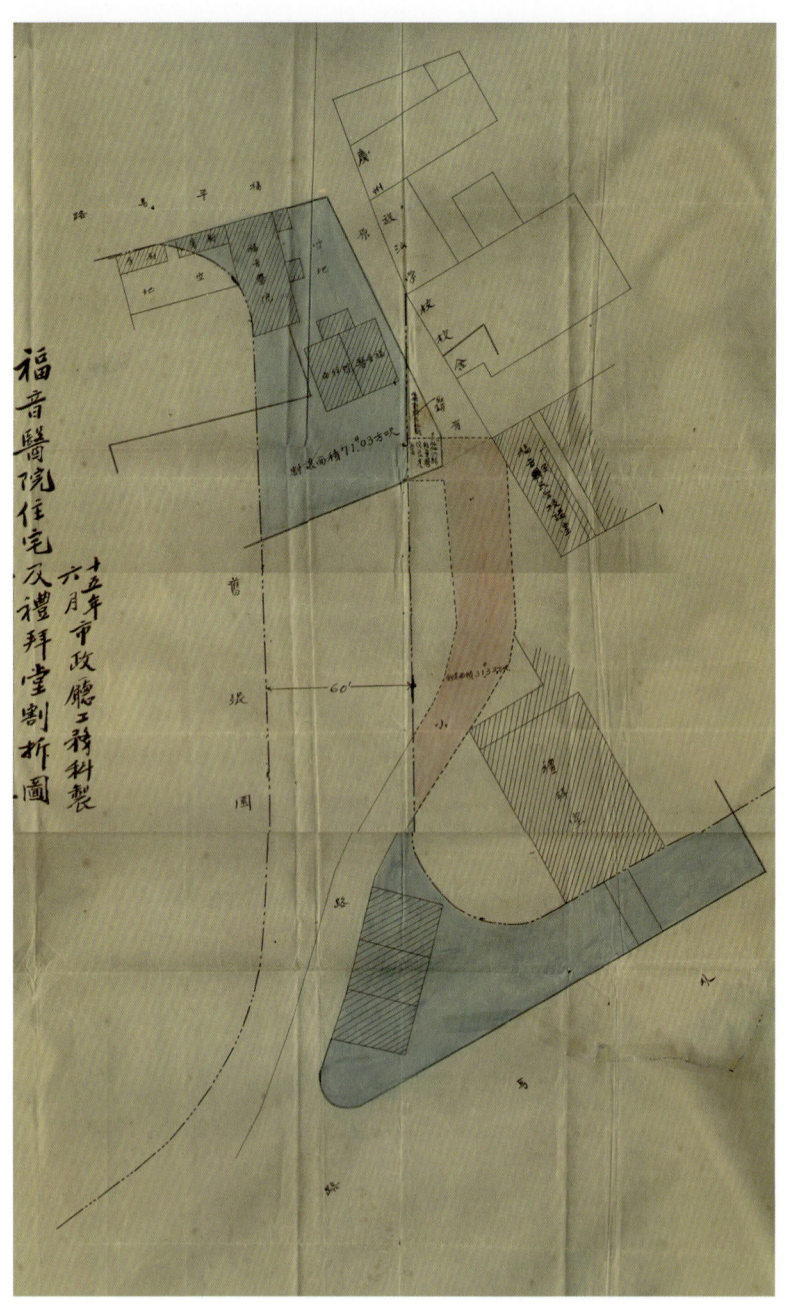

图5 福音医院住宅及礼拜堂割拆图(1926年6月)

图 6 福音医院住宅及礼拜堂割拆图(1926 年 12 月)

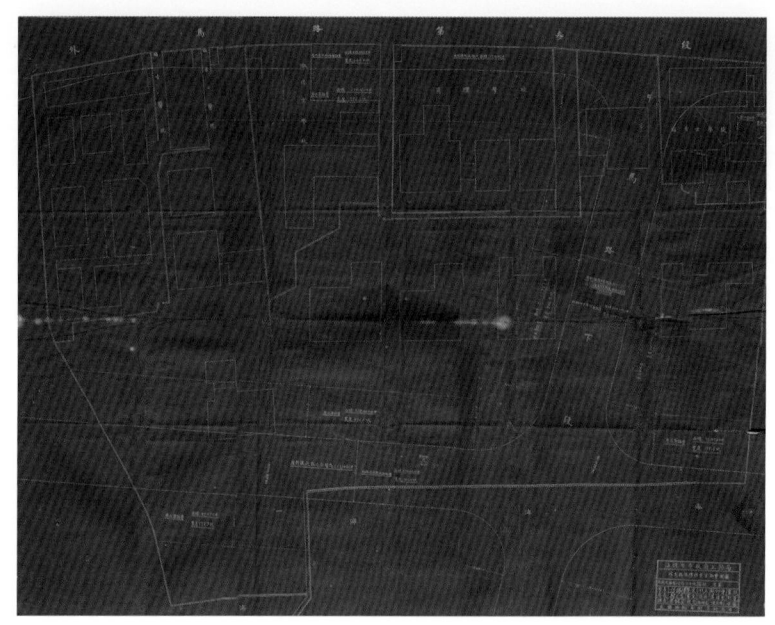

图7　外马路英礼拜堂全部实测图(1929年8月)

图8　外马路英礼拜堂全部实测图(1931年1月)

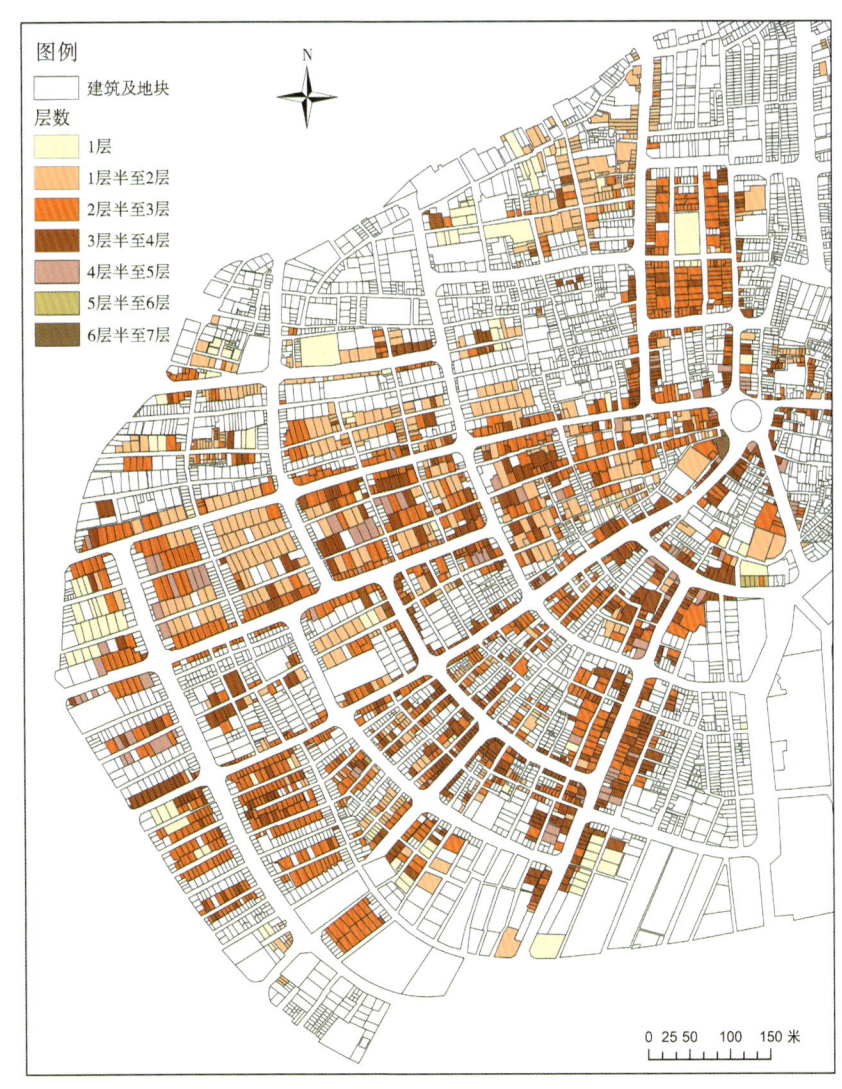

图 9 汕头旧商埠区建筑层高图

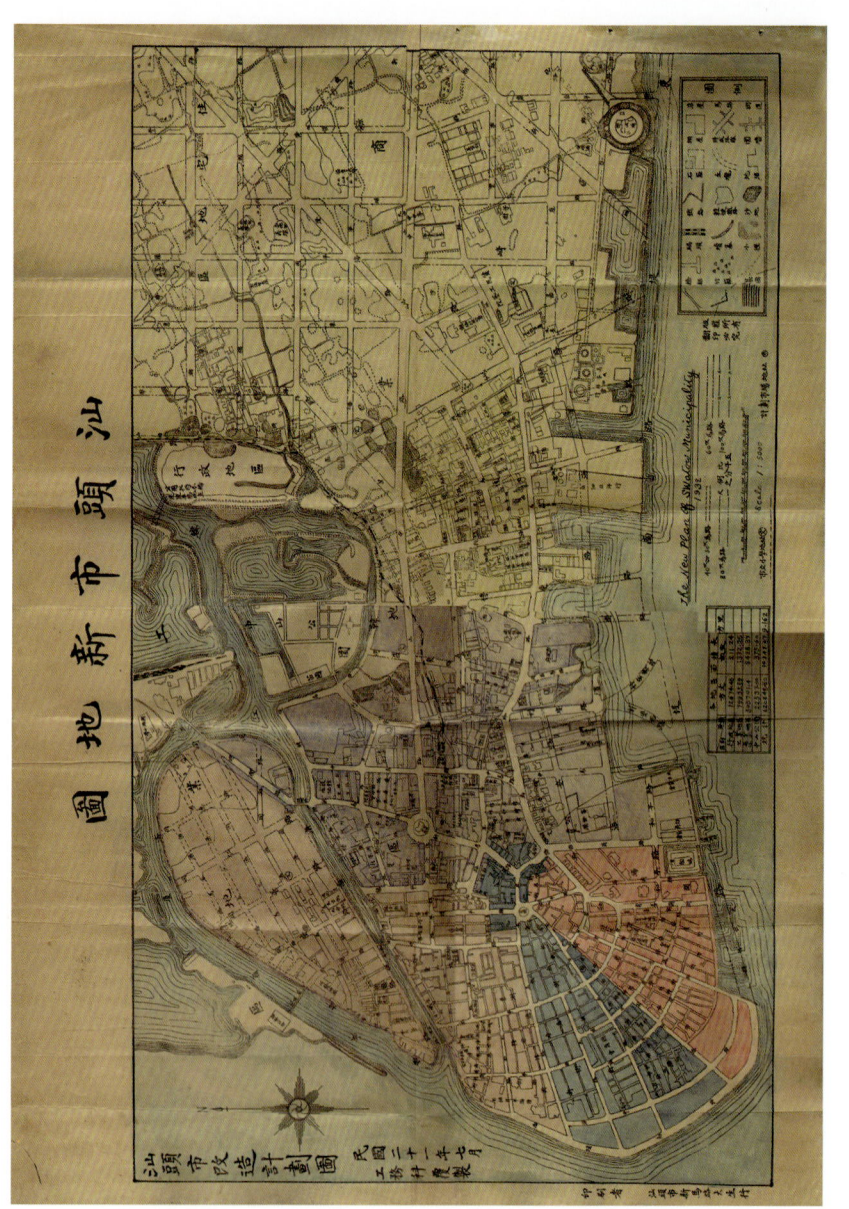

图10 汕头市新地图

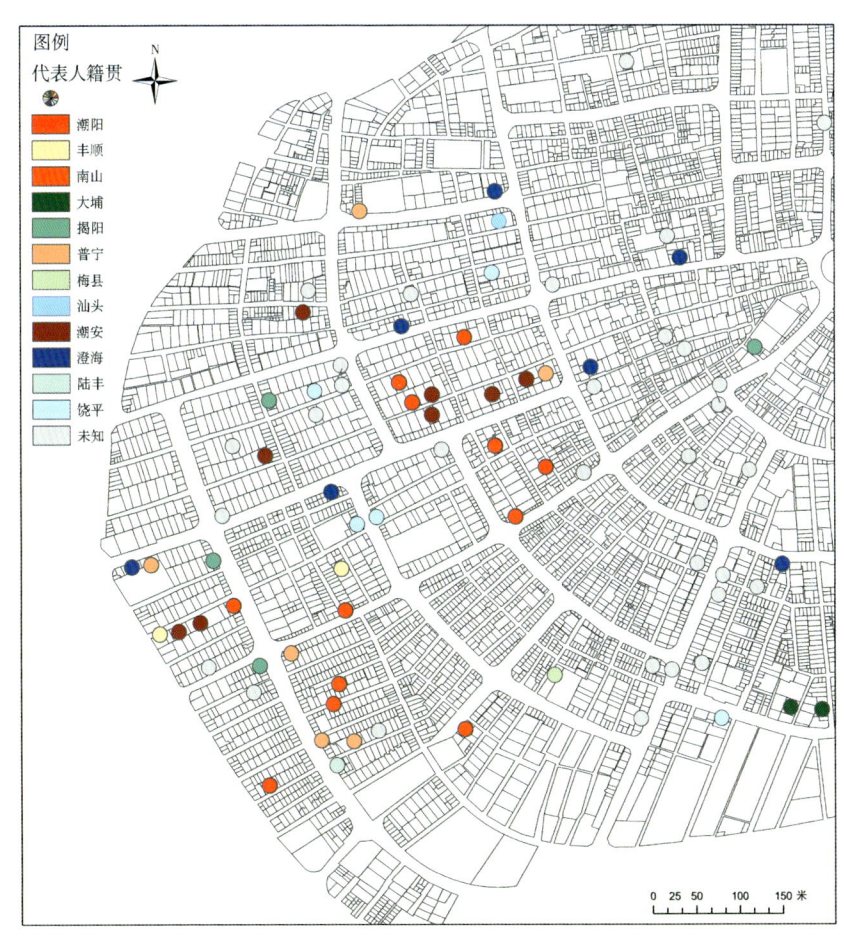

图 11　1947 年汕头侨批业分布图

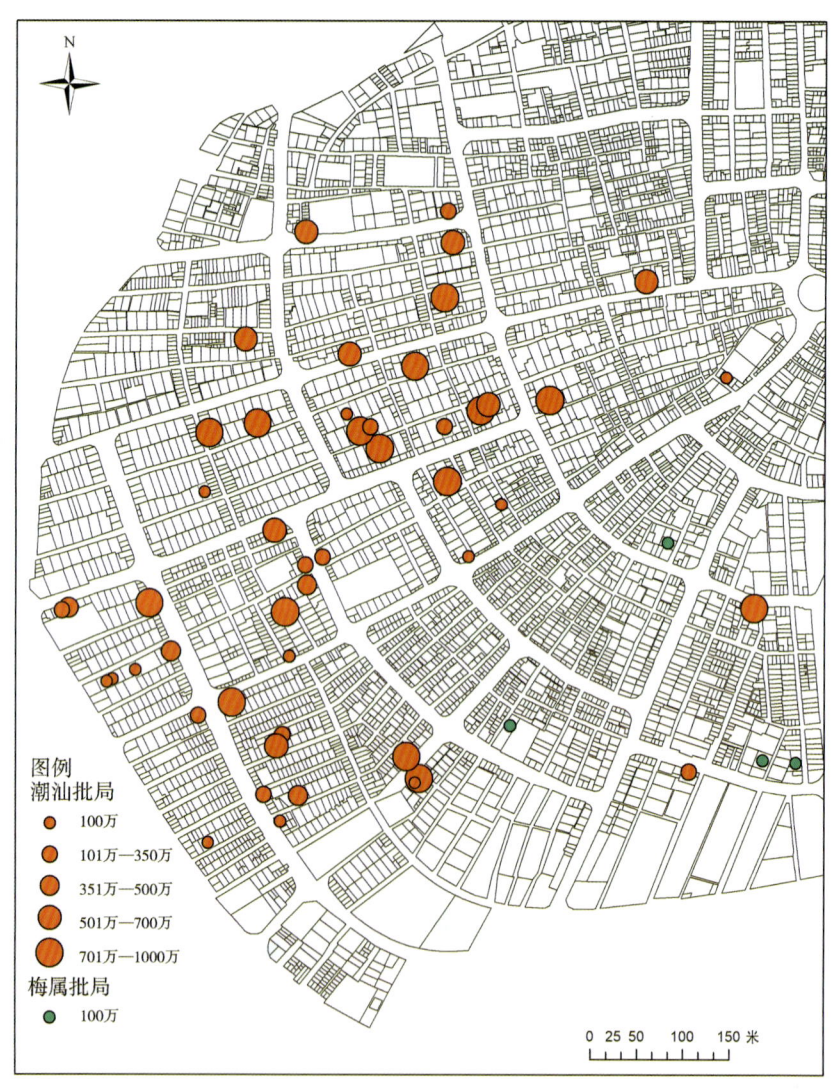

图 12　1947 年汕头侨批局资本额分布图

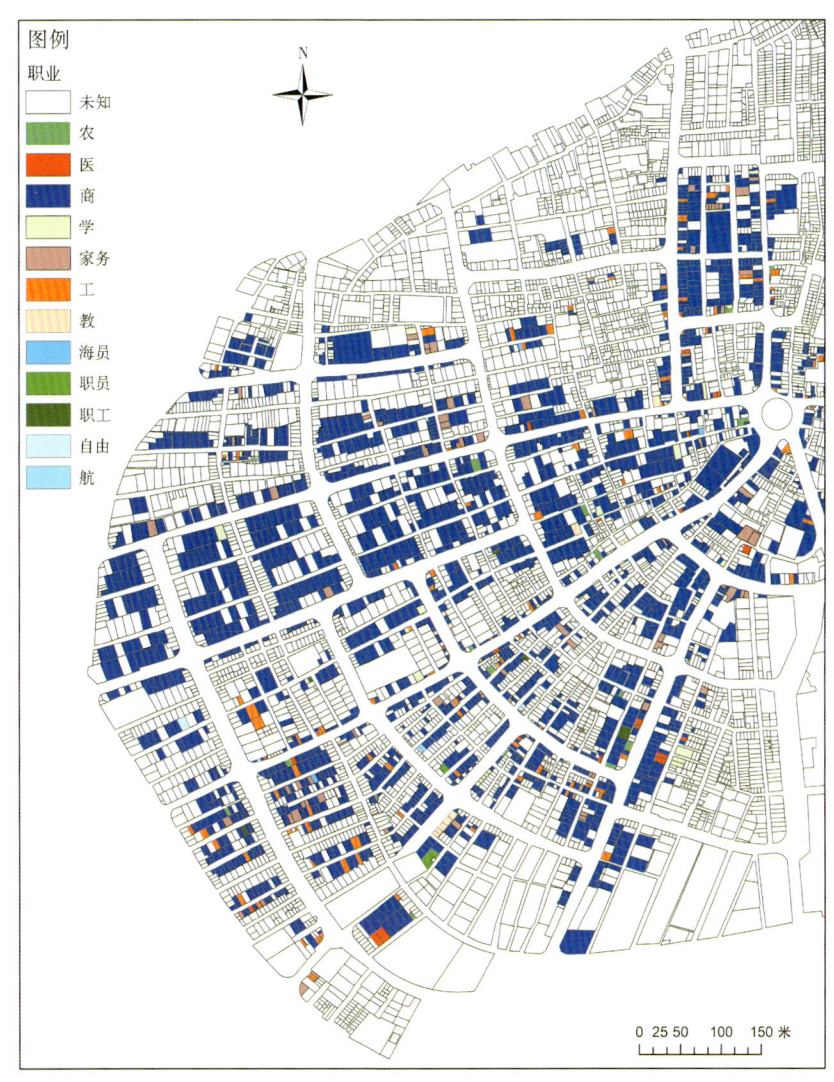

图 13 汕头旧商埠区部分房地产业主职业情况分布图

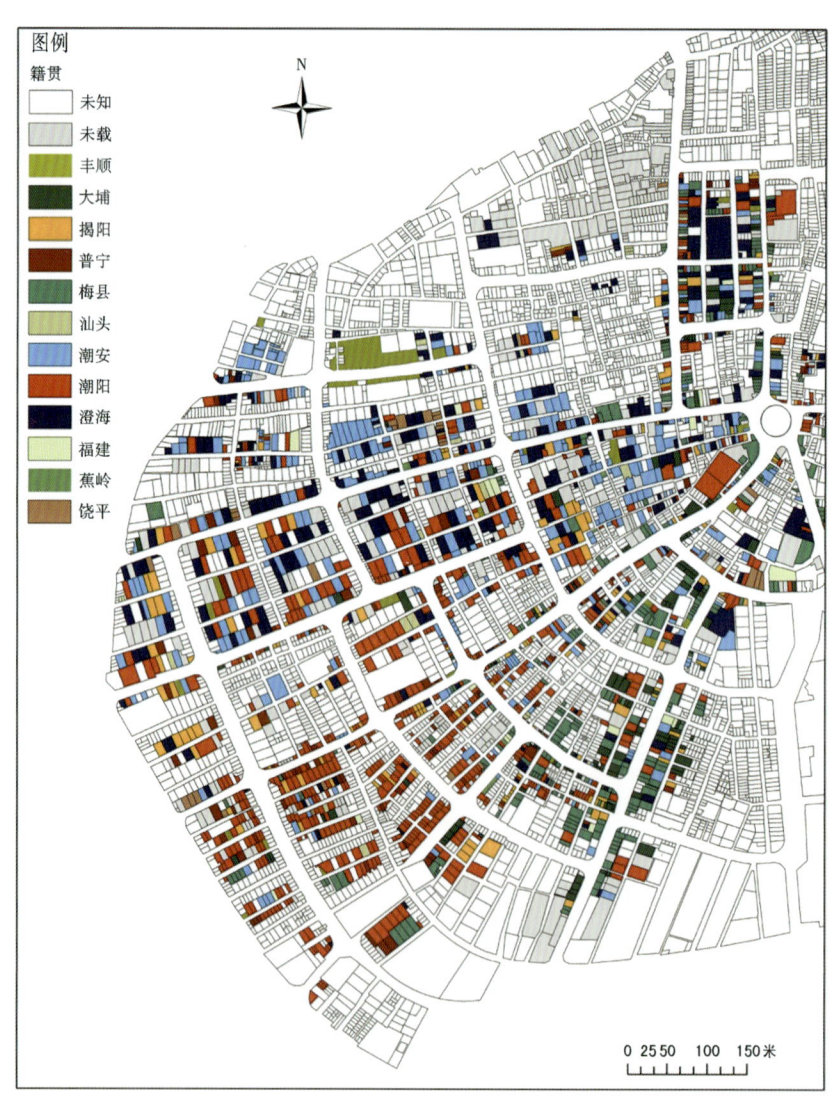

图 14　汕头旧商埠区部分房地产业主籍贯分布图

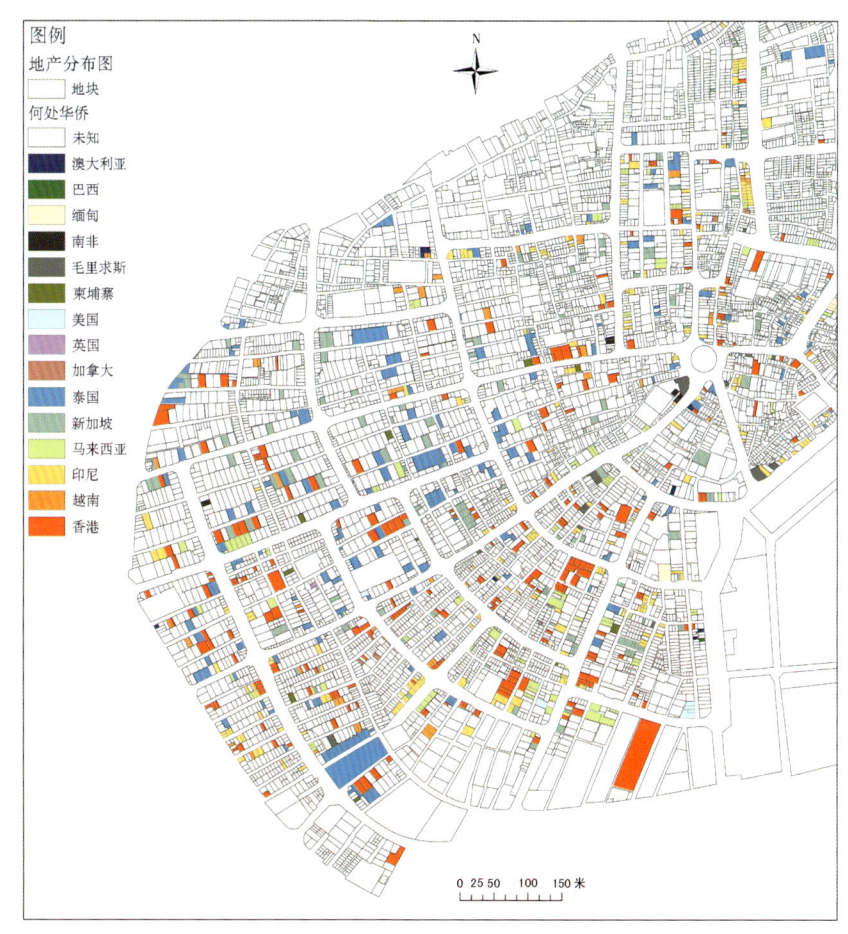

图 15 汕头旧商埠区侨资地产分布图

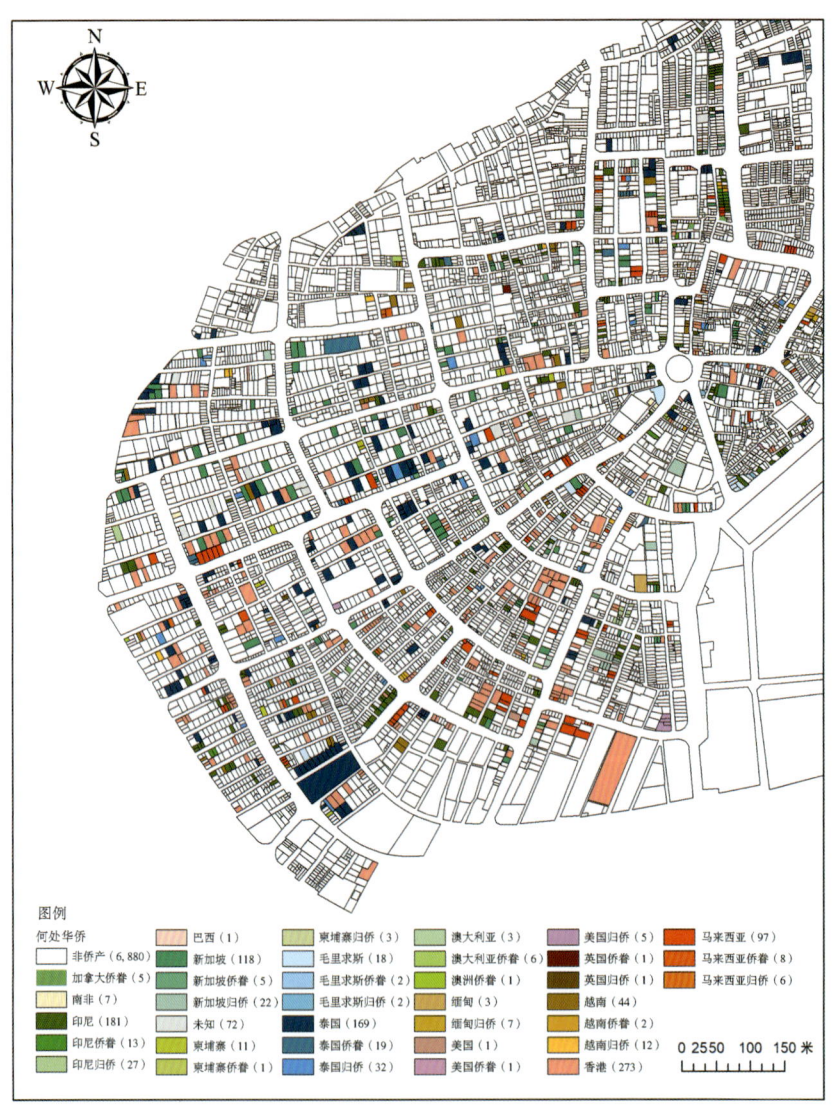

图 16　汕头旧商埠区华侨、归侨及侨眷房地产分布图

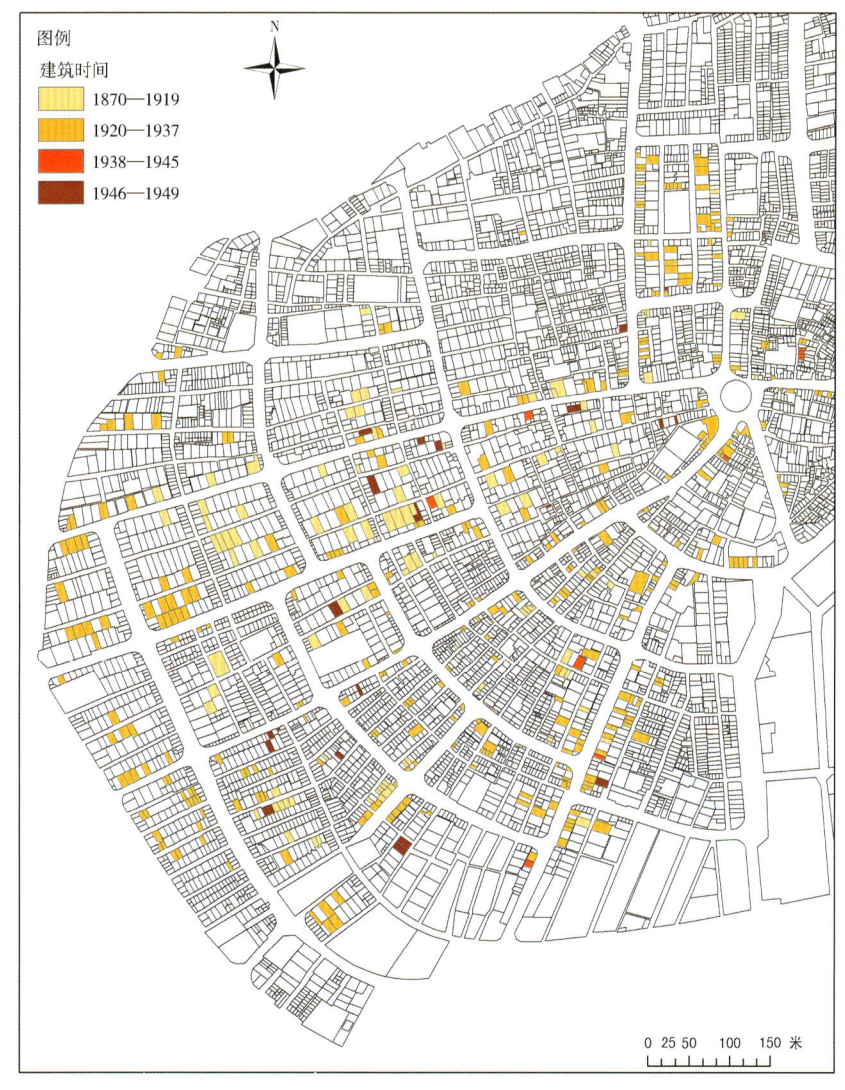

图 17 汕头旧商埠区华侨地产(部分)建筑时序图

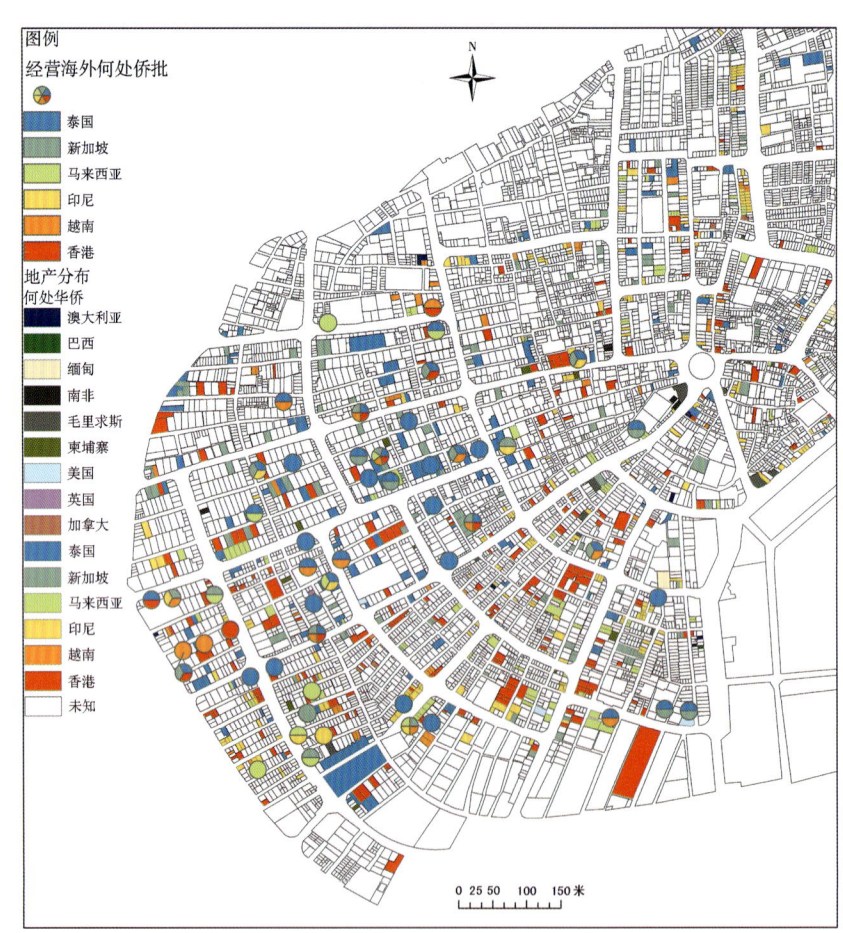

图 18 汕头旧商埠区华侨地产与侨批局分布图

出 版 说 明

为进一步加大对哲学社会科学领域青年人才扶持力度，促进优秀青年学者更快更好成长，国家社科基金 2019 年起设立博士论文出版项目，重点资助学术基础扎实、具有创新意识和发展潜力的青年学者。每年评选一次。2021 年经组织申报、专家评审、社会公示，评选出第三批博士论文项目。按照"统一标识、统一封面、统一版式、统一标准"的总体要求，现予出版，以飨读者。

全国哲学社会科学工作办公室

2022 年

序　言

谢　湜

初见欧阳琳浩，已是十几年前，当时他决心从新闻学跨专业考研，我挺佩服他的义无反顾，当然也不无担忧，结果功夫不负有心人，他历时两年，二战而捷，从此踏上了学术研究的道路。

入学后，琳浩认真阅读史地研究名著，也随我参加了潮汕地域历史文化研究一些学术活动。当时，滨下武志教授、陈春声教授等师长常鼓励年轻一辈从事汕头近代城市史研究，拓展潮汕地域历史研究的视野和题材，这激发了我和琳浩一起探索近代汕头城市历史地理的学习热情。从硕士、博士阶段至今，琳浩始终专注于汕头城市研究，并对 GIS 在历史地理学研究中的应用产生了浓厚兴趣。

在地理科学与城市规划学院林耿教授等师长的启发和指导下，他积极学习相关软件及技术，努力构建专题 HGIS 数据库，广泛搜集并整理、整合各种类型的地图、档案、报刊书籍和民间文献，从多个层面追溯城市空间的变迁，考察街区、路网的形成，并从中分析各种社会力量进行城市空间改造的机缘和机制。

基于这样的探索方向，我们还在研究生读书课中，和同学们共同阅读了城市规划学、空间理论、后大都市研究、建筑现象学等领域的名著，从中获得一些理论方法启示，并对中西城市史的一些共性问题展开热烈的讨论，从中思索城市史地研究的各种可能性。

将城市置于历史变迁的视野下加以考察，触及文明起源、社会变革，近代转型等丰富议题，学界不少既有研究将城市空间形态演变及相关社会变迁作为大历史变革的一种镜像，带出都市化、现代性等问题的讨论，如何以连续的城市个案研究做出新意，是一大挑战。

中国古代城墙城市的空间形态大多以先秦礼制为规范，形制延续性和可复制性较强。近代城市的空间建造或改造则呈现多元化特征，相较于其他开埠城市，汕头的近代城市空间建造既没有传统城墙城市的底板，也没有形成租界空间与华界空间的分野，其最终形成的扇形放射状街区形态，很容易让人联想起奥斯曼改造旧巴黎那种一蹴而就的强势规划，并将考察重点落在汕头市政机构正式成立后推行的一系列城市改造方案中。

汕头是紧随广州之后较早成立现代市政机构的中国城市，有以上推断亦看似合理。然而，琳浩通过大量地图、档案文献的梳理，重新建构了这段城市新形态的发生学，有了新的发现。

本书从19世纪中叶的海坪填地诸事件讲起，聚焦码头及填地上建造的行栈对最初空间形态的塑造所起到的决定性影响，那些向海面延伸的码头成为后来的主要道路雏形。琳浩又深入分析了该时期土地交易及开发中的套买、影射、蒙混、私筑侵占等行为，努力揣摩各色人群及其复杂动机，乃至码头建造背后的多层意义，着重揭示了潮海关、洋行及各地段业主的交涉、博弈、协商、折中等过程。基于此，琳浩提出，这种规划色彩不同于我们所理解的近代市政规划，它不一定基于统筹兼顾的理性规划，也不一定作用于较大范围的街区，而是更多地体现在对空间利用的最大化，包括对交通、商业等各方面利益的考量，从而形成看似具有规划意味的空间实践行为。这启发我们在探究近代城市空间变迁的问题上，对这一类空间实践或是局部的"规划"行为给予足够的重视。事实上，这一时期的填海造地如耶士摩填地，几乎奠定了汕头埠新形成的商业地段的近三分之一面积的区域，在很大程度上影响了汕头此后一百多年间的城市空间形态变迁。

我以为，这番讨论有一定的方法论意义，即是不预设道路交通的功能性需求，而是首先将"无中生有"的城市道路首先作为一种土地的衍生形态。道路本身是有宽度的，在马路成为公共场地之前，路面亦是地产，这是显而易见的道理。至于道路形成的基本样式，则取决于不同的自然环境和生活方式。

我曾在马来西亚槟城考察过著名的"姓氏桥"景区，那些沿海而建的高脚木屋，颇为整齐地镶嵌在长长的木桥上，径直插向海面，保存最好的"姓周桥"建于19世纪，总长300多米，坐落79户人家。脑海中这成片的梳齿状的姓氏桥，同琳浩描绘的早期汕头埠空间，从形态和社会机制上可能都有相通之处，它们也同样都打上了近代海洋生活实态的深深烙印。

琳浩从"平面几何学"尝到了甜头，论及汕头市政机构成立后相关规程以及管理的时候，他又抓住了"畸零地"这一关键细节问题。文中指出，畸零地的处理办法，在规划和开辟道路的过程中发挥着重要的作用，尤其是有关土地产权的管理和路费的补助。将畸零地合并到毗邻业主的土地中，可避免造成土地因割拆而过于零碎的情况，既有利于土地的管理，也能实现市政当局对于"整齐划一"的追求。不同业主关于备价承领畸零地的争执中，市政当局乘机重新对土地产权进行管理和查验。畸零地的地价收入，通常又作为补助筑路和赔偿的经费。

看似吹毛求疵的细节讨论，其实相当重要，有助于我们捕捉街区变动的症结和转折的契机。我尚未肯定在市政机构主导下其他城市的改造有无类似的处理办法，假如有的话，那对我们看待城市地权的重新界定以及马路公共性的发生，可能也颇为重要。

填海成路，拆辟连网，深入梳理城市形态发生的空间肌理和机制，还需要从"平面几何学"迈向"立体几何形"，近代开埠城市都有个共同的空间趋势，那就是天际线的提高，社会生活将发生在一个新的多层立体空间。骑楼和骑楼街区的形成、城市房地产的投资和交易，是本书后半部分特别关注的内容。

骑楼最初出现于新加坡和槟城等地，随后传入我国香港和闽粤两省等地，并为许多城镇在 20 世纪上半叶进行市政改良和道路建设时所采用。目前汕头旧市区所保留的大部分连续的骑楼街区，便得益于 20 世纪二三十年代的城市规划及其空间实践。在近代以来"西学东渐"的影响下，城市的规划和建设是当时中国人对于现代化市政观念的重要认识。不过，与西方不同，中国近代城市规划基本上不以工业化为起点，而是参考香港和上海等城市的租界，对传统城市进行城市改造和规划，且以修筑马路作为近代城市建设的发轫，这也影响了后来中国许多城市的发展路径。在近代市政专家看来，改良道路是都市建设的首要任务。民国时期汕头的市政改良和城市规划，也以街道、马路为主要对象。

随着 20 世纪 20 年代以后官方力量的加强，尤其是在 1927 年南京国民政府建立以后，地方市政当局逐渐加强了对城市的管理，尤其通过现代化的市政运行机制加强对城市空间的管控。汕头市政当局通过设立专门部门——工务局和颁行市政例规章程，掌握了改造城市空间的主导权，并同时动员民间的重要力量参与到市政建设中。但在整个城市规划的空间实践过程中，民间并非完全唯命是听，而是在自己的立场上以一套符合当时市政运行机制的话语体系与官方进行博弈或展开协作。民国时期汕头城市骑楼街区的形成和城市空间的演变，便是这一复杂过程的最终体现，这同时也反映了中国城市在近代转型中的复杂面相。

有关骑楼的研究，不只是关乎城市"天际线"，也同样联结城市"下垫面"，从"骑楼地""畸零地"的处理到"骑楼街"的建成，也是一个连续的社会过程。本书借鉴了近年来上海、北京、重庆、天津等城市社会史、城市历史地理、城市规划史、中外文化交流史等研究的前沿成果，提出自己的探索角度，作者声明其无意于陷入有关商人自治以及由此探讨早期现代化的纠缠，而是意在强调传统时期商人在城市建设乃至空间塑造中角色和作用，以及这种角色和作用在随后的变化，从而规避官方主导——民间参与的简单论证模式。

上述观念，也体现在本书关于八二风灾之后城市改造计划的研究当中。文中特别关注了各个筑路委员会的涌现以及新商业元素的出现，从而把"民间参与"努力落实到具体的商业组织活动。书中"人群活动与房地产投资"一节，是结合HGIS研究历史商业地理的相对成熟的一个范例，通过各类档案比对互参和GIS数据的叠加分析，潮梅各属移民及其商业权柄如何作用于房地产投资，在地图上得以较为清晰地呈现出来。这一推导过程既对接了过往的定性研究，又检审出定性研究所难以发现的空间特征，也提高了城区史、街区史研究的分辨率，可以说基本达到了HGIS研究的目的。

城市贸易与腹地经济的关系，多为研究者所关注。对于汕头来说，侨乡都市化的过程尤为明显，这种过程还难以用外向型的模式一言蔽之。海外移民一直广泛参与侨乡社会的地方事务，他们在侨乡的交通运输、市政建设、新式教育等公共事业的现代化中发挥了重要的作用，促进了侨乡地域社会的国际化。

通商口岸作为区域网络中的重要节点，是海外移民出洋和归国的必经之地，既为他们提供了移民的必要条件，也成为他们投资、消费、参与公共事务等多项跨国实践的重要场所。汕头与其韩江流域腹地各县的买卖的双方，既通过汕头输入国外货物，也经由汕头将各县的土产销往国内外各地。汕头腹地各县的海外移民，既通过汕头搭乘轮船前往海外各地，也经由汕头返回家乡，其寄出的汇款和家书也经由汕头送达家乡的亲属。腹地的人口、资源和文化也随着这种交互过程被牵引到通商口岸的城市营建和社会构建中，贸易网络、移民网络、金融网络在汕头重叠与交织，既推动货物、人员和资金的不断流动，也加强了区域国别中的交流与联系，甚至进一步扩大了区域网络。流域空间多重网络中货物、人员和资金的流动，也随着时间的推移将不同的要素沉淀在汕头这一通商口岸的发展中，可以说，流域空间的区域国别特征，进一步塑造了汕头的都市化景观。

在近代通商口岸的都市化历程中，大量新式建筑、新的商业街区的营造,在视觉上最具冲击性,这批建筑有不少延续至今,为我们追溯都市景观变迁提供了重要的空间坐标。骑楼和骑楼街道的修造,是一种全新的城市地方感创造的空间过程,华侨及侨眷在其投资在城市房地产中生活、经营、消遣生活,赋予骑楼街区新的商业意义、社会意义和文化意义,强化了侨乡都市的地方感。当我们在区域空间观察人群流动的动向,由人群动向分析区域国别的交错,从区域国别的交错理解生活世界,就可以理解经历半个世纪变迁之后,通商口岸城市所呈现的貌似无地方性又具有时代性的都市现代化景观。在这个意义上,侨乡都市的建筑现象学研究还可以进一步深化。

在撰写博士论文期间,我和琳浩也多次参加与日本、东南亚学者在 HGIS 领域的学术交流,他的阶段性成果曾在菲律宾、泰国等国举办的学术会议中发表和发布,得到学者们的关注和肯定。

作为中山大学优秀博士论文获得者,琳浩在中山大学地理科学与规划学院、教育部人文社科重点研究基地中山大学历史人类学研究中心任博士后期间,也成功申获国家社科基金优秀博士论文的资助,这对他修订论文、成书出版又是难能可贵的激励。目前呈现给学界的这部著作,是他几经修改后的作品。我希望本书能得到学界的关注和批评,也期待他的城市历史地理研究能走得更远。

摘　　要

　　随着《天津条约》的签订，汕头于1860年正式开放为通商口岸，开始成为沟通海内外与整个韩江流域的枢纽港，并在随后的几十年间迅速发展，成为繁华的现代化都市。汕头开埠以后，西方列强相继到来，中国本土的商民也开始在此加强自己的势力。由于没有设立租界，汕头仍处在中国地方官的管治之下。面对发展贸易的空间需求，一些有资本的外国人开始在汕头谋求土地，而本土地方大族和商人则凭借传统买卖机制开发土地。他们运用各自的力量和手段，在汕头进行权力和利益上的较量，不断地"向海争地"。这一复杂的土地开发活动，促成街市、码头和商埠空间的拓展，并在没有总体规划的情况下形成了扇形的空间形态，为民国时期的城市改造和空间格局演变奠定了基础。

　　汕头在贸易、商业等多方面的发展，以及由此带来的优势，使其政治地位相应得到提升。1921年，汕头仿照广州成例设立市政厅，成为正式的建制市，并逐步实现从"无市政"到"有市政"的转变。市政当局不仅逐步践行"专家治市"的理念，同时也设立专门的职能部门，颁布地方性法规，使市政管理进一步专业化、科学化和法制化。汕头城市空间的变迁和发展由此受到市政当局的约束和管控。

　　在近代市政改良之风的持续影响下，汕头市政厅设立之初，便效法欧美改良市政，其中与城市空间相关的举措包括拆辟马路、管理建筑，等等，同时也包括筹划中的城市规划。1922年的"八二风灾"使汕头受到重创，市政工作陷入停滞。在随后的恢复中，市政当局接续原先筹划，对全市进行总体规划，其中最重要的是运用现代规划理念设计了汕头的城区路网，并规定了道路的等级及宽度。此项计划上呈省政府后因广东省政局不稳而中辍，直至1926年前后由市政当局重新推动并稍作修订后方获准施行，其后汕头的城市改造便在此项计划之下逐步实施，并形成了具有现代性特征的城市空间形态。在此过程中，虽然市政当局具有主导地位，但活跃于汕头的各地人士发挥了关键作用。他们基于各自对城市化和现代化的理解和认识，在复杂的制度背景和社会经济环境之下，利用相应的话语参与市政并进行协作。

随着城市的规划和改造次第展开，汕头城市建设快速发展，不仅人口急剧增长并复杂化，商业也日趋繁盛和多元化。在汕头的各行各业中，汇兑庄、侨批业、轮船行、出口商等大行业，对城市空间的发展和演变产生了重要影响。这些控制或拥有大量资本的行业所带动的资金流转和各地人群的商业活动，尤其是金融行业和房地产投资，直接作用于城市空间的生产和改造。由此，汕头市政时期的空间形态及其城市样貌，深受其外部金融、人群和商业网络的影响，城市的商业分布、地产分布，人群构成和城市景观，都凸显了其位于南中国海的枢纽港所具有的时空特质。

关键词：城市；汕头；空间形态；城市规划

Abstract

Following the signing of the Treaty of Tianjin, Shantou was officially opened as a commercial port in 1860 and began to serve as a hub port linking China (particulary the entire Han River basin) with the outside world, and developed rapidly into a prosperous and modern city in the following decades. After Shantou's opening, the Western powers arrived and local Chinese merchants began to consolidate their position in the city. Given the absence of foreign concessions, Shantou remained under the rule of Chinese officials. Faced with the need for space to develop trade, some foreigners with capital began to seek land in Shantou, while the local clans and merchants developed land through the traditional trading mechanism. They used their own power and means to compete for power and interests in Shantou, reclaiming land from the sea unceasingly. This complex land development led to the expansion of markets, wharves, and commercial ports, as well as the spontaneous formation of a fan-shaped spatial form without overall planning, which laid the foundation for urban transformation and spatial form evolution of the Republican period.

Shantou's development in various areas including trade and commerce, as well as its concomitant advantages, led to a corresponding boost in her political status. Following Guangzhou's lead, Shantou established a municipal administration bureau in 1921 and officially became an incorporated municipality, while gradually building her municipal administration apparatus. Not only did the municipal authorities gradually put into practice the concept of "experts ruling the city," they also established special functional departments and promulgated local laws and regulations to further professionalize, scientificize and legalize municipal management. The changes and development of urban space in Shantou are thus regulated and controlled by the municipal authorities.

Shantou's municipal administration bureau was established under the continuing influence of modern municipal improvement, which included the demolition of roads and the management of buildings, as well as the planning of urban space, following the example of Europe and the United States. Shantou was badly hit by the typhoon of 2 August 1922, causing the municipal administration to come to a standstill. During the reconstruction which followed, the municipal authorities resumed their original agenda and drafted a master plan for Shantou. The key components of the master plan involved the designing of Shantou's urban road network with modern planning concepts, and the specifying of the grades and widths of roads. The plan was submitted to the provincial government and was suspended due to the political instability in Guangdong province until 1926, when it was re-promoted and slightly revised by the municipal authorities. Thereafter, Shantou's urban reconstruction was gradually implemented under this plan, and gave rise to Shantou's urban space with modern characteristics. Although the municipal authorities played a leading role in this process, the people of Shantou were decisive in propelling Shantou's urbanization. Capitalizing on their respective understandings of urbanization and modernization, they participated in municipal administration and collaborated with each other by employing the necessary discourse under a complex institutional background and socioeconomic environment.

As Shantou's urban transformation proceeded according to plan, the city's urban construction developed rapidly. As a result, Shantou's population ballooned and grew far more diverse. At the same time, Shantou's commerce also became increasingly prosperous and diversified. Among Shantou's various industries, large industries such as remittance agencies, overseas Chinese wholesalers, steamship lines and exporters had a significant impact on the development and evolution of Shantou's urban space. The flow of capital and the commercial activities of people from all over the world driven by these industries that controlled or owned large amounts of capital, especially the financial industry and real estate investment, directly acted on the production and transformation of urban space. As a result, during the existence of Shantou's municipal administration, the city's spatial form and urban appearance were heavily influenced by its financial, demographic and commercial networks, and the distribution of the city's commerce, real estate, demographics, and urban landscape all highlight the spatial and temporal characteristics of its status as a hub port in the South China Sea.

Keywords: City; Shantou; Spatial form; Urban planning

目　录

绪　论 …………………………………………………………（1）

第一章　晚清时期填海造地与扇形空间形态塑造 …………（25）
　第一节　1860年后的"向海争地" ……………………………（27）
　　一　没有租界的"居留地" ……………………………………（29）
　　二　民间的填海策略和官府的因应 …………………………（32）
　第二节　潮海关填地与海岸线南移 ……………………………（40）
　　一　1865—1866年海关码头的购置和扩建 ………………（41）
　　二　海关船港地与东南堤的延伸 ……………………………（51）
　第三节　扇形填海与空间塑造 …………………………………（62）
　　一　1870—1895年耶士摩的填地 …………………………（63）
　　二　扇形轮廓与路网初成 ……………………………………（76）
　小结 ……………………………………………………………（88）

第二章　近代市政对城市空间的管治 ………………………（91）
　第一节　管而不控的前市政时期 ………………………………（92）
　　一　19世纪下半叶商人的主导作用 …………………………（93）
　　二　20世纪初警察机构的路政管理 …………………………（101）
　第二节　市政时期的行政干预与法规约束 ……………………（112）
　　一　1921年市政厅及其工务局的设立 ………………………（114）
　　二　市政例规章程的颁布及其约束力 ………………………（130）
　小结 ……………………………………………………………（142）

第三章 20世纪二三十年代城市规划指导下的空间改造 （144）

第一节 20世纪20年代的城市改造计划 （145）
一 "八二风灾"对城市的破坏 （147）
二 1923年的"改造汕头市工务计划" （159）
三 1926年"改造市区工务计划"的颁布实施 （168）

第二节 城区路网的形成 （175）
一 道路规划的实施 （176）
二 辟筑道路的困境与官方的应对 （187）

第三节 20世纪二三十年代旧商埠的改造 （207）
一 骑楼街区的形成 （209）
二 "四安一镇邦""四永一升平"和小公园 （227）

小结 （242）

第四章 商业、地产的分布与城市空间的发展 （245）

第一节 大资本行业及其分布特征 （247）
一 操控资本的行业 （249）
二 20世纪40年代侨批业、出口业的空间分布 （263）

第二节 人群活动与房地产投资 （279）
一 潮梅各属的移民及其商业权柄 （280）
二 房地产投资及其空间特征 （289）
三 侨资房地产对城市空间的影响 （306）

小结 （323）

结语 （325）

参考文献 （337）

索引 （355）

后记 （360）

Contents

Introduction ·· (1)

Chapter 1　Land Reclamation and the Formation of Fan-shaped Spatial Form During the Late Qing Dynasty ······ (25)
　Section 1　"Reclaiming Land From the Sea" after 1860 ········ (27)
　　1. A Port of Residence without a Concession ···················· (29)
　　2. The Reclamation Strategy of the People and the Response of the Government ·· (32)
　Section 2　Land Reclamation by the Swatow Customs and the Southward Shift of the Coastline ····················· (39)
　　1. The Purchase and Expansion of Customs Pier, 1865—1866 ··· (41)
　　2. The Customs Boat Harbour and the Extension of the Southeast Dike ·· (52)
　Section 3　Land Reclamation in a Fan-shaped Form and the Making of Spaces ··· (61)
　　1. Land Reclamation by Ashmore, 1870—1895 ··············· (63)
　　2. Shantou's Road Network and its Fan-shaped Configuration Begin to Take Shape ·· (76)
　Summary ·· (88)

Chapter 2　The Management of Urban Space by Municipal Administrations in the Modern Era ……………(91)

　Section 1　"Control without Actual Regulation" During the Pre-municipal Period …………………………………(92)

　　1. The Leading Role of Merchants During the Second half of the 19th Century ………………………………(93)

　　2. Road Management by the Police During the Early 20th Century ………………………………………(101)

　Section 2　Administrative Interventions and Regulatory Constraints During the Municipal Period …………………(112)

　　1. The Establishment of the Municipal Administration Bureau and the Public Works Office in 1921 …………(114)

　　2. Promulgation of Municipal Regulations and Their Binding Effect …………………………………(130)

　Summary ………………………………………………(142)

Chapter 3　Spatial Transformation Guided by Urban Planning in the 1920s and 1930s ……………………(144)

　Section 1　Urban Recontruction Program in the 1920s ………(145)

　　1. The Damage to the City Caused by the "Typhoon of 2 August" …………………………………………(147)

　　2. The 1923 "New Plan of Swatow Municipality" …………(159)

　　3. The Enactment and Implementation of the "The New Plan of Swatow Municipality" in 1926 ………………(168)

　Section 2　The Formation of the Urban Road Network ………(175)

　　1. Implementation of Road Planning ………………………(176)

　　2. Difficulties Associated with Building Roads and How these were Overcome by the Authorities ………………(187)

Section 3 Transformation of the Old Commercial Port During
　　　　　　the 1920s to 1930s ……………………………………… (207)
　　1. The Formation of the Verandah Type Shophouse District …… (209)
　　2. Major Roads in Downtown Shantou— "The Four 'Ans',
　　　　Zhenbang Rd, the Four 'Yongs', and Shengping Rd"
　　　　as well as the Little Park ……………………………………… (227)
　Summary ……………………………………………………………… (242)

**Chapter 4　Distribution of Commerce, Real Estate,
　　　　　　and Urban Space** ………………………………… (245)
　Section 1　Capital-intensive Industries and Their
　　　　　　Distribution ……………………………………………… (247)
　　1. Industries Which Manipulate Capital ……………………… (249)
　　2. Spatial Distribution of the Remittance Industry and
　　　　Export Industry During the 1940s ………………………… (263)
　Section 2　Activities of People and Investment in Real
　　　　　　Estate ……………………………………………………… (279)
　　1. Immigrants From the Chaoshan-Meizhou Region and Their
　　　　Commercial Clout ……………………………………………… (280)
　　2. Investment in Real Estate and its Distribution ………… (289)
　　3. The Influence of Overseas Chinese Investment in Real
　　　　Estate on Urban Space ……………………………………… (306)
　Summary ……………………………………………………………… (323)

Conclusion …………………………………………………………… (325)

Bibliography ………………………………………………………… (337)

Index ………………………………………………………………… (355)

Epilogue ……………………………………………………………… (360)

绪　　论

　　时至今日，汕头市老城区的历史街区，仍保留着大部分20世纪二三十年代的道路系统和历史建筑。整个历史街区以小公园为中心，十数条道路呈放射状通向海边，表现为扇形的空间形态，其中主要道路大多修建骑楼，是我国现存的较大规模骑楼建筑群。可惜的是，近十几年间，此历史街区未能得到有效利用及合理保护。人们在扼腕叹息之余，常追述其昔日繁华，且当面对如此独具特色的街区时，又不免有比附之嫌。有流行说法称，汕头历史街区是以巴黎街区为蓝本规划的。这大概是因为汕头有着和巴黎一样的放射状路网。19世纪，在奥斯曼的主持下，巴黎经过一次大规模改造，其核心部分是道路系统的规划和建设。其中道路建设的独特之处，在于配套了一系列包括广场建设的设施。于是，罗马广场、星形广场、共和广场等纷纷修建起来，使巴黎更加明显地呈现以广场为中心向外放射的道路布局。[①] 那么，巴黎这种放射状路网，以及这种道路布局的形成过程，是否与汕头有一定的可比性？汕头的放射状路网是如何形成的？是否经过统一的规划？其背后的机制是什么？

　　带着这种疑问，我首先从规划史的角度来思考汕头这种特殊的道路布局。建筑史学家科斯托夫把城市分成两类，一类经过规划、设计，另一类是"随机发生的""自生的"（区别于"外加的"）城市，其中第一类表现为某种规则的几何性图形，第二类的形式是不

---

① 朱明：《奥斯曼时期的巴黎城市改造和城市化》，《世界历史》2011年第3期。

规则的、非几何性的，且具有相对性。① 我们先假设汕头这种放射状路网和扇形几何形态，是经过规划而成的。从已有的历史材料中，我们可以发现，汕头在20世纪20年代有过两次整体的城市规划。第一次是1923年萧冠英等人制订的城市改造计划，随后因广东省政局动荡而无形中辍。第二次是1925年冬范其务等人改订第一次的城市改造计划，并在1926年间上呈省政府后获准施行。汕头在此后十几年间完成此项城市规划的大部分内容，形成了我们今天所看到的呈扇形放射状历史街区。该街区的道路整齐划一，且具备路网等级结构，体现了当时明显的规划设计。从汕头城市改造计划的材料中，我们发现其规划理念是参照欧美城市成例，采用格子形、放射线、圆圈式三种形式来设计道路，并对道路的等级和宽度做出相应的规定。不过，由此我们只能确定汕头的城市建设是在整体规划下进行的，其中有参照欧美城市的元素，但并不足以证明汕头是以巴黎为蓝本进行规划的说法。因此，我虽认同汕头在城市规划的指导下形成具有现代性的道路系统，但对其呈扇形放射状的几何形态是否因规划而成这一问题持怀疑态度。

有趣的是，从最早的《汕头市改造计划图》中，我们清楚地看到汕头在进行改造之前，道路虽不成系统，但已存在呈扇形放射状路网的空间形态。也即是说，20世纪20年代的两次城市规划，很大程度上依循了原有的道路布局。因此，我首先要探究的是，汕头在城市改造计划实施之前，这种特殊的空间形态是如何形成的，或者说是在什么样的机制下被塑造的。在此之后，再进一步探究这种空间形态在民国时期城市规划的实践之下，又是如何被改造的。当然，这一问题不能仅限于考察具体物质空间形态发生了什么样的变化，而是要进一步讨论其中的制度背景、规划文本、社会经济环境、实施规划的主导者和参与者，由此探究城市发展的空间形态与进程，

---

① ［美］斯皮罗·科斯托夫：《城市的形成——历史进程中的城市模式和城市意义》，单皓译，中国建筑工业出版社2005年版，第43—44页。

并揭示其背后的机制。作为本书研究个案的汕头，是近代东南沿海地区的重要通商口岸，其发展既折射了近代中国城市发展的一般性问题，也反映了城市现代化过程中的复杂面相。

一 空间形态与城市规划的视角

有关城市空间形态的议题，一直受到地理学、城市规划、建筑学、历史学等学科的重点关注，各学科的研究者从自身的学科视角对城市空间形态进行解读。本书所要讨论的空间形态，属于城市形态中的狭义部分，指的是城市实体所表现出来的具体空间物质形态①，主要内容包括城市空间结构（城市各个要素如物质设置、社会群体、经济活动和公共机构等的空间分布模式）和城市外部形状（城市外部的空间轮廓）。② 地理学大师康泽恩（Conzen）提出的"城镇平面格局"概念对城市形态的研究意义重大，他把城镇平面格局定义为城市建成区的全部人工地物的空间分布，包含了三种明确的平面格局要素复合体：一是街道及其街道系统中的布局；二是地块及其在街区中的集聚；三是建筑物（房屋），或更准确地说，建筑物的基底平面。③ 在康泽恩的启发下，本书重点关注道路、地块、建筑物三个要素，从汕头城市发展的空间形态与进程中呈现的复杂历史图景，挖掘其中所展现的核心问题。

当然，本书并不囿于对物质空间及其形态的探讨。随着研究时段的推进，材料的丰富程度越高，研究精度可随之提高。因此，影响城市空间及其形态演变的其他要素，亦需纳入讨论。城市是

---

① 郑莘、林琳：《1990年以来国内城市形态研究述评》，《城市规划》2002年第7期。

② 陈泳：《城市空间：形态、类型与意义——苏州古城结构形态演化研究》，东南大学出版社2006年版，第2页。

③ 与此同时，康泽恩还提到了演进式的研究方法和旧城区的重要性。参见［英］康泽恩《城镇平面格局分析：诺森伯兰郡安尼克案例研究》，宋峰等译，中国建筑工业出版社2011年版，第3—8页。

由人建造的，城市的发展离不开人的活动，城市本身也是由不同的人群组或不同背景、不同阶层的人组成的。城市除了其物质形态之外，还有着重要的社会空间形态。① 本书虽然不讨论社会空间形态的议题，但在探讨城市空间形态的同时，亦注重诸如商业、人群、房地产等社会性要素的影响，并尝试解释他们之间的相互关系。

  以往有关中国城市空间形态的探讨，常常涉及权力、制度、规划等方面的内容。古代城市形态的研究较多关注治所城市，探究传统礼制所体现出来的权力对城市形态和空间布局的影响。② 鸦片战争以后，中国城市的发展出现了近代化转型。③ 诸如上海、天津、汉口等重要开埠城市，其城市发展与空间形态受到较多学者的关注。④ 这些城市大多设有外国租界或租借地，因此，讨论它们的空间形态时，不得不考虑租界当局的城市规划行为。一些租界地区因呈现一定的几何性空间形态，常被认为是有意识的形态规划。其实，这可能是规划所带来的蒙蔽性，实际情况往往更为复杂。如上海英租界的棋盘式形态，是以原有的道路网为基础规划而成的⑤，相比之下，法租界是在总体规划之下形成了方格网的空间形态。不可否认，近代城市的租界地区，都受到西方现代规划理念的深刻影响，且在城市格局上

---

  ① 张伟然等：《历史与现代的对接：中国历史地理学最新研究进展》，商务印书馆2016年版，第136—137页。
  ② 可参见鲁西奇《中国历史的空间结构》，广西师范大学出版社2014年版，第325—363页；[日]斯波信义《中国都市史》，布和译，北京大学出版社2013年版，第55—66页。
  ③ 参见隗瀛涛主编《中国近代不同类型城市综合研究》，四川大学出版社1998年版，第14—38页。
  ④ 相关研究如孙倩：《上海近代城市规划及其制度背景与城市空间形态特征》，《城市规划学刊》2006年第6期；张秀芹、洪再生：《近代天津城市空间形态的演变》，《城市规划学刊》2009年第6期；刘剀：《晚清汉口城市发展与空间形态研究》，中国建筑工业出版社2010年版。
  ⑤ 罗婧：《上海开埠初期英租界洋行分布及景观复原初探》，《历史地理》（第二十七辑），上海人民出版社2013年版。

形成了崭新的风貌，并随着贸易往来和人员流动而产生示范效应。①随后，西方的规划知识逐渐为上海华界乃至其他城市所效仿，中国也逐步形成了近代早期城市规划体系。② 这使得我们在探讨近代城市的空间形态时，常常不能忽略其中有关城市规划的内容。

不过，与许多近代开埠城市不同的是，汕头并没有设立租界，一直维持着"居留地"（或称"居留区"）的形式，与其他设有租界的开埠城市有明显的不同，缺乏类似西方的市政管理制度和城市规划。因此，在讨论汕头早期空间形态时有必要摆脱规划所带来的蒙蔽性。从19世纪下半叶到20世纪前20年，汕头虽有诸如惠潮嘉道、潮海关、巡警总局、警察厅等行政机构，也有会馆、商会等民间组织，但这些机构和组织都没有能力对汕头做出整体性规划。也即是说，汕头最初的扇形放射状路网布局，是未经整体规划而自然形成的。科斯托夫的研究认为，通常未经规划的城市，其发展没有设计者的利益，不受任何总体规划的制约，只受时间的推移、土地和地形，以及人们日常生活的影响，其形式是不规则的，非几何性的。③ 然而，汕头在未经整体规划的情况下，却产生了具有一定几何性的空间形态，这是一个值得深入探讨的问题。由此，我进一步思考，首先汕头在这一段未经整体规划的发展进程中，经历了怎样的历史。在土地和地形条件的制约下，在清末民初社会经济环境的影响下，是什么样的人群活动使汕头产生并形成了特有的几何性空间形态。其次，当汕头进入市政时期开展城市规划之后，又经历了怎样的历史，在市政制度的约束下，在官方的主导和民间的参与下，在民国时期海内外社会经济的影响下，又是什么样的人群活动改变

---

① 熊月之：《上海租界与近代中国》，上海交通大学出版社2019年版，第20—21、80—81页。
② 参见高幸《新生与转型——中国近代早期城市规划知识的形成（1840—1911年）》，《城市规划》2021年第1期。
③ ［美］斯皮罗·科斯托夫：《城市的形成——历史进程中的城市模式和城市意义》，第43页。

了汕头城市的空间形态，并塑造了现代化的都市景观。

二 汕头的历史与空间

本书所讨论的汕头城市，其历史可溯至《天津条约》的签订及1860年的开放通商。《天津条约》中所约定开放的地点，以及后来填海造地扩充的地方，称为汕头埠，在民国时期亦称为旧商埠，与汕头建立市政厅划定行政区域之后所称的"汕头市"有所区别。已有的史料和研究表明，引人兴味的扇形空间形态，基本是在汕头开埠以后填海而成的。这些填海活动并非官方行为，而是民间私自填筑。参与填地的不只有中外商人，还包括传教士和当地的士绅和商人，等等。这可能是汕头这类"居留地"港口所特有的土地开发模式。

吴滔的研究很好地展示了这种开发模式的历史过程。他通过对汕头开埠后两次涉外地产争端案例的分析，探讨了清末汕头街市形成过程中，洋人租买土地的策略以及地方官的因应，并以此揭示近代中国沿海开埠港口在拓展进程中的复杂面相。[①] 周修东同样注意到洋人在汕头的地产问题，他通过潮海关与鲁麟洋行海坪地之争的案例分析，论述了华洋官商各方的角力，并指出清末汕头埠各方商业意识和外交意识逐渐强化，港口开发建设从无序转向有序。[②] 除了备受关注的洋商洋行之外，李期耀的研究重点关注了传教士。他通过分析耶士摩在汕头的地产案件，再现了耶士摩在汕头的土地投资开发活动以及牵涉其中各方势力角逐的复杂图景。[③]

上述研究反映出汕头在开埠之后经历了一个混乱无序地填海造地过程，正是这种混乱无序塑造了汕头在物理空间形态上的几何性。

---

① 吴滔：《〈英国公共档案馆档案〉所见清末两次争地始末》，《清华大学学报》（哲学社会科学版）2009年第4期。
② 周修东：《潮海关史事丛考》，中国海关出版社2013年版，第75—138页。
③ 参见李期耀《美北浸礼会传教士耶士摩汕头地产研究》，《潮青学刊》（第二辑），社会科学文献出版社2013年版；李期耀《差传教会与中西互动——美北浸礼会华南差传教会研究（1858—1903）》，博士学位论文，山东大学，2014年。

对于这样的结果，彭长歆认为，由于没有传统城市结构的束缚，汕头对口岸贸易的适应直接而彻底，开埠后南部扇形街道逐渐发展为面向整个半岛区域的放射形梳式布局，并直接对海岸开口，至19世纪末整个汕头埠已具备适应海岸贸易的城市结构和街道形态。① 由此观之，看似混乱无序的填海造地，实则有其适应港口贸易的内在逻辑。因而，本书试图将土地开发案例落实到具体的空间脉络中，并讨论汕头埠扇形空间形态的塑造过程，进一步阐释汕头这类港口城市的自发生长逻辑。当然，在填海造地的过程中，参与其中的人以及他们的身份是极为重要的。为什么是这些人，他们的动机何在，值得继续追问，这也促使本书进一步探讨汕头的性质及其在历史上的地位。

虽然自19世纪开始，汕头的商业活动已日趋繁盛，但其重大转变是在第二次鸦片战争之后，正式成为通商口岸，逐渐被纳入条约体系和世界资本主义市场之中。随着世界轮船航运业进入迅猛发展时期，作为韩江流域唯一可停泊机器轮船的深水港，汕头开启了新的发展阶段。洋人的纷至沓来使原本在此从事商贸活动的中国商民遭遇了前所未有的冲击，各方势力开始在此博弈和角力。对于一个临海的通商口岸来说，码头及航运业至关重要。当贸易量及港口吞吐量的逐步增加之后，汕头埠原有的空间已无法满足需求。于是，活跃于此的中外商人，开始向海面谋求空间的拓展以便争取自己的利益。他们这种行为一步一步塑造了汕头埠的空间形态。

值得注意的是，洋人填地几乎占据了便于停泊轮船的位置并建造码头。这些码头及填地上的建筑物，对最初空间形态的塑造几乎起到决定性影响。向海面延伸的码头可能成为后来的主要道路，拔地而起的屋宇也可能塑造了次一级的街巷。以此来解释汕头埠空间形态的形成过程及其几何性似乎可行，但还远远不够。虽然其间的图景极为复杂，但从某种程度上说只是一种台面上的表现。

---

① 彭长歆：《现代性·地方性——岭南城市与建筑的近代转型》，同济大学出版社2012年版，第65页。

这使我不得不进一步去思考这些人群及其动机,乃至码头背后的意义等。

19世纪下半叶到20世纪初,活跃于汕头的主要是中外的商人,他们修建码头,自然是为了适应新的贸易体系和轮船航运业的发展。因为深水港码头与外部贸易密切相关,基于利益的考量,他们为争夺深水港展开了激烈的竞争,从而推动汕头城市发展。可以说,汕头埠内部空间的形成和变化,一早便深受外部贸易环境的影响。

作为沟通国际、区际的海运港,汕头不只具有韩江流域的广大腹地,更具有上海、天津、东南亚等国内外市场。范毅军以进出口贸易为指标,探讨了自汕头开港以后,国内外贸易环境和韩江地区手工业、农业的发展情况对汕头贸易的影响。① 张秀蓉的研究大体上再现了汕头的城市样貌在贸易发展下的形塑过程,同时也探讨了隐藏其后的发展条件和契机。② 不过囿于所用的材料,其讨论的精度和深度还有进一步拓展的空间。随着汕头贸易的展开,大量货物、移民、资金在此中转,贸易的盛衰决定了城市商业的兴废,进而影响城市的地位及其内部空间的演变。不少研究成果已阐明汕头作为枢纽港在贸易网络中发挥的重要作用。在此基础上,本书关注的重点是外部的贸易环境如何影响城市空间的发展和演变,在汕头开展贸易活动的各地人群在此过程中各自扮演了什么样的角色并形塑了汕头的内部结构。

汕头贸易的迅速发展,同时也带来了自身行政地位的上升。光绪末年,汕头开始仿效北京、广州等地设立警察制度。1921年,汕头设立市政厅,成为国内仅次于广州的建制市。原先的汕头埠在重新划行政区域后变为汕头市,汕头的发展也由此步入现代市政时

---

① 范毅军:《对外贸易与韩江流域的经济变迁(1867—1931)》,硕士学位论文,台湾师范大学,1981年。
② 张秀蓉:《贸易先导,以港兴市——试论汕头港市的兴起》,载吴松弟等主编《走入历史的深处——中国东南地域文化国际学术研讨会论文集》,上海人民出版社2011年版。

期，市政改良、城市规划应运而生。至20世纪30年代，汕头城市各方面的发展臻于鼎盛阶段。由此，本书试图进一步探讨在现代市政制度之下，或是说在市政当局主导城市建设的过程中，贸易发展、人群活动及其商业行为，如何对城市的空间及其形态产生直接的影响。

汕头从开埠到建立市政机构并逐步发展为现代化都市，实际便是汕头的城市化和现代化的过程。丹尼尔·约瑟夫·蒙蒂等人认为，描述城市化的社会科学家和历史学家，其目标是讲述一类人如何占据一个具体的地方，如何与一个更大的环境（通常是这类人所在的一个市区）产生联系，如何在经济上自我维持，如何为了更好地利用周围的环境而自我调整，如何利用所有可供他们使用的资源。与此同时，城市在空间上如何布局，如何从不同的空间设计看出市民有着怎么样的经济、社会和政治关系通常是人们对城市化过程感兴趣的问题。[①] 受此启发，本书在论述汕头现代化和城市化过程中，同样关注哪些人群如何在汕头占据具体的地方，关注汕头在空间上是如何布局的。不过，本书的侧重点不在讨论汕头市居民有着怎样的经济、社会和政治关系，而是在探讨人群活动的同时，进一步从他们的经济、社会和政治的关系以及政府的力量来探讨城市的空间如何布局，如何设计和改造。基于这种思路，本书要尝试的不只是探讨城市中人与空间的关系，而是如何更好地用历史叙述的方法去讨论这种关系。

以往研究有少数论述了汕头城市空间及其形态有关的历史。郑莉讨论了近代汕头城市建设发展的历史及其动因。她在研究中以城市空间形态和城市肌理演变为视角，更为注重对空间的结构化过程、空间布局及空间秩序的分析和探讨。[②] 沈陆澄关注到了汕头的城市规

---

① ［美］丹尼尔·约瑟夫·蒙蒂等：《城市的人和地方：城市、市郊和城镇的社会学》，杨春丽译，江苏凤凰教育出版社2017年版，第5—6页。
② 郑莉：《近代汕头城市建设发展史研究》，博士学位论文，华南理工大学，2018年。

划和城市格局的形成。他侧重对民国时期汕头城市规划的解读，由此认为汕头旧城区的格局是严格按规划实施的，规划的有效推行既得益于当时相对宽松的政治经济环境，也得助于政府行之有效的控制力和汕头所具有的市场驱动力。① 同样是讨论汕头的城市规划和城市空间，冯琼主要从政商博弈的视角入手。她指出，资本和权力的合作共赢，是民国时期汕头城市规划的主要特征，在城市空间的利益分配上始终是政商两界精英的博弈，城市的资源进一步集中在精英阶层。她还指出，汕头城市规划的编制和实施不是对欧美的简单仿照，而是在政治经济背景下适应发展的必然选择。② 冯琼的视角在一定程度上有助于理解近代汕头的城市规划的实施过程及其成效，但有关博弈的讨论仍有待于进一步深入。

与亟待研究的汕头城市空间相比，关于汕头近代的社会、经济和文化等方面的研究已有很丰富的成果。陈春声注重近代汕头在整个韩江流域所发挥的中心城市的作用，他通过大峰信仰的普及与善堂的运作、侨批与近代"侨乡"的形成，以及客家族群与城市发展等内容，揭示了汕头城市发展中公共事务与政治权力体系、社会组织与社会结构、人群流动与日常生活方式演变的过程。③ 值得注意的是，这些演变通常在一定程度上也会在具体的城市空间中有所反映，是解读汕头城市空间形态发展脉络的关键。钟佳华较为关注潮汕地区的商人，他通过研究潮汕地区商业组织的演变，揭示了商人不断填补政府在公共领域所扮演的角色。④ 他在另一篇关于警察建置与团练复兴的文章中，探讨了清末潮嘉地区的治安形势以及地方官绅对

---

① 沈陆澄：《城市规划指导下近代汕头城市格局的形成》，《现代城市研究》2010年第6期。

② 冯琼：《政商博弈视角下的汕头近代城市规划研究——从1921至1937年》，《城市规划》2015年第11期。

③ 陈春声：《地方故事与国家历史：韩江中下游地域的社会变迁》，生活·读书·新知三联书店2021年版，第329—433页。

④ 钟佳华：《清末潮汕地区商业组织初探》，《汕头大学学报》（人文科学版）1998年第3期。

该问题的响应，同时揭示了清末汕头地方商人在城市治安和管理上发挥了重要的作用。① 这提醒我们应该注意地方商人在汕头公共事务及市政建设工程所扮演的角色，以及其中相关商人团体在地方社会支配力的问题，并进一步思考如何在城市空间的叙事中将其展现出来。

黄挺同样注重潮汕地区的商人和地方社会，他以20世纪20年代初期韩江治河处的成立和治河工程的计划与实施为例，探讨商人在地方社会权力中的支配作用，并由此指出，这种支配关系并不是一个静止结构，地方政府、各种民间社会势力、团体和个人在其间不断表现出相互的紧张、和缓与矛盾、协调关系。② 这种地方社会权力中支配关系的变动，其实也反映在汕头的城市社会中，是探讨城市空间演变过程中的生动图景和复杂面相的重要一环。陈海忠把眼光聚焦到汕头中山公园的建设，讨论了公园建设与社会经济发展、社会观念、政治生活等内容之间的关系，以及市政当局和地方社会精英对建设公园的态度、作用和影响。③ 他尤其指出地方商人在市政公共项目上所发挥的作用，这也提醒应进一步从地方商人与城市建设之间的关系去理解城市空间形态的变迁。罗福生的研究关注汕头的商业行会、地方自治与市政管理。他强调汕头的特殊性源于其位于中国边陲的地理位置以及与华南、东南亚贸易区的联系，在汕头的城市化过程中，王朝国家和西方殖民两大力量的缺位所造成的权力真空，具有一定的社会和政治意蕴，当地商人由此在城市贸易和地方事务取得了自治地位。他同时认为，市政当

---

① 钟佳华：《清末潮嘉地区警察的建置与团练的复兴（上）》，《潮学研究》（第八辑），花城出版社2000年版；钟佳华：《清末潮嘉地区警察的建置与团练的复兴（下）》，《潮学研究》（第九辑），花城出版社2001年版。

② 黄挺：《商人团体、地方政府与民初政局下之社会权力——以1921—1929年的韩江治河处为例》，《潮学研究》（第九辑），花城出版社2001年版。

③ 陈海忠：《游乐与党化：1921—1936年的汕头市中山公园》，硕士学位论文，汕头大学，2004年。

局与地方商民的关系并非零和博弈，而是包含合作、争论和谈判的复杂互动。① 他的这些种看法其实也与以往有关国家权力与地方社会的看法相似。②

陈景熙认为，地方货币代表了区域社会的历史走向，他的研究描绘了清末至民国前期，汕头地方货币控制权由地方金融行会易手于官方、商会的历史现象，并以此勾勒商埠城市走向现代的历史变迁。③ 陈海忠后来也转入对商会和地方金融的关注，他以汕头为中心，探讨了商会在地方货币和金融问题上与国家政权的合作和冲突，以及最后被纳入国家控制体系的过程。他指出，近代汕头商会的权力基础在于地方商人对金融的控制，而他们对金融的控制力度之强弱则决定了商会在地方社会中的影响力和地位。④

这些研究虽然不直接涉及城市空间的内容，但对于理解汕头地方商人的地位以及他们在城市商业活动所扮演的角色颇为重要。清末国家权力和西方势力相对薄弱的情况下，汕头地方商人在贸易和地方事务中掌握了话语权，但这种情况却随着民国以后省政府和国家权力的进入开始发生变化。作为代表官方权力的市政机构，拥有管理城市一切事务的合法性，特别是在城市建设方面。然而，在商业和金融方面，地方商人仍掌控着主要的权力，拥有较高的自主地位，尤其是商会中的掌权者，往往掌控着汕头的经济命脉，并参与城市建设和房地产投资。这也使得汕头市政当局在主导和推动城市改造和建设时，不得不依靠民间商人的资本和力量。从这几个层面来讲，汕头与近代其他开埠城市相比，确实显得独具一格，它在城

---

① Fusheng Luo, *Merchant Guilds, Local Autonomy, and Municipal Governance in A South China Treaty Port: Shantou 1858—1939*, MA thesis, Illinois State University, 2015.

② Shuk-wah Poon, *Negotiating Religion in Modern China: State and Commom People in Guangzhou, 1900—1937*, Hong Kong: The Chinese University of Hong Kong, 2011.

③ 陈景熙：《官方、商会、金融行会与地方货币控制权——以1925年"废两改元"前后的汕头为例》，硕士学位论文，汕头大学，2002年。

④ 陈海忠：《近代商会与地方金融——以汕头为中心的研究》，广东人民出版社2011年版。

市化和现代化过程中的空间形态与进程，也值得作为讨论近代开埠城市发展的重要案例。不过，总体来说目前关于汕头的研究还较为有限，尚不足以支持从城市空间及其形态对汕头的城市发展进行更深入的探讨，而从汕头本身作为开埠港口的性质及其关联的外部经济贸易环境来说，更适合将其放在近代中国城市史以及城市空间研究的范畴下。

三 中国城市史与城市空间

海外对于中国城市史的研究起步较早，自 20 世纪 60 年代以来已形成了若干理论模式，其中以施坚雅的理论模式最为重要。这些研究成果在 20 世纪 80 年代翻译成中文后为中国学界所知晓并引起广泛关注，后来以《中华帝国晚期的城市》一书产生了重大影响。该书收录了欧美、日本以及中国台湾等国家和地区之学者有关中国城市史的研究，研究的时段和范围较广，主要围绕城市的建立和扩展、城市与城市以及城市与乡村之间的关系、城市内部的社会结构三个方面来加以探讨。① 其中有关城市的建立和扩展的论述，有助于讨论影响汕头城市空间形式及发展的各种因素。再如城市与城市以及城乡关系的讨论，有助于探讨汕头与韩江流域腹地之间的关系，对于从大的社会经济环境上思考汕头城市的发展有借鉴意义。至于有关城市内部社会结构方面的讨论，加深了对城市中的人群、阶层及其分布的理解，有助于更深入地探讨汕头的城市内部结构与城市空间相互形塑过程中的复杂因素。同一时期，伊懋可和施坚雅还编了《两个世界间的中国城市》一书，较多关注中国近代的开埠城市，尤其侧重对上海、广州、台北这些城市的考察。②

苏基朗和马若孟将 2004 年和 2006 年香港中文大学主办的学术

---

① [美]施坚雅主编：《中华帝国晚期的城市》，叶光庭等译，中华书局 2001 年版。

② Mark Elvin and G. William Skinner, eds., *The Chinese City Between Two World*, California: Stanford University Press, 1974.

研讨会论文编成一书，所收录的论文表现了对中国条约港的集中关注，主要探讨了制度变迁与经济表现之间的复杂关系。苏基朗等人似乎存在这样一个预设，即"只有在中国条约港系统的条约港区域，人们才能观察到明显的以国际化、城市化和工业化成长为标志的近代化经济——这也是近代西方经济表现的三个关键性指标"。因此，该书涉及的主要是那些高度国际化、工业化和城市化的条约港经济①，但事实上各条约港常常表现出不同的经济特征。虽然如此，书中的许多实证研究有助于从条约港体系来考察汕头城市的发展，尤其是城山智子有关上海房地产市场和资本投资的研究，提醒我们不能忽略对租界地区和非租界地区新兴港口城市的房地产投资做相关的比较。

中国学者在20世纪80年代以后开始广泛关注城市史的研究，尤其在近代中国城市方面逐渐形成了自己的研究理路。张仲礼主编的有关东南沿海城市的研究一书，主要以上海、宁波、福州、厦门、广州为考察对象，除了总体探讨这些城市的近代化之外，对它们的金融、房地产、工业、城市交通等方面也有专题式的讨论，② 其中所涉及诸如市政体系变化、城市建设与管理和房地产开发等方面的内容，对于从大的视野来理解近代开埠城市的早期现代化和城市化很有帮助。隗瀛涛主编的《中国近代不同类型城市综合研究》中，除了对近代城市分出不同类型外，还对条约港的近代化做了全面、系统的论述。③ 这也提醒我们应将汕头城市发展的讨论纳入整个中国近代开埠城市发展的脉络中。

有关近代中国的单体城市的研究，在中国的城市史研究中占90%左右，主要集中在上海、北京、重庆、天津、武汉等一些在近

---

① 苏基朗、[美]马若孟编：《近代中国的条约港经济：制度变迁与经济表现的实证研究》，成一农、田欢译，浙江大学出版社2013年版。
② 张仲礼主编：《东南沿海城市与中国近代化》，上海人民出版社1996年版。
③ 隗瀛涛主编：《中国近代不同类型城市综合研究》，四川大学出版社1998年版。

代发展迅速的城市，其中尤以 20 世纪 90 年代初四座城市史的成果令人瞩目。① 这些单体城市的研究都较为综合和全面，大体包括政治、经济、文化等内容。在这些综合性研究出现之后，城市史的研究逐渐趋向专题化，一些有关城市空间的探讨也不乏多见。

城市空间是城市地理学关注的核心议题，其研究内容包括物质（形态）空间、经济空间、社会空间三大系列。② 研究历史时期的城市空间往往受限于史料，需要史料的挖掘以及新视角和新方法的运用来拓展新的议题。周锡瑞等人较早对中国近代城市及城市空间进行研究，主要从现代性和国家认同的角度进行探讨。③ 城市的现代性是中国现代化过程中的核心内容，不过，目前较多探讨其中的构成要素，对其背后的人群活动及机制，或者说是如何现代化这一问题的关注还较为不足。随着现代性、公共空间等议题热度的下降，国内学者的研究取向已明显有所不同，开始注重对近代城市发展的空间演变及相关影响因素进行探讨。

张晓虹、牟振宇通过对上海东北部地区空间过程的研究，指出该地区受租界地区城市化以及新交通线路形成的影响，聚落空间呈现以租界建成区为中心的圈层结构，揭示了聚落空间结构及其形成过程的时间因素。④ 戴一峰注重区位、空间与城市之间的关系。他以厦门为个案，指出在城市空间演化的历史进程中，其地理空间、物资空间与社会空间之间存在密切的互动关系，社会空间变迁是地理空间演化的直接动力，地理空间的重构则为社会空间的变迁提供了

---

① 张仲礼主编:《近代上海城市研究》，上海文艺出版社 2008 年版；罗澍伟主编:《近代天津城市史》，中国社会科学出版社 1993 年版；隗瀛涛主编:《近代重庆城市史》，四川大学出版社 1991 年版；皮明庥:《近代武汉城市史》，中国社会科学出版社 1993 年版。

② 胡华颖:《城市·空间·发展——广州城市内部空间分析》，中山大学出版社 1993 年版。

③ Joseph W. Esherick ed., *Remaking the Chinese City: Modernity and National Identity, 1900—1950*, Honolulu: University of Hawaii Press, 1999.

④ 张晓虹、牟振宇:《城市化与乡村聚落的空间过程——开商埠后上海东北部地区聚落变迁》，《复旦学报》（哲学社会科学版）2008 年第 6 期。

运作平台。① 汤黎较为关注城市发展过程中的空间与人口问题。她认为，任何空间都是由人的活动来充实、扩展和构建的。由此，她以"人口"为中心展开汉口城市空间的研究，探讨了人口、空间与城市发展的互动关系。② 对于城市发展来说，人口和空间诚然是两个极为重要的内容。在近代城市的发展过程中，人口的聚集和增加常常带来城市空间的扩展。

许瑞生的研究看重市政制度对城市空间演变的影响，他以广州为个案，解释了制度对城市空间的影响规律，并探求行政决策与城市空间最后形成的有机关系。③ 薛德升和黄鹤绵基于世界城市的视角下，探讨了历史时期全球化作用下城市空间的转变，旨在突破以往"经济主义"理论分析框架的局限，强调非经济因素中的社会和文化因素，指出广州东山地区城市空间的转变是全球化社会文化动力直接推动的结果。④ 黄素娟注意到近代"城市产权"的重要性，她以广州为个案，探讨了区别于乡村的"城市产权"的出现及其被纳入系统的市政管理中的历史过程，指出城市产权是推动城市建设发展和城市空间演变的重要影响因素。⑤ 周祥以广州城市公共空间为研究对象，在对其形态进行分析的基础上，综合描述广州城市公共空间历史的渐进演变过程，并结合政治经济环境及社会文化思想要素，揭示转型期形态的深刻文化内涵与内制因素。⑥ 徐智聚焦于国民政府定都后南京进入"黄金十年"发展这一时间段，他围绕土地开发与利用的问题，论述了城市空间形成过程中路网的改造、土地产权的转移、建筑的管控与规范，并

---

① 戴一峰：《区位、空间与城市发展：厦门个案》，《史林》2008年第2期。
② 汤黎：《人口、空间与汉口的城市发展》，中国社会科学出版社2010年版。
③ 许瑞生：《广州近代市政制度与城市空间》，广东人民出版社2010年版。
④ 薛德升等：《历史时期全球化作用下的城市空间转变——以1890s～1930s广州东山地区为例》，《地理科学》2014年第6期。
⑤ 黄素娟：《从省城到城市：近代广州土地产权与城市空间变迁》，社会科学文献出版社2018年版。
⑥ 周祥：《广州城市公共空间形态及其演进（1759—1949）》，社会科学文献出版社2019年版。

从多个角度分析其中的影响和制约因素，尤其是各类群体面临的现实问题和群体间的冲突，揭示了南京城市空间形成过程的复杂性。①

此外，牟振宇对上海法租界的探讨，重点关注洋商、房地产与城市空间变迁，他复原了洋商地产分布的空间过程，并结合其他文献阐释三者之间的内在联系，揭示了上海城市空间变迁的内在机制。② 马学强有关上海马斯南路街区的研究，以该街区的形成、演变为线索，围绕街区构造的核心——"权力"问题而展开，寻找各种"权力人"，包括原来的所有者、规划者、设计者、建造者、居住者等。③ 这也提醒了我们在探讨空间形态时，需重点关注到城市内部的房地产所有者以及他们的身份，并解释后者在空间形态变化中所发挥的作用。万勇有关上海公共租界中区的研究，通过对历史地图和历史图片的整理分析，探讨了公共租界区历史变迁中的城市规划、城市功能、居住空间、城市形态及道路市政等内容，并发现和推测其功能和形态演进的内在规律性、关联性和逻辑性。④ 他在研究中所采用的图形处理法，对历史地图和历史图片进行数字化处理，并从不同侧面对历史空间和形态元素进行分析，诸如功能布局、空间过程、形态演进等方面，对于通过历史地图和档案数据绘制一系列的专题地图并结合文献进行分析的研究具有重要的借鉴意义。

四 GIS 与城市历史地理

近 20 年来，地理信息系统（GIS）技术被广泛应用于历史学研究，尤其在数据库建设和历史数据分析等方面，引发了历史学者对

---

① 徐智：《改造与拓展：南京城市空间形成过程研究（1927—1937）》，齐鲁书社 2020 年版。

② 牟振宇：《洋商、地产与城市空间变迁——以上海法租界为中心（1845—1865）》，《中国经济史研究》2015 年第 4 期。

③ 马学强：《权力、空间与近代街区内部构造——上海马斯南路街区研究》，《史林》2012 年第 5 期。

④ 万勇：《近代上海都市之心——近代上海公共租界中区的功能与形态演进》，上海人民出版社 2014 年版。

方法论和一些既有研究课题的重新讨论。① 在城市历史地理研究方面，通过 GIS 技术集合处理不同来源的大批量数据，逐渐成为一种趋势。Siebert 有关东京的研究为我们提供了很好的借鉴，其搭建的东京城市 HGIS，包括海岸线、河流、行政区、人口和铁路网等。② 这种中观尺度的研究往往需要丰富的历史数据资源支撑，包括古旧地图、人口数据和铁路公司系统的指南等。目前有关近代上海建城区和租界扩展的成果，反映了利用 GIS 开展中小尺度研究的成效，尤其是在数据标准化处理方法上的推进，使得以往被忽视的地方志、地名志中的数据重新得到发掘。③ 譬如牟振宇在关于上海法租界的研究中，利用 GIS 技术中图层叠加、计算、缓冲区分析和空间分析等功能，绘制专题地图，并结合文献对上海填浜筑路、道路计划和土地开发等问题进行讨论，使得重要的观点得以更直观、形象地体现，更为清晰且深入地论述了该地区由水乡变为都市的空间过程和形成过程，以及这一过程的运作机制和驱动机制。④ 他近年来还利用 GIS 对上海的人口和租界地价的时空演变进行分析，使 GIS 在历史研究中的方法和技术上有了新的拓展。⑤ 陈琍利用道契资料，采用 GIS 方法对道契中所记载的地理信息和土地利用信息进行分析和定位，再现了上海英租界开埠前后的城市景观。⑥ 吴俊范以"填浜筑路"为切入点，利用 GIS 技术和道契资料，复原了传统农田形态下的塘路系统向城

---

① 可参见 Ian N. Gregory and Richard G. Healey, "Historical GIS: Structuring, Mapping and Analysing Geographies of the Past", *Progress in Human Geography*, Vol. 31, No. 5, October 2007, pp. 638 – 653.

② Loren J. Siebert, "Using GIS to Document, Uisualize, and Interpret Tokyo's Spatial History", *Social Science History*, Vol. 24, No. 3, Fall 2000, pp. 537 – 574.

③ 参见张伟然等《历史与现代的对接：中国历史地理学最新研究进展》，第 142 页。

④ 牟振宇：《从苇荻渔歌到东方巴黎——近代上海法租界城市化空间过程研究》，上海书店出版社 2012 年版。

⑤ 牟振宇：《民国时期上海法租界地价时空演变规律研究（1924—1934）》，《中国经济史研究》2021 年第 5 期。

⑥ 陈琍：《近代上海城乡景观变迁（1843—1863 年）》，博士学位论文，复旦大学，2010 年。

市道路系统演变的具体过程,并在此基础上分析了上海早期城市空间的发展及其驱动机制和环境效应。① 江伟涛在其关于近代江南城镇化水平的研究中,对大比例尺的地籍图进行数据提取、配准及电子化,并由此探讨句容县的城市形态。② 他把探讨的焦点放在城市的土地利用结构和县城的内部结构等方面,且充分利用了地籍图中所提供的历史信息,是目前运用大比例尺地籍图进行研究的较好案例。

总的来说,在史料挖掘和信息提取方面,以上的研究启发我们更加珍视房地产档案中的地理信息、土地利用信息以及近代日用类书中的地址信息,仔细考量如何将这些不同来源的数据用 GIS 技术进行集合建库。在集合建库和研究过程中,本书更加注重问题导向和区域尺度,重点关注民国时期汕头的中心城区,讨论其空间形态与土地开发、商业分布、房地产投资之间的关系。与此同时,本书注重利用不同类别和精度的地图,如其中所依赖的地籍图是采用现代测量技术所绘制的实测图,能准确反映每块土地的准确位置。通过运用 GIS 技术将地籍图电子化,创建矢量数据来表现每块土地的实际特征,同时将其连接到已有的数据库,添加其属性内容,集成不同来源的数据进行分析并绘制相应的专题地图,本书对城市空间形态的探讨达到街区及建筑物层面的精度,并力图通过这种微观尺度的研究,为宏观的城市研究提供细致和深入的个案分析,促进对中国其他城市的发展及地理变迁的理解和认识。

五 汕头与近代中国城市

虽然我最初被汕头那独特的空间形态所吸引,但那只是探讨近代汕头城市发展的切入点。作为一个近代以来因条约而开放的新兴城市,汕头的发展并不是孤立的,而是与整个韩江流域、广东乃至

---

① 吴俊范:《从水乡到都市:近代上海城市道路系统演变与环境(1843—1949)》,博士学位论文,复旦大学,2008 年。

② 江伟涛:《近代江南城镇化水平新探——史料、方法与视角》,社会科学文献出版社 2017 年版。

东南亚各地密切相关的,这也是汕头作为研究对象在区域历史研究乃至中国近代城市史研究的重要意义。

  远在汕头兴起之前的明清时期,韩江流域已在东亚季风贸易圈中占有重要地位。活跃于该区域的人群一直有着出海谋生的传统,频繁的海上贸易活动既形塑了他们的日常生活和生计模式,同时也促进了该区域与海外的联系,并为沿海的港口及其腹地带来了繁荣。这也使得地方社会在 19 世纪下半叶面对资本主义世界扩张所带来的种种挑战表现出足够的适应和包容的能力。[①] 以往研究有关闽南地区的研究为我们展现了这段时期区域秩序的变化。[②] 与闽南相邻的潮州地区可能也经历着相似的历史。樟林港的淤塞和《天津条约》的签订为汕头带来了发展的契机,而悠久的海外贸易传统,更为随后以汕头为中心的贸易、移民及社会网络的发展提供帮助。在地理位置上,汕头地处中国东南沿海,素有"省尾国角"之称,但这并不意味着汕头可以逃离国家的统治或制度的规定,而是昭示着包括汕头在内的区域社会,在特定历史和地理的机缘之下,形成了一套与国家互动以及应对世变的内在机制。正因为此,我们只有通过注重在这种社会经济环境之下的人群活动,才能更好地理解汕头兴起之后空间形态演变以及其中所存在的中国近代城市发展问题。

  与其他通商口岸一样,汕头同样面临对外贸易的增长和洋人的到来。汕头开埠后的发展反映了清朝的地方主义和地方势力。条约制度虽然给予了洋人诸多权利,但并没有改变清朝时期中央与地方的关系,也没有彻底打破地方上对外交流的传统。滨下武志提出"中外交涉论"一说,他指出,清末中央力量衰退的时期,民间和地

---

  ① 陈春声:《海外移民与地方社会的转型——论清末潮州社会向"侨乡"的转变》,载徐杰舜、许宪隆主编《人类学与乡土中国:人类学高级论坛 2005 卷》,黑龙江人民出版社 2006 年版,第 335 页。
  ② 参见[日]村上卫《海洋史上的近代中国:福建人的活动与英国、清朝的因应》,王诗伦译,社会科学文献出版社 2016 年版。

方力量取而代之并不断增大,国外、国内关系上同时出现了并不限于以往交涉结果的多样性的交涉关系。① 清政府长期以来都由地方官来处理对外关系,这无疑使地方从普通民众到地方高官乃至钦差大臣,在对外交流时都有一套因应之道。因而,西方各国在中国发展势力时常常陷入不断交涉的境地,交涉最终以各方达成协议结束,交涉内容可能成为新的条约内容,并在地方上产生了一些地方性条约或章程。这也造成了条约体系之下不同开埠城市多元且复杂的发展面相。

洋人的到来也使汕头产生了各类纠纷和交涉事件,参与其中的包括华洋商人、各国领事(部分由洋商担任)、潮海关、各层级的地方官员乃至总理衙门。有趣的是,许多纠纷和交涉事件的处理过程,虽然体现了官方权力的存在,但事件本身却恰恰反映了官方的疏于管理以及民间的日常政治。汕头开埠后设立的惠潮嘉道行署因道台常驻潮州而形同虚设,其行政主要由澄海知县管理。这使得汕头的发展与设立租界的通商口岸大相径庭。在传统的行政职能中,澄海知县对于汕头这种非治所的新兴商埠,并没有严格的管理,也不负责开发、建设的事务,更遑论像租界的市政机构那样进行规划。于是,汕头呈现了近代通商口岸中各方势力相互角力的历史场景。正如本书想要证明的,洋人、潮海关、会馆和商民等组织或个人,利用自己所能掌握的资源和可操作的机制,在汕头发展自己的势力,并在获取土地资源和深水港中你争我夺,进而塑造了汕头埠呈扇形放射状的空间形态。这也是汕头与上海租界、香港等地的差异所在。

有关上海的研究已阐明了租界当局在市政管理和建设方面的成效,以及华界对租界的效仿。② 上海在近代的显著发展也使其成为解

---

① [日]滨下武志:《中国近代经济史研究:清末海关财政与通商口岸市场圈》,高淑娟、孙彬译,江苏人民出版社 2008 年版,第 29—30 页。

② 费成康:《中国租界史》,上海社会科学院出版社 1991 年版;吴桂龙:《清末上海地方自治运动述论》,《近代史研究》1982 年第 3 期;张仲礼主编:《东南沿海城市与中国近代化》。

读中国现代化的关键。① 然而，大多数通商口岸和其他城市，并没有像上海那样迅速走向现代化，而是仍在中国传统政治的影响之下。罗威廉有关汉口的研究指出了 18 世纪精英和商人在城市中的主导地位以及由此表现出来的自治现象。② 本书无意于陷入有关商人自治以及由此探讨早期现代化的纠缠，而是意在强调传统时期商人在城市建设乃至空间塑造过程中的角色和作用，以及这种角色和作用在随后的变化。

清末新政的影响遍及全国，各地的政治、经济和社会都产生了不同程度的变革。在此过程中，许多城市在物质形式上经历了大致相似的改造，包括拆除城墙、拓宽街道、修建公园、广场以及出现博物馆、图书馆、百货公司等建筑。③ 汕头无疑也是清末推行政策的实验场之一。在随后警察制度的建立以及地方自治的推行等方面，活跃于汕头的官绅商人功不可没。然而，随着官方权力的加强，地方商人逐渐丧失了主导地方公共事务的地位。因之而变的是以往的地方公共事务转变为新政改良风潮之下的城市改良或市政建设，这种观念的改变逐步为官方和民间所接受。清末民初警察收归官办反映了官方渐渐掌握了市政管理权。已有的研究展现了近代警察与城市街道管理及建设的密切关系。④ 许多通商口岸和城市建立了警察制度。警察制度在汕头的推行，既显示了警察对街道秩序的管理，也反映了警察机构与地方商人在市政建设上权利与利益的交换，以及官方推动市政建设的政策逻辑，由此产生的社会响应随后也影响了汕头在市政时期的发展。

---

① ［美］墨菲：《上海——现代中国的钥匙》，章克生等译，上海人民出版社 1986 年版。

② ［美］罗威廉：《汉口：一个中国城市的商业和社会（1796—1889）》，江溶、鲁西奇译，中国人民大学出版社 2016 年版。

③ Joseph W. Esherick ed., *Remaking the Chinese City: Modernity and National Identity, 1900—1950*.

④ 史明正：《走向近代化的北京城——城市建设与社会变革》，王业龙、周卫红译，北京大学出版社 1995 年版。

随着"西学东渐"的影响,西方政治制度的优越性触动了地方传统制度的变革,同时也促发了中国社会精英对城市现代化道路的探讨。[①] 20世纪20年代后的"市政改革"是中国近代城市发展的重要举措。新式的市制在行政建制、市政管理和城市建设等方面都有不同程度的开创和突破。广州和汕头的历史体现了近代中国新式市政制度的发展和完善。广州是中国首个建立市政制度的城市。1921年3月,汕头紧跟广州的步伐建立市政厅,成为中国较早施行市政制度的城市。广州的市政制度是一种西方市政制度的本土化实践,将西方分权式市政管理与中国传统的集权施治相结合。[②] 汕头效仿广州实行权力集中、行政统一的市政制度,市政当局掌握了市政管理和市政建设的主导权。在这样的环境之下,汕头诞生了中国第一个由国人制定的城市总体规划。该计划借鉴了欧美的规划理念,对城市进行了功能分区,并结合自然地形设计了城市的道路系统和路网形式,在近代中国的城市建设史及规划史上具有重要意义。汕头城市改造计划最终于1926年颁布施行,并在市政当局的推动下大体上得到有效的推行。在此过程中,市政当局虽然掌握了城市改造的主导权,但民间的参与是计划施行和城市建设的主要动力。

当然,我们不能仅限于"官方主导—民间参与"这样一种论述模式。警政时期,通过准予商人垄断等政策优惠要求他们承担市政工程的做法,在市政时期亦有所发展和变化,如进一步将道路及土地开发和公私利益相关联并进行评估,确立沿路铺户承担筑路事宜的办法,这种办法随着技术官僚的流动在后来也为其他城市所借鉴。值得注意的是,虽然市政当局拥有管理及颁布法律法规的权力,但民间可以决定是否服从及如何遵守。因此,即便地方精英和商民在市政建设及空间改造方面的力量被削弱了,但他们凭借以往与官方

[①] 高路:《"城市中国"的探讨:民国前期(1912—1937年)社会精英对城市现代化道路的求索》,中国社会科学出版社2016年版。

[②] 参见方秋梅《近代中国城市社会发展进程中的民间市政参与研究》,中国社会科学出版社2018年版。

互动的经验,摸索出一套利用市政话语体系维护和争取自己权益的门径。与此同时,他们还因应世界经济形势及社会环境的变化,既在资本主义世界中追求利益,构建了城市内部与外部世界的关系,又在参与市政过程中各显其能,进而形塑了城市空间形态并影响其发展。

  贯穿本书的分析,是不同的人在不同时期基于特定的环境,如何运用自身所掌握的资源和可操作的机制,对空间进行生产、塑造和改造。通过具体而微的城市历史,从城市不同时期发展中的土地开发、市政制度、城市规划、商业发展以及房地产投资等内容中,我们能够更为清晰地理解人与空间以及人与城市的关系。本书同时也试图通过汕头这样一个近代新兴的通商口岸,探索近代中国城市发展的复杂面相。

第 一 章

晚清时期填海造地与扇形空间形态塑造

    1860年，汕头正式开放为通商口岸，这是其发展的重要转折点。一个新兴的开埠城市应运而起。作为港口，汕头在此之前已有一定的发展。19世纪二三十年代，汕头已从昔日的沿海渔村变成繁忙城镇。① 第一次鸦片战争后，香港成为自由港，对汕头的商业产生了积极影响，随后汕头逐步成为对港贸易的重要港口。咸丰四年（1854），广东当局认识到汕头港的重要性，批准在此地设立粤海关管辖下的分卡，即潮州粤海新关。② 同年，福建和潮州的商人为了贸易的需要，在汕头倡建"漳潮会馆"作为交易场所，设船务、药材、米粮、火柴、汇兑五个行档。③ 这段时间，汕头的贸易因与海内外联系逐步紧密而得到发展。一位在中国旅行的外国人在提及汕头时称：

> 在1856年初，我发现它已发展为一个贸易之地，沿着河岸开始出现新的房屋，土地逐渐被开发利用，超过一百艘船只在

---

① 《汕头常关地位与工作报告》，载杨伟编《潮海关档案选译》，中国海关出版社2013年版，第110页。
② 《汕头常关地位与工作报告》，载杨伟编《潮海关档案选译》，第116页。
③ 黄绍生等编著：《汕头——黄金海岸的明珠》，海洋出版社1985年版，第8页。

此地停泊；虽然它还不是合法的贸易港口，但洋行商人，连同有经商习气的中国人，为它带来贸易的兴盛，有七国船只在海港抛锚。①

此时汕头除了与国内其他口岸的常川贸易外，同国外的贸易往来还处于地下状态，这些贸易活动主要有鸦片、糖及人口贩卖等。

1858年，清政府先后与美英等国签订《天津条约》。1860年元旦，汕头正式开放为通商口岸，先行向美国开市。自此之后，以往的地下贸易开始合法化。对外贸易极大地促进了汕头的繁荣，使之进入新的发展阶段。随着机器轮船业的兴盛，汕头在短短的几十年间，一跃成为"中国第四通商口岸"。② 据海关资料所载，进出口船舶中，航海轮船从1860年至1899年间，由161艘次增至2243艘次，吨位由59236吨增至2256228吨。③ 贸易总额在1867年只有23162774海关两，至1884年则迅速增至56492337海关两，随后进入较为稳定的停滞期。④ 与此同时，西方各国势力相继进入汕头地区。英国、美国、法国、德国、日本、挪威等13国在此地设领事馆。⑤ 各国洋商在此开办洋行、经营船务，开展商贸活动。传教士也在汕头建造教堂、创立医院。

贸易往来的增长，人群流动的增多，使汕头原有的商埠空间日

---

① Scarth John, *Twelve years in China: the people, the rebels, and the mandarins; with illustrations*, Edinburgh: T. Constable and Co.; London: Hamilton, Adams, and Co., 1860, p. 47.

② 《集股行轮》，《岭东日报》1903年2月27日第3版。

③ 《1860—1931年汕头口岸进出口船舶艘次及吨位统计表》，载中国海关学会汕头海关小组、汕头市地方志编纂委员会办公室编《潮海关史料汇编》（内部参考），1988年，第136—138页。

④ 范毅军：《对外贸易与韩江流域的经济变迁（1867—1931）》，硕士学位论文，台湾师范大学，1981年，附表2-1。

⑤ 有关外国在汕头设领事馆的情况，参见房建昌《近代外国驻汕头领事馆及领事考》，《汕头文史》（第十六辑），汕头市政协文史学习委员会1998年版，第89—108页。

显不足，土地开发浪潮随之兴起。不仅当地商民填海造地转卖给洋人，洋人也利用雇员或买办，假手套卖海坪，进行土地投机活动。潮海关为兴建房舍和船港地，也填筑海坪。频繁的填海活动，使得汕头的空间不断地往西、南两个方向拓展。直至1909年，海岸线至少已向外推移500米。随着土地不断向海面延伸，房屋相继起造，街巷道路逐渐形成，十数条街路如扇骨般从汕头埠的东北角向西、南两个方向延伸，直通海岸。这也即汕头埠常为人所称道的扇形放射状空间形态，其塑造过程并未经过总体规划，而是经历了中外各方势力在土地开发活动中相互角力。这一特殊的空间形态，成为民国时期汕头城市改造的雏形，并奠定了此后一百多年的空间格局。本章要讨论的重点，即汕头埠呈扇形放射状的空间形态，是如何在没有总体规划的情况下得以塑造的。与此同时，本章通过结合已有的研究案例，利用相关的文献和地图，再现空间塑造这一复杂历史过程中的若干侧面。

第一节　1860年后的"向海争地"

作为《天津条约》中增设的通商口岸，汕头于1860年正式对外开放贸易。此时虽然距离英国第一次通过武力迫使清政府开放通商已有18年之久，但西方人想在汕头履行条约中准予在通商口岸居住和租地等事项并不容易。第一次鸦片战争导致了中国与其他国家之间的"对外关系"新秩序的确立。紧随英国之后，法国、美国、俄国、德国、日本等国也很快加入其中。新秩序由中外签订的条约缔造，清政府被迫给予西方人希望在中国得到的大量权利。[①] 不过，当西方人想在地方上行使他们获得的权利时，却面临诸多困难。如19世

---

① ［美］何伟亚：《英国的课业：19世纪中国的帝国主义教程》，刘天路、邓红风译，社会科学文献出版社2007年版，第5页。

纪40年代末，英国人试图凭借《南京条约》进入广州城，便遭到地方势力的抵抗。① 时任两广总督的徐广缙坚决拒绝英国人入城，他联合当地团练、士绅、商人的力量，最终在1849年取得外交上的胜利，英方被迫放弃入城要求。② 在潮汕地区，汕头的英国领事坚佐治，在开埠当年企图进入潮州府城造访惠潮嘉兵备道赵昀，同样受到潮州人民的抗拒。当时潮州团练总局，甚至为此成立"靖夷公馆"，并在下属各村镇设"靖夷局"，坚佐治最终放弃，返回汕头，在5年后才得以入城。③

无论如何，我们都不应忽视清朝的地方主义和地方势力。条约制度虽然给予了西方人诸多权利，但并没有改变清政府中央与地方的关系，也没有彻底打破地方上对外交流的传统。滨下武志提出"中外交涉论"，他认为，所谓"交涉乃至交涉力，就是关于如何将自身社会联系纽带的原理外在地表现出来的东西，通过检讨交涉力问题自身表现的方法，就会明确知道某一社会对外关系的方式方法。"他进而指出，交涉力在思考国家与民族，考虑社会特征的问题上极为重要，"与其说清末时期是清朝即中央力量衰退的时期，更应该说是民间和地方力量取而代之并不断增大的时期，在这个时期，国外、国内关系上同时出现了并不限于以往交涉结果的多样性的交涉关系"。④ 清政府长期以来都由地方官来处理对外关系，这无疑使地方上从普通民众到地方高官，乃至朝廷派出的钦差大臣，在对外交流时都自有一套因应之道。因而，西方各国在中国发展势力时，常常面临着不断交涉的情景。从这一点来看，中外所签订的条约，

---

① 此次广州入城风波，还与《南京条约》中英文文本在翻译上的问题有关。可参见屈文生《早期中英条约的翻译问题》，《历史研究》2013年第6期。

② [美]魏斐德：《大门口的陌生人：1839—1861年间华南的社会动乱》，王小荷译，新星出版社2014年版，第106—125页。

③ 房建昌：《潮汕地区中英交涉数事》，《汕头大学学报》（人文科学版）2000年第3期。

④ [日]滨下武志：《中国近代经济史研究：清末海关财政与通商口岸市场圈》，第29—30页。

某种程度上是外国在交涉时所赖以支撑的法律依据,而中国官员在交涉时考虑更多的是地方的实际情况。交涉最终以双方达成协议结束,交涉内容可能成为新的条约内容,也可能在地方上产生了一些地方性条约或章程。

《南京条约》和《天津条约》所涉及外国商民在各个通商口岸租地建屋的问题,一直是中外各方交涉的焦点。清政府虽被迫签订条约,但仍力求限制外国人在中国的活动,地方官员也不希望外国人在他们的管辖范围内自由行动,从而引起纷争。外国方面通过武力迫使清政府开放通商,力争享有条约中的最大权利,甚至是在通商口岸"自由居住,不受限制"。外国商民在通商口岸租地时,却往往和当地商民发生纠纷。中外各方在这个问题上因持有不同态度,从而产生了许多交涉,结果造成了各个通商口岸出现租界、居留区、居留地的情况。[①] 在众多通商口岸中,汕头并未开辟外国租界,始终以"居留地"的形式存在。租界以"画地为牢"的方式,在制约外国人活动上和避免中外纠纷上或有些许成效,而作为"居留地"的汕头,在历史发展过程中却无法避免频繁的土地纠纷。接连不断的中外交涉贯穿了汕头的发展,使其空间拓展和形态塑造过程与租界大相径庭。

一 没有租界的"居留地"

租界的开辟,是中外交涉产生的结果。第一次鸦片战争后,英国最初是企图寻求在中国自行择地的特权,但被中方拒绝。经过耆英与璞鼎查的商议,英方最终同意由中外双方官员会同商定英人租地建屋的地点。此次交涉成功之后,穆彰阿等人认为,除了对英国人在通商口岸的活动范围加以限制外,对英国人租地建屋的区域也应确切地限定界址。同时,不少英国人也认为,经营一个集中居留

[①] 除了租界外,还有租借地、避暑地、通商场等近似租界的特殊区域。参见费成康《中国租界史》,第309—347页。

的区域，比散居在通商口岸的城区或乡村可获更多利益，因而也不反对该新政策。① 这是清政府对外国人活动实行"画地为牢"策略的成功，只不过后来租界的发展远远超出当时穆彰阿等人的意料。

上海划定英国人租地的界限后，英国商人开始在界内租地。当时上海官员并未对此地行使立法权，而是贸然地让英国领事订定有关租地办法的一系列法规，最终汇成《上海租地章程》，上海英租界制度由此确立。根据该章程的规定，租界内实行"华洋分居"，英国领事取得一些行政管理权（如掌有租界内土地租赁的管理权），租界内实行相当于变租赁为买卖的特殊"永租制"，租界内的市政由英国人管理，英国人享有征税权等。② 通过此章程，英国人在租界地内获得了包括征税和市政建设等重要权利。与此同时，法国人和美国人也开始在上海行动，谋求建立自己的租界地。随后，上海租界及其行政制度进一步发展，1854年，为应对1853年兴起的"小刀会起义"，英国、美国、法国三国领事共同签署修订过的《土地章程》，该章程赋予新组成行政委员会（后改称市政委员会，也即工部局）管理租界地内各种行政事务的权力。上海各国租界由此正式成为由外人实行属地管理的"国中之国"。③ 白吉尔指出，"这些地方性的创举，是与各国领事、吴健彰及居民们共同协商的结果，这部小型城市法规是在没有和任何外交团体，包括北京政府的磋商下完成的"。④ 这些仅是由地方上中外交涉产生的结果，随后对上海乃至全国都产生了重要的影响。

租界的发展及其空间的展拓，影响了后来上海城市的发展路径。1862年，法国领事爱棠（Benoit Edan）宣布自行成立"法租界筹防

---

① 参见费成康《中国租界史》，第11页。
② 吴乾兑：《鸦片战争与1845年〈上海租地章程〉》，《史林》1990年第4期；费成康：《中国租界史》，第15—16页。
③ 费成康：《中国租界史》，第20页。
④ ［法］白吉尔：《上海史：走向现代之路》，王菊、赵念国译，上海社会科学院出版社2014年版，第30页。

公局",3年后确定译名为"公董局",随后又制订《公董局组织章程》。英、美租界则在1863年合并为公共租界。自此,英美公共租界、法租界和上海县城三者在各自的机制下进一步发展,形成上海多元拼贴的空间结构。上海作为近代开埠通商的首要城市,在此交涉而成的协议或制度,常常成为试点继而得到推广。第二次鸦片战争之后,上海的"租界制度"在中英订立的条约中得到确认,而且合法地推行到其他通商口岸。① 不过,汕头作为《天津条约》条约增设的口岸,"租界制度"在此并没有得到推行,它成为一个没有租界的"居留地"。

  根据条约的规定,外国人可在通商口岸居住,可租地盖屋、设立栈房、礼拜堂、医院及坟基等,并且是按民价照给,公平定议。② 外国人凭借这些由条约所规定的权利在汕头租地。不过由于汕头没有划定租界,也就没有明确地把外国人限定在某个区域,外国人在汕头只能自行向当地商民租地。这仍是"民租"的方式,也就难以避免在租地过程中产生中外纠纷。汕头也没有同样类似"工部局"或"公董局"这样的市政机构,依旧在清政府的管辖之下,类似租界的市政建设在此无从发展,相应的城市规划更无从谈起。

  汕头在1860年开埠之后仍隶属于澄海县鮀浦司。外国人在汕头活动,若发生中外纠纷或外人间纠纷,该管领事可与鮀浦司交涉,或与澄海知县交涉。如果不满交涉结果,仍可继续向惠潮嘉兵备道或两广总督交涉,最高可至总理衙门和该管公使交涉。③ 谢雪影述及汕头政治沿革时提到:

> 汕头……原属澄海设置鮀浦司,清时文员即设一司官,县

---

① 费成康:《中国租界史》,第23页。
② 参见汪毅、张承棨编《咸丰条约》,(台北)文海出版社有限公司1974年版,第253—278页。
③ 李期耀:《美北浸礼会传教士耶士摩汕头地产研究》,《潮青学刊》(第二辑),第262页。

以下之九品小吏以统治之，故有鮀浦司衙门（设在升平路头），此外虽尚有一道台行署，（即现之公园街），惟惠潮嘉道常驻潮州府城，汕头行署几同虚设，道台之侧，有一洋务局，专职对外交涉，及检查出入旅客，其范围极狭，实即一翻译对外公文之机关也。①

可见，开埠初期，汕头虽设有鮀浦司和惠潮嘉道行署②，但实际上处于形同虚设的境地，行政管理明显不足。汕头的发展几乎处于一种"半自由"的状态。一旦外国人遇到租地买地的纠纷，常常需要与二三十里以外的潮州府或澄海县进行交涉，路上多有不便，案件的处理也往往迁延日久。在此情况下，外国商人想在汕头谋求发展，中国商人和地方大族也想在此追逐利益，地方官则想维持秩序，他们都有自己的一套应对策略和因应之道。

二 民间的填海策略和官府的因应

贸易的兴盛带动了汕头的发展，土地需求显著增加，原先"漳潮会馆"附近的旧市场，土地已明显不足。汕头西面是出海口，南面是海，填海造地自然成为当时常见的扩张土地之法，这在濒水港口或城镇都司空见惯。如乾嘉时期贸易盛极一时的樟林港，因为渔业和大米贸易的发展，临水土地需求增加，就频繁发生填海造地的活动，乃至澄海知县两次勒石示禁也难以避免。③ 樟林港衰落之后，汕头继之而起，昔日侵占官港的填筑活动，在此地继续上演，不同的是，此时多了来自外国的竞争者。

既然当时汕头仍处于清政府的管辖之下，那么在填海造地方面，理应依循当地政府的规定。根据当时已有的章程：

---

① 谢雪影编：《潮梅现象》，汕头时事通讯社1935年版，第156页。
② 惠潮嘉道行署1868年设于汕头，见《惠潮嘉道员行辕碑记》，汕头市博物馆藏。
③ 黄光武：《从新发现的勘界碑再见证乾隆中期樟林港的蓬勃发展》，《潮学集刊》（第三辑），社会科学文献出版社2014年版，第22—27页。

> 凡民间填筑坪地,须请地方官丈量,给予执照,以凭管业,如遇转卖,买户须同原照及现立契纸,一并呈缴,核对四至相符,再行印给,以免盗卖情弊。①

这种官方条文写的自然是合法程序该如何办理。海坪原本属于官方所有,官方往往有各自原因准许民间百姓将海坪填筑成地,并自负工本费。所填之地须由地方官丈量四至面积,并发给执照,以便确定管业。此规定的要点在于新填成之地须到官府升科纳税。如果民间填海之人和官员都按章办事,那么土地似乎能得到井然有序的管理,但这种和谐的景象,在当时当地乃至今时今日,都不过是天方夜谭罢了。中外商民在汕头投资土地的时候,都有自己的一套策略。

周修东在讨论鲁麟洋行和潮海关争地案的研究中,曾归纳出中国商人的两种策略。其中一类是在投税时利用关系或钻空子少纳税款,蒙混影射官地;另一类商人则不理会官府,自行树界占地,然后转手卖给洋人,从中取巧渔利。② 这些中国商人包括当时在汕头活动的洋行雇员、买办和当地的地方大族。

就第一类商人来看,这些商人虽然在填筑海坪地之后,到官府投税领得执照,取得所填土地的合法性,但其合法性是有问题的。曾国荃在处理汕头争地案时就曾说:

> 广东税契银两,向有定额,征收不足,应由州县赔解,是以每遇民间将契投税,大抵并不详查,即行印给。③

---

① 《旧定章程》,《潮海关档案全宗》679(2)卷第1829号,总税务司致潮海关令第703号,附件《总税务司致总理衙门信》(1885年6月30日)。转引自周修东《潮海关史事丛考》,第89页。
② 周修东:《潮海关史事丛考》,第84—85页。
③ 曾国荃:《致总理各国事务衙门》,《曾忠襄公书札》卷十七,《续修四库全书》一五五五·集部·别集类(据上海辞书出版社图书馆藏清光绪二十九年曾忠襄公全集本影印),上海古籍出版社2003年版,第260页。

可见，知县在征税无门的情况下，并未详细查勘，便给投税的商民颁发执照，当然其中可能还有更微妙的原因。这就使得有些商民新填筑的海坪地，未经过官方的查勘丈量就得到认可。土地执照中虽然开列有坐落、四至、长阔等内容，但往往含混不明，难以确定海坪地的具体位置，商民于是有了蒙混影射土地的机会。

第二类商人一般是当地大族或官绅，依靠自己势力确定海坪地的管业，然后按俗例将其填筑，并没有官方的查勘丈量以确立合法性。从这两类情况看来，这些新开发的海坪地，不仅没有上手契或执照，而且位置往往含混不清，各填地之间容易产生纠纷，在转买转卖的时候，更难以杜绝影射欺瞒等情形。不过，不可否认的是，这些中国商民在获得土地方面有一定的便利，而此种便利常常被投资汕头地产事业的外国人所利用。

外国商人似乎早就认识到中国商民在土地投资上的便利，所以他们常常委托其中国雇员在汕头投资土地。吴滔在有关汕头争地案的研究提到，外国洋行德记行和广孚行在汕头购买海坪时，分别委托他们的中国雇员陈玉嘉和郭阿伦在前台进行交易，试图利用中国土地买卖的惯例来钻空子。不料陈玉嘉向王洲买的海坪地，以及郭阿伦向李亚盘买的海坪地，却是王姓和李姓按照惯例填筑的海坪，两地之间互有镠镥，因此引起了纠纷。最初看似两个中国人买地的争议，其实是这两个外国洋行之间的纠葛。经过惠潮嘉道、澄海知县、英美两国领事以及新关委员等各方的磋商，最终的处理办法是，对德记行则按照所填的海坪地另给新契，不足之数割让德记码头相连接的海坪补还，对广孚行则重新换发实名印契，交给管业。吴滔通过这两起争地案例指出，外国人在中国进行土地开发的过程中，既想钻空子，又无法不顾中国传统土地买卖机制，更难以绕开中国地方官员和地方大族自行其是。中国地方官在处理涉外土地买卖这类问题的时候，一方面努力试图以传统的方式来解决，另一方面也得顾及自己的官职和"洋大人"的权力。① 可见，在处理土地纠纷案件时，中外各方势力都存在两相矛盾的心理，结果是各方都只能不断地交涉和寻求折中，这或许是汕头土地开发过程中所难以避免的。

此外，还有美北浸礼会的传教士耶士摩在汕头购买土地的案例值得我们深入探讨。汕头开埠后不久，耶士摩便开始在此寻找传教以及购地建礼拜堂的机会。他最初除了假手买海坪地之外，还在1866年年初和传教士赞臣一起在汕头购买土地。此后耶士摩开始在汕头发展自己的地产事业，其间经历了繁复的交涉过程，最终以技高一筹获胜，不仅以自己的名义拥有所买土地的执照，还通过填海将其面积拓展了数倍。

耶士摩在第一次购地时，就受到万年丰会馆的抵制，后者提出的理由是耶士摩建筑教堂会影响他们的风水。几经协调之下，耶士摩换购了当时炮台附近的海坪地，随后又因炮台的把总出面反对，说耶士摩的填地有碍炮路，耶士摩只能被迫再次换购土地，最终购得镇邦街口一片海坪地。② 有趣的是，耶士摩通过两次换地所得的海坪地，竟是他之前假手购买之地。据澄海知县给他颁发的执照所载：

> 兹查有镇邦街口石岸外坪地一段，系耶士摩自称用萧捷盛名向李顺合价买海坪，随用工本填筑成地基，宽广丈尺与炮台前之地相仿，彼此商妥，即以此地互换。惟须补还地价及填筑工本等银，随缴出原买白契一纸。其炮台前海坪，业经填筑，亦须补还搬运石沙工本。又因从前议给炮台前地之时，曾求准前道宪张暨前县冯允其给执照之外再向海坪填筑，现换此地，海坪外面即系海心，有碍行舟，实属不敷建造。欲在所筑之地

---

① 吴滔：《〈英国公共档案馆档案〉所见清末两次争地始末》，《清华大学学报》（哲学社会科学版）2009年第4期。

② 有关耶士摩的地产事业及其购买情况，可参见李期耀《美北浸礼会传教士耶士摩汕头地产研究》，《潮青学刊》（第二辑），第261—276页。

两面李顺合存留余坪内再给一片以便合而为一。当即传到李顺合即佑启堂商允，愿让并缴印契呈验核对。耶士摩缴契相符。因欲全中外和好，勉从耶士摩之请，格外通融加给……并将补还耶士摩前买萧姓地价工本一千一百二十五元，补还搬运石沙工本六百七十二元，一并交讫……发还所有换给耶士摩用萧捷盛名原买之地，与佑启堂让给之地并成一片，统归耶士摩管业，合行换给印照交执，为此照给美国温领事、耶士摩收执查照。①

由此可见，耶士摩先是假借萧捷盛名义，向李顺合买得镇邦街口石岸外坪地一段，随后自备工本将其填筑成地。耶士摩的做法跟上述外国洋行相似，其目的是试图利用中国传统土地买卖惯例钻空子。据当时海阳知县所言："民人租地租屋只向业主写立供批，向不投税用印。"② 耶士摩虽然利用这种民间惯例购得土地，免去投税的麻烦，但是如此一来，他所买的土地就只有白契，而白契并没有法律效力。耶士摩和赞臣买地受阻之后，可能已萌生了将原先这块只有白契的海坪地合法化的想法，毕竟仅有白契在手，一经讦讼，不但胶葛难清，也容易节外生枝。这是难以应付当时民间土地交易中常常出现"私典盗卖，致启讼端"③ 的情况的。第二次换地时，澄海常知县曾提出两处土地供耶士摩选择，一处位于道衙行署附近的新填地，另一处位于当时处于汕头埠之外的崎碌（文献中亦作碕碌）。耶士摩均以位置过于偏僻拒绝，他提出的换地条件包括"海

---

① *William, Sr.'s Land Deed*, Ashmore Family Papers (1850—1937), Ax 564 - Series VIII-box 20 - folder 2, University of Oregon Libraries, Special Collections and University Archives.

② 《海阳县禀稿》，附于《惠潮嘉道益照会》（光绪十一年十二月二十八日），英国国家档案馆藏［下文所用英国外交部档案（FO）均藏该馆，不再一一注明］，FO 228/1005, p. 6.

③ 《海阳县禀稿》，附于《惠潮嘉道益照会》（光绪十一年十二月二十八日），FO 228/1005, p. 5.

岸长度应为 260 英尺；土地的形状必须是扇形；因放弃深海岸，故扇形线应作为马路"等等，①这些要求似乎是为镇邦街口这块海坪地量身定制的。

事实上，随着汕头的逐步发展，土地开发活动频繁，像镇邦街口这样临近深水区的土地，本身的价值及日后的升值空间都很大。耶士摩正是看到这片土地的价值，才同意换地并舍弃炮台前的海坪地，从而将自己通过萧氏所买的土地合法化。除此之外，为了弥补换地造成的损失，耶士摩还向官方提出以下要求：其一，因为炮台前的海坪地可在执照之外继续填地，而镇邦街口的土地限制填地，所以需划给他李顺合的存留余坪；其二，限制相邻海坪地的填筑，填筑范围只能与他的土地平排；最后，补回他镇邦街口海坪地的工本银和搬迁石料的工本费。这些要求都得到官方的批准，足见耶士摩处理此事情的周旋能力。值得一提的是，执照中虽然限制了耶士摩及其相邻业主继续向海填地，然而在后来土地开发的浪潮中，这些规定如同具文。面对周围的海坪相继被填筑，耶士摩随后也向澄海知县申请继续向海填地并获得批准。在不断向海扩大填地时，因与万年丰会馆发生纠纷，又陷入了新的交涉中，不过这已是后话了。

根据李期耀的研究，耶士摩从买地到填地再到扩张填地，经历了多次协商，牵涉的官员和机构先后包括汕头美国领事、澄海知县、惠潮嘉道、海关委员、广州美国领事、美国驻京公使、两广总督、广东全省洋务总办、总理衙门等。②可见租地买地一旦牵涉外国人，对于地方官来讲常常是一件非常棘手之事，以致他们在处理民间土地事宜时，常对民间持契投税时加以详查，并注明"该田屋并非卖

---

① William Ashmore, Sr., *Ashmore's Land Case at Swatow*, p.11, Ashmore Family Papers (1850—1937), Ax 564 – Series IV-box 14 – folder 16, University of Oregon Libraries, Special Collections and University Archives.

② 李期耀：《美北浸礼会传教士耶士摩汕头地产研究》，《潮青学刊》（第二辑），第 261—276 页。

与洋人及教民盖建等事"①,以便防止产生弊端。该做法其实是有意将中国人私下的土地买卖与涉外的土地买卖区分开来。地方官也可能试图借此遏制中国商民将土地租卖给外国人。光绪十一年(1885),英、德两国领事曾就此事照会惠潮嘉道,称在契内盖"并非卖与洋人及教民盖建"一印,有违通商条约,应行禁止。②英、德领事的行为应是其来有自,我们似乎可以由此想象地方官在中外商民为土地投税时加以刁难并以此阻挠中外土地交易的情景。

早在咸丰十一年(1861)八月,两广总督劳崇光就同英国领事罗伯逊就中外商民租地买地一事进行商议,并制定《新定条约商议章程》。该章程属于地方性条约,主要针对当时广州和汕头两个通商口岸。因广州是第一批开放通商的口岸,所以该章程的内容可能来自中外双方处理广州土地交易问题的经验,其中主要包括土地的承买和租赁两部分。就土地的承买而言,英国人向中国人买地,需要经领事官将上手契移交给县官核查,县官则需详细查明所卖之地,不存在盗卖官地、私卖别人税业、重典重卖等情形,方可让买主完纳税银,发给红契,并于契内注明该土地交易"无不照例妥合"。至于租赁房地,虽然不需要官府发给红契,但也需立租簿租批,议定租价和年限之后,由领事官将之移交给县官,再由县官查明有无蒙混謬轕,分别立案,并在租簿租批写明租赁年限。在年限之内,允许英国人交租居住,或转租转让。③可见,早在汕头开埠之初,中外土地租买已有章可依,但实际情况往往并非如此,有时土地租买的复杂程度,甚至可能超出条约章程的规定,结果只能是不断地产生纠纷,不断地订立新的条约章程。比如同治八年(1869)三月,潮州地方官又颁

---

① 《海阳县禀稿》,附于《惠潮嘉道益照会》(光绪十一年十二月二十八日), FO 228/1005, pp. 5 - 6.

② 《海阳县禀稿》,附于《惠潮嘉道益照会》(光绪十一年十二月二十八日), FO 228/1005, pp. 2 - 4.

③ 《海阳县禀稿》,附于《惠潮嘉道益照会》(光绪十一年十二月二十八日), FO 228/1005, p. 7.

布《酌议潮州通商事宜》①，该章程共10条，有关中外土地交易的有3条。其后，又有惠潮嘉道所拟英法等国在潮属汕头地方租地章程，并于同治十三年（1874）六月间由广东藩、臬两宪详定议复。②

综上所述，不管是《天津条约》，还是随后中外商定的地方条约，常常只是中外双方交涉时的依据罢了。中方官员虽然在往来照会中援引条约，商定新章，但他们面对地方上的实际情况并解决具体问题时，除了依靠交涉等办法，还常常采取扯皮、和稀泥以及拖延等策略。外国人倚赖各类条约所赋予的权利租买土地，他们在交易过程中有时也利用传统惯例的便利，当陷入困难时还运用常规乃至非常规的外交手段。由于汕头自然地理条件所限和原先交易场所狭小，开埠后活跃于此的中外商民通过填筑海坪来获得土地。许多业主将土地放租以获取收益，有的租户还将所建房屋抵押给业主作为担保，汕头西南沿岸的业主因此大获其利。这些填地的地契，有的确认了深海面的权属，有的则限制填海界限，地契中蒙混不清的措辞使业主有了进一步填海的可能。至1877年，汕头已向海面拓展了21.5英亩的土地。③伴随着填海造地的过程，一幅幅生动的海坪地纠纷情景不断在此上演，这就是所谓的"向海争地"。

---

① 《酌议潮州通商事宜》，FO 228/924，p. 166.

② 《海阳县禀稿》，附于《惠潮嘉道益照会》（光绪十一年十二月二十八日），FO 228/1005，pp. 5-6. 该章程应该是李期耀在《美北浸礼会传教士耶士摩汕头地产研究》中提及的"酌定中外租地章程"，1874年年初由英美领事与张铣商议订立。李期耀通过章程中文抄件，总结了其中租地的新规则，即："外人租地需十日内向领事报禀；联合勘明四至后，由惠潮嘉道台核发租照；租地凭据一式三样，采用联票之法，填明租地详情，各由租地人、道府、领事馆收执；土地转租需向领事禀明并由道台另发租照，外人租地，道、县衙门另立专簿登记，如遇纠纷，可申请查看；上手原契由道台写明'涂销'二字存放道署；中国人典当土地给外国人，给典照写明赎回与未赎回办法。"此外，李期耀同时指出，该章程后来由于张铣很快离职未付诸施行。不过，根据海阳知县温树荼的禀稿，可知他在处理上述英德领事质问地契加盖"并非卖与洋人及教民盖建"印章一事时，曾征引此章程为自己辩护，声称没有阻碍外国人租地。

③ "Swatow Trade Report, for the Year 1880", *Report on Trade at the Treaty Port, for the Year 1880*, China Imperial Maritime Customs. I Statistical Series: No. 4, Shanghai: Statistical Department of the Inspectorate General, 1881.

第二节　潮海关填地与海岸线南移

　　同租界制度相似，近代中国海关及其相关的制度也率先以上海为试点，随后推广至全国。1853年9月，小刀会在刘丽川的领导下占领了上海，时任苏松太道兼江海关监督的吴健彰被擒获，随后被美国领事金能亨派人救出，躲到宝顺洋行①，英租界中的海关也遭到洗劫，②江海关被迫关闭。在这种情况下，上海英国领事主张在江海关的重建中与清政府官员合作，而且为公平起见，应指派外国人作为税务监督。翌年7月，江海关重新开放。吴健彰与英、美、法三国领事商议，决定各国派一名代表作为税务监督，成立关税管理委员会。③这便是以上海为试点的近代海关之始。第二次鸦片战争后，海关逐渐扩展到其他口岸，并由《天津条约》奠定了海关的法律基础。为海关的奠基做出巨大贡献的李泰国，在1861年1月总理各国事务衙门成立之后，受加委为总税务司。1863年11月，赫德代替李泰国出任总税务司，中国海关在他的领导下，逐步壮大成一个综合性的组织机构，海关在各口岸的权力也逐渐变大。方德万指出，海关超越了一个单纯的税收机构，集多种功能于一体，包括管理中国港务、涉入中国外债事务、干预中国外交等。④可以说，海关在中国近代史上扮演着极为重要和多元的角色。

　　新关潮海关是中国近代海关体系中的一员。汕头虽然是第二批

---

　　① 章文钦：《从封建官商到买办官僚——吴健彰析论》，《近代史研究》1989年第5期。
　　② 魏尔特：《中国海关的起源与发展（1843—1911）》，上海，1936年，标有"私人流通字样"，第9页。转自［英］方德万《潮来潮去：海关与中国现代性的全球起源》，姚永超、蔡维屏译，山西人民出版社2017年版，第37页。
　　③ ［英］方德万：《潮来潮去：海关与中国现代性的全球起源》，第40页。
　　④ ［英］方德万：《潮来潮去：海关与中国现代性的全球起源》，第5页。

开放通商的口岸,但潮海关的设立却比浙海新关、厦门新关、闽海新关要早。① 第一次鸦片战争之后,虽然开放五口通商,但直至上海新的江海关开始办公之前,其他口岸并未设立新的海关,仍由原来的海关常关负责征收洋税和常税。上海的新关模式是在1860年前后扩展到其他四个口岸的。汕头是在1860年先行向美国开市时,即设立新的潮海关。

不过,潮海关的设立并不顺利,最初不得不设在汕头港海面的妈屿岛上,随后经过潮海关的努力以及赫德的批准迁入汕头埠内。这其实也是赫德推广上海模式并逐步加强各口岸海关建设的举措之一。潮海关对汕头口岸船只的稽查及来往货物的查验也得到进一步强化。潮海关购地迁入汕头埠后不久又获得此地以东50亩海坪地。此后潮海关将办公楼前面的地段以及50亩海坪地加以填筑,光绪末年又兴建船港地。这些填海活动不只使海关的土地得到扩张,还造成汕头埠海岸线的南移,间接影响了汕头的外部轮廓,对城市空间形态的塑造意义非凡。

一 1865—1866年海关码头的购置和扩建

潮海关原本筹划设在汕头埠内,但遭到当地商民的反对。据汕头英国领事坚佐治的报告称,新关(此指潮海关)的建筑物忽遭当地百姓破坏,为此新关迁往妈屿。② 其实,作为中国机构的潮州粤海新关,早在汕头开埠前的1859年也有类似的命运。据《汕头常关地位与工作报告》所载,当时汕头商民对海关非常反感,不允许海关(此处应指潮州粤海新关)在汕头寻找安全之地居住,但海关仍然在汕头开设一间小办公楼,作为常关总部以及常关代表使用。获得该房的过程非常艰辛,其周围连着的空房都被当地首领代表政府占用

---

① 参见吴松弟、杨敬敏《近代中国开埠通商的时空考察》,《史林》2013年第3期。
② 房建昌:《潮汕地区中英交涉数事》,《汕头大学学报》(人文科学版)2000年第3期。

着,他明显没有认识到海关是个政府机构,并且强烈反对海关使用。这促使两广总督下令要求海关委员在海关用地竖立界桩,此地界要比原先预想的大得多。海关的房屋在建造时遭到邻居的强烈反对,他们在夜间推倒白天砌好的墙体,拆除已建设施,以此表达他们的不满。此事最终以20人被抓、3人被击毙的严厉措施告终。[①] 究其原因,其实都是当时的地方势力在作祟。上引报告也提及:

> 那些设立已久的常关——现称为旧关(以后称旧关),其职员都是来自潮州府各地的当地人,他们都十分排外并可能在这方面成为篡位者,在这种情况下无疑构成了一个敌对势力。更糟糕的是,这些机构包括前面提及的7个主要分卡都由广东当局承包给商人和海关职员在内的联合体,他们投资越大收获越多。[②]

在这种情况下,作为新设机构的新关潮海关,想要在汕头埠内立足,自然困难重重。所谓当地首领,可能与当时的漳潮会馆(后演变为万年丰会馆)有关。漳潮会馆在汕头一直掌握着贸易的话语权,与官府有紧密的联系。汕头包税商人可能与漳潮会馆有密切关系,或许本身便是该会馆成员,那么他们在汕头称霸一方也不足为奇。

形势出现转机要到1862年年末。是年11月14日晚,海盗郭泳馨等人抢劫了专门办理常关税银的银行——高广恒银号。此事严重到甚至惊动了同治皇帝,后来经澄海、潮阳两县及澄海营的全力缉查,郭泳馨等人被抓捕归案,并于翌年夏天就地正法。经此一劫后,高广恒银号马上搬迁至汕头埠内,常关的全部业务也随之迁入。[③]

潮海关迁入汕头埠一事与总税务司赫德有关。他在担任总税务司后,花了大量的时间辗转中国各地,主要是把上海模式推广到其

---

① 《汕头常关地位与工作报告》,载杨伟编《潮海关档案选译》,第118—119页。
② 《汕头常关地位与工作报告》,杨伟编:《潮海关档案选译》,第117页。
③ 周修东:《妈屿新关银行被劫与岛上机构迁入市区》,《潮青学刊》(第二辑),第89—90页。

他条约口岸。① 随着赫德推进海关的建设，潮海关在汕头的势力也得到加强。同时，随着中外合作的贸易关系逐步发展，很多洋行在开埠后几年间也相继从妈屿岛转移到汕头埠内。到了同治四年（1865），赫德巡视汕头，发现妈屿已相当荒凉，除了引水员外，洋关职员几乎是岛上仅有的人，所有商人和领事馆等先后都移到汕头埠。② 随后赫德向总理衙门申呈，称：

> 潮州新关税务司向与各国领事官及商人等，均系妈屿居住，而商船起下货物、停泊俱系在汕头江面，距妈屿岛有二十余里之远，该关雇有小凫船一只停泊汕头，派四等帮办并扦子手数人乘坐查验。现有商人暨领事官等先后移住汕头对面南岸，其公馆行栈均已在彼修造，止有税务司仍住妈屿办公，甚为不便。因请俯准该关委员、税务司人等均移驻汕头，并请行文两广督宪暨粤海关监督代为购买地基造屋。③

总理衙门最终批准了赫德的呈请，潮海关也于当年的九月十三日迁入汕头埠。潮海关动用船钞项之六成经费购置地产，出售者为德国鲁麟洋行和郭忠恕堂。当时的购买记录中有如下记载：

> 立卖房并马头契人鲁麟行主，今有租郭忠恕堂之地，自建外国款式房屋一所，坐落汕头海边铜山路头地方，南至海坪，北至街路，东至郭姓地，西至郭姓地。其地长东一十二丈一尺，西一十六丈二尺，前阔一十二丈七尺，后阔一十二丈三尺，又接连马头

---

① ［英］方德万：《潮来潮去：海关与中国现代性的全球起源》，第57页。
② Richard J. Smith etc., eds., *Robert Hart and China's Early Modernization: His Journals, 1863—1866*, Cambridge (MA) and London: Harvard University Press, 1991, p.254.
③ 《潮海关档案全宗》679（2）卷第1824号，总税务司来令第17令（1865年9月21日），附件《总理衙门札文》。转引自周修东《潮海关史事丛考》，第79—80页。

一道，长不计，宽一丈二尺，其马头东一丈，西一十丈四尺……
……

立卖地基契人郭忠恕堂，情因在澄海县投税给照，填得汕头铜山路头海坪地基一段，嗣有鲁麟行遵照和约，向租盖造行栈，当即划出长东一十二丈一尺，西一十六丈二尺，前阔一十二丈七尺，后阔一十二丈三尺，出租盖造，并又接连该地出租建筑马头，兹因鲁麟行将所造之行并所筑马头一道，出卖与总税务司赫以作潮州海关，忠恕堂亦愿将该行地基并马头地基一并出卖……①

可见，该地最初是由郭忠恕堂填筑海坪所成，随后租给鲁麟洋行，后者在此地盖建行栈和建造码头之后，又将其转卖给潮海关。与此同时，潮海关也向郭忠恕堂买断地基，这样一来，房屋、码头、地基就都属于潮海关的产业了。

潮海关所购之码头，在契约中仅写明"长不计，宽一丈二尺，其马头东一丈，西一十丈四尺"数语。这似乎意味着，在交易双方看来，码头向海面延伸出去，其具体长度并不重要，不必专门测量，而码头东西两边则关系到左邻右舍的地产，需要注明具体的宽度。现藏于大英图书馆的"汕头港地图"② 可大致呈现海关所购码头的情况。该图出版于1865年，由英国海军部测量绘制，详细描绘了韩江口汕头埠、礐石岛、妈屿岛等地的河流、岛屿、山脉等地形，并以航道为重点，除了有密集的水深标记之外，还注明了暗礁、海坦、沙滩、渔桁、炮台等内容，是较早的汕头港实测图。由于比例尺较小，汕头埠在此图中仅仅绘出轮廓。

---

① 《置买本关房契据抄录备查由》《置买本关房地基契抄录备查由》，汕头海关档案室藏。感谢周修东先生提供此资料及总税务司赫德"来令5号"、《置买本关扦子房地基契据抄录备查由》两份资料。

② China. East Coast, Province of Quang-Tung. Entrance of the River Han. Port Swatow. Surveyed, 1865, 原图藏大英图书馆 [British Library, Cartographic Items Maps SEC. 13 (854)]。

如图 1-1 所示，当时汕头埠东南边和西边各有一个码头。其中西边码头的具体情况暂不得而知，不过其位置正好是韩江入海处，由此往北可到庵埠卡，并连通腹地内河航运，可推测该码头可能和本土商人有关。东南边码头应该是潮海关向鲁麟洋行买受的码头。因为在 19 世纪 90 年代末潮海关船港地建成之前，潮海关码头一直是汕头埠南岸最靠东边的码头。可见，潮海关所买受这个"长不计"的码头，实际长度并不短，是向南延伸至接近较深水域。该码头东西两边皆为海坪地，码头以西的海岸边存在新填地。

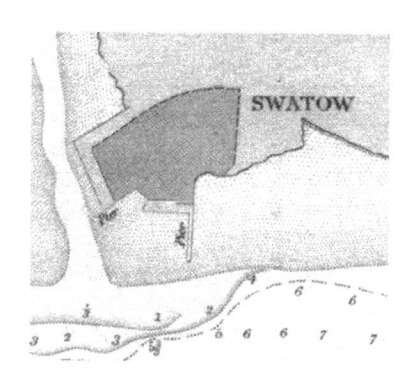

图 1-1 1865 年汕头口岸地图（局部）

资料来源：China. East Coast, Province of Quang-Tung. Entrance of the River Han. Port Swatow. Surveyed, 1865, 原图藏于大英图书馆［British Library, Cartographic Items Maps SEC. 13（854）］。

潮海关肩负着查验汕头口岸来往货物的责任，最初只是雇一只小趸船停泊在汕头，并派四等帮办和扦子手帮忙查货。在购得鲁麟洋行的房子和码头之后，潮海关开始修建验货厂，加大稽查力度，并发展自己的地产事业。1866 年，潮海关税务司威涵励向总税务司赫德呈请兴建验货厂等计划，并于该年 2 月 21 日得到批复，其来令如下：

先生，

我收到你 6 号及 □ 号的信，第一封是有关租稽查员的住房，而第二封是建筑验货厂等问题。

兹覆告，我已同意你租赁稽查员住房的行动，并批准所提议的计划，将海关前的地段加以填平，以兴建验货厂、小船厂等等。所需的费用不要超过 2000 元，并在季度账户的"房屋租金"项下登记入账。

赫德

总署
信寄汕头威涵励先生，税务司①

在获得赫德的批准后，潮海关开始着手兴建验货厂和租赁房屋事宜。据载，验货厂于1866年开始兴建，但完工的时间未知。② 在此需要指出的是，赫德的来令中透露了一个颇为重要的信息，即"将海关前的地段加以填平，以兴建验货厂、小船厂等等"。可以推知，潮海关在买受鲁麟洋行的码头之后，继续在其基础上填海造地，兴建验货厂，使原先的码头进一步向南边的海面延伸。耶士摩地产报告中言及他1866年间位于炮台前地产的图（见图1-2）时，也曾说"左侧是存留的50亩海坪地；该地的左边是旧海关码头已延伸得更远。这些地方也被填平并筑墙围住"。③ 此次填海的具体长度，缺乏材料暂无从考证。不过，可以较为肯定的是，汕头埠南岸的界线在此后固定了较长一段时间。

潮海关在修建码头和验货厂的同时，也将东边的50亩海坪地陆续填筑。现藏于汕头海关陈列馆的一张题名为"同治十年十一月吴署税务司与前新关委员通判富纯借地筑路之图"可展示海关早期填地的情况。

如图1-3所示，标示为"洋关"的房子，应该是潮海关向鲁麟洋行购买的办公楼。此楼南边连接着码头，最南端标示为"验货厂"，即潮海关获得赫德的批准后所建。由此可知，验货厂最迟在同治十年（1871）已竣工。码头及验货厂以东的马路，应该也是同一时期修筑的。"洋关"东边的"扦子手房"，即为同治八年（1869）

---

① 《总税务司署档案全宗》679（2）/1824 I. G. 来令5号，汕头海关所藏复印件。

② 《汕头海关房产情况表》，汕头海关编志办公室编：《汕头海关志》，第300页。

③ William Ashmore, Sr., *Ashmore's Land Case at Swatow*, p. 12, Ashmore Family Papers (1850—1937), Ax 564 - Series IV-box 14 - folder 16, University of Oregon Libraries, Special Collections and University Archives. 耶士摩地产报告中说的 old Custom house pier，其实指的是潮海关码头。

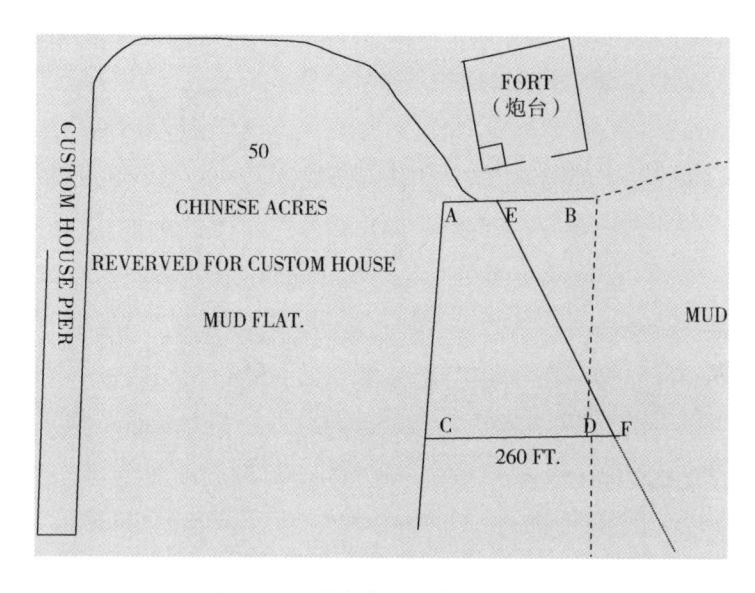

图 1-2 耶士摩位于炮台前之地

资料来源：William Ashmore, Sr., *Ashmore's Land Case at Swatow*, DIAGRAM. C。

潮海关向鲁麟洋行和郭忠恕堂所买的房子和地基。① 以上所述及图中的地方，基本都是在开埠后同治初年由郭忠恕堂填海造地所成。

图1-3中，"扦子手房"以东标有三块土地。北侧的土地标为"高广恒银号退还官地"，地块之内还标示"藩属官地"，参照该图右侧的标示惯例，这些地方可竖有刻着"藩属官地"的界碑。南侧的两块土地，标示"藩属官地"和"俞委员填"，土地的东南角还有标示"禁筑碑"。其中俞委员，乃首任新关委员俞思益。从地理位置上看，这三块土地，以及土地中间的"借新关地筑马路"，应该都属于海关50亩海坪地的范围内。这从图1-2中也可以得到证明。图1-2中的"Fort"指炮台，左边的"50 CHINESE ACRES REVERVED FOR CUSTOM MUD FLAT"即为海关的50亩海坪地，此地在图1-2中的位置和图1-3的位置相同。在50亩海坪地划归海关这件事上，

---

① 见《置买本关扦子房地基契据抄录备查由》（同治八年七月二十三日），汕头海关档案室藏。

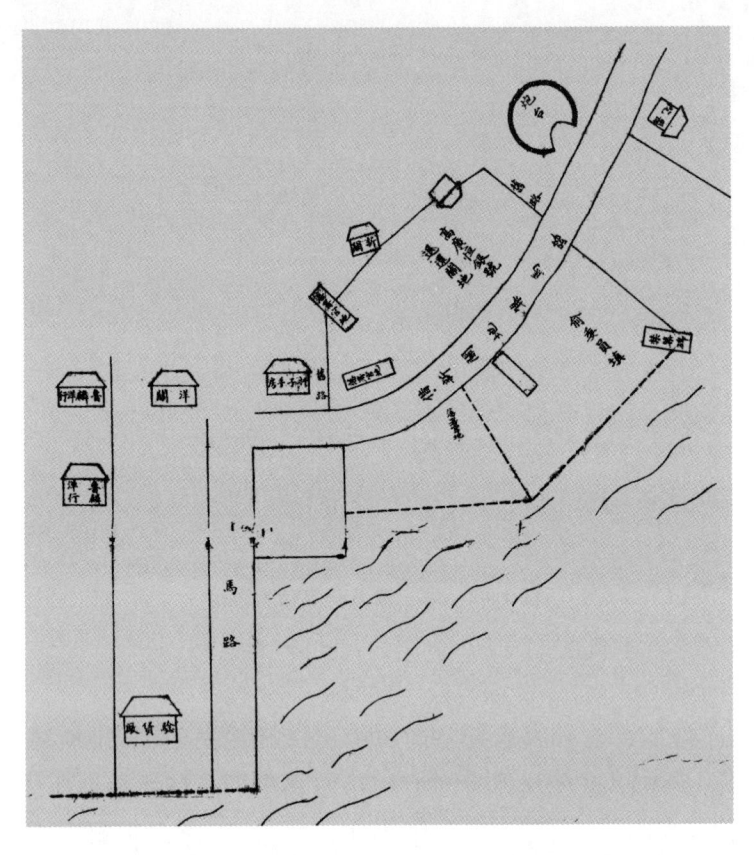

图 1-3　同治十年十一月吴署税务司与前新关委员通判富纯借地筑路之图

资料来源：汕头海关关史陈列馆藏。

俞思益功不可没。此事起因是同治四年（1865），砂尾乡的李盘老雇船在海关税厂以东的海坪一带下石填地。后经新关委员俞思益知会澄海知县冯镇，于该年十二月十二日出示晓谕，称："以所有税厂面前东边海坪一带，业奉都宪札行丈地五十亩，留为海关马头路口，不准乡民私占，嗣后毋得在于该处填筑地基等语。"① 正因为此，图中的这些土地，才有了"藩属官地"的说法。在有官方示谕及竖碑

---

① 《潮海关档案全宗》679（2）卷1829号，总税务司来令第703号，附件《总税务司致总理衙门信》（1885年6月30日），转引自周修东《潮海关史事丛考》，第86页。

禁筑的影响下，这些土地的特殊权属进一步得到强化，这也使其南面海坪地的填筑进展缓慢。

相反，海关码头以西的填海造地活动却方兴未艾。如图1-3所示，潮海关西边的鲁麟洋行也向海填地，其南端界限似乎已有同潮海关验货厂并排的趋势。值得注意的是，鲁麟洋行以西的海坪地，填海造地活动更为频繁，竞争也更为激烈。因为当某一海坪地主填地筑堤之后，其填地周围的海坪地会加速淤积，相邻的海坪地地主为了不让自己的土地价值受损，便纷纷加入填海的土地开发活动中来。其中参与填海的个人或组织包括耶士摩、德记行、太古行、福源行、广德行、鲁麟行等。

当时这些填海活动在澄海知县蔡凌霄看来，都是私占官地，应行禁止。然而，由于参与填海的多是外国人，让他感到颇为棘手。在光绪八年（1882）的时候，他曾照会潮海关赫税务司哲美森，商议在"汕埠西北岸兴筑马路，定为本口北界，免商民纷纷填筑"。①哲美森回复：

> 维议筑马路经费浩大，恐难举行，莫若就向南海坪现砌石基外，另定新界，准各商民填至该处，则事可易办。设各地主愿填至新界，应来关禀明，转饬理船厅，按图指明界限，俟填后，将南界内留英尺四丈宽，以作公路，应须明定章程。各地主界归路北，则路南概属官地。至公路外虽准造木码头，亦先禀明地方官，俟批准后方准办理。兹绘本口北岸地图，拟红线道，定为新界，并议章程五款，送请查阅。倘虑有未周之处，不妨更改，嗣由贵县照会英国领事官，将图阅后转行各国领事官暨洋商公同会看，若洽舆情，由县通禀立案，以垂永久，俾本口北界可定，而争端永息矣。②

---

① 《抄录澄海县蔡照会》（光绪九年九月十八日），FO 228/1005，p.42.
② 《抄录澄海县蔡照会》（光绪九年九月十八日），FO 228/1005，p.42.

哲美森的这些提议也算是一种折中。因为当时汕头埠没有负责马路建设的官方机构，所以修路筑堤以及填地等事，皆由商民自备工本办理。他提出另定新界，允许商民填筑，其实是"让官地与商民"之意，商民得地获利，担起修建马路之责，也合情理。如此一来，马路得以修筑，填海也得以限制。该办法一举两得，很快获得蔡凌霄的认可，他随即照会英国领事转饬各国领事和商民。

然而，外国商民却得寸进尺，以潮水涨退泊船危险等理由，提出"拟随地形，格外加宽"和"向南加多四丈"的要求。蔡凌霄自然没有就此作出让步，而是采取"拖延"战术，并提出了可在木码头上作伸缩的解决办法。在此次商议过程中，中国官员的扯皮功夫让英国领事知难而退，只能答应劝导各海坪地主按原先所定红线填筑。[1] 各国领事及海坪地主并未就此罢休，直至1885年1月28日，中外双方的僵持才以外国人妥协告终。美国驻广州领事喜默、英国领事费德里、德国驻汕头领事（同时还兼美国副领事）司艮德查勘土地后，让各海坪地业主画押，并于1月30日获得时任两广总督张之洞的核准。迁延两年多之久的土地章程至此正式确立。按照之前税务司"让地与民"的提议，该章程要求由海关委员根据各土地业主的面积来制定他们建设马路的份额，以新填的土地获得免契税作回报。[2]

这条最初由潮海关拟定的填海红线如图1-4所示。该红线是一条平缓的曲线，由东往西稍微南倾，在德记洋行和耶士摩的填地处向北弯曲，呈现了章程中所规定的汕头埠南岸的填海界限。当时潮海关已设有理船厅（汕头的理船厅实为兼任），管理着各个口岸的港务。潮海关在拟定这条红线时，可能一方面以海关码头为参照，于此向海面延伸数米来确定南端的界限，另一方面则根据汕头港的行

---

[1] 吴滔：《〈英国公共档案馆档案〉所见清末两次争地始末》，《清华大学学报》（哲学社会科学版）2009年第4期。

[2] 李期耀：《美北浸礼会传教士耶士摩汕头地产研究》，《潮青学刊》（第二辑），第270页。

船航道来确定新填堤岸的湾线。这条红线的曲度和界限在很大程度上受到当时行船航路的制约，比如其向北曲折处正好是连通内河的行船航道。这条红线和填地章程由澄海知县颁行之后，各土地业主陆续按规定的界限填筑海坪地，所填之地大体上与海关码头和船港地成并排之势。如《海关十年报告（1882—1891）》的地图所示（见图1-5），海关码头以西的"新填之地"及已填成之地，基本与海关码头并排。可以想见，这条红线很大程度影响了汕头埠南畔堤岸线的形成，土地向南扩张暂时固定了下来，并逐步扇形的外在轮廓。

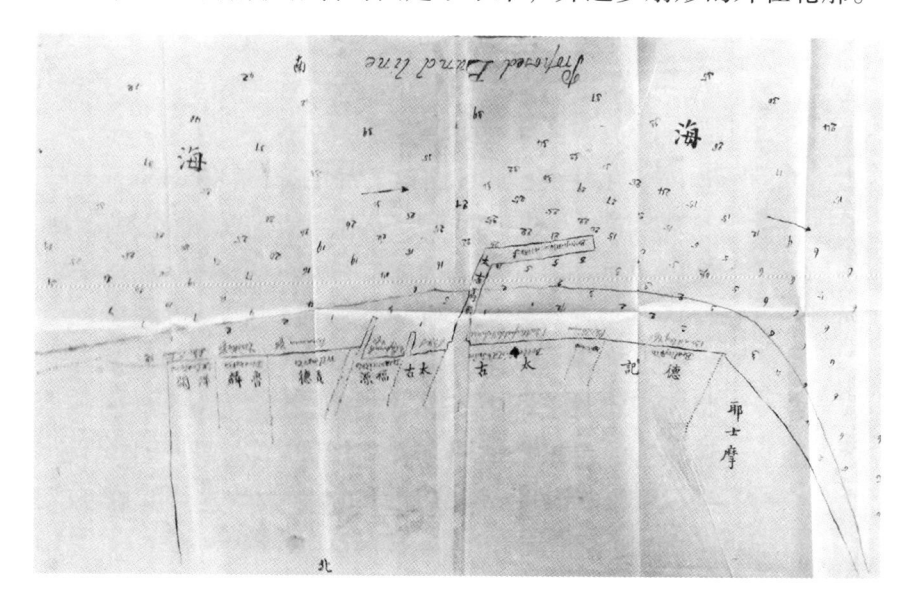

图 1-4　光绪八年马路章程中所拟填筑红线之图

资料来源：FO 228/1005.

二　海关船港地与东南堤的延伸

当潮海关西边海坪地开发如火如荼地进行时，其东边海坪地的发展却较为迟缓。究其原因，实与潮海关东边的 50 亩藩属官地有关。这 50 亩之内的海坪地，除了同治四年（1865）遭到砂尾乡李老盘私自雇船下石填地之外，还在同治六年（1867）被砂尾乡发利堂

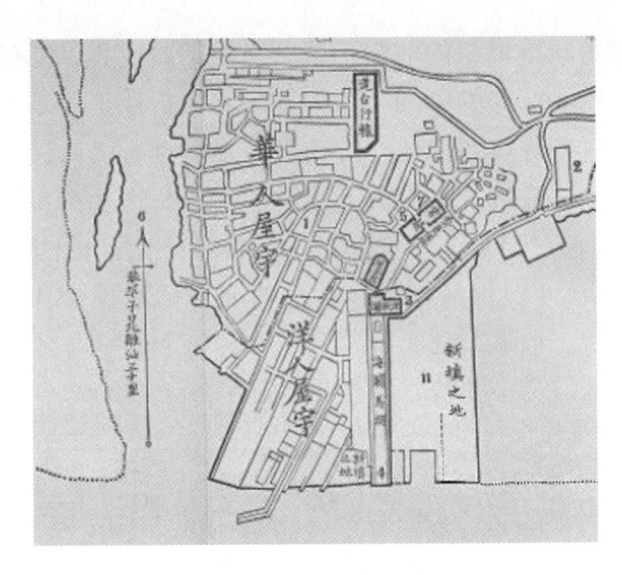

图 1-5　汕头口地图（局部）

资料来源："Swatow. Decennial Report, 1882—91", China Imperial Maritime Customs, *Decennial Reports*, *1882—91*, China Imperial Maritime Customs. I Statistical Series: No. 6, Shanghai: The Statistical Department of the Inspectorate General of Customs, 1893。

李瑞合盗卖。此次盗卖最终因承买人将地契赴澄海县投税而败露，售卖人因此受到知县的传讯。李瑞合在其供词中称，他于同治元年（1862）便在土名草场海坪地放置石块，当时既未填筑，也未投税领照，至同治六年（1867）年四月，将该地卖与福音堂英籍教师，且只以白契交易。英国教师随后将此白契呈交英国领事转给澄海知县盖印。

这一涉外的土地交易自然引起了澄海知县的重视，他要求查明其中有无盗卖影射等情况。不久之后，他接到新关委员郭溶的回复，后者称海关前地面即名草场坪，所有已筑、未筑，以及海关前海滨一带，均是海关 50 亩以内之地，英国教师所买的可能是李瑞合企图侵占之地。澄海知县得知此情后，于七月初十饬传李瑞合赴案，令其会同新关书办等人一同到草场坪勘丈，量得该地与 50 亩地段相符。澄海知县由此判定李瑞合存在盗卖行为，随即照会英国领事转知福音堂教师毋庸承买，发回白契并注销该案。与此同时，郭溶也请澄海知县出示晓谕，声明海关前坪地均为官地，不得影射盗卖。①

或许澄海知县的晓谕和禁筑碑确实起到一定的作用。这片属于海关的海坪地，在此后十几年间并未受到他人的侵占和填筑。唯一的插曲是光绪八年（1882）鲁麟洋行与潮海关的争地案。该案缘于潮海关准备在海关旁东面的海坪地围一小船港，以便停泊舢板和小船。同年八月，德国鲁麟洋行出面指认这片海坪地是他们向郭永基堂承租的产业，并阻挠潮海关的行动。

上文提及的海关 50 亩海坪地在此时应该已填筑成地。因此，潮海关所要围筑的小船港，应该是位于海关码头以东，50 亩地以南的海坪地。按照当时的规定，此海坪地属官地，而海关占有该地以北的 50 亩地，实有继续向南填筑的先机。鲁麟洋行声称拥有该地，实际上是想借旧契占新地，因为他提交的税契是同治二年（1863）郭永基堂填筑的海坪地，契中所写明的四至原本就含混不清。于是，当鲁麟洋行以契据投税盖印时，澄海知县自然以"四至不符"为由拒绝。

随后汕头德国领事请香港德国副领事为鲁麟洋行出面，使事态发展越发严重。汕头税务司在给赫德发出电报中称：

> 本月十六日，早间穆副领事、沙副领事暨伊立沙白地兵船船主，带同水师约四十名上岸，将新关之东鲁麟行拟行税契之地亩强占，将界石放下并插德国旗号，回船时留下水师看守。②

鲁麟洋行何以大动干戈，个中原因正如曾国荃所说："盖外人唯利是趋，惟恐他人得地建筑码头，则于己之利权有损，故不惮以全

---

① 《潮海关档案全宗》679（2）卷第 1829 号，总税务司致潮海关令第 703 号，附件《总税务司致总理衙门信》（1885 年 6 月 30 日），转引自周修东《潮海关史事丛考》，第 89—90 页。

② 《汕头穆副领事代鲁麟行强占地亩因何生此事端希详细照复由》，光绪八年十月二十二日，"中研院"近代史研究所档案馆藏，档案号 01-18-051-01-010。其中本月十六日指光绪八年（1882）十月十六日。

力争之。"① 德国这种过激行为并未给后来的谈判增加多少筹码，反倒是令中方各级官员更加重视此案。

时任两广总督的曾国荃，一面指挥地方官设法与德国领事进行交涉并妥善处理，一面向总理衙门指责德国穆副领事对中国万难照行之事强请曲从，并指出若过于通融，恐将来似此之案纷至沓来。总理衙门对此案颇为重视，专门建档以资稽核。总税务司赫德也积极协助中方处理此案，并给总理衙门提供有关海关地产的证据。惠潮嘉道彭道台则为此案专门延请了律师。至光绪九年（1883）正月，曾国荃还进一步委任道员施在钰专程负责此案。

与此同时，总理衙门还让当时出使德国的李凤苞助阵，促使德国首相毕士马介入此案。或许是李凤苞的交涉起了作用，次月德国公使巴兰德被调回，汕头德国副领事沙博哈也被撤，并由谭敦邦接任公使，司艮德接任副领事。不过，司艮德也非等闲之辈，他在处理该案时更是拖延战术与扯皮功夫并用。比如他对洋行买办（也即海坪地业主郭继荣）两次抗传不到一事知情纵逃，对施道台约定会勘海坪地一事诸多拖延，甚至在后来交给公使谭敦邦的契据抄件也全然货不对板。这也导致案情一直悬而未决。

随后，直隶总督张树声接任两广总督，接手处理此案。同年十月二十日，总理衙门奏请派曾任广东按察使及东海关监督等职的龚易图查办该案并获准。惠潮嘉道张联桂也积极协同处理此案，他从十月起便接到张树声的命令，准备查勘争地，但直至次年（1884）正月底，德国领事一直不肯提交契据配合工作。到了二月中旬，德国公使谭敦邦终于允许将契据交与龚易图查勘。其后经张联桂等人核查，鲁麟洋行买办郭继荣在铜山路填筑海坪地并无丈数及档卷记录，所存郭忠恕及郭永基堂的执照丈数不符，溢出十之七八，皆是影占官地。该案最终在光绪十一年（1885）三月得以解决，由中方赔补鲁麟洋行24000

---

① 曾国荃：《致总理各国事务衙门》，《曾忠襄公书札》卷十七，《续修四库全书》一五五五·集部·别集类，第260页。

元（其中 7000 元由郭姓备缴，其余由龚易图垫给）收回海坪地。①

1885 年 7 月，总理衙门行文两广总督，将收回之官地拨一段给海关作船港地。② 不过，该地拨付给潮海关的过程也是迁延日久。这可能与轮船招商局汕头分局有关，因为后者也觊觎该地。光绪十四年（1888）五月初，赫德致函总理衙门，称原拟将海滨官地内提出 470 尺归海关兴建船港地一事，地方官尚未会商勘办，要求再次咨催两广总督迅饬地方官办理。③ 最终，此地于光绪十五年（1889）二月间由洋务局委员廖维杰、澄海知县王耀曾会同潮海关税务司吴得禄一同勘丈，并拨给潮海关税务司作为船港地。勘丈的结果如图 1-6 所示。

从图 1-6 可见，船港地位于潮海关码头以东，上文述及的"藩属官地"及"俞委员填地"以南，其横由"西至东四百七十英尺"，其长"直北至南一千二百五十英尺"。需注意的是，"直北至南"指的是以扦子房前马路对面的官地作为起点，由此向南面的海坪地进行丈量。这相当于把"俞委员填筑之地"及其西侧"藩属官地"的一小部分填地也包括在内。由此可推知，潮海关在获得船港地之后，接连着已填筑之地，在勘丈的范围内继续向南填海造地，并留一部分作避风塘使用。这一工程的进展颇为缓慢，潮海关税务司甘博报告中提及，"在本十年之初，海关码头东面（包含避风塘）那一部分填筑海坪地的工程仍在进行着……填海及筑堤的工程开始于 1889 年 3 月，完成于 1897 年 2 月"④。现藏于汕头海关关史陈列馆的地图，展示了这块"拨交税务司船港地"的修建情况，如图 1-7 所示。

---

① 有关此争地案的始末，参见周修东《潮海关史事丛考》，第 75—138 页。
② 《潮海关档案全宗》679（2）卷第 1829 号，总税务司致潮海关令第 725 号，附件一《总税务司函复总理衙门》，转引自周修东《潮海关史事丛考》，第 112 页。
③ 《汕头拟开船港请咨粤督饬将借地丈量交管以便兴工由》，光绪十四年十月十七日，"中研院"近代史研究所档案馆藏，档案号 01-20-038-03-001。
④ "Swatow. Decennial Report, 1892—1921", China Imperial Maritime Customs, *Decennial Reports, 1892—1901*, Vol. II, China Imperial Maritime Customs. I Statistical Series: No. 6, Shanghai: The Statistical Department of the Inspectorate General of Customs, 1906, p. 160.

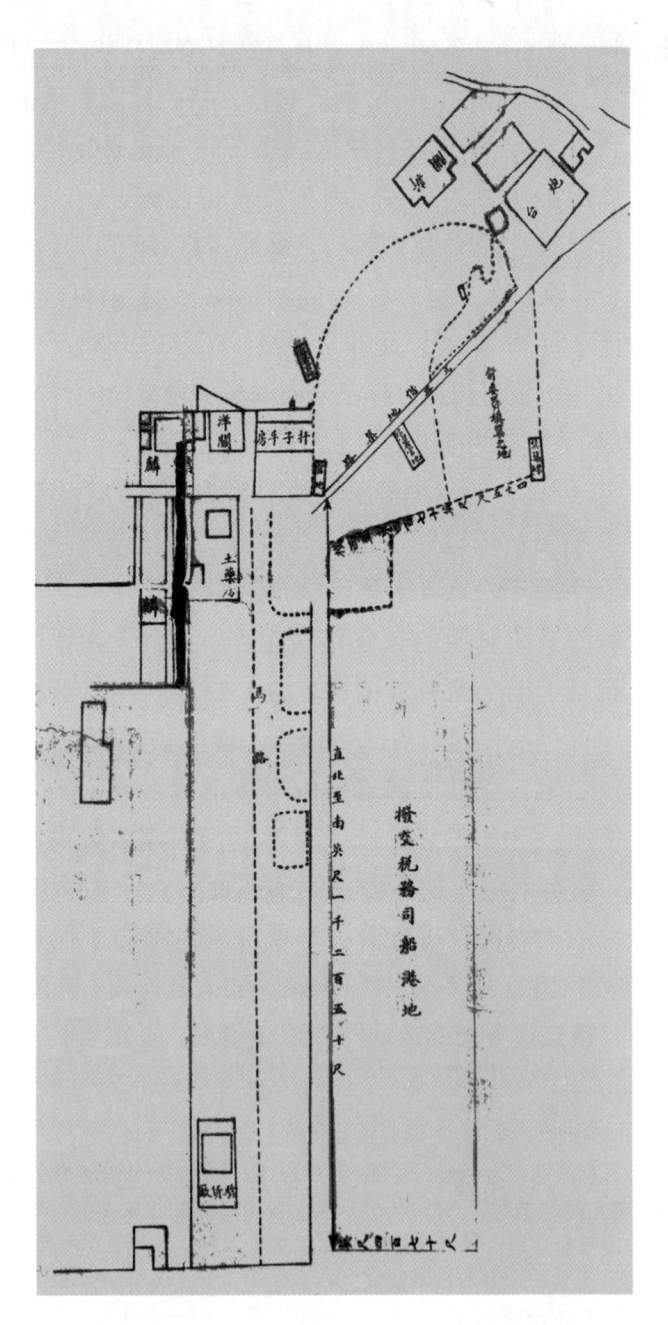

图 1-6　光绪十五年二月廖维杰、王耀曾、吴税务司等勘丈之图

资料来源：汕头海关关史陈列馆藏。

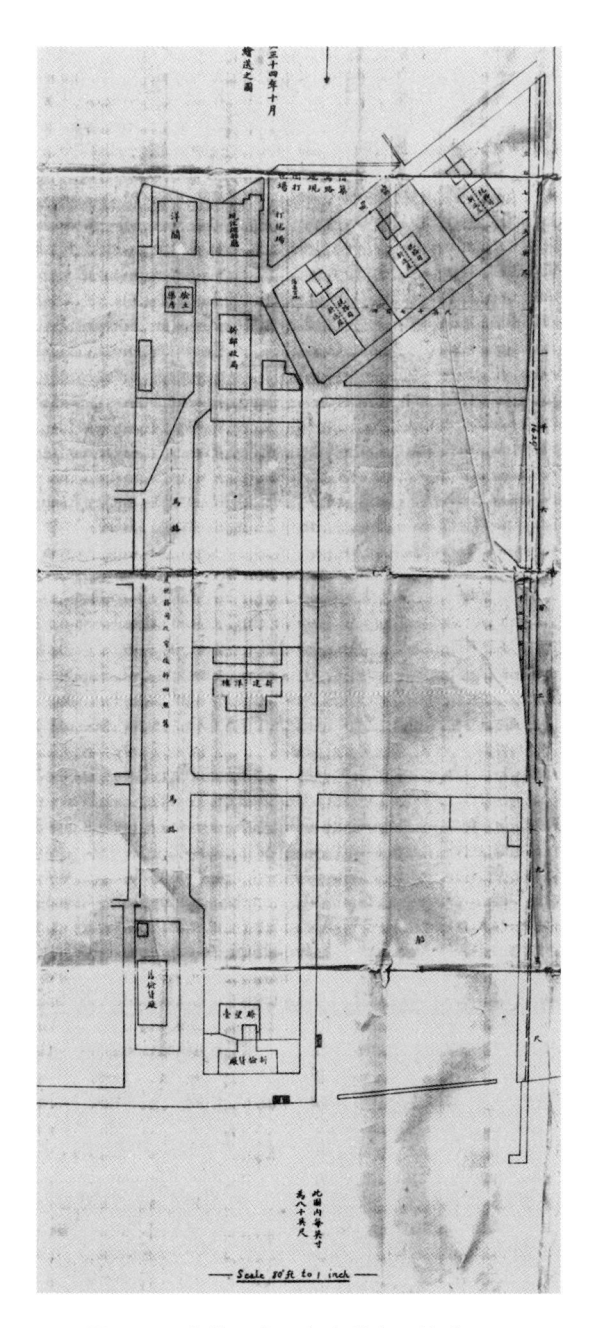

图 1 - 7　光绪三十四年贵税务司绘送之图

资料来源：汕头海关关史陈列馆藏。

由图 1-7 来看，当初拨付的船港地并没有全部建成船港，而是大部分填筑成地，其中西侧部分还修建了新验货厂、瞭望台及洋楼。实际作为船港地的，仅有东西宽约 90 米，南北长约 125 米，占原先拨付之地的 20% 左右。原本位于"俞委员填筑之地"及"藩属官地"的地方，业已由税务司建造新房。由图 1-7 还可看到，税务司新造屋的地界至船港地，直北至南"一千六百二十九英尺"，这也表明汕头埠南岸与开埠初相比，已向海面延伸了 500 米左右。

这片包含建造船港地在内的工程竣工之后，潮海关地产的格局基本确定下来。在后来的发展中，海关地产虽然没什么变化，却对汕头城市空间的发展有较大影响。20 世纪以后，汕头东南面海坪相继填筑，形成的东南堤基本与海关码头及船港地平排。当然，这背后可能与潮海关理船厅管理港务和规划堤岸线有密切关系。

如潮海关船港地以东轮船招商局填地。该地是为兴建轮船招商局码头而填筑的，建成的码头，其南端界限便与潮海关船港地齐平。轮船招商局获得该地的过程也颇费周章。早在光绪八年（1882）争地案发生的同时，轮船招商局就开始在汕头发展业务，并觅地建筑码头。当时轮船招商局汕头分局董事廖维杰经过一番调查之后，发现汕头埠海滨一带已多为洋人买去，只有潮海关东边的地面宽阔，便提议如果海关拟将关厂改迁出外（指将验货厂迁往更往东边的海坪地），可由招商局填筑东边海坪地，并代海关建造厂房，而原来海关旧基则归招商局建筑码头。不过，新关委员施溥则提出另一个方案，准许招商局在潮海关迤东的海坪官地建筑码头，但要和海关码头相齐，不得逾越尺寸。① 从施溥的提议中，我们可以看到潮海关方面对邻近地段填海和建码头的重视，尤其强调其界限只能与海关码头相齐。这也反映了在填海造地和建设码头的协商过程中，由于潮

---

① 《各商在汕头买官地筑码头有德鲁麟行出头拦阻抄录地图文件详察由》，光绪八年十月一日，"中研院"近代史研究所档案馆藏，档案号 01-18-051-01-004，第 21—22 页。

海关方面的介入，使得填海的界限往往以海关码头的南端作为参照。其他海面地主在填海时，不能为了更靠近深水航道而超出海关码头，这在很大程度上限制海关码头以东的填海界限。

当潮海关与鲁麟争地案拖延至光绪十四年（1888）时，廖维杰已获知潮海关想在争地案中收回的官地内建船港，但他仍旧坚持轮船招商局应在潮海关东面增设码头并与潮海关查货厂互换。① 他的提议在此前后几年间经过了总理衙门、总税务司、两广总督等高层之间商议，这也导致船港地迟迟未能拨付。赫德自然对此表示反对，他致函总理衙门称：

> 查各口之择地设关有三要，其海关以及海关马头则应相连，关商事宜乃各得其便；其关前则不应有所屏蔽；其马头则应设在拨艇易于往来之处，此三要外，马头附近处所应有拨艇避风浪之地
>
> ……
>
> 该关②用关马头，为时时刻刻查验往来船只，昼夜不可离者，而该局③之马头，则多日一泊其船，除此之外，无船则马头无用。两相比较，则该局虽应设有马头，而却不可因无马头，而必思强人急需之马头，以归不急之需。纵使该局马头移挪新关以东，试问来往几万里之船货，偏东偏西仅差四十丈之地，装卸何伤耶？该局汕头生理，偏东偏西，亦只差数十丈，设局又何出入耶？惟若移挪关马头，则关有不便，即众商亦不便……④

---

① 《汕头招商局增设马头拟与查货厂互换迅即转饬遵办由》，光绪十四年四月二十六日，"中研院"近代史研究所档案馆藏，档案号 01-20-038-02-002。
② 指潮海关。
③ 指轮船招商局。
④ 《申述汕头商局欲占海关迤东地假于税关不便照商局之请办理或照税务司所拟办理请酌情核由》，光绪十四年五月七日，"中研院"近代史研究所档案馆藏，档案号 01-20-038-02-003，第 14—16 页。

经由赫德这番论说，总理衙门方面也认为查货场不便改易，只需在海关原拟作船港以东建立招商局码头即可，毋庸迁移海关验货厂，并将此意见咨行两广总督办理。①

至光绪十五年（1889）二月，地方官员在勘丈船港地的同时，亦接连勘丈船港地以东"前面阔三十丈，后面宽五丈四尺，地形斜角，拟作招商局建筑马头栈房之用"。② 如此一来，才有了上文所述的"拨付税务司船港地"，以及船港地以东的招商局之地。

图1-8是1902年汕头的新堤岸线计划。由图中可见，潮海关地产以东有一片呈长条状的土地，标为轮船招商局产业。这反映了招商局不仅是建筑码头，同时也将码头以北的海坪地填筑，并连接已有马路，使码头与汕头埠相连通。图中招商局码头与海关码头及船港地相齐，未逾越尺寸，这正是当时新关委员施溥所强烈要求的。招商局码头以东还有一块看似孤悬于海坪地的填地，标为太古洋行地产。该地后来很快与东扩的招商局地产连成一片。在20世纪30年代以前，汕头埠东南畔堤岸的界限，基本上到上述太古洋行地产为止。可见，潮海关修建码头和船港地，及其对港务及堤岸的管理，不只对汕头埠西南畔堤岸线的形成发挥了关键

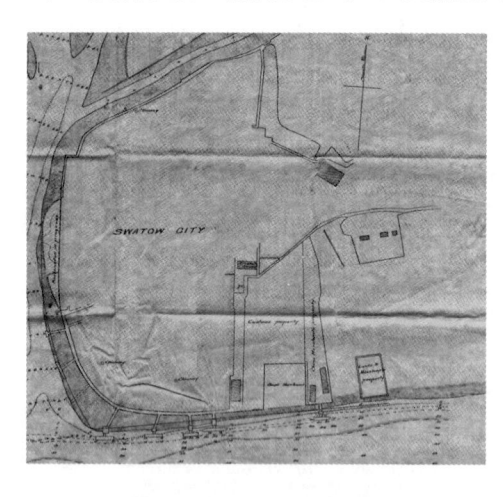

图1-8　1902年新岸线计划

资料来源：汕头海关关史陈列馆藏。

---

① 《汕关对易马头已咨粤督自行建立由》，光绪十四年五月七日，"中研院"近代史研究所档案馆藏，档案号01-20-038-02-004。
② 《咨据商局委员禀称汕头开设船港已拨付官地交吴税务司收管由》（光绪八年五月十三日），"中研院"近代史研究所档案馆藏，档案号01-18-090-03-001。

作用，也同样对东南畔的堤岸线产生了重要的影响。

此外，我们也不能忽略东南畔海坪地的特殊性。如宣统元年（1909）的地图所示（见图1-9），其中汕头埠东南海面以虚线标出"水干至此为止"，这和图1-1和图1-5所显示的海坪地相符。海坪地虽然会随着潮水的涨落，或成浅滩，或稍成陆地，但都不能直接利用，需用填海之法加以垫高。海坪地之外为深海流，是船舶航道。

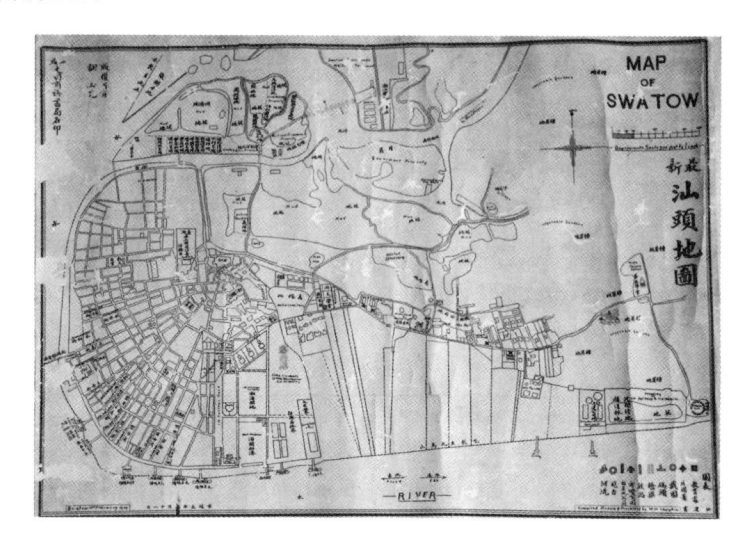

图1-9 最新汕头地图（1909）

资料来源：汕头海关关史陈列馆藏。

潮海关负责查验汕头港来往船只，填筑海坪地并在临近深海处建码头及查货厂，是理所当然之事，当然这种行为也加速周围海坪地的淤积。再者，潮海关管理汕头港务，其理船厅等根据水上航道限定汕头埠堤岸线，也是情理之中。讨论至此，可以进一步指出，潮海关的填地活动及其对港口、堤岸、航路等方面的管理，直接影响了汕头埠空间形态轮廓的塑造。

第三节　扇形填海与空间塑造

汕头埠的外部轮廓深受官方机构潮海关的影响，但其内部空间形态基本是由私人土地开发过程中塑造的。汕头开埠之后，随着商贸日渐发展，洋人来往频繁，与华人杂处，涉外事务骤增。到了1868年，清政府开始在汕头埠设立唯一的官方行署——惠潮嘉道。由于道台常驻潮州府城，汕头行署几乎形同虚设。行署旁边的洋务局，也只是一个翻译的机构。汕头仍由澄海县管辖。澄海知县住在距离汕头二三十里外的县城。他负责维持全县的社会秩序和土地管理。对他而言，作为通商口岸的汕头，其土地管理在本质上与其他地方并无不同，皆采用传统管理民间土地的办法，只是多了处理涉外土地及其纠纷等事务。

从上文已知，汕头埠轮廓为扇形，这并不足为奇，毕竟临江、临海之地均可能发展出这种形状。令人惊异的是，扇形轮廓的内部呈现放射状的空间形态。这当然不是澄海知县的功劳，他对汕头的土地开发并没有太多控制和规划。在汕头埠空间形态塑造过程中起到实际作用的，是民间较为自由的填海造地活动。

为了发展贸易及轮船航运，洋人在填海造地中抢占先机，其后本土士绅、商民才继之而起。如招商局董事廖维杰所言，汕头"滨海一带，其地均为洋人买去，已无余地"[1]。当时署理北洋大臣的张树声对此作出精辟见解，他说：

> 通商各埠码头，本应归华商自造，条约只准洋商租地，非

---

[1]《各商在汕头买官地筑码头有德鲁麟行出头拦阻抄录地图文件详察由》，光绪八年十月一日，"中研院"近代史研究所档案馆藏，档案号01-18-051-01-004，第21页。

必须洋商修岸作码头也。中国各商向不谙此，致各处洋商将便于停轮河岸，全行租去，做出码头，日收靠船之费，反宾为主，大非所宜。①

由此看来，拥有可以停靠轮船的码头，实与土地的价值关系密切。在这样的背景下，汕头的土地虽然是由私人自由开发，空间形态的塑造也遵循自然的发展模式，但其背后则受到土地和码头利益的影响，这也造成了汕头埠的空间形态最终呈现扇形放射状的结果。下文将通过对私人填海造地的案例来探讨这种空间形态的塑造过程，随后进一步讨论空间形态的塑造过程如何造成的汕头埠街市的变化。

一 1870—1895年耶士摩的填地

在汕头土地开发的浪潮中，值得重点关注的是美北浸礼会传教士耶士摩的填地活动。第一次鸦片战争之后，清政府陆续与西方各国签订的《中美望厦条约》《中法黄埔条约》，乃至后来的《天津条约》，都规定洋人可以在中国租房建楼，设立医院、礼拜堂等。与此同时，治外法权使洋人可不受中国法律的管束。这为西方传教士带来良好的传教环境。他们到中国的主要目的虽然是传教，但为扩大影响力，无论是天主教还是基督教，都通过创办医疗、慈善、教育、文化等事业来配合传教。② 为了维持这些活动和推进传教发展所需的大量经费，传教士在中国也参与到土地投资活动的事业中。

据估算，近150年来，传教士在中国所建的教堂、学校和医疗机构数量总和达19701所之多③，可见西方传教士在中国的土地投资

---

① 《呈报汕头建筑码头此段海坪应否归招商局自管或分拨洋行升科请核示由》，光绪八年十月十八日，"中研院"近代史研究所档案馆藏，档案号01-18-051-01-008，第40页。
② 参见周武《论晚清上海的洋商与传教士》，《史林》1999年第2期。
③ 李寒清：《近代在华传教士的土地活动》，硕士学位论文，南京师范大学，2013年，第11页。

较为可观。上海的天主教传教士，便从事利润丰厚的地产事业。如法国的《人道报》称，耶稣会、味增爵会和其他传教会等在上海的法租界便拥有三亿法郎的财产，比利时的神父拥有150栋房屋，并且在"霞飞"和"克里孟"两地建有大酒店出租。道路两侧的地产，大部分归传教会所有。① 事实上，地产经济一直是教会的重要经费来源。周武指出，上海一些天主堂还设有"经租账房"，负责经营教堂的房地产。一些内地修会和传教士，也在上海设账房从事地产经济活动，并将经营所得汇到内地支持传教事业。② 上述的这些事例都提醒我们传教事业与地产投资之间的紧密联系。在这样的背景下，我们也就不难理解耶士摩何以在汕头发展地产事业了。

19世纪中期以后，在粤东地区活动的传教士不乏多见，他们凭借条约的权利来此传教。不过，他们在租卖房屋、土地时遇到很多困难。比如很难以自己的名义租屋购产，基本上要通过当地的信徒或中间人出面，而当地民众要么不敢卖地给洋人，要么是在得知卖主为洋人后抬高地价。

开埠之初，粤东浸信会的赞臣选择汕头的前哨——妈屿作为临时传教点。随着后来洋人相继迁到汕头埠及其对面的礐石，耶士摩也把传教中心转移到礐石。③ 与此同时，耶士摩和赞臣两人也在汕头寻购土地。上文第一节已提到，耶士摩和赞臣最终在1870年获得的合法土地，是位于镇邦街口石岸的海坪地。这块海坪地最初面积为"东西横贰拾陆丈，南北直拾伍丈"④，面积390丈。这块海坪填筑成地之后，耶士摩开始在上面建筑礼拜堂。需要指出的是，耶士摩这块土地的产权并不明晰，土地执照内还包括赞臣的名字。购买土

---

① Cahiers Franco-Chinois（déc. 1959），p. 125. 转引自吴圳义《清末上海租界社会》，（台北）文史哲出版社1979年版，第74页。
② 周武：《论晚清上海的洋商与传教士》，《史林》1999年第2期。
③ 李期耀：《差传教会与中西互动——美北浸礼会华南差传教会研究（1858—1903）》，第151—152页。
④ *William, Sr.'s Land Deed.*

地的费用，也由美北浸礼会总部拨给。按理说，耶士摩和赞臣是总部派遣到汕头的传教士，土地应属总部所有。

不过，美北浸礼会总部对他们的购地情况并不完全了解，知情者赞臣也在1872年10月逝世，依靠耶士摩当翻译的美国领事温若瑟，在登记地产的英文译件时，又认为是澄海知县误把赞臣之名加入。耶士摩在1872年11月7日给总部写信称教堂周围地段是自己花钱填筑海坪所得，总部对此并不怀疑。耶士摩由此将剩余土地据为己有。① 在此之后，耶士摩便开始发展汕头的地产事业，不断向海面扩张填地，最终面积溢出数倍之多，几乎占到汕头埠新兴商业地段的三分之一。如此大的填地，自然对汕头埠空间形态的塑造产生了重大的影响。更重要的是，耶士摩在其填地上修建房屋，房屋之间街巷进一步细分了填地的肌理，最终促成汕头埠形成扇形放射状的空间形态。下文通过耶士摩撰写于1895年的土地案件报告，同时结合其他相关材料，将耶士摩土地开发进程落实到具体的空间位置，并以此讨论其地产事业对汕头城市发展的影响。

耶士摩在其地产报告中附有镇邦街口海坪地的地图，如图1-10所示。在此图中，标示"ASHOMRE"的为耶士摩最终获得的合法之地。该地呈扇形，北边长度标为"260FEET"，也即执照中所写的26丈。该地以北标为"G. H"的是"Guild Hall"，指的应该是当时汕头的漳潮会馆（后演变为万年丰会馆），标为"T. P. K"的是"Teng Pang Koi"，即"镇邦街"的潮州话读音。该地以东之地标为"B. & CO."的是"Bradley & Co."，即德记洋行。该地以西标有箭头及"DEEP WATER"和"JUNK CHANNEL"，是深水航道之意。

通过图1-10，我们可大概了解耶士摩海坪地的位置，即北至镇邦街口，东邻德记洋行，西至海坪地，西南至深水航道。然而，该图没有比例尺，仅能作示意之用，还需要更详细地图来推测耶士摩

---

① 李期耀：《差传教会与中西互动——美北浸礼会华南差传教会研究（1858—1903）》，第196页。

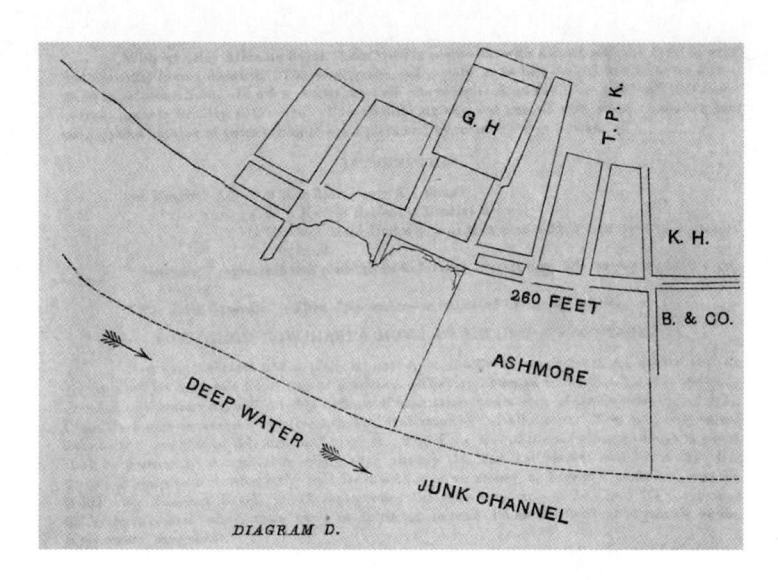

图1-10 耶士摩位于镇邦街口海坪地之图

资料来源：William Ashmore, Sr., *Ashmore's Land Case at Swatow*, Diagram. D。

土地的具体位置。考虑到地图绘制时间的接近性以及地理信息的丰富程度，本书选取1923年的"汕头城市改造计划图"作为参照底图。该底图是现存较早的一幅以现代测量技术绘制的汕头城市内部地图。

耶士摩所购买的土地，在他1909年去世后，由其子耶琳将该地东北角41丈土地，以白银一百两的低价转让给教会。1920年火灾之后，该地改建成汕头普益社。① 普益社所在的地方，后来遭遇地产开发，如今是汕头老市区的万安花园小区。该小区东南为至平路，西北为安平路，西南为德兴路，东北为永平路。② 该小区还将镇邦街路

---

① 李期耀：《美北浸礼会传教士耶士摩汕头地产研究》，《潮青学刊》（第二辑）第262页。

② 查询相关房地产档案，可知中华人民共和国成立前普益社位置北至镇邦横街，南至阜安横街，东至镇邦街，西至阜安街，在万安花园之内。镇邦横街与永平路平行，在其西南面，二者相隔35米左右。但目前由于材料暂缺，未能获知普益社的地块在耶士摩填地中的具体位置，及镇邦横街是否为耶士摩填地之边界。至少可以说明镇邦横街以南至少在耶士摩的填地之内。

截为两段，这似乎与图 1-10 中耶士摩填地北边的中间是镇邦街相符。至平路和安平路是 1926 年辟筑的道路，其前身分别为至安街和新康里直街。从 1923 年的汕头城市地图来看，新康里直街东北直通漳潮会馆的旧址，因此，万安花园小区西北界安平路很有可能是耶士摩和漳潮会馆土地之分界。万安花园小区东北边的这一段永平路，系由双和市横街及与之相连的横街（未标示街名）拓宽辟筑而成，总体上变化不大。小区东南边的至平路原为至安街，应该不是耶士摩海坪地最初的界限。如图 1-10 所示，耶士摩的土地东南与德记洋行相邻，再参照 1903 年的日本出版的"汕头市街之图"①，可知德记洋行位于德安街。在永平路上由新康里直街测量至德安街，长度约为 85 米，与 260 尺相近，可由此推断，德安街应该是耶士摩土地与德记洋行土地之分界。将上面所推测的土地的可能位置落实到底图中，可得到耶士摩海坪地的位置如图 1-11 所示。

在该图中，可见漳潮会馆旧址和德记洋行（位于图中的德安街）两者与耶士摩填地的相对位置，基本上与图 1-10 是相符的。这里还需要指出的是，同治九年（1870）的土地执照中写明耶士摩的海坪地位于"镇邦街口石岸外"，该石岸其实已比开埠时的岸线外移了许多。按初版《汕头市志》所载，汕头开埠前的海岸线是沿着铜山路（即现在的居平路）、道衙台（现在的同平路）至花园塭入厦岭港。如果当时镇邦街口石岸是现在的永平路的话，那么迟至 1870 年汕头的堤岸线已外移了 150 米左右，足见开埠以后海坪地开发进展之快。这也无怪乎耶士摩获得填地后不断寻找机会向海扩张，使得这块最初不起眼的扇形海坪地，最终对汕头发展的空间形态产生了深刻的影响。

耶士摩在其地产报告中称，海坪地前方街道线的东西两端是后方街道的自然延伸，大家对此没有异议。没有人想过具体测量前方线段的长度。相对应于他之前放弃的土地的形状，只要知道整个交

---

① 外務省通商局『清国広東省汕頭並潮州港情況』、外務省通商局、1903 年、清国汕頭市街之圖。

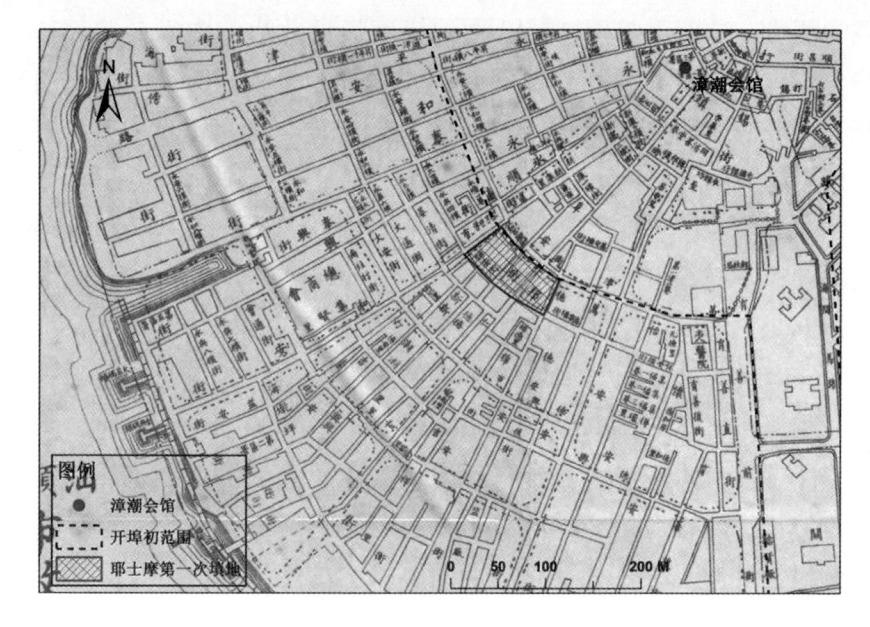

图 1-11　耶士摩第一次填地之图

资料来源：以 1923 年汕头市地图为底图绘制。

换后的土地是扇形就足够了。① 结合图 1-10 和耶士摩的土地执照来看，其海坪地东西两边，由后方街道线向前方延伸而成，连接延伸后的两端便形成海坪地前方的边线，也即耶士摩的扇形海坪地，其东西两边的扇骨由后方陆地上的街路线向海坪及海面延伸而成，两条扇骨的首尾两端围成了扇形的内弧和外弧两边。内弧线这一边为海岸，图中标示"260FEET"，土地执照中写为"横贰拾陆丈"。海坪地前方为外弧线，这一边的长度取决于扇骨的长度与角度，但并不受人重视。这可能是因为最初在计算土地税的时候，仅以海岸这一边的宽度乘以填海长度来得出应税的土地面积。因此，如果耶士摩的扇形海坪地，沿着扇骨两边向外延伸，前方外弧线的长度有很大的扩展空间，所能填得的土地也越来越大。

---

① William Ashmore, Sr., *Ashmore's Land Case at Swatow*, p.14. 其中"之前放弃的土地"指的是耶士摩上一块位于炮台前的海坪地。

可见，采取扇形填筑海坪地的方式，所能获得的土地面积远大于采用长方形的填筑方式，相应地也能获得更大的利益。还应指出的是，除了土地面积之外，是否濒临深水区，也是土地价值高低之所在。耶士摩之所以在协商交换土地时要求"土地产权应扩展至深海"，应该也是基于上述两个方面的考虑。澄海知县最初并没有答应耶士摩的要求，而是限制了15丈的填海长度。耶士摩对此提出异议，指出如果其他人继续填海，那将会损害他这块土地的利益。最后澄海知县做出担保，并在执照中写明"嗣后礼拜堂南面海坪，无论中外人民均不准再行填筑，有碍行舟。其东面之广浮、西面之李姓存地，亦只能与礼拜堂平排，不准再填出"。① 耶士摩由此才接受了官方对他填地的限制。

然而，写在耶士摩土地执照里的限制性条文，又如何能对他人起到限制作用。如果他人继续填筑海坪，耶士摩也只能拿着自己的执照告到官府，然后再进行一番交涉罢了。果不其然，当耶士摩于1872年填筑完海坪并出租之后，周围的业主看到地产经济越发有利可图，也相继填筑海坪至深水区。耶士摩在其地产报告中便称："在（汕头埠）西边，有权势的丁抚台很快也开始填筑海坪，而德记洋行则将石码头往外延筑了几百尺，以便用土填筑相关的海坪地。"② 如图1-12所示，耶士摩东面和西面的均有海坪被填筑，且已远远超出耶士摩填地的界限，原先的行船航道也发生了改变。耶士摩土地前面也因此迅速淤积，原本濒临深水区的优势荡然无存。

既然周围业主向海填地已成事实，耶士摩也不想再遵守原先的填地限制。他凭借土地执照中禁止他人填海的条文，通过美国领事温若瑟向澄海知县要求进一步填海。在原先的担保无法实现的情况下，澄海知县只能允许耶士摩进行第二次填筑海坪。耶士摩于1878年填地盖屋之后向官方请求勘丈，但迟至1883年12月，澄海知县

---

① *William, Sr.'s Land Deed.*
② William Ashmore, Sr., *Ashmore's Land Case at Swatow*, p. 16.

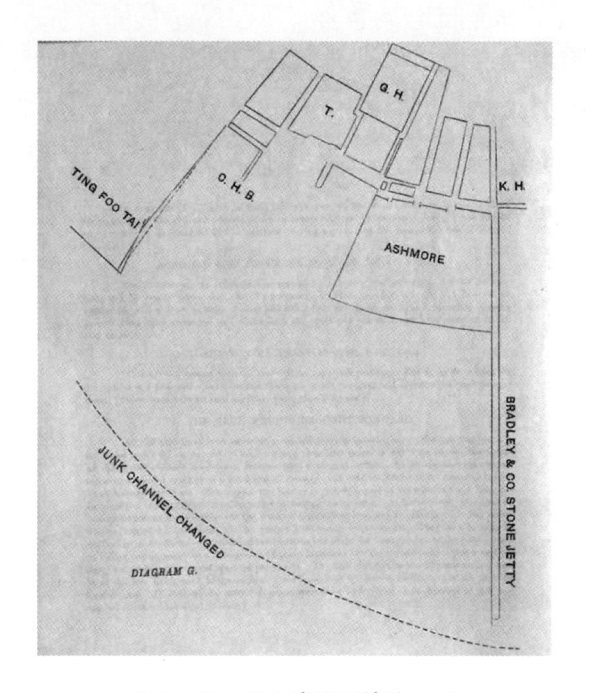

图 1−12　耶士摩周围填地之图

资料来源：William Ashmore, Sr., *Ashmore's Land Case at Swatow*, Diagram. G。

才派人勘丈，得出耶士摩新建铺屋 610 丈，需增缴 61000 文税款。①李期耀指出，耶士摩此次填地得到官方勘丈，但澄海知县并未给他颁发新的执照，只是在惯例上默认该新填地属于耶士摩。耶士摩也说当时很多海坪地的业主在填地之后，并没有请官方进行勘丈并缴税，而是采用以老契占新地的惯例。②

耶士摩第三次填地的契机似乎是来自 1882—1885 年议定的汕头埠土地章程，也即上一节提及的填地红线和筑路章程。1885 年，该章程通过之后，耶士摩随即请当时的海关马路勘测员进行丈量，得出需负责修筑 878 英尺的马路，并于 2 月 27 日开始继续兴工填地。

---

　　① 李期耀：《差传教会与中西互动——美北浸礼会华南差传教会研究（1858—1903）》，第 197—198 页。另见 William Ashmore, Sr., *Ashmore's Land Case at Swatow*, p. 17。
　　② 李期耀：《差传教会与中西互动——美北浸礼会华南差传教会研究（1858—1903）》，第 198 页。

4月，耶士摩请求官方勘定地界，以便再次填筑海坪。时任惠潮嘉道的张联桂允准耶士摩在红线以内填筑自有地段，并完成修筑马路的份额。澄海知县也告知耶士摩只能填筑自有地段，不可以填至红线以外。至1887年，耶士摩方面（当时耶士摩已返美，一切事宜由其子耶琳负责）已完成第三次填筑海坪和建设马路，经勘丈，增筑铺屋400丈，增加税款4万文①。

图1-13展示了耶士摩第一次至第三次填地所需缴税的具体款额。图中标为"BUND"的即上文所提到的"章程红线"。可见，耶士摩方面在完成第三次填地之后，还未达到官方规定的红线范围，他因而继续第四次填地，直至填出红线以外。

耶士摩在第四次填地过程中与漳潮会馆发生纠纷，最终经过他和美国领事的努力，以耶士摩获胜告终，其土地在光绪二十一年（1895）获得澄海知县的勘丈②，并颁发执照。耶士摩的填地方式是沿着首次填成的扇形地向外延伸的，这使得他的填地以扇形的方式不断向海面扩展。这种填地方式，最初可能是受到东边德记洋行石码头的影响，进而在后续的填地过程中，影响了西边漳潮会馆的填地。

在耶士摩地产报告的附图中，我们可以看到漳潮会馆也按照近似扇形的方式向外填筑海坪地，随后在填地上建造新会馆一座。新会馆虽在1899年被迫改建，损失部分土地，但基本位置没有太大改变，在1903年地图中标注为万年丰会馆，1919年的地图标注为商务会馆，在1923年的汕头地图中，标为总商会。在上引底图中，总商会位于和安街，此街往东直通新康里直街。可以推测，处于同一直线上的新康里直街及和安街，极有可能是耶士摩填地和漳潮会馆填地的分界。

---

① 李期耀：《差传教会与中西互动——美北浸礼会华南差传教会研究（1858—1903）》，第199页。另见 William Ashmore, Sr., *Ashmore's Land Case at Swatow*, p. 17。

② 《美教士耶士摩汕头填地一案办结知照由》（光绪二十一年七月九日），"中研院"近代史研究所档案馆藏，档案号01-18-048-01-015，第15、59页。

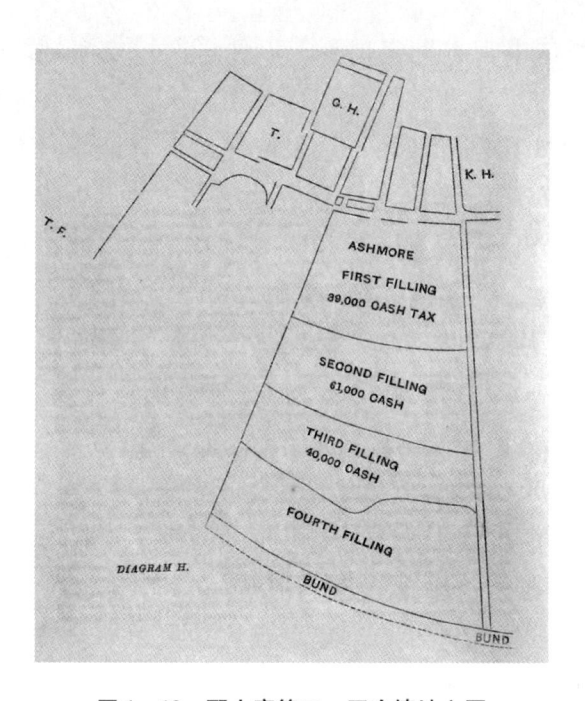

图 1-13　耶士摩第三、四次填地之图

资料来源：William Ashmore, Sr., *Ashmore's Land Case at Swatow*, Diagram. H。

综合上述，我们已大致确定耶士摩四次填地后的东、北、西三面的界限，唯其南面或西南面的界限则较难推定。虽然1885年的红线章程可作为参照，但在后来耶士摩和漳潮会馆之间的填地纠纷案中，省级官员及地方官都认为耶士摩有在红线之外填地的事实，① 因此只能通过后来的土地执照来大致推断耶士摩填地的总范围。

澄海知县于光绪二十一年（1895）闰五月二十一日给耶士摩颁土地执照，其中开列四至及条款如下：

> 一、自东北角万利面店耶士摩旧石界起至木栅脚止横宽计二十六丈

---

① 《辩论耶士摩遵章填地不得为占由》，光绪二十年八月十二日，"中研院"近代史研究所档案馆藏，档案号01-18-047-03-015。

一、自西北角刘盛利木栅脚耶士摩旧石界起直至海坺石篱并地下原有旧石篱至海滨马路耶士摩旧石界止直长计柒十三丈玖尺

一、自西南角石篱耶士摩旧石界起至怡和栈巷耶士摩旧石界止横宽柒十肆丈

一、自东南角怡和栈巷耶士摩旧石界起至万利面店耶士摩旧石界止直长玖十六丈三尺

以上统共折方地四千壹百拾四丈伍尺捌寸五分,内除马路各街道等壹仟零贰拾贰丈,实存地叁仟零玖拾贰丈五尺捌寸五分按数征租。①

由于耶士摩在填筑海坪地的同时,也负担着马路的修筑,因此执照中所写的面积"四千壹百拾四丈伍尺捌寸五分",应该都属于耶士摩所填的海坪地。通过上引内容可知,耶士摩填地的西北侧边长为73.9丈（约为246.33米）,东北侧边长为26丈（约为86.67米）,东南侧边长为96.3丈（约为321米）,西南侧边长为74丈（约246.67米）,面积一共4114.58丈（约为45713.04平方米）。虽然勘丈的结果不能完全相信,其过程中可能存在作弊行为,亦可能存在误差,不过在误差允许范围内,将耶士摩的填地范围落实到空间上仍有助于探讨其对汕头城市的影响。

此外,耶士摩在第四次填地中与漳潮会馆发生纠纷,澄海知县到汕头对双方土地进行勘丈,并绘具图说。今档案中未见此图,仅有当时的勘丈情况如下文所示：

勘得耶士摩石界由德安横街口起,横丈至阜安街口上三十五号一尺二寸,又由阜安横街口丈至打铁店井脚会馆石界止十七弓

---

① 《大清钦加同知衔调署澄海正堂加十级纪录十次邓 为给照事》（光绪二十一年五月廿九日）,转录自李期耀《美北浸礼会传教士耶士摩汕头地产研究》,《潮青学刊》（第二辑）,第275页,图4。

三尺一寸，又由打铁店井脚会馆石界接连丈至栅门脚耶士摩界止三尺五寸，又由栅门脚耶士摩界接连丈至双和市口止三号，又由双和市口直丈至晏清街耶士摩石界止一十五号一尺，接连丈至新铺后灰篱耶士摩石界内篱界一弓止一十七号三尺一寸，又由石界内篱一弓处起直丈至海墘石篱止一百一十八号一尺六寸，接连横丈至新怡和栈巷口石篱止一百四十九号一尺八寸，接连又由新怡和栈巷口起丈至德安横街口耶士摩石界止二百零一号一尺六寸。①

这些内容可与土地执照中的四至条款相互印证，其中除了"打铁店井脚会馆"和"栅门脚"等地名现今难以查考外，"德安横街""阜安街""双和市""晏清街"等地名、街名皆可在用作底图的地图上找到。通过以上文献的记载，再结合 ARCMAP 中的长度等测量功能，可推测耶士摩填地的总范围如图 1 - 14 所示。

由图中可见，耶士摩的填地，东北边由双和市至集贤里，东南边由德安街与德安横街交界处往西南方向直至德安街尾。由西南角集贤里至东南角德安街尾所成的西南边，大部分在今天海墘内街的东北侧。此西南边极有可能是上文所述"土地章程红线"。该红线在汕头埠的南畔由于涉及深水航道和轮船停泊，似乎得到较好的依循，而在西面及西南面，则被中外商民所突破。

譬如在耶士摩与漳潮会馆争地案结案时，总理衙门便提及耶士摩西侧填地超出了 26 丈。② 时任惠潮嘉道的曾纪渠在论及红线时亦称，绘图之人"只在划清红线之远近，不在分出各地段之广狭，况马路章程亦无一语及各地段之广狭"。③ 再如当时汕头西侧海岸，在

---

① 《咨送耶士摩填地全案由》，光绪二十年十月十八日，"中研院"近代史研究所档案馆藏，档案号 01 - 18 - 047 - 03 - 021。

② 李期耀：《差传教会与中西互动——美北浸礼会华南差传教会研究（1858—1903）》，第 204 页。

③ 《咨送耶士摩填地全案由》，光绪二十年十月十八日，"中研院"近代史研究所档案馆藏，档案号 01 - 18 - 047 - 03 - 020。

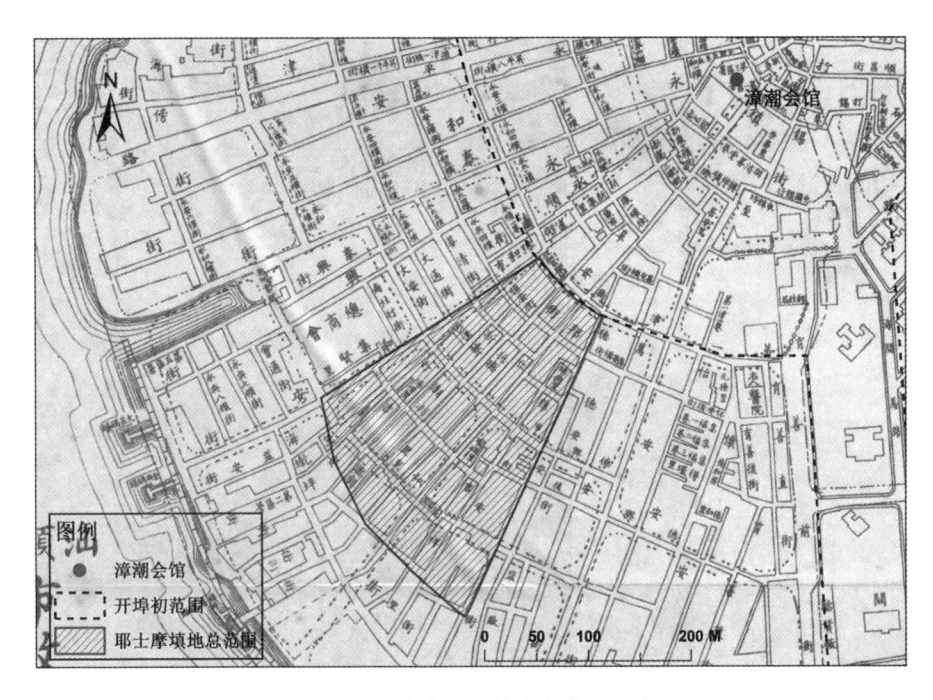

图 1-14　耶士摩四次填地之范围示意图

注：彼时耶士摩左右两边海坦皆已填筑，但因材料暂缺无法推断其范围，故此图仅绘出推测的耶士摩填地范围，以显示其土地与开埠初期相比的发展情况。

资料来源：以 1923 年汕头市地图为底图绘制。

20 世纪初也继续被商民填海造地。1901 年潮海关税务司甘博在报告中写道："同年（1901）秋天，汕头西侧一些地产的中国业主有意将海滩向外开垦到民船航道的地方，经过细心的现场勘测后，海关署理巡工司确定了拟议中堤岸的合适弯曲度和界限。这一年年底，该地段的全部土地所有者关于有组织有计划地同时进行开垦的谈判有了进展。"[①] 由此看来，我们似乎很难相信当初答应在划定红线内填地的各段海面地主会按章办事。那么，突破红线填海而成堤岸线，

---

① 《1892—1901 年潮海关十年报告》，载中国海关学会汕头海关小组、汕头市地方志编纂委员会办公室编《潮海关史料汇编》，第 53 页。甘博提到的这个填地，有可能是图 1-8 中西侧所标示的 "Reclamation in progress"。

颇有可能是现在的海墘内街。

通过上文的讨论可知，耶士摩通过扇形的填海方式，将自己最初只有390丈的土地，扩展到4100多丈，超过原先面积十倍，足见这种填海方式确实能使填成土地的面积达到最大化。就其填海位置而言，正好是厦岭港的出海处。此处及周围拥有不同背景的地主，不仅想填海扩张土地，也想争夺建造靠近深水区的码头。他们从自有地段以最短的直线距离向海面延伸，填海造地、建造石码头。这也加快了码头周围的海坪地的淤积。毗邻地段若未填筑，其土地价值将因此受损。

于是，为了争夺深水港的利益，受损地段的地主也相继向填海造地，这就造成了汕头埠的空间不断往西南两个方向扩展的结果。各地段业主在填海和争夺深水港的过程中，往往在原有土地边界的基础上以直线向外延伸。如此一来，原本直线向外的码头或填地边界自然成了马路，其后各业主填地之后修建的房屋和栈房，又进一步塑造了街巷。这便使得扇形土地内形成了多条如扇骨般通往海岸的街道。耶士摩的填海造地行为，便是这种扇形填海模式的典型案例之一。值得注意的是，这种基于某种目的或利益的私人填海造地行为，其中可能带有一些有意或无意的规划色彩。这种规划色彩不同于我们所理解的近代市政规划，它不一定基于统筹兼顾的理性规划，也不一定作用于较大范围内的整个街区，而是更多地体现在对空间利用的最大化，其中包括对交通、商业等各方面利益的考量，从而形成看似具有规划意味的空间实践行为。我们在探究近代城市空间变迁的问题上，需对这一类空间实践或是局部的"规划"行为给予足够的重视。譬耶士摩在填海造地之后，其面积几乎占到汕头埠新形成的商业地段的三分之一，在城市发展过程中占有重要的地位，在很大程度上影响了汕头此后一百多年间的城市空间形态变迁。

二　扇形轮廓与路网初成

经过50年左右的塑造，汕头埠的空间形态在20世纪头十年已初步成型。在这个过程中,由于汕头埠的空间不断向海坪地扩展,商埠规模逐渐扩大,整体格局随之发生改变。作为条约港,汕头逐步被纳入世界资本主义市场体系中,发挥着联通国际与区际商贸的重要作用,其发展也因此呈现了口岸城市的特色。上文已讨论了它与其他城市在地方制度上的不同,也从微观处入手,探讨了它的外部轮廓及内部空间形态的塑造。那么,在这段历史中,汕头在整体上的变化如何,下文将通过地图和影像材料进行相关谈论。

与图1-1年代相近的是1867年的汕头地图,如图1-15所示。该图收录于《中国和日本的条约口岸》(*The Treaty Ports of China and Japan*)一书,出版于1867年,其范围包括汕头埠及对岸的礐石山的北部。汕头埠(swatow)部分仅标出大致区域和炮台位置,绘出西面和南面的码头,但未标明名称。图中汕头的埠的范围在东边画出两条虚线,一条至当时的沙汕头炮台,另一条至潮海关码头。按今天通行观点所称,嘉庆年间,汕头已有来往船户所建的关帝庙和天后庙,并有一些渔民和盐民在此居住。他们和炮台驻防的士兵皆需要生活用品,一些小贩开始在庙前集市。其后随着来往船只渐多,货运增加,店铺和街道逐渐建立起来。开埠以前,汕头已形成行街、顺昌街、打石街、打锡街等商业区和银珠巷一带的"闹市",共有店铺两百多间。①

如果上述观点可信的话,那么图1-15汕头东面两条虚线所夹的地段,应该是汕头埠最早的市场。该地段左边虚线南端接连的码头为潮海关码头。如上一节所述,潮海关码头所在地,在开埠之后逐渐由郭继荣等人填筑海坪,后转卖给鲁麟洋行,鲁麟洋行建筑码头和洋房后,又转卖给潮海关,潮海关又继续向南填筑海坪。与此同时,海关码头西侧部分海坪地在开埠后亦陆续被填筑,其西北侧

---

① 郑可茵等辑编:《汕头开埠及开埠前后社情资料》,潮汕历史文化研究中心、汕头市文化局、汕头市图书馆(内部资料),2003年,第3、13、218页。该书第13—14页所收录材料标注为1988年出版的《潮海关史料汇编》实误,具体出处暂不可考。

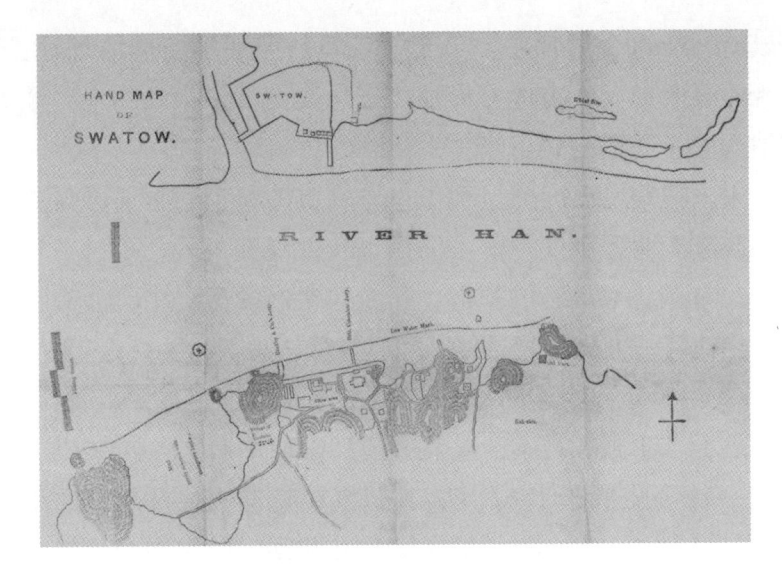

图 1-15　汕头手绘图

资料来源：NB Dennys, William Frederick Mayers, Chailes King, *The Treaty Ports of China and Japan*, Trubner and Co., 1867。

为开埠前后发展起来的衣锦坊、镇邦街、新康里等地。

再看图 1-15 中所画汕头范围内的西北部。若按初版《汕头指南》所载，位于会通街旁的新天后宫建于同治五年（1866）①，那么图中汕头埠的西北部应为会通街、杉排街、金山街等地。值得注意的是，1867 年以前，位于汕头埠北部的回澜（亦作洄澜）新溪还未疏通，惠潮嘉兵备道行署亦尚未竣工，当时汕头埠北部可能仍是一片沙脊。图中西边的码头暂不可考，可能与汕头埠较早一条贯通东西的街路——升平街有关。张秀蓉曾指出，"根据《六十年来之岭东纪略》汕头简图标记，咸丰八年（1858）汕头开埠前夕，市区道路以今升平路为界，划分为南北两种不同格局：北部沿闹市扩展，以东西向和南北道路交叉成方格式；南部则以今升平路与民族路交叉

---

① 谢雪影编：《汕头指南》，汕头时事通讯社 1933 年版，第 185 页。该书的自序和他序皆在 1934 年 1 月，实际出版时间应在此之后。

口为轴心,向西南辐射呈扇形路网"。① 由于她未注明详细出处,而《六十年来之岭东纪略》中所附地图其实是1923年汕头城市改造计划图,她所说的方格式路网并未能找到直接证据。实际上,早在1991年马秀芝已提出这种看法②,其依据似是汕头的《城乡建设志》,而后者的史料来源似乎更无从考证。

惠潮嘉道行署占据汕头埠北部一片很大的土地,但直至1868年才竣工。从上文的图1-5来看,行署周围未有方格状路网。再看图1-1和图1-15,汕头西南部分的海坪地仍未填筑,此时新街市也只是在初步形成的阶段,扇形放射状路网尚未形成。在1860年以后的40多年间,中外商民相继填筑该部分海坪,才逐渐形成扇形放射状路网。填筑的顺序可能是由东向西,首先是最靠近潮海关码头的鲁麟洋行的海坪地,然后是广德、福源、太古等洋行行栈所在的海坪地,随后德记洋行亦开始向外延伸码头和填地,耶士摩紧随其后。在耶士摩填地的同时,丁日昌位于汕头西面③的海坪也开始填筑。

在这样的填地浪潮下,汕头埠的空间范围逐渐往西南部扩张。如图1-16所示(该图绘制虽不按比例,但也可以起到示意之用),汕头南部和西南部的海坪已大部分被填筑,图中还画出"华人屋宇"和"洋人屋宇"的分界线。其中"洋人屋宇"的部分,应是上述鲁麟、广德、福源、太古、耶士摩等人填筑之地,而"华人屋宇",应是万年丰会馆、丁日昌等人填筑之地。此外,由该图也可看出,海关以东的海坪在1889年开始填筑,洋人开始向汕头埠以东的崎碌地

---

① 张秀蓉:《贸易先导,以港兴市——试论汕头港市的兴起》,载吴松弟等主编《走入历史的深处——中国东南地域文化国际学术研讨会论文集》,上海人民出版社2011年版,第164页。

② 马秀芝:《汕头近代城市的发展与形成》,载汪坦主编《第三次中国近代建筑史研究讨论会论文集》,中国建筑工业出版社1991年版,第92页。

③ 蔡文谟谓丁日昌避开与耶士摩海坦地的交涉,向西发展,建筑永兴、永泰、永和、永安、升平五街,四永一升平,称为汕头埠"西社"。见《汕头市通商纪要》,载侨港潮汕文教联谊会会刊第一期编撰委员会编印《侨港潮汕文教联谊会会刊》第1期,1964年6月。

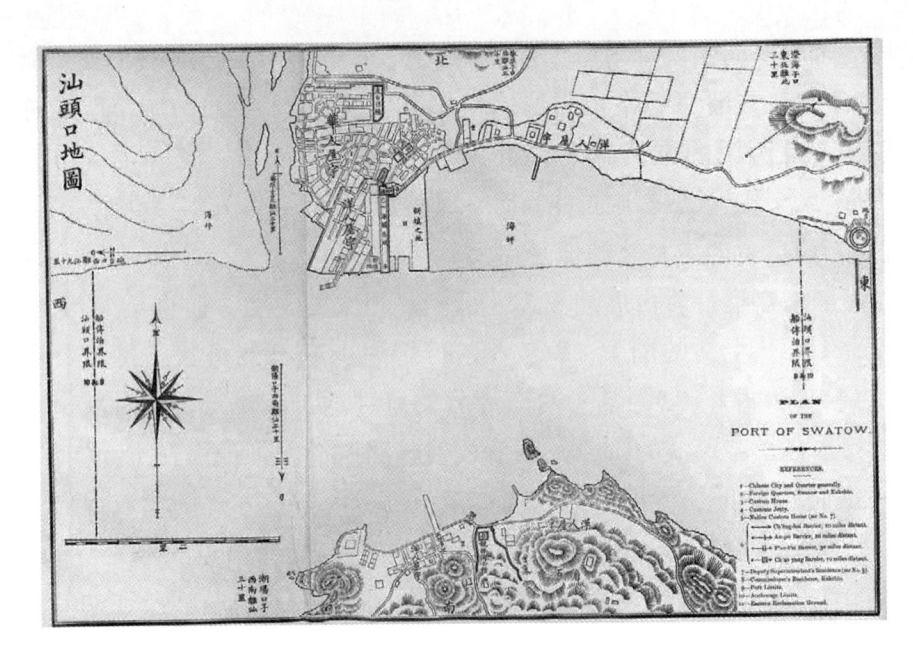

图 1-16 汕头口地图

资料来源：China Imperial Maritime Customs, *Decennial Reports*, 1882—91。

方进发，如图中已在该地标注"洋人屋宇"字样。

再看《海关十年报告（1892—1901）》中的汕头地图。如图 1-17 所示，汕头埠西南面海坪已基本填筑完竣，沿岸也已筑堤成马路。在《汕头市区房地产志》一书中，载有"1893 年新拓马路至海平路，以'老市'为中心向西南延伸 500 多米"一语，[①] 显然，该书编者认为，1893 年间的沿岸马路为海平路，但事实上并非如此。海平路在汕头市政厅时期才修筑，1893 年新拓马路可能只到商平路而已，随后才继续向外拓展马路。到了 1901 年前后形成的沿岸马路，可能是现在的海墘内街。

图 1-17 也反映了汕头埠北部以溪流为界的情况。此溪为回澜新溪，据 1960 年版的《汕头市志》所载："1873 年（清同治十二

---

① 汕头市地方志办公室编：《汕头市房地产志》，1992 年，未刊稿，第 8 页。

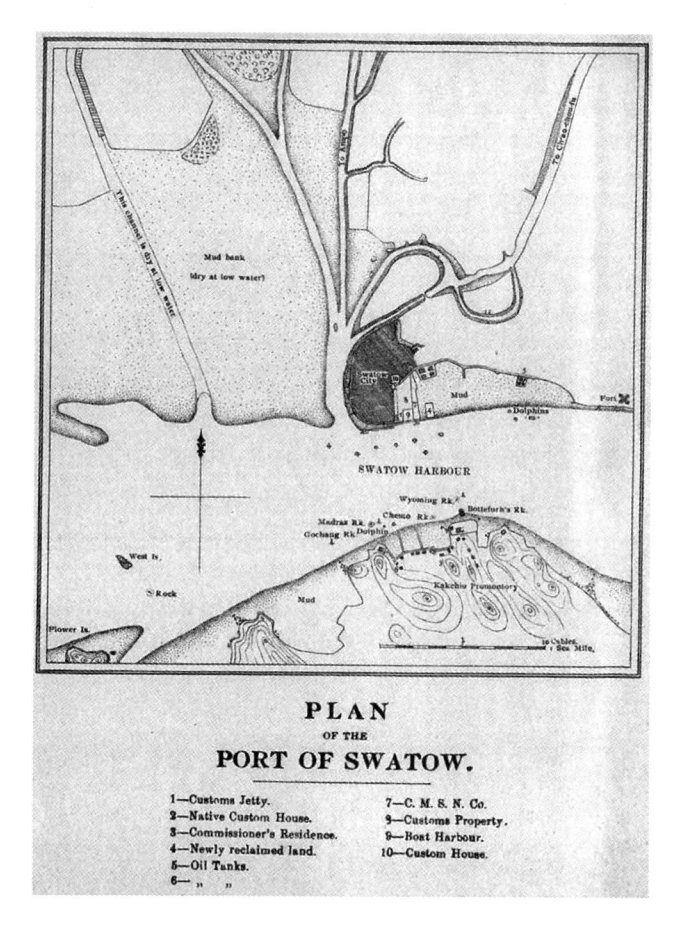

图 1-17　汕头口地图

资料来源：China Imperial Maritime Customs, *Decennial Reports, 1892—1901*。

年）开凿回澜新溪，形成月眉塭（即中山公园）及乌桥二个独立地区。"① 《汕头市区房地产志》的编者也采用了相似的观点，称"1873 年，开浚回澜新溪，引梅溪水从杏花村头截直而下，改善市区涝渍"。② 《汕头市志》中所称的"月眉塭"和"乌桥"两个独立区，即图 1-17 中汕头埠北部呈水滴形状和东北部呈半圆状两个地

---

① 汕头市史志编写委员会：《汕头市志》（初稿）第 1 册，1961 年，第 25 页。
② 汕头市地方志办公室编：《汕头市区房地产志》，第 8 页。

方，在 1873 年前后应该还只是浅滩和塭地。虽然《海关十年报告（1882—1891）》中的汕头地图未绘出这两个地方，也无法确定《汕头市志》和《汕头市区房地产志》所载录的时间是否有问题，但可以肯定的是，最迟到 1901 年，"月眉塭"和"乌桥"两个独立区已经形成。

此外，从图 1-17 中我们还可发现，汕头埠西南沿岸马路之外分布着 7 个延伸到深水区的码头，这些码头与汕头埠内部的关系如何值得我们深究。上文在讨论耶士摩填地及空间塑造时，已提过码头与内部空间放射状道路的关系，以下将通过地图、影像和文献进一步探讨汕头埠的城市变迁。

图 1-18 展现了 1903 年前后汕头市街的情况。如图中所示，上述的 7 个码头由东向西依次是招商局码头、太古码头（有 3 个）、怡和码头、汕潮揭小轮码头、达濠小轮码头。太古码头除了两个是靠近育善后街和怀安街之外，另一个直接与怡安街相连。太古码头以西的怡和码头，与德兴街相连。洋人的码头似乎到此界限为止，这也与他们主要占据汕头埠的南部和西南部有关。靠近万年丰会馆的是汕潮揭小轮码头和达濠小轮码头，分别连接仁和街和新潮兴街，此处位于汕头埠西侧，与内河航道关系密切，由它们的名称也可知这两个码头主要是沟通汕头与潮阳、揭阳以及达濠等地的联系，停泊的是小飞轮，可能以客运为主，兼营货运，这与太古、怡和等停靠大轮船的码头有很大不同。

这些码头的分布，在一定程度上影响了汕头埠的整体格局。图 1-19 展示了汕头埠南岸轮船来往、码头外延、栈房林立的情景。当时的摄影师应该是从汕头对岸的礐石山由南向北拍摄。虽然距离较远，但似乎仍可推测出从照片的最右侧依次是招商局码头、海关船港地、海关验货厂、太古栈房、太古码头、怡和码头等。再如图 1-20 所示，汕头埠南畔沿岸栈房并排而立，堤岸以外的木码头延伸至海面，靠近停泊在海面的轮船，而后者可通过这浮桥码头卸货。可见，作为重要商贸港口，汕头南畔岸线逐渐向深水区拓展，并在沿岸建造起一座座洋行的栈房。汕头的远航运输，也因此为外

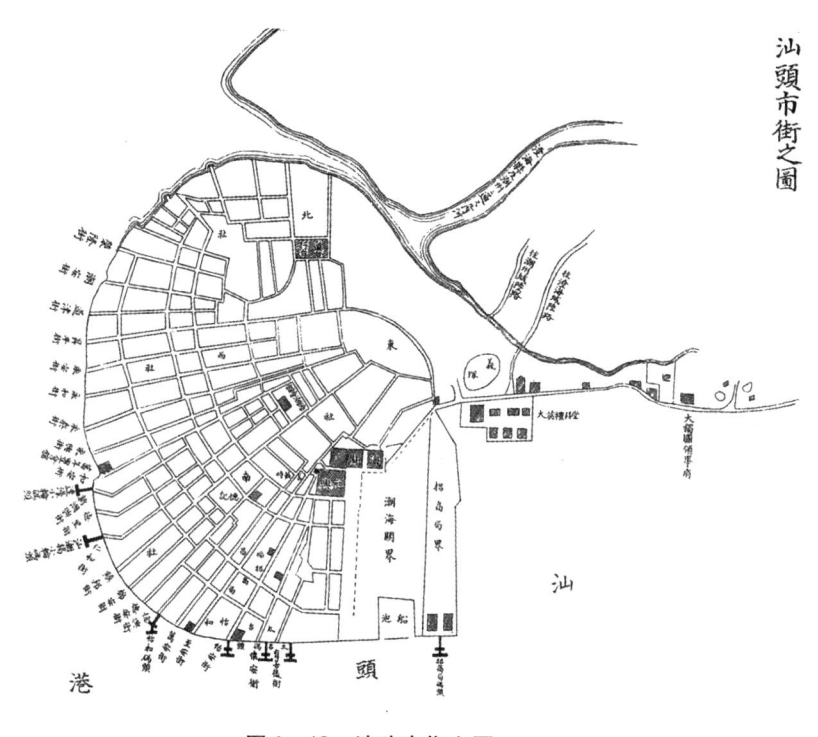

第一章　晚清时期填海造地与扇形空间形态塑造　　83

图 1-18　汕头市街之图

资料来源：外务省通商局编『清国広東省汕頭並潮州港情况』、外务省通商局、1903 年。

国商行所垄断。这使得汕头埠在空间布局上极具一种通商口岸城市的特点——沿岸码头栈房林立。

再回到图 1-18 来看，码头及沿岸栈房以北，标注有"招商局"和"福昌"字样。其中招商局即轮船招商局汕头分局，该分局自 1873 年开始在汕头设立办事处。根据赫德所述，招商局"设局之地系购自歇业之洋商，在众洋商码头之东，在新关码头之西，其地亦系洋商填筑之地"①，这和图中将招商局标示在怀安街的位置相符。招商局以北较为靠近市区的位置，其分布以商店为主。如图 1-21

---

① 《申述汕头商局欲占海关地东地假于税关不便照商局之请办理或照税务司所拟办理请酌情核由》，光绪十四年五月七日，"中研院"近代史研究所档案馆藏，档案号 01-20-038-02-003，第 14 页。

图 1-19　海港与市镇（汕头）1900 年代

资料来源：陈传忠：《汕头旧影》，新加坡潮州八邑会馆出版社 2011 年版，第 16 页。

图 1-20　太古洋行，栈房码头（1900 年代）

资料来源：陈传忠：《汕头旧影》，第 23 页。

所示，怀安街两边店铺连甍接栋，街上商贩往来。图中右侧矗立着一栋三层洋楼，可能为某一洋行房产，这也与怀安街是洋商填海造地开发的有关。

图 1-21　汕头怀安街（1900 年代）

资料来源：陈传忠：《汕头旧影》，第 29 页。

由上文耶士摩填地的讨论我们也已知道，除了耶士摩的填地外，其地以东、潮海关以西的海坪也皆为洋人所填筑。由此我们可以推测，图 1-18 中福昌洋行所在的怡安街、镇邦街以东的万安街、棉安街、至安街也可能存在与怀安街相同的情况，即沿岸栈房以内分布着连片的店铺和洋楼。由此可进一步推知，图 1-18 中所标示的汕头南社，主要集聚着普通店铺、以洋人为主的洋行、行栈和码头。

那么，图 1-18 中由中国人填筑海坪而成的西社，又呈现一番怎样的情景呢？如图中所示，汕头埠西社主要由升平路、永安街、永和街、永泰街、永兴街等街道组成。这些街道通常称为直街，除此之外，还可包括与它们相交的晏清街、大通街、大安街、南北行街等横向街道。这些街道的商业情况，可从出版于1915年《汕头事情》窥其大概。此书中列有中国商店共有167家，商店类别包括棉纱、米谷、杂粮、杂货、绸缎、中国酒、油类、药材、水果、洋药、火柴等。① 通过对这些商号进行统计，可列出汕头埠西社的中国商店如表1-1所示。

表1-1　　　　　　　　　汕头西社商店统计　　　　　　　　单位：家

种类	总数量	位于西社之数	种类	总数量	位于西社之数
棉纱批发	11	11	油类批发零售	9	7
米谷批发	9	7	药材批发零售	6	6
杂粮批发	43	29	水果批发零售	1	0
杂货批发零售	9	6	抽纱零售	2	0
杂货批发	6	6	洋药批发零售	25	22
杂货零售	12	2	火柴批发	7	5
绸缎批发零售	19	12	火柴批发零售	2	1
中国酒批发零售	4	1	火柴零售	2	0

资料来源：在汕頭日本領事館编『汕頭事情』、32—35頁。

由表1-1可知，汕头西社主要集中着棉纱、米谷、杂粮、绸缎、油类、药材、洋药、火柴等批发商和零售商，尤其是其中棉纱、药材、杂货批发等行业，是全部聚集于此。可见，相对于汕头南社，这里以中国人经营的行档或商店为主，这种分布情况直至1921年汕头市政厅成立以前并没有大的变化。不过，需要指出的是，《汕头事情》一书可能仅代表日本人对一些与外贸有关的商店或行档，对汕头本地一些与日常生活有关的行业可能有所忽略，所收录的商店可能比实际情况要少（又见第三章第三节的相关讨论）。

图1-22是1919年出版的汕头地图。将该图与图1-18对比可

---

① 在汕頭日本領事館编『汕頭事情』、外務省通商局、1915年、32—35頁。

知，汕头埠西社、南社、北社、东社并没有发生大的变化，只有招商局地东侧的海坪地被填筑成地，其中靠近深水的区域建立起了太古码头和太古栈房。当时汕头埠市街的情况正如收录该图的书中所称：

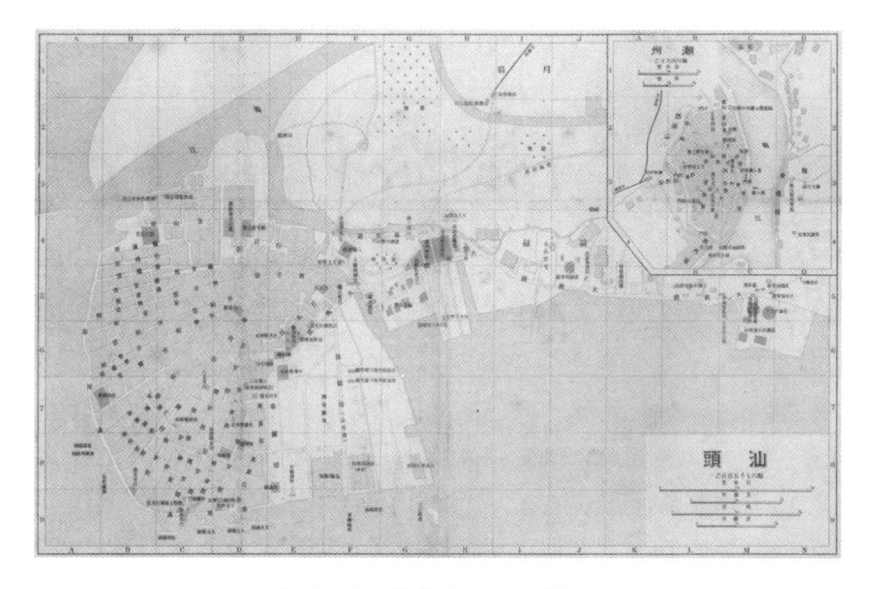

图 1-22　汕头市地图（1919）

资料来源：铁道院编『朝鮮滿洲支那案内』、外務省通商局、1919 年。（原书名日文中朝鲜、满洲、支那三者并列不妥）高清彩印图见谢湜等主编《汕头近代城市地图集》，科学出版社 2020 年版，第 36—37 页。

由于很多地方仰仗水运，所以很自然地，在便于大小民船和远洋船舶出入停泊的海岸一带，城市街道非常繁荣。北边沿着韩江，其他三面都临海，形状正如扇面。南边的沿海路以海关大街为界，以东为信号所、戎克船港、招商局栈房、太古洋行栈房等，以西首先是太古洋行和怡和洋行的货物码头，还有两公司的办事处、仓库等高大恢宏建筑。在西边，从海岸到韩江岸边的沿江路上还有两个汽艇栈桥，经营内地土货的中国批发商铺鳞次栉比，一派繁荣景象。如果想返回市中心，有很多横巷和与之交叉的大大小小二十多条街道，这些街道起自南边和西边的海岸，汇集于城市的东北角，宛如扇子的骨架一般。其中的至安街、德安街、镇邦街、永兴街、升平街等都很繁华，豪商巨贾比比皆是。①

通过上述的讨论可知，汕头在开埠以前，以聚集于沙汕头炮台附近的行街、顺昌街、打石街、打锡街、银珠巷等地形成了颇具规模的"闹市"。其后随着开埠通商，贸易繁盛，人口增加，原来"闹市"的空间日显不足。与此同时，在轮船业迅猛发展的影响下，洋人开始聚集在汕头南畔和西南畔填筑海坪，并争夺深水港码头，中国官绅、商民亦与之竞争，填筑汕头西面的海坪地。于是，汕头的土地不断地向海面推进，新填成的土地也形成新的商贸中心，原本的闹市因远离海岸而退化，成为老市。汕头埠的整体格局逐渐变成为西部汇集中国人经营的行档或商店，西南部集聚着以洋人为主的洋行、行栈、码头，南部分布着潮海关地产、海关船港、验货厂、招商局码头。

小　结

第一次鸦片战争之后，汕头逐步成为与香港这个自由港贸易往来密切的重要口岸，同时也由于与南澳鸦片贸易的关系，其贸易地位逐步上升。1860年，汕头正式开放通商，并在随后的几十年间，迅速发展为一个沟通区际贸易和国际贸易的开埠城市。

近代轮船航运和商业贸易的发展，推动了开埠城市空间的拓展。在这个过程中，因各地方官员与外国领事之间的不同交涉，造成各个通商口岸的发展存在不同的机制，也由此塑造了不同城市间各具特色的空间形态。西方列强与清政府签订条约后，洋人具有在各通商口岸租买土地的权利，然而当他们在地方上行使这些权利时，仍需要不断地与当地政府进行交涉。于是，划定"租界"和建立"居

---

① 鉄道院編『朝鮮満洲支那案内』、413—414頁。

留地"，便成为西方各国在通商口岸获得土地的两种主要方式，这也导致城市空间拓展存在不同的驱动力和制度背景。对于上海、天津等城市来说，租界的发展造成了城市空间的拓展。租界的市政机构在开辟道路和开发土地中，通过一定的规划和管理来主导空间的拓展方式，由此塑造城市的空间形态。

与上海等租界的城市不同，汕头在开埠以后仍处在中国地方官的管治之下，并未有公董局或工部局这样的机构来对土地开发进行规划和管理，其土地开发活动一方面处于传统的土地买卖机制之下，另一方面则面临外国势力因条约而具有的"交涉力"。于是，一些有资本的外国人凭借着条约所赋予的权利，开始寻觅在汕头租地买地的机会，汕头的地方大族和商人，则凭借土地传统买卖惯例获得土地开发的先机。他们在开发土地时并未能完全绕开地方官自行其是，所以他们之间既有共谋也有角力。鲁麟洋行、广孚洋行、德记洋行依赖他们的买办和雇员买地之便，率先填筑汕头的南面海坪，争夺深水港。属于官方机构的潮海关在向鲁麟洋行买地迁入汕头埠以后，为验货等管理工作的需要也开始向南面的深水区延伸码头并建造验货厂和避风塘。美北浸礼会的传教士耶士摩，借着传教的名义也投入向海争地的土地开发浪潮，填筑汕头西南面的海坪。与此同时，属于中国官方势力的丁日昌，以及商人势力代表的漳潮会馆，也不甘落后，与外国人在向海填地的土地开发活动中展开角逐。这些土地开发活动使得汕头的城市空间在开埠以后不断地往西、南两个方向拓展，海岸线一步步外移，并在拓展过程中逐渐形成呈放射状的扇形空间形态。

这一独特的空间形态并非总体规划而成，而是在复杂土地开发活动形成的。澄海知县虽然在一定程度上管理汕头埠的土地交易，但对土地空间拓展和塑造的控制极为有限，更未对汕头埠的发展有所规划。于是土地交易及开发中充满了套买、影射、蒙混、私筑、侵占等行为，经历了交涉、博弈、协商，折中等过程。但不管开发过程如何复杂，土地权属如何混乱，其结果最终都在具体的物理空间上得以显现。

　　通过本章的讨论可知，首先，汕头埠在空间扩展的过程中，形成了扇形的外在轮廓，其原因是受到潮海关对汕头港务的管理和对堤岸的控制和计划等方面的影响。潮海关在购得鲁麟洋行的码头后，率先将其延伸至深水区。随后潮海关设立理船厅等机构加强对港务和堤岸线的管理，控制了其他海面地主的填海界限，由此影响了汕头埠南面和西南面的外在轮廓。其次，在汕头埠的扇形轮廓内部，也形成了如扇股般的放射状空间形态。这种结果，完全是受私人在扩展土地时为寻求土地利益的最大以及争夺深水港码头的影响。最后，由于汕头埠没有传统城市结构的束缚，其空间向西、南面的不断扩展使得它逐渐形成适宜作为商埠的街市形态和城市结构。汕头的街市也由此而发生变化，原本靠近沙汕头炮台的闹市退化为老市。新形成的土地成为新的商贸中心，汕头埠的主要布局逐渐变成了西部汇集华人经营的行档、店屋，西南部集聚着以洋人为主的洋行、行栈、码头，南部分布着潮海关地产、海关船港、验货厂、招商局码头等。

　　汕头埠规模的扩展及其贸易的发展，使得它不只在粤东地区扮演着重要的角色，在东南沿海的通商口岸中，也占有重要的地位。作为粤东地区首屈一指的商埠，汕头在行政建制上也逐渐受到重视。在开埠通商的61年后，汕头最终与澄海分治，成为第二个建立市政厅的城市。汕头由此开始进入具有近代市政管理的发展模式，城市空间形态的发展进程，也由此发生了重要的变化。

第 二 章
近代市政对城市空间的管治

1921年是汕头发展历程中的另一个重要时间节点。这一年汕头与澄海分治，设立市政厅，正式成为独立建制的行政单位，跻身中国第一批建制市之行列，并在随后扮演着粤东地区政治、经济、文化中心的角色。市政机构的设立，意味着行政职能开始对汕头埠城市空间形态的发展产生影响。不同以往的是，新设立的市政厅乃近代西学东渐的产物，模仿的是西方的市政制度，与传统地方行政制度大异其趣。

近代以前，城市向来没有独立建制，国家一直实行的是城乡合治体制。即使传统时期的城镇，也只是各级行政区域体系中的网点，而不是单独的行政单位。① 随着清朝在第一次鸦片战争战败，上海、天津、广州、厦门等地逐渐设立了由列强直接控制的租界。由租界建立的西方政治制度及其随后所显示出来的优势，触动了中国地方传统制度的变革，也促发了中国社会精英对城市现代化道路的探索②，其中一个表现就是新的市政制度在中国逐步建立。

在这样一种历史背景下，从1909年清政府颁布《城镇乡地方自

---

① 熊月之：《从城乡联系史看城镇化愿景》，载牟振宇主编《城市史研究论丛》（第一辑），上海社会科学院出版社2018年版，第4页。
② 参见高路《"城市中国"的探讨：民国前期（1912—1937）社会精英对城市现代化道路的探索》。

治章程》使城乡行政一体开始解体，到20世纪30年代前后，一批市政机构相继建立，新的市政制度使城市和乡村的发展分道扬镳。城市通过行政建制、市政建设和城市立法等方面开始进入城市化和现代化轨道，在建设方面与乡村的差距不断增大。从汕头埠到汕头市，不只是简单的行政层级上的变化，更重要的是近代市政的建立和逐步完善。

为了深入讨论汕头民国时期的市政制度，我们有必要追溯在此之前有关汕头"市政"的情况。如此才能更好地理解汕头如何完成从"无市政"到"有市政"的转变，以及有了市政之后城市空间形态所发生的变化。近代市政涵盖了城市管理的方方面面，许多内容并非本书所能论及，此章主要关注其中与城市空间有关的内容，诸如市政机构中哪些部门与城市空间有密切关系、市政当局如何进行市政建设以及如何管理路政和建筑等。这样才能更好地揭示城市空间新发生的变化及其背后的机制，以及市政当局又如何通过行政和法规来约束城市空间形态的发展，从而进一步探讨近代市政对空间形态演变的意义。

第一节　管而不控的前市政时期

开放通商之后，汕头的经济地位迅速上升，但政治地位并没有得到同步的发展。到了清末推行地方自治，汕头才开始在政治上变得越发重要。洋人的到来固然改变了汕头社会经济的发展路径，但在政治方面的影响并不明显。当时洋人的主要目的是通商贸易，虽然英国在1870年设领事馆于政治中心潮州府，但在英国及其他国家看来，汕头才是重要的商港，比潮州府更有希望。他们在汕头锐意经营，不遗余力，这在一定程度上也使汕头发展为五方杂处、商业交通集中的要地。[①] 正如上一章所说，汕头开埠后并没有划定租界，

---

① 谢雪影编：《汕头指南》，1933年版，第3页。

亦没有设立具有自治性质的市政机构，西方市政制度对汕头埠的影响颇为有限。20世纪初，汕头虽然受清末新政的影响，相继设立团练、巡警、警察局、警察厅等机构，承担部分"市政"职能，但在管理和建设上都与上海租界相去甚远。

汕头在开埠后的五六十年间一直归澄海县管辖。对于澄海知县来说，汕头埠虽是通商口岸，但与辖区内其他地方并没有本质上的区别。在当时的城乡合治情况下，地方官的行政观念里面似乎没有所谓的"市政"。譬如像修路、建造、修缮等与后来市政类似的事务，在他们看来只是地方的公共工程，属于其他行政内容，不能与征税和维持地方秩序相提并论。修缮路桥、城墙及官有建筑等工程，若规模不大，都由地方官自筹经费。经费来源或是由官员自己捐款，或是劝服富民和乡绅集资，或是采取对轻犯罚款这类不常用之法。① 在这样的情况下，我们很难想象澄海知县对汕头埠有一些可以称为"市政建设"的举措。在中国传统地方制度之下，汕头没有如西方一样的"市民"，更没有所谓的"市民社会"。不过，汕头仍有居住于此的商民，他们大多来自周边各地，各地人士亦在此建立多种地方性社会组织。于是，一些与市政内容相似的事务，便落到了他们手上。本节首先就汕头地方商人在有关城市空间的公共建设中发挥的作用加以论述，其次再讨论清末民初警察的路政管理对汕头埠空间的影响。

一 19世纪下半叶商人的主导作用

作为一个商港，汕头吸引了来自海内外各地的商民，他们在此谋生、经商。随着汕头的商业发展到一定程度，相关的商业组织亦应运而生。通行的观点认为，汕头在开埠前的1854年，就有当地商人和福建商人在此设立"漳潮会馆"作为交易场所。② 随着开埠后贸易的变化，在1866年又有新会馆"万年丰"成立。根据辛盛

---

① 瞿同祖：《清代地方政府》，法律出版社2003年版，第261—262页。
② 黄绍生等编：《汕头——黄金海岸的明珠》，第8页。

的说法：

> 这里最有势力的会馆是万年丰，以"汕头公会"为外国人所知。它分为两部分：一个代表海阳、澄海和饶平；另一个代表潮阳、普宁和揭阳。此机构据说已有 25 年历史，它取代了旧漳潮会馆的汕头或潮州部分。旧会馆因漳州在汕头利益的衰退而失去势力。①

由此看来，汕头开埠之后，潮汕商人的势力得到发展，并逐渐超过福建商人，最终在汕头埠掌握了较大的权力。钟佳华指出，潮汕地区商人的力量得以崛起，除了受益于海外贸易之外，在政治上受到庇荫也颇为重要。其中以普宁的方耀和丰顺的丁日昌这两大政治巨头出力最多。方耀的"清乡"之举在给潮汕地区带来良好商业环境的同时，也由于其地方主义倾向，削弱了福建人在汕头的势力。丁日昌则开发汕头南北港和填筑海坪扩充汕头埠的空间。② 如上一章所言，丁日昌在汕头填筑的海坪地后来发展为升平、永安、永和、永泰、永兴等街，这些地方都集聚着以中国商人为主的批发商和零售商。自福建商人式微之后，汕头的中国商人以来自潮汕地区的为主，由此势力大盛。

作为当时潮汕地区商人的商业行会，万年丰会馆的组织结构已颇为完备，其权力涉及面也颇广。其中海、澄、饶和潮、普、揭两部分各选出龙头商行作代表（这两部分人士，在民国时期汕头的商会中仍握有重要的权力，详见第四章第一节的讨论），每月由两边各派两名可靠的雇员担任会计和司库，并处理一般事务。此外还有三名顾问，其中一名为总管，须有功名的人才能担任，他充当商人和

---

① "Swatow. Decennial Report, 1882—91", China Imperial Maritime Customs, *Decennial Reports*, 1882—91, p. 537.

② 钟佳华：《清末潮汕地区商业组织初探》，《汕头大学学报》（人文科学版）1998 年第 3 期。

官员之间的调解者，另外两名为私人顾问，分别照管会馆两边的利益。在汕头经营的商人基本上受万年丰会馆管理，一旦出现了某种影响贸易上的问题，从事该贸易的龙头商行先达成某种协议，然后和次要的商行商量，直至获得足够的支持之后，再召开会议，将已达成的协议作为会馆的规章。不过，万年丰会馆一般不愿其行动为外界所知，所以没有书写成文的规章，但会馆成员间所达成的默契具有如正式条款般的约束力。当商人受到海关处罚时，会馆还出面处理，甚至号召商人停止贸易。总的来说，会馆关心其成员的个人和集体商业利益，解决贸易争端，制定贸易规则，同时起着商会、交易会和"市政"参议会的职能。①

由此可见，正因为万年丰会馆具有较大势力，而汕头又是以日常商务为主的通商口岸，该会馆自然承担了部分"市政"职能，并借此进一步提高声誉和巩固势力。罗威廉曾以"社会服务功能"的概念来讨论行会作为法人团体所从事的公益、慈善活动，他认为汉口的行会在地方公益慈善事业中发挥了核心作用。如徽州公所在18世纪就拓宽、修直并重新铺设新安书院前的一条"义路"，将此街道改造得适合货物运输，这项工程也得到其他行会的称赞。② 如果也借用"社会服务功能"的提法来讨论汕头埠的商人行会——万年丰会馆，虽暂时缺乏直接史料，但一些间接的材料也反映其中若干侧面。

如上一章提到的广孚行与德记行争地一案。地方官在处理该案时就曾邀集一些行商从中调处。当时广孚行称其地契内所开之地是东自鲁麟洋行界地起，西至漳潮会馆界地止。但是在广孚行填筑海坪建房之后，两家洋行却彼此争闹不休，且各备器械枪炮意图斗杀。汕头的行商们见状不妙，乃介入此案，协同赵委员（候补从九品）

---

① 彭泽益主编：《中国工商行会史料集》，中华书局1995年版，第637—639页。
② ［美］罗威廉：《汉口：一个中国城市的商业和社会（1796—1889）》，第355—357页。

进行查勘,且提议"将海坪作为公填公路,钉桩归入会馆(指漳潮会馆)地界"。① 这些行商可能是漳潮会馆的成员,或是与之有密切关系者,毕竟所争之海坪地涉及漳潮会馆地界,他们自然不会袖手旁观。他们提议"以公填公路归入会馆地界"的办法,或许有借此从中分利之嫌,但以"公填""公路"作为名义,在一定程度上也反映了他们具有公共事务的概念。另一个例子亦可由上一章耶士摩买地案说起。当时耶士摩第一次买地,受到万年丰会馆的抵制。② 该会馆董事李祥和联合行商向澄海知县冯镇呈上禀帖,其文称"汕头新建天后神庙,乃合埠风水所关,所有庙前及两旁余地,均不能盖建高楼,叠经禀禁,毋许建造"。③ 虽然此案件颇为复杂,但从中我们也可看出万年丰会馆对于天后庙这一公有庙宇及其风水的关注。即便行商们有自己的算盘,但也不能忽略他们是可以打着"合埠"等具有公共意味之旗号的。

这些例子虽然只反映了商人及商业行会在开埠初期介入地方事务的两个侧面,但我们也不能忽略他们在汕头埠所拥有的话语权及其与官府之间的关系。在汕头贸易迅速发展的同时,万年丰会馆的势力也逐渐扩大。地方官应对地方公共事务时,又常因经费问题而需劝谕士绅和富民筹款。在汕头埠一地,有资本的自然是一些绅商和行商,这既提升了他们在公共事务或者说是社会服务上的话语权,也加强了他们与官府的关系。

至19世纪中后期,万年丰会馆已控制了汕头港贸易的细枝末节。虽然其内部实现了"行业性整合",个别行业也拥有自己的公

---

① 《大清潮州粮捕水利分府兼管海关税务陞用军民府徐 为照会转饬事》,FO 228/924, pp. 73-74。

② 李期耀:《美北浸礼会传教士耶士摩汕头地产研究》,《潮青学刊》(第二辑),第261—276页。

③ 《大清补用军民府俟先补用粮捕府署澄海县正堂随带加一级寻常加二级纪录十次冯 为给照事》,同治五年九月初十日,转引自李期耀《美北浸礼会传教士耶士摩汕头地产研究》,《潮青学刊》(第二辑),第265页,图2。

所，但它仍然是各个公所和行档的总部门。① 戊戌变法失败以后，清政府开始推行新经济政策，在地方各省设立保商护商的机构，其中少数称为保商局，对保商护商以及联络商情产生一定的积极影响。② 东南沿海地区由于出洋人数众多，以及清政府为鼓励华侨回国，在设立保商局方面占有先机。光绪二十五年（1899），闽浙总督许应骙就奏请设立厦门保商局并获准。③ 翌年，惠潮嘉道沈传义也仿照厦门之例，在汕头埠开设保商局，怡和洋行买办萧挥五任总办，由汕头的绅商们垫款开办。

光绪二十八年（1902），惠潮嘉道丁宝铨拨公款作经费，推举黄遵楷为汕头保商局议董以整顿保商局。后者拟定新章程十二条，包括振兴商务、进行市场调查统计、维持地方秩序、调解商事纠纷等，其职责与万年丰会馆已有所交织。④ 是年农历九月初二，汕头保商局移址瑞文庄公祠，该祠位于万年丰会馆旁。⑤ 到了十二月，黄遵楷回福建供职，提议保商局由行商轮管，并和各绅公议照丁宝铨之意交萧墀珊（即萧永声）接管商务。⑥ 当时萧永声是万年丰的绅董，可见，由官方设立的保商局，仍需依靠汕头当地商人和行会的势力。正如钟佳华所说的，"汕头保商局并未独立于行会而自成一体，因为它的办公地方正是在万年丰会馆内，而保商局的董事如萧鸣琴、萧永声父子、薛开熙等，实际也是行会的绅董。大抵官方任命这些绅

---

① 钟佳华：《清末潮汕地区商业组织初探》，《汕头大学学报》（人文科学版）1998年第3期。
② 朱英：《清政府推行新经济政策的缺陷及其产生的原因》，《中国经济史研究》1999年第1期。
③ 王先谦、朱寿朋编：《东华续录》光绪朝卷153，上海古籍出版社2002年版，第138页。转引自郑振满《国际化与地方化：近代闽南侨乡的社会文化变迁》，《近代史研究》2010年第2期。
④ 陈海忠：《近代商会与地方金融——以汕头为中心的研究》，广东人民出版社2011年版，第95—96页。
⑤ 《共振商务》，《岭东日报》1902年10月4日第3版。
⑥ 《商局接办》，《岭东日报》1903年1月21日第3版。

董为局董的原因,也是看重他们在行会内的影响力,有利于沟通官—商关系。"①

到了1903年清政府倡办商会后,汕头也于1905年7月设立商务分会,由萧永声出任总理。翌年,萧永声身故,由黄玉锵接任。到了1907年,汕头商务分会改为商务总会,黄玉锵出任首任总理,萧永华为协理,另有14人出任会董。自此以后,汕头商会总会开始在汕头扮演重要的角色。陈海忠指出,"汕头商务分(总)会不但成为汕头行商坐贾的总机关,已经能为维护绅商的利益、名誉而自觉采取行动,并最终达到目的,从而在汕埠社会生活中扮演了一个极为重要的角色,而在几年前仍然担任这一角色的万年丰会馆已经渐渐淡出人们的视野"。② 其实,随着清末政治改革以及新经济政策的推行,官方开始加大统筹民间商业组织机构的力度。不管是作为行会的万年丰会馆,还是作为商会的汕头商务总会,二者虽然在组织架构和体制方面发生了转变,但是其核心成员并没有发生大的改变。面对时势的改变,汕头的绅商不过是重新选择了随之而变的发声筒而已,是一种应对国家体制变革所采取的策略,实际上仍掌握着地方的重要话语权。他们仍如以往一样关心地方事务,参与到议政以及汕头埠的管理中,尤其在有关"路政"等地方公共事务方面。

譬如1903年,汕头保商局董事饶梅生便提倡清理街道,并拟出章程23条登报公览。其内容主要包括拟设清道局专门负责扫除粪草瓦砾;各大街巷拟设夫役负责按街收粪草瓦砾运至海滨偏远处;拟设头目八名巡查大小街巷夫役勤惰及禁止沿街便溺的行为;各街行铺住宅每日打算屋内及门前街路粪草瓦砾;旧积的粪草瓦砾由保商局先行运送到偏僻处;如有死猫死鼠等物须先声明以便另用器物装

---

① 钟佳华:《清末潮汕地区商业组织初探》,《汕头大学学报》(人文科学版)1998年第3期。

② 陈海忠:《近代商会与地方金融——以汕头为中心的研究》,第107页。

埋至远处；不许沿街便溺违者拿送地方官究惩；字纸须另拾起倘有无赖之徒沿街抛弃，也严拿责惩。① 由此章程来看，主要是设立相关机构，雇用一定的人员负责清理汕头埠街路巷道。虽然不知道此章程后来落实情况如何，但由此仍可看到汕头埠绅商注重当地的公共事务以及试图改造地方环境的努力。

再如光绪三十一年（1905）《岭东日报》中的一则"修路捐题芳名"所载：

  汕埠道台行署至淡水河口一带，街道每逢天雨，泥泞不堪举足，行旅苦之。兹众行商佥拟大加修整，为之挖筑水沟，铺砌灰石。当查该处通由街道原有两段，一由行署之前绕出其右，一由行署之左绕出其后，皆为行旅所必经。本拟同时修整，但须费孔巨，势难并举。将由前绕右者先行修筑，其别一段俟此段告竣后，再行开工。但即此工料非巨款不能成，愿好善诸公踊跃倾囊相助，速观厥成。爰登报章以供众览。

  癸卯年之缘簿交杨合利手，因事未行，题款亦未收。该簿在合利遗失，寻获作废，不堪照用。本年出过新簿壹本，谨将题款列左：

  洋务委员翁题五十元　蔡永峰宝号题银五十元　王协利宝号题银四十元　陈德昌宝号题银四十员　万茂祥宝号题银叁十员　振和兴隆记题银叁十员　邓刘氏题银叁十员　萧卢氏题银叁十员　三达公司题银卅元　李昌盛宝号题银壹十五员　杨合利题银十元　永同兴宝号题银二员　茂栈鼎局题廿元　安泰鼎局题十元　赞和兴题元五　新广昌题银二十元　长茂源题银二十元　万裕昌宏记题银五元　永记号题银五元　广应春题银五元　广泰来题银五元　郭协峰题银四元　黄泗隆题银四元　万联兴题银四元　富春题银三元　长发祥题银三元　广万山题银三

---

① 《清理街路章程》，《岭东日报》1903 年 9 月 24 日第 3 版。

元　复润兴题银二元　公发成题银二元　应顺昌题银二元　怡顺安题银二元　天裕兴福记题银二元　同泰祥题银一元　赞化宫同人启①

从这则"修路捐题芳名"来看，当时修路属于公共事务，由众行商计划并筹款修筑。其中题捐的款额由1元到50元不等，其中30元、20元比例不少。从题捐的名单来看，除了洋务委员以及少数私人题款外，其他基本属于商号，其中三达公司的栈房也正好在所修路段附近。此则捐款芳名最后的落款是"赞化宫同人启"，看来修路者与题款行商都与此庙宇有关。赞化宫临近所修路段，位于当时行署南边的延寿街，建于光绪二十五年（1899）。②赞化宫由张榕轩、张耀轩倡建，以吕祖为主神，香火鼎盛，流行于潮梅地区和福建省。③张榕轩、张耀轩即创办潮汕铁路的印度尼西亚华侨，祖籍嘉应松口堡，想必修路者与题款行商应该与汕头的客家商人大有关联，或者这些商号大多数属于客家人。由此可推知，当时参与到汕头埠地方公共事务，也即早期"市政"建设的，除了有较大势力主潮汕商人外，还不乏韩江中下游地区的客家商人。处于传统地方官管理之下的汕头埠，在传统行政职能缺乏"市政"建设的情况下，汕头的商人们及其行会和商会等机构，起到了主导"市政"建设的作用。

不过，应该指出的是，当时汕头的商人们并没有真正意义上的市政概念。我们现在看来类似市政建设的行为，在当时不过是属于公共工程或社会服务的内容。如此一来，由地方商人所负责的"市政"建设，事实上缺乏一个有效的规划，也没有一个实际的部门来

---

①《修路捐题芳名》，《岭东日报》1905年9月5日第4版背面。随后的《岭东日报》仍有此捐题芳名，题款者略有增加。

② 谢雪影编：《汕头指南》，1933年版，第185页。

③ 游子安：《博济仙方——清末以来岭南地区仙方、善书与吕祖信仰》，《中国科技史杂志》2011年第32卷增刊，第47—63页。

管理。正如第一章所述，中外商人自发地在汕头填筑海坪、开发土地，虽然与"市政"建设相似，推动了汕头城市的发展，但澄海知县对这些土地开发活动并没有起到有效的控制作用，更谈不上有意识的规划。在这种情况下，政府自然不能对城市空间的发展有所"约束"。随着政治体制的转变，由商人执掌的商业组织也慢慢由传统的行会转变为近代商会。虽然在地方自治运动、国家体制改变乃至民国初年的地方混战中，汕头的商人们都借由行会或商会深深参与到地方权力的角逐，不过与传统行会时期相比，商会更倾向于专门负责商业上的事务。即便清末民初的巡警的创办也依赖行会和商会的力量，但以往类似"市政建设"的公共事务，则渐渐由新兴警察制度所具有的市政管理职能所代替。

二 20世纪初警察机构的路政管理

汕头埠警政的兴办，缘于清政府晚期治安体制的转变。在此之前，清代的行政体制和治安司法体制没有分离，基本上由行政官员兼管。[①] 地方各级官员都负有管理地方治安的责任，州县官也须维持其辖区内地方秩序的责任，但由于他们住在治所的衙门里，与散居各地的百姓并没有直接联系，许多市镇也没有设置负责缉查和捉拿罪犯的州县佐贰官衙，大部分乡村和市镇事实上处在他们的直接监督之外。由此，官府通过推行保甲制来维持治安。保甲制同时适用于乡村和治所，其基本功能是建立起缉查违法者的治安网络，同时担负执行地方治安巡防的责任。[②] 瞿同祖的研究指出，清代的保甲制度总体上是没有效率的，州县官认真执行保甲制其实是稀有之例。[③] 此外，维持地方防卫的还有绿营和练军，以及驻守各地要津的巡检司。民间则有乡绅控制的团练等组织以保卫乡土。不过，各地绿营

---

① 朱绍侯主编：《中国古代治安制度史》，河南大学出版社1994年版，第742—744页。
② 瞿同祖：《清代地方政府》，第251—253页。
③ 瞿同祖：《清代地方政府》，第253—257页。

兵到清中叶以后已腐朽不堪，随后设置的练军也达不到防军的水平，进入20世纪后，各省的防军、练军和绿营分别汰选，编为常备、续备、巡警等。① 原先肩负地方治安之责的巡检司在晚清也逐渐萎缩不振，随后逐渐被乡镇自治机构或新设的警察分局所取代，与之形成对比的是地方士绅或乡族组织的地方团练开始发挥的重要作用。② 可见，面对晚清以来频繁出现的战事以及地方动荡，清政府的治安体制已难起到维持地方治安的作用。

在这种背景下，各通商口岸租界的良好治安环境对国内的其他地方造成冲击，一场革新正在酝酿之中。1900年，义和团运动爆发，各国驻京公使被围困，随后八国联军攻占北京，清廷战败。为了缓和各方的矛盾，清政府宣布于1901年开始推行新政，其中一项重要内容便是改良司法、兴办警政，清政府的治安体制也由此发生改变。吴沙指出，清政府之所以要改革治安制度，首先是由于原有的治安体制已无法维持，其次是受上海和香港等地的影响，有识之士对改革的呼声越来越高，最后也是最直接的原因则是西方国家的要求和压力。③ 清政府在建立警察制度的过程中，主要从设立中央警察机构和地方警察机构两方面着手。中央警察机构从北京设立"善后巡协总局"开始，1902年年初，又由工部右侍郎胡燏棻上奏效仿上海租界的工程局并得到认可，于是该年4月成立了正式的警察机构，称为内城工巡局。1905年清政府又设立巡警部，内外城工巡局改为内城和外城巡警总厅，由该部直接领导。1906年巡警部又改为民政部，内城和外城巡警总厅仍直辖于民政部。在创立中央警察机构的同时，清政府也开始了对地方警察机构的建设。光绪二十八年（1902），朝廷便通令筹办地方警察。各省在兴办警察方面未有定制，大多是先后废除保甲、乡团等，在省城设立通省巡警，或省警察总局。一些

---

① 皮明勇：《晚清"练军"研究》，《近代史研究》1988年第1期。

② 贺跃夫：《晚清县以下基层行政官署与乡村社会控制》，《中山大学学报》（社会科学版）1995年第4期。

③ 吴沙：《近代广州警察》，社会科学文献出版社2014年版，第25—26页。

省份则在省会或重要的城市和商埠成立巡警队伍,管理城厢的治安等事务。①

汕头埠的警察机构,随着清政府推行地方警察制度应运而生,其创办过程同其他地方也大体相似。如谢雪影所述:

> 其维持治安及施缉捕之武职,当嘉庆年间,设千总一员,驻沙汕汛内,(即今之公安局地址),其后几经变迁,又在鮀浦司属下设团练二十余人,责司缉拿海盗私枭,自光绪戊戌政变后,又改团练为巡警,(设总商会内,由总商会负担经费),将汕头划分东西南北四社分驻,由鮀浦司委任之总爷一名统带,至宣统元年,始设汕头警察局,由广东警察厅委任冯铁钧为局长,改四社为四区,派出警察站岗。②

可见,早在嘉庆年间,汕头已设有千总一员。随后鮀浦司也移到汕头埠,负责缉拿海盗私枭,但其配置很难应付汕头埠一地乃至附近江面海面的治安。特别是开埠以后,汕头成为五方杂处之地,其治安环境比以往更为复杂,仅凭九品的鮀浦司及其团练二十余人,不仅无力面对当地的海盗和劫匪,更难以处理涉及外国人的案件。钟佳华曾指出,潮汕地区开办警察的原因,包括原有治安体制衰败、团练松弛、治安恶化、商民压力以及地方当局的革新,整个潮嘉地区治安的恶化在方耀去世之后变得更为严重。③

在这种情况下,惠潮嘉道褚道台在光绪三十年(1904)五月初,

---

① 吴沙:《近代广州警察》,第26—32页。
② 谢雪影编:《潮梅现象》,汕头时事通讯社1935年版,第156页。另据《潮州志》记载,汕头埠于光绪三十三年设巡警局,划分为东西南北中五警区,至宣统元年,增设水警分局,乃辖六个警区(见饶宗颐总纂《潮州志·沿革志·汕头市》,潮州修志馆1949年版,第63页)。
③ 钟佳华:《清末潮嘉地区警察的建置与团练的复兴(上)》,《潮学研究》(第8辑),花城出版社2000年版,第81—101页。

一方面按省宪的电谕通知澄海知县改革营兵制，招勇三百名驻扎汕头埠作为警察，以便加强汕头埠的防卫①，另一方面指令洋务委员方子衡在汕头效仿北京试办巡警之法，并会同地方官绅妥筹议办。② 褚道台所谓的电谕澄海县招勇和倡议办警应该是同一件事。方子衡在当月二十八日约同澄海知县杜鹤泉到万年丰会馆，邀集各绅商妥为筹议，讨论的结果是分汕头为四社，约养警察勇300名，分为日夜轮班，月费约5000元，款项由各行分等认捐。③ 不过，虽然有一些洋行和商行认捐，经费仍有不敷。经过汕头众绅商几个月的筹议，最终于是年十二月初一，汕头南社开办巡警，警局设于万年丰会馆④，按章程募勇90名⑤，这即是汕头埠开办警察之始。从开办的过程可见，巡警虽然是由官方倡议开办，但创办的过程乃至经费的筹措，都由汕头埠的绅商负责，他们在实际上起到了主导的作用。

巡警的开办还意味着汕头埠自治的进一步发展，这和国内其他通都大邑的地方自治运动是同步的。据海关税务司克立基所言：

> 这一年（1904）由于建立了一支当地警察队伍，知县所享有的维护本口岸及邻近地区治安权力多少有所削弱。开始时，由一个商人委员会负责管理这支队伍的维持费用。但是不久管理权移交给道台，他授权一个委员处理一些小案，但是，重要事情还象以往一样报请澄海知县处理。⑥

---

① 《电谕改革澄海营兵制》，《岭东日报》1904年6月21日第4版。
② 《倡办巡警》，《岭东日报》1904年6月21日第3版。
③ 《会议警察》，《岭东日报》1904年7月11日第3版。
④ 《南社巡警开办》，《岭东日报》1905年1月7日第3版。
⑤ 《南社议开办警察》，《岭东日报》1905年1月6日第3版。
⑥ 《1902—1911年潮海关十年报告》，载中国海关学会汕头海关小组、汕头市地方志编纂委员会办公室编《潮海关史料汇编》，第72页。引文中知县指澄海知县，商人委员会指万年丰会馆。

由此看来，商人主导开办警察之后，不久即转为官府办理，归惠潮嘉道管理。光绪三十三年（1907），在原有巡警的基础上设巡警局，局长由广东巡警厅委任，除负责治安外，并办理民刑诉讼兼及洋务交涉。① 在此之后，澄海知县对汕头埠的管理权正式移交给巡警局。② 值得注意的是，巡警局虽归官办并增加了重要的职权，但警政所需经费仍由汕头埠各绅商富家所捐助。随后至民国年间，警察的规模和管理权进一步扩大。如《潮州志》中有关汕头警政的内容指出：

> 民国后暨归官管，依清末巡警局旧例，关于县之公安事项，由县之警务长掌之，凡县中之消防、户籍、巡警、营缮及卫生等项属之。将巡警局改名警察区署及分署，内设拘留所、济良所，外设警察游击队、消防所等。③

上引文字反映了巡警局不只需要维持地方的治安秩序，还需要承担消防、户籍、营缮及卫生等职责。户籍原本归知县所管；消防、卫生等责，原先也由地方绅商自行办理，或由地方官出示谕令后由绅商落实；营缮其实就是地方上的建设工程，除了部分需要地方官员承担相应的责任外，有些也需绅商自行筹办。按现在的角度来看，后面这几项职能已属"市政"范畴。那么，原先看似为了地方治安和防卫需要而兴办的警政，是如何一步步承担起诸如路政等与市政有关的职能呢？

事实上，近代中国警察的创办，在受到中央及地方治安秩序混乱而需求变革的同时，也受各大通商口岸租界制度的影响。作为清末新政的治安体制改革，不只是简单地为了改善地方的治乱，同时推行的还有地方自治运动。在当时的历史环境下，对地方自治最有

---

① 饶宗颐总纂：《潮州志·兵防志·警政》，第81页。
② 钟佳华：《清末潮嘉地区警察的建置与团练的复兴（上）》，《潮学研究》（第8辑），第109—111页。
③ 饶宗颐总纂：《潮州志·兵防志·警政》，第81页。

借鉴意义的，应属各大通商口岸的市政机构。像上海租界的工部局和公董局这样的机构，自然成为其他地方推行自治所效仿的对象。上海租界的工部局于1854年英美法三地租界合并管理时成立，是当时的行政机关，在随后的发展中，组织架构日趋完善。该局设有董事会和各种委员会，董事会之下，除了有总办处之外，又以事务之不同，分设商团、警务处、卫生处、工务处等9个机关。其中警务处为规模最大的组织，服务人员达4800多人，级别从处长到探员共分17级，又分社警区进行管理，负责维持治安和抓捕犯罪；工务处之下则设行政部、土地测量部、构造工程部、建筑测量部、沟渠部、道路工程师部、工场部、公园及空地部、会计9个部门，负责租界内的道路和建筑等一切市政建设。① 可见，上海租界市政机构的工部局在治安和工务两方面的组织颇为完善，使得租界在社会治安和市政建设两方面都遥遥领先于国内其他城市，对中国有识之士的心理造成强烈的冲击。

戊戌变法期间湖南省设立的保卫局，可以说是地方自治的萌发标志。该保卫局几乎是日本明治维新后警察厅的翻版，在成立后短短的几个月间便卓有成效，除了抓捕罪犯维持治安以外，还对城市居民和卫生等方面的管理作出很大的努力。② 其中卫生管理方面还涉及清理街道等，这在某种程度上已属于"市政"管理的内容了。

值得注意的还有上文提到胡燏棻奏请设公巡局的例子。胡燏棻指出，上海租界内，"管理地方事宜则名之曰工程局"，主要负责工程和巡捕等事务，"是以租界地面昼无争殴之事，夜无窃盗之虞"，极堪效仿，"应请设立工巡局，一切道路工程及巡捕事宜悉归管辖"。③ 他的

---

① 可参见徐公肃、丘瑾璋《上海公共租界制度》，载《上海公共租界史稿》，上海人民出版社1980年版，第119—134页。
② 蔡开松：《湖南保卫局述论》，《近代史研究》1990年第1期。
③ 胡燏棻：《筹议京师善后拟请创设工巡局以期整顿地方条陈》，中国第一历史档案馆，转引自韩廷龙、苏亦工等《中国近代警察史》，社会科学文献出版社2000年版，第94页。

提议得到奕劻等人的赞同，并指出，"道路与巡捕，事本相辅而行，必须联为一气，方能收效"。① 这些有关公巡局的讨论，主要是当时清朝官员为了在庚子之变后恢复对北京的管治。租界施行西方制度所显现的优越性和示范性，显然备受青睐。在他们看来，租界工程局所负责工程和巡捕等事务较为重要，是非常值得效仿的，而且道路和巡捕须相辅而行才能收效。

于是，清朝的官员们在移植租界的西方制度建立城市管理机构时，便把治安管理和路政管理结合在一起。随后清廷进一步完善行政架构，中央设立巡警部，原设内外城工巡局相应改为内外城巡警总厅。原来属于工巡局的路政以及土木工程事务，也相应地由内外城巡警总厅负责。② 这种警察管理路政和营缮的情形，一直延续到民国初期。如丁芮所言，在1914年北京成立市政公所负责对城市的总体规划和基础设施后，京师的警察厅仍承担重要的市政职能，对城市道路的建造和维修起到关键作用。③ 北京的城市管理体制无疑对地方产生了重要影响。清政府在推行地方自治时已通令各省筹办警察。各省在成立地方管理机构时大多效仿北京，这就使得地方上设立的警察机构也肩负管理市政的职能。潮嘉地区包括汕头埠在内的警察机构亦是如此。

钟佳华认为，清末潮嘉地区警察的职能除了维持治安的分内事外，还包括市政管理、舆论控制等事宜。④ 不过，他在进一步讨论市

---

① 《拟请创设工巡局折》，中国第一历史档案馆，转引自韩延龙、苏亦工等《中国近代警察史》，第93页。

② 如内外城巡警厅下设警务处，警务处下又有交通股和建筑股，交通股负责车马通行之督查，道路桥梁危险之预防，建筑股负责调查衙署、公所及民间建造之应准、应验并测绘警察分区地图。再如城巡警总厅下辖五厅，各分厅内设三课六所治事，其中警务课便掌有护卫、治安、正俗、刑事、外事保卫、户籍、营业、建筑、交通等事。见韩延龙、苏亦工等《中国近代警察史》，第101—102页。

③ 丁芮：《警察对近代市政道路的维修——以北洋政府时期的北京为例》，载张利民主编《城市史研究》（第30辑），社会科学文献出版社2014年版，第34页。

④ 钟佳华：《清末潮嘉地区警察的建置与团练的复兴（下）》，《潮学研究》（第9辑），花城出版社2001年版，第114—115页。

政管理的内容中，主要侧重于对市政卫生的论述。从他征引的史料来看，警察的职能不只是负责诸如管理街道清洁等与卫生相关的职能，同时还包括修路及拆迁等相关的路政管理。如当时汕头绅商向巡警总局的投函所称：

> 窃维
> 沙汕滨海，所有店肆，半多填海筑建，前者商务寥寥，故街道不留宽展，而经营建设者，每多侵占官道。近来效尤日甚……目今沙汕商务兴旺，百倍于昔，若不将街道修拓宽展，难免挤拥之虞。考查泰东西各国通商口岸，均极整齐，官路地段，无不宽展。汕埠商民，狃于积习，卫生一事，毫不讲求，多以篷席蔽日，不透空气，湿热熏蒸，致生时疫，又兼易于引火，商民全不顾虑。现在百度维新，开通民智，务请示谕：凡有盖搭篷席，概令拆去，即鱼摊屠店，尤为紧要；均令赁屋，不准在当街摆卖，以免塞路而碍行人。①

汕头的绅商不仅认识到商民不讲求卫生和沿街搭建篷席所带来的问题，同时也关注到随着商业的兴旺发展，原来的街道需要修拓宽展。于是他们呈请巡警总局示谕，让商民拆去篷席以及不得当街摆卖。值得指出的是，虽然汕头的地方绅商认识到将街道修拓宽展的必要性，但他们所提议的解决办法极为有限。"拆去篷席"和"不准摆卖"只能算是禁止侵占街道的行为，并非在实质上对街道进行拓宽，这和市政时期要求沿街楼屋拆让退缩以拓宽街道有着本质差别。

巡警总局在接到函件以后，根据当时的情况拟定相应的示谕，其中就有"店铺住家所搭篷寮并杨梅桶货箱等物，均迅速一律拆迁……如敢故违，定即严拘究罚，拨充修路公费"以及"当街勇棚、

---

① 《巡警整顿路政示文》，《岭东日报》1908年6月26日第3版。

更房，现定次第拆迁"等语。为使示谕能够较好地实施，巡局总局还准备随时派员督令拆迁，并声明"本总局管理全埠路政，自当实行干涉"。①

由此看来，随着近代卫生观念逐渐受到重视，人们开始意识到原有的街巷道路环境，以及沿街搭篷等行为会滋生许多卫生问题，卫生管理和路政管理很多时候是相辅相成的。不过，我们也不能过分强调巡警总局的卫生管理职能，更重要的是，巡警总局的布告中有关罚款拨充修路公费、派员督令拆迁以及管理全埠路政等语，反映了该机构在路政管理上拥有较大的权力。或者应该说，卫生仅为市政的一方面，应该和路政相结合起来，毕竟诸如建筑以及道路等相关章程，往往是为消防、卫生等方面而制定的。也正因为地方当局和有识之士对消防、卫生等方面有所考虑，才会对街道、楼屋建筑形式等提出一定的要求，或是作出相关的规定。从这个层面来讲，巡警局对汕头埠的城市空间已起到一定的约束作用。

此外，还有一些报道也与警察管理路政有关。如《北华捷报及最高法庭与领事馆杂志》中关于汕头新筑沿堤路报道称，"这笔超过6000元的修筑费用，由交战村庄的罚款和人力车商行为垄断所交的钱来平分。道路的清洁和维修费用估计每年1000元，并且从警察的经费里面扣除"。②再如该报另外一则关于人力车夫罢工的报道所载：

> 人力车夫们学到了联合的力量。他们受雇一家垄断的商行，这家商行每年为巡警局提供补贴，而且当道路需要维修的时候，他们有责任接受征召。迄今为止，（人力车夫与商行）合约的条款规定，每人需先缴纳10天的人力车保证金，而且不包括

---

① 以上所引数语均出自《巡警整顿路政示文》，《岭东日报》1908年6月26日第3版。

② "A New Shore-road", *The North-China Herald and Supreme Court & Consular Gazette*, Mar 13, 1909.

生病和修缮所占用的时间。最近商行将开始工作的保证金提高2元，这使得人力车夫们大部分不愿意工作，他们开始罢工。那些需要人力车夫为他们带来大部分主顾的戏院商行，发现他们的院子空空如也，于是向警察局长提出上诉。他通过搞定一小部分好的车夫来设法应对急需，并说服他们去工作，同时也劝商行撤回提高保证金的要求。此次（罢工）事件最后得以解决。①

由此事件可看出，道路维修等与路政相关事务虽然是巡警局的职责所在，但实际上人力车商行及人力车夫是有责任接受征召负责具体修路事宜的。虽然汕头埠巡警局在两年前已成为实际上的地方管理机构，但其经费可能大部分仍由当地的商行认捐。在这种情况下，巡警局大概会通过一定的政策优惠来赢得商行更大的支持。人力车商行每年为巡警局提供补贴，相应地得到了巡警局给予其垄断权利的回馈。不过，可能考虑到人力车在一定程度上会损害路面，该垄断权力还有个附加条件，就是商行及人力车夫承担起修路的责任。这种垄断权利与承担责任的关系，反映了汕头埠巡警局在管理路政上的策略，或许在其他一般行政事务上也是如此。

其实，到了清末民初，汕头埠的巡警局已有征收捐税之权，在经费的筹措上已不像开办初时几乎靠商人认捐，税目所收款项也已不少。据当时《两广官报》一篇文章所载：

> 查房铺捐每年约收二万三四千元，系由殷实行店担保之司事经手，细数均有册报；清道捐每年约收四五千元，由警局附设之清道局经理，共雇清道夫四十四名，逐日赴各街扫除攞捶，其攞捶由商人承卖，每年缴银六百元；花捐并水巡捐每年约计

---

① "SWATOW. From Our Own Correspordent", *The North-China Herald and Supreme Court & Consular Gazette*, Oct., 23, 1909.

二万元，当开本之初，另有报效警局银一千二百元……人力车捐每年可收三千元，由商人承办，缴充路款；戏捐髦儿戏电戏等捐，本埠及各处戏园均演唱不时，抽数约计每年三千元之谱，实难额定；青果捐每年约收二千八百余元；鱼行捐每年约收一千三百余元；鸡鸭捐每年约收四百八十余元；蛏壳捐每年约收一千元；酒馆筵捐每年约收二千元；粪捐每年收银六百元，由商承办，赌捐每年约可收银一万八千余元……①

该文中所述的"人力车捐每年可收三千元，由商人承办，缴充路款"，应该与上文述及人力车商行的垄断权利及负责修路大有关联。巡警局负责全埠的路政，相应的路款从捐税收入中筹拨。因人力车与道路关系密切，人力车捐正好用于缴充路款。人力车商行承包这笔捐税，可能同时还支付其他补贴，以此来垄断人力车行业。此外，再从上述的捐税来看，作为汕头埠主要的官方机构，汕头埠巡警局已有较多的"市政"职能，比如管理房屋铺屋、街道卫生、妓院、路政、戏院娱乐、市场买卖等。其中管理房屋铺屋的职能还包括房地产的买卖和修建等，如钟佳华提到"1908年时，有商人开办经纪公司，承办有关地产买卖业务，并获得巡警局的批准"。②

由上述的讨论看来，到了宣统年间，汕头埠的警察机构已有一定的财政独立，也开始有一定程度上的市政管理。就其职权中有关房屋和路政方面的管理而言，业已对汕头埠空间形态的发展起到一定的约束作用。民国以后，沿袭旧例，警察机构继续管理汕头埠的市政事务。如民国八年（1919），潮梅镇守史刘志陆准备在汕头创建

---

① 《督院张据会议厅审查科呈请另委大员覆查谘议局纠举前汕头警务长冯骏贪墨违法各案缘由禀覆核办文》（附件一）（三月二十六日发），《两广官报》1911年第1期。
② 钟佳华：《清末潮汕地区商业组织初探》，《汕头大学学报》（人文科学版）1998年第3期。该经纪公司企图垄断汕头的房地产买卖，后被商会反对，结果巡警局撤回原案。

潮梅各属通俗图书馆①，经过派员调查后，向警察厅②长李少如下达指令："呈悉据查明本埠延平门前左方铺屋三间，篷寮一间，原为公地，亦属适宜，应指拨为建设图书馆之用，仰令饬该铺户克日迁出，以便从速兴建，早观厥成。"③ 在接到刘志陆的指令后，李少如随即饬令督察员桂翰华前往办理，最终以铺户添记、鸿顺发、合顺出具一个月内搬出的甘结办妥。④ 警察机构这种管理拆迁的职能，其实已对空间形态起到约束作用，该职能在成立市政厅以后，由公安局（建市后警察厅改为公安局）负责。公安局协助工务局行使督拆职权，以此参与到对城市空间的约束和管理中。

不过，应当指出的是，在管理市政方面，警察厅和独立建制后所成立的市政厅具有本质上的不同。与后者相比，警察厅的组织架构、行政人员，以及立法设章仍不够完善，其主要职能还是偏向于维持治安秩序这一方面，它所实行的市政管理，对城市空间形态的发展以及空间约束所产生的影响较为有限。真正对汕头的市政管理以及城市空间形态发展起到变革作用的，是1921年成立并在此后逐步完备的汕头市市政机构。

第二节　市政时期的行政干预与法规约束

从汕头埠到汕头市，不只是简单的名称变化，也不只是简单地

---

① 《创建潮梅各属公立通俗图书馆宣言书》，《潮梅月刊》1920年第1期，第9—10页（栏页）。

② 据《潮州志·兵防志·警政》载，民国以后潮汕地区改巡警局为警察区署及分署……（民国）八年改汕头警察局为警察厅。据此，光绪三十三年成立的巡警局，可能在民国初改为警察局，随后才在民国八年改为警察厅。

③ 《潮梅镇守使令汕头商埠警察厅厅长李少如》，《潮梅月刊》1920年第1期，第11页（栏页）。

④ 《汕头商埠警察厅呈报外马路延平前左方铺户已遵限迁出以便建设图书馆文》，《潮梅月刊》1920年第1期，第11页（栏页）。

与澄海分治，而是整个行政体制的变革与现代化。汕头在建市以后逐步构建一套较为完善的市政制度，开始主导并推动市政建设，对空间形态的演变产生了深远的影响。

汕头与澄海分治，可以将开始建立警察制度视为发端，随后学界商界也渐有呼吁"独立"之声。① 到了1911年，汕头开始向地方自治迈出第一步，成立了名为参议会的当地事务管理机构，同时也按照外国模式建立了管辖全澄海地区的法院，以致知县所管有的法庭被完全替代和取消。不过，参议会和法院在辛亥革命后都失去了作用。②

民国以后，政变频仍，政治系统复杂。先是民国成立之初，汕头埠由张醁村设立民众长以司理市政事务，随后又有潮梅镇守使及潮循道尹之设，驻汕头监督各县行政事务。迨民国四年（1915），受护国运动影响，莫擎宇宣布反袁独立，在汕头设立潮梅总司令部。洪宪帝制取消后，莫擎宇仍任潮梅镇守使。嗣后又因两广独立，莫擎宇联闽反抗省军。莫擎宇退走之后，由刘志陆继任潮梅镇守使。民国八年（1919）冬，刘志陆尝设汕头市政局筹备组织汕头市政厅。民国九年（1920），陈炯明由闽返粤，驱逐桂军，任洪兆麟为潮梅善后处长，裁撤道尹镇守使等职。③ 民国十年（1921）三月，广东省长公署仿照广州市条例变通编订《汕头市暂行条例》并公布实施，成立汕头市政厅。④ 汕头由此正式成为地方一级的行政区域，不入县行政范围，直接隶属于广东省省长公署。

汕头的市政组织架构几乎照搬广州的模式，具有近代市政意义，

---

① 《论汕头将来之位置》，《岭东日报》1909年2月24日第1版；《论汕头将来之位置（续）》，《岭东日报》1909年2月25日第1版。

② 《1902—1911年潮海关十年报告》，载中国海关学会汕头海关小组、汕头市地方志编纂委员会办公室编《潮海关史料汇编》，第71—73页。

③ 谢雪影编：《潮梅现象》，第156页；饶宗颐总纂：《潮州志·沿革志·汕头市》，第68页。

④ 《省长公署公布》，《汕头市市政公报》第1期，1926年5月2日，第9页。

是当时国内第二个成立的市政厅，为后来汕头逐步发展为现代化城市奠定了制度上的基础，而汕头的现代化，很大程度又表现为城市空间的改造和市政建设的展开。可以说，正因为有了市政当局对城市改造的主导和空间的约束，汕头才得以在20世纪30年代形成现代化的城市风貌。下文主要就市政中与城市空间有关的部门和地方性法规等内容加以论述，探讨市政空间约束对城市改造的意义。

一　1921年市政厅及其工务局的设立

1921年3月成立的汕头市政组织，基本仿照广州而成。因此，在对其展开论述之前，我们需要先讨论广州的市政制度及组织架构。广州于1920年12月23日颁布《广州市暂行条例》，并于次年2月15日施行。该条例的内容和形式主要参照美国的委员会市制。该市制产生于美国20世纪初的市政改革，其特点是：市制以委员会为主体，委员会由全市人民选举5位委员组成，既是立法机关，又负行政责任，立法由5位委员共同议决，行政事务由5位委员各自担任。① 新成立的广州市政厅，同样设有市行政委员会，由美国的委员会市制脱胎而来，既有议决之权，又负行政之责。不过，该行政委员会是官方的代表，并非像美国一样是市民的代表，所以广州的市制其实是变相的市委员制。② 有学者指出，广州市制有其自身的特点：在市政委员会之外"增设市参市会和审计处作为辅助代议和财政监察机关"，尽管实际运作中权力有限，但具有强烈的地方自治色彩；"广州市长、审计处长要由省长委任，各局局长也要市长荐请省长委任，市参事会中由省长指派的参事员占到三分之一"，官方色彩较为浓厚；广州市长"对外是市政府代表，对内有综理全市政事务

---

① 董修甲：《美国市制之研究》，《道路月刊》第7卷第1号，1923年9月15日，第9页。

② 顾敦鍒：《中国市制概观》，《东方杂志》第26卷第17号，1929年9月10日，第36页。

的大权",与各局局长是纵向的隶属关系。① 也有学者认为,"广州最终选择的是'集权市长制'加'委员制'模式,使市长在市政府的权力架构中处于核心地位","在权力的分配上,由于市政厅的组织架构将立法和行政2种不同职能混为一体,从而使行政失去了立法的限制与监督。尽管设立了市参事会与审计处2个独立机构,但市参事会的职能十分有限,只能议决行政机关递送的案件,不能独立议决;审计处的监察权限也仅限于财政方面。强势的外生力量与中国根深蒂固的传统内生力量之间的反复冲击与磨合,使中国近代市政制度留有明显移植痕迹的同时也保持着巨大的制度惯性"②。

由此可见,广州在参照美国的市政制度的同时,又糅合了自身的传统。相比传统时期,广州的市政机构已取得重大突破,城市的独立取得法律的确认,拥有独立的行政权,职能范围"几乎涵盖城市生活的各个领域,承担着全面管理和建设城市、促进城市近代化发展的历史使命"。③《广州市暂行条例》颁布实施及广州市政组织成立以后,在全国范围内产生了重要的影响。不少城市效仿广州制定市制,成立市政组织。国民革命军自广州北伐以后,其克复的城市都有市政方面的建设。1928年7月国民政府公布的《特别市组织法》与《普通市组织法》,也是以《广州暂行条例》为蓝本再加以修改而成的。④

《汕头市暂行条例》是广东省长公署仿照广州条例变通编订而成,该条例首先确定了汕头的行政区域范围以及汕头市的行政地位,确立汕头市为地方行政单位,直接隶属于省政府,不再入县行政范

---

① 赵可:《孙科与20年代初的广州市政改革》,《史学月刊》1998年第4期;陈晶晶:《中国市政组织制度的近代化雏形》,《中山大学研究生学刊》(社会科学版)1999年第4期。
② 许瑞生:《清末民初广州市市政制度的实践与启示》,《规划研究》2009年第5期。
③ 赵可:《体制创新与20世纪20年代广州市政的崛起》,《广西社会科学》2006年第3期。
④ 顾敦鍒:《中国市制概观》,《东方杂志》第26卷第17号,1929年9月10日,第36页。

围。该条例在此汕头市全部范围适用,全部范围区域则以市区测量委员会所测绘之图为准,汕头市的范围得应时势之要求由省政府特许扩张。① 这也即通过立法规定了汕头市政机构所管辖的城市空间范围。

民国十年(1921)四月,潮桥运副邓伯伟、汕头市公安局局长黄虞石和工务局局长丘仰飞会同组织市区测量委员会,根据民国三年(1914)所测的"潮汕附近全图"为底图,扩充界限,拟定市区范围。该范围东至海,南至礐石山顶,西至海,北至大场、鮀浦、岐山、浮陇、虾桂埔、吴厝寮、九合等处,计陆地面积 265 华方里强,海上面积 327 华方里强。此市区范围拟定计划获得广东省长公署的批准,原定于民国十一年(1922)四月由汕头市市长会同澄海县及潮阳县县长进行钉竖界石,但后来由于测量委员期满裁撤,以及汕头市遭遇"八二风灾"重创和连年军事滋扰,此事无形中止。到了 1931 年,时值民国政府实施训政管理地方自治及选举事务,经界问题再次提上日程,但直至 1934 年,才由时任汕头市市长的翟宗心推动落实,并对汕头市市区界限略修改,遂有新定市区疆界详图。②

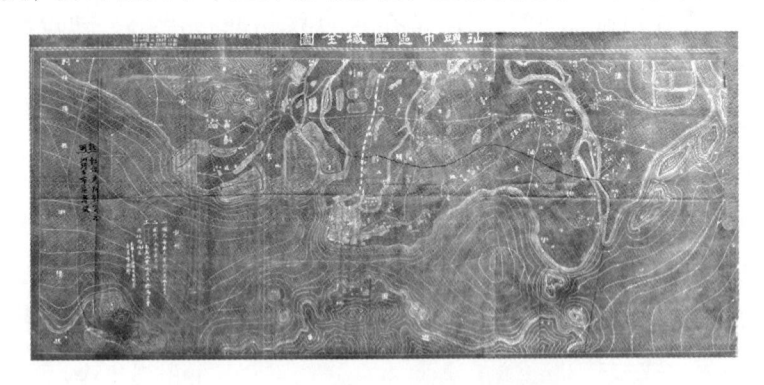

图 2-1 汕头市区区域全图(参见彩图 1)

资料来源:《有关潮阳、澄海两县与汕头市划定市区界限等文件》,1931—1934 年,汕头档案馆藏,卷宗号:12 - 12 - 44。

---

① 《汕头市暂行条例》,《汕头市市政公报》第 1 期,1921 年 5 月 2 日,第 9 页。
② 《有关潮阳、澄海两县与汕头市划定市区界限等文件》,1931—1934 年,汕头档案馆藏,卷宗号:12 - 12 - 44。

图 2-1 中 "o—o—o" 为民国十年（1921）所定市区界线，红线为新定市区界线，比原定略为缩小，主要体现在北部乡村及东部海面的界线皆往里缩进，东北部至墩岭、坝尾、新坪为至，北至龙湖乡、大滘为至。可见，在 1921 年设立汕头市时，虽然划定了汕头市的全部区域范围，但由于钉界之事一直未能落实，所划定的范围也未能马上适用于颁布的《汕头市暂行条例》。这些未钉竖界石的区域，主要是 1921 年时扩充的区域，与原先汕头埠相距较远。事实上，当时潮阳、澄海两县的县长也有意拖延划界，因为一旦将澄海和潮阳的部分辖区划归汕头市，该辖区的税收便归入汕头市的税收范围之内，所以他们对勘定市县分界一事并不积极。如此一来，当时汕头市实际有效的行政管理区域颇为有限。如萧冠英所言：

> 汕头市系由原有之旧市场及新辟之碛磲与对岸之礐石连合而成。从前之所谓汕头埠，即旧市场之地，碛磲地区尚未划入。今以商业日盛之故，除在旧市区域营业外，既渐在碛磲地方建筑新式房屋，市区遂亦随之拓大。至礐石一区，则向为外人及学校住区，除小买卖外，无商店营业其间。民国十年施行市政之时，总称此三地为汕头市。①

可见，汕头在成立市政厅以后，实际有效的行政区域包括汕头埠原有的旧市场、崎碌地区以及礐石三地。其中最主要的行政区域是汕头埠以及新划入的崎碌地区，该范围如图 2-2 中的阴影所示。

《汕头市暂行条例》第二章的内容是关于汕头市行政范围的划定，其中包括：市财政及市公债；市街道、沟壕、桥梁建设及其他关于土木工程事项；市公共卫生及其公共娱乐事项；市公安及消防火灾水患事项；市交通、电力、电话、自来水煤气及其他公用事业

---

① "汕头市改造计划图"图说，此图附于萧冠英编《六十年来之岭东纪略》，中华工学会 1925 年版，未标页码。

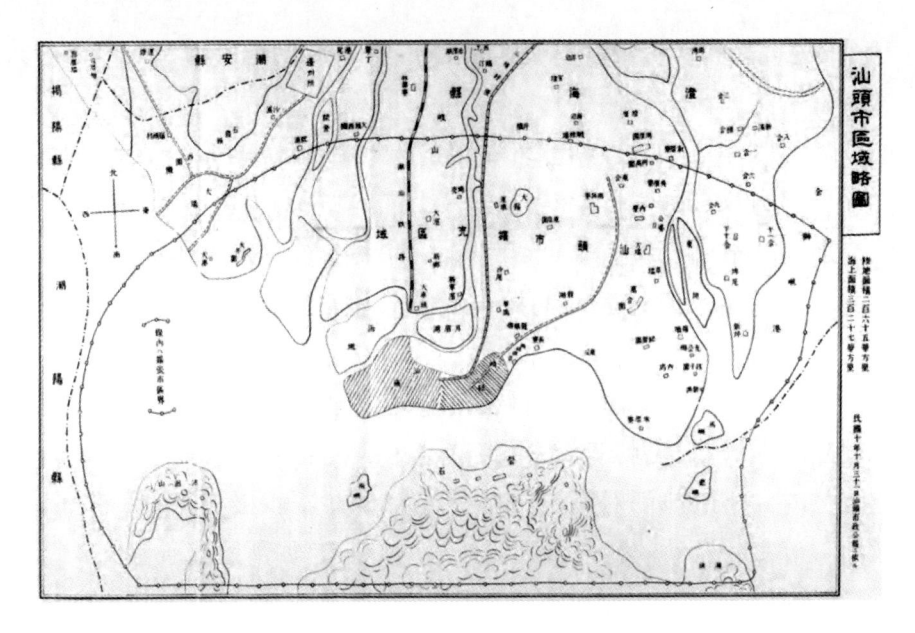

图 2-2　汕头市区域略图

资料来源：安重龟三郎『南支汕頭商埠』、南洋協会台湾支部、1923 年、挿図。

之经营与取缔；市公产之管理及处分；市户口调查事项；中央政府及省政府委托办理事项。① 可见，汕头市政厅的行政范围包括财政税收、市政建设、市政卫生、公共娱乐、公安、消防、市政交通、公用事业、户政管理等。这较以往市政公所及警察厅时期要丰富得多，更与清末隶属于澄海县管辖时有本质上的区别。诸如市政建设、卫生、公共娱乐、公安、消防、交通、公用事业等内容，都是传统州县行政之下所缺少的。也正因为掌管了这些行政事务，汕头市政厅才有可能进行现代化的市政管理，从而逐步建造现代化城市，尤其是其中市政建设及公安消防两方面，对汕头的城市发展及空间约束具有直接影响。

汕头市的行政组织及其职权也是参照广州条例而成，在组织架构上，汕头市政厅基本与广州相同，设有审计处、参事会、行政委

① 《汕头市暂行条例》，《汕头市市政公报》第 1 期，1921 年 5 月 2 日，第 10 页。

员会。① 行政委员会由市长及各局局长组织，市长任行政委员会主席。市长与审计处及参事会处于同一级别，其领导的行政委员会之下设六局，各局之下再设各课，市长同时还管理秘书及总务科。在此，我们可以参照广州市政厅的组织结构图（如图2-3所示），以便能够对汕头市政厅的组织架构有进一步的了解。

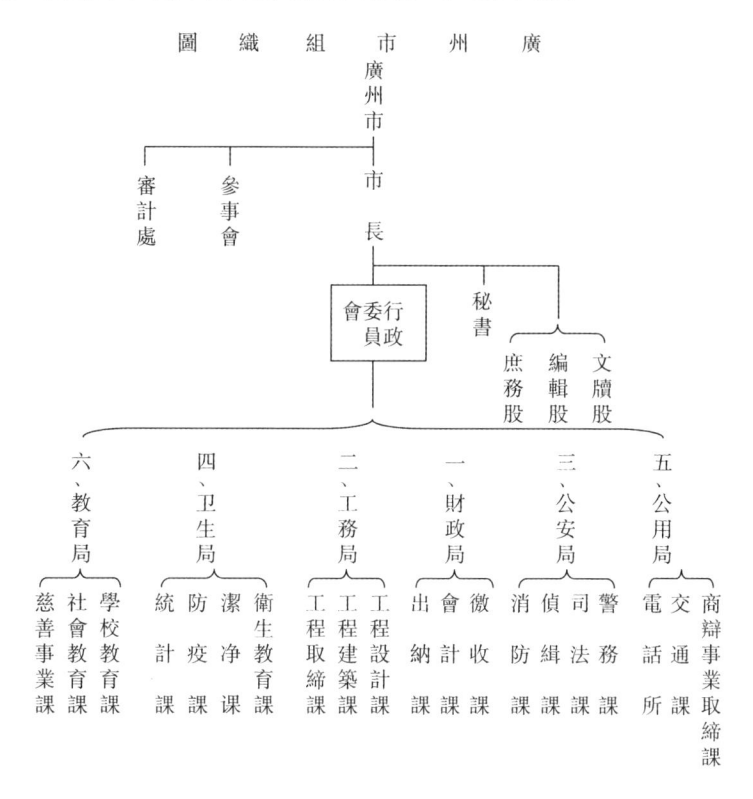

图 2-3 广州市政厅组织结构图

资料来源：黄炎培编：《一岁之广州》，商务印书馆1922年版，第22页。

如上文所言，广州市的审计处和参事会作用极为有限，参事会不能独立议决，审计处也仅限于财政方面。汕头市可能也存在同样的情形，且其参事会之组织，由省长委任参事6人，市民选举参事6

---

① 《汕头市暂行条例》，《汕头市市政公报》第1期，1921年5月2日，第11—12页。

人，团体选举参事6人，均较广州为少。① 再如1928年由市政厅出版的《新汕头》中所载的行政架构结构图（如图2-4所示），更是明显缺了参事会和审计处两个部门。

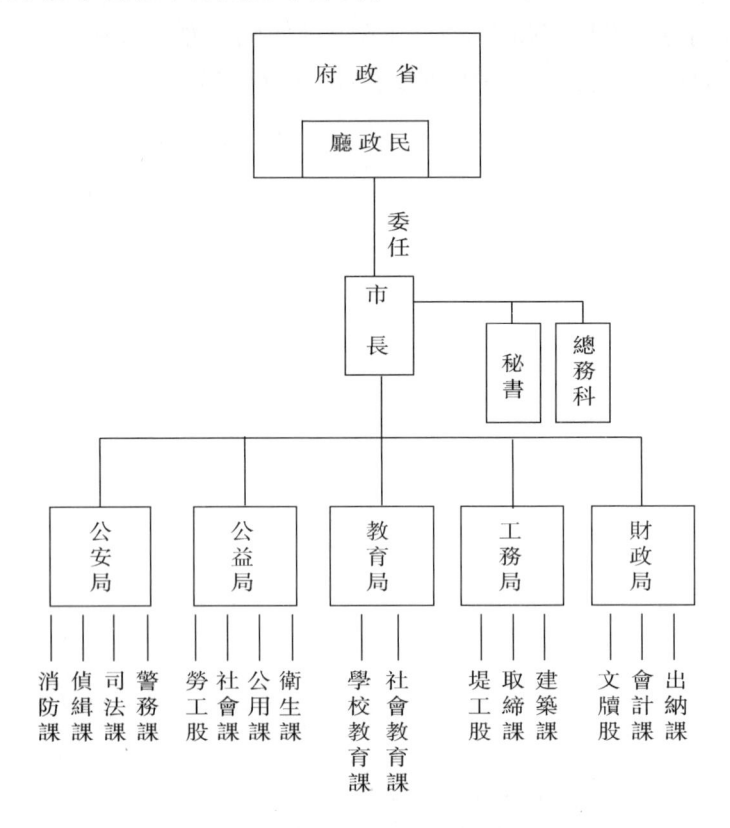

```
                    省 政 府
                    民 政 廳
                      │
                     委任
                      │
                    市 長 ──────── 秘書   總務科
                      │
    ┌─────────┬─────────┼─────────┬─────────┐
   公安局    公益局    教育局    工務局    財政局
    │         │         │         │         │
 ┌─┬─┬─┐  ┌─┬─┬─┐   ┌─┬─┐    ┌─┬─┬─┐    ┌─┬─┬─┐
 消侦司警  劳社公卫   学社       堤取建    文会出
 防缉法务  工会用生   校会       工締築    牘計納
 課課課課  股課課課   教教       股課課    股課課
                    育育
                    課課
```

图 2-4　汕头市政厅行政架构图

资料来源：汕头市政厅编辑股编印：《新汕头》，1928年，第84页。

图2-4所呈现的汕头各局的规模，与广州相比，各课之设也相对较少，这可能与建市后所遭风灾重创有关。如《新汕头》所载：

（市政厅）本具相当规模，原可逐渐推进，使市政日益发

---

① 黄炎培编：《一岁之广州市》，第107—109页。

展。讵民国十一年（1922）八月二日陡遭风灾，全市人民生命财产之损失，不可胜计，当其时元气凋残，新款难筹，旧项无收，即使职员俸给概行停支，而警费亦将无着。旋召集市行政委员会，并请审计处长出席讨论，卒议决：除公安局外，其余各局概行裁撤改科，而卫生、公用并入于公安局管理，事经多年，卫生、公用，又先后离公安局而成立市厅之科，至本年六月，又呈准省政府，改科为局。①

"八二风灾"之后，汕头市政厅经费短缺，规模缩小，大多数局改为科。随后又渐次恢复，至1928年又将科恢复为局，不过与最初相比，1928年仅在市长之下设五局，原本的公用局改为公益局，原卫生局改为卫生课并入公益局内，规模较原先缩小。但即便如此，汕头市政当局仍面临着经费不足的问题。1929年张纶接任市长后②，鉴于经费支出浩繁，每年收支相抵尚有不敷之数达16.9万余元，将市府范围缩小，裁减冗员，除原有公安局照旧之外，其余社会、财政、工务、教育、卫生各局改为科，并分别裁员减薪，后来又增设土地局管理土地的登记。③ 此外，市政府还设参事二人，掌理市单行规章，或纂拟审查事项，可见此时的参事，其职权已与最初设置的参事会完全不同，在行政组织架构中也位于市长之下，实际上可能只是市长的参谋罢了。

谢雪影在1933年前后编辑出版《汕头指南》时，列有当时的市政组织系统图，如图2-5所示。由该图可见，当时汕头市政组织系

---

① 汕头市政厅编辑股编印：《新汕头》，第83页。括号内为补充之内容。
② 1928年7月，市组织法公布，改组为市政府，暂由广东省政府备案。1929年1月，汕头市市政厅第十七次厅务会议议决，市政厅依照市组织法改正名称为"汕头市市政府"。1930年9月，广东省政府依据新公布之修正市组织法具呈行政院，于同年11月提出，第一次国务会议决议暂准汕头暂准设市。参见饶宗颐编《潮州志·沿革志·汕头市》，第63—64页；《汕头市市政厅第十七次厅务会议议事录》，《汕头市市政公报》第42期，1929年2月，第179页。
③ 谢雪影编：《汕头指南》，1933年版，第6页。

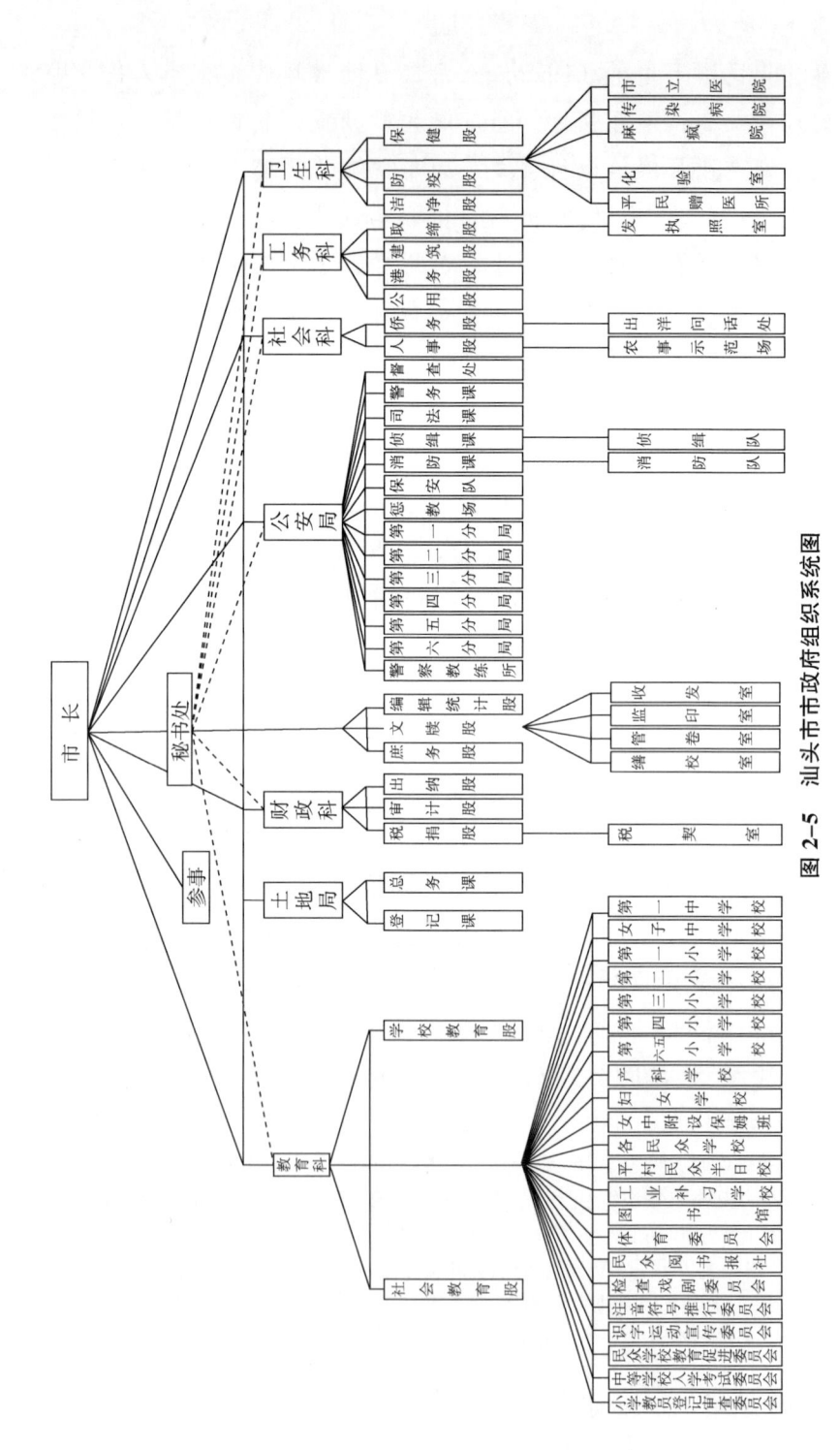

122　汕头城市发展的空间形态与进程（1860—1949）

图 2-5　汕头市市政府组织系统图

资料来源：谢雪影编：《汕头指南》，1933年版，第6—7夹页。

统较1928年丰富得多。这是因为谢雪影将归教育科所管的学校，以及公安局下的分局全部罗列出来，事实上市政组织系统在纵向隶属关系上并无太大变化。初版《汕头指南》中亦载："至现在市政组织之系统，与前大致相同，不过改局为科，改科为股耳。"① 其办法应该只是缩小规模和减少人员配置而已，并没有对市政组织系统造成大的改变。

通过上面的讨论可知，汕头市政厅仿照广州市政厅而成立的组织系统，虽然在20世纪20年代中期经历过一定萎缩，但在1928年及后来升为市政府以后都较为完备。在权力分配上，汕头市市长如同广州市长一样，具有较集中的权力，综理下属六局（科）以施行市政。这种新的市政组织和施政方式的重要意义，就是以专门的机构管理专门的事物，体现的是职权的分工化和专业化。

在成立市政厅以前，汕头埠可分为隶属于澄海县和建立警察机构两个时期。如上一节所述，在澄海县管辖的阶段内，并没有所谓的市政，传统的行政组织架构由知县管理所有事务，其下虽设吏、户、礼、兵、刑、工六房，也分掌一定的事务，但其人员都由书吏充当，本身并没有薪金，而是靠收取陋规维持生计。② 这或许在一定程度上能实现职能分工，但法律上仅规定充当书吏的资格是良善之家，在专业化的方面明显不足。汕头埠建立警察机构以后，虽然该机构掌管警察事务，兼管道路修缮、营造，乃至道路清洁、各家堆积尘土等部分"市政"职能③，也颁布相关的章程例规，但从市政层面来看，其组织架构并不完善。

到了1921年《汕头市暂行条例》颁布实施以后，汕头才正式确立了完善的市政组织架构，并明确规定了市长及其下属各局的职权。在各局的职权中，工务局所掌理的事项与汕头市空间形态发展的关系最为密切。④ 首先，如规划新市街之职权，便反映了工务局在城市

---

① 谢雪影编：《汕头指南》，1933年版，第6页。
② 参见瞿同祖《清代地方政府》，第70—84页。
③ 在汕頭日本領事館編『汕头事情』、6頁。
④ 《汕头市暂行条例》，《汕头市市政公报》第1期，1921年5月2日，第11—12页。

规划中的主导性。局部的规划会改变城市的部分风貌,而总体规划的制定和实施,往往从整体上重塑城市的肌理,进而对城市空间形态的发展产生根本性的影响。其次,道路作为城市空间中重要的要素,其修建与否以及修建程度如何,也会影响道路所经地方的城市空间。最后,取缔各种楼房建筑,是对具体建筑的管理,这也影响属于空间形态中的最小单元的地块。此外,工务局之下还设工程设计课、工程建筑课和工程取缔课,进一步细分权责。① 除了上述工部局所掌有的职权及影响外,市长的作用亦不容忽视。因为市长综理全市市政,工务局受他管辖,从制度上来讲,市长和工务局都对空间形态的发展起到管理和约束的作用。比如市政厅成立之初,工务局便着手处理警察厅时期所遗留的建设第一公园事项,并连续发布两则布告,其一为:

> 照得第一公园前一带路线及附近各铺户割拆长度,业经前警察厅测定规划在案,兹特依据前定计划,列表布告,仰各铺户人等依照表内应割尺寸召匠量准,即日兴工拆卸,以免阻碍工程。

其二为:

> 照得第一公园前马路路线早经规划,前面一带铺户亟宜克日拆卸,以便兴工展筑马路,利便行人。兹本局预定计划,应由公园前面围墙中线起算,留十四英尺作为马路路线外,再由各铺户起造八尺骑楼,仰各铺户人等遵照办理。②

---

① 《汕头市市行政办事通则》,《汕头市市政公报》第2期,1921年5月9日,第42—43页。

② 《汕头市工务局布告第三号》,《汕头市工务局布告第四号》,《汕头市市政公报》第2期,1921年5月9日,第30页。

这两则布告所提到的马路路线，指的是重新规划道路之后需要沿街铺户拆让退缩的马路红线。工务局沿用了前警察厅时期的规划方案，同时也对道路两旁做出"起造骑楼"等作出规定。马路是城市空间的组成部分，可见工务局与汕头空间形态之关系。此外，工务局的布告其实也和市长关系密切，如该局的第六号布告，便是应市长的训令所发，此布告称：

> 汕头市市政厅长王训令开：查第一公园前各店屋虽经拆卸尚未动工修理，应由工务局布告并通知业主再裕庄等限五日内动工，逾期即由公家修理，其修理费用若干将来即向佃户扣租抵偿。①

由此可见，在行政逻辑上，可由市长对下属各局发出指令或训令，其下属各局得令后执行，工务局的这则布告便由此而来。工务局的布告意在通令沿街各业主遵行，这往往是最艰难的一步。因为并非所有业主都唯命是从，他们当中或违抗命令，或故意拖延，或保持观望，导致最终需由市政厅负责修理督拆。不过，此布告中所谓的"由公家修理"并不明确，在施行市政之初，有可能是由工务局中的工程建筑课负责，因为该课所掌理的事项中有"关于一切危险建筑之拆毁事项"一项②，而在后来较多案例中，通常由公安局派警督拆协助工务局。由此看来，市政厅六局中的公安局，其实也与城市空间的管控有较密切关系。

通过上述讨论，我们已经知道新成立的市政机构对汕头市空间形态的约束已具备了制度和组织架构上的基础，但这还远远不够，更重要的是在市制下的人事架构及人员配置。比如在成立市政厅的

---

① 《汕头市工务局布告第六号》，《汕头市市政公报》第 5 期，1921 年 5 月 30 日，第 33 页。
② 《汕头市行政办事通则》，《汕头市市政公报》第 2 期，1921 年 5 月 9 日，第 43 页。

十几年前,汕头埠已成立法院,司法已独立。不过当时潮海关税务司克立基对法院及其附属监狱的评价是:

> 在没有配备一批经过正规训练的人员之前就着手办起来了。尽管新法院原应按外国司法方式办案量刑。但工作人员却全出自旧式学校。包括法官在内的所有高级官员中,只有一人在北京新的法律学校读过一年,懂得一点外国司法方面的知识。厅长是前盐厘局的一个官员,他除了通晓老一套办公程序外,还有一个可贵之处是,他在这里住了多年,对当地人民的习俗比较熟悉,加以批评极为容易。但要在一天甚至一年之内使法庭从方法上去旧换新实不可能。在一部适合国情的现代法律法规制定之前,司法管理方面的许多工作不得不靠常识与参考先例去解决。①

税务司克立基的这段话提醒我们,有了新的制度及组织之外,还需有相应能力的工作人员,在人员没有革新的情况下,空有一套新的制度和机构亦无济于事。所幸的是,到了汕头成立市政厅之时,克立基所说的这种严重缺陷已得到解决。

近代市政改革中颇为重要的一点便是市政官员及职员的破旧立新,也即所谓的"专家治市"。② 比如作为施行新市政的先行者——广州,其首任市长孙科是美国柏克利加州大学的毕业生,后又进入哥伦比亚大学研究院,主修经济和政治学,副修新闻媒体。他在加州大学本部曾研读过欧美各国政府的组织运用,受该校政治学系主任包罗斯教授之指导,此外也在吕德教授的指导下研究近代市政。③

---

① 《1902—1911 年潮海关十年报告》,中国海关学会汕头海关小组、汕头市地方志编纂委员会办公室编:《潮海关史料汇编》,第 73—74 页。

② 参见涂文学《集权政治与专家治市:近代中国市政独立的艰难旅程——1930 年代汉口个案剖析》,《近代史研究》2009 年第 3 期。

③ 孙科:《广州市政忆述》,《广东文献》第 1 卷第 3 期,1971 年 10 月。

孙科属下的六局局长，其中有 3 个留学美国，2 个留学日本，1 个留学法国。① 随后的广州几任市长，林云陔留学美国，研习法律、政治；程天固亦留学美国，就读加州大学，获经济学学位；刘纪文留学日本，毕业于日本专成学校及政法大学，专攻政治经济学，1923 年又赴伦敦，进入伦敦大学的伦敦政经学院和剑桥大学学习，同时专门考察欧美市政制度。② 可见，新市政制度的推行，已不只是行政架构上的现代化，更是人事组织和人员配备的现代化。参照广州而建立起来的汕头市政制度，在人事组织上也接踵广州的步伐。

汕头首任市长王雨若，世居潮安，十五岁时曾入庠序之学。当时他目睹清朝末年的衰落，乃"知富国强兵，复兴御侮之道，不宜专重国学。同意'中体西用'之主张，而屏弃举业，东渡日本，考察教育，兼修数理之学"。③ 王雨若学成后，初任新加坡端蒙学堂校长，随后又任汕头同文学堂算数教员兼舍监。辛亥革命事起以后，王雨若到广州投身革命，而后又随陈炯明入福建，曾任军司令部顾问，又先后任平和、漳浦两县县长。民国九年（1920），陈炯明整师回粤，王雨若因功担任汕头警察厅厅长。当粤军经潮汕地区之时，驻闽之浙军乘虚攻入汕头，王雨若指挥少数民军、警察防御，待省军援至以击退浙军，汕头因此幸免蹂躏。当时潮籍省议员以王雨若守土有功，联衔请准将警察厅改制为市政厅，并以王雨若为市长。④ 1921 年 4 月，王雨若就任后，即发出布告，效法欧美，改良市政。⑤ 首任工务局局长丘仰飞，也是"久居海外，目击文明各国都市行政，

---

① 陈晶晶：《中国市政组织制度的近代化雏形》，《中山大学研究生学刊》（社会科学版）1999 年第 4 期。

② 许瑞生：《广州近代市政制度与城市空间》，第 123—140 页。

③ 陈述经：《先师王雨若先生传》，载侨港潮汕文教联谊会会刊第三期编纂委员会编印《侨港潮汕文教联谊会会刊》第 3 期，1974 年 10 月，第 189—190 页。

④ 陈述经：《先师王雨若先生传》，载侨港潮汕文教联谊会会刊第三期编纂委员会编印《侨港潮汕文教联谊会会刊》第 3 期，1974 年 10 月。

⑤ 《汕头市政厅布告第六号》，《汕头市市政公报》第 1 期，1921 年 5 月 2 日，第 53—54 页。

观摩考察历有年"。① 可见，当时汕头首任市长以及工务局长都是留学海外的进步人士，且留心市政之改良。他们在开办市政之后就开始着手马路的修整，仅第一期的费用就达40万元，足见设市初建设马路之情况。②

再如第三任市长萧冠英③，大埔人，幼时随表叔到新加坡，16岁时回国考入黄埔陆军小学，后加入同盟会。辛亥革命以后，他随军北伐，结束后回广东考入广东陆军速成学校，毕业后由官费选送日本留学，就读于九州帝国大学电工系，1920年冬回国从事电力科学技术等研究，随后开始步入政坛。④ 对于汕头的城市发展来说，特别是城市空间形态的发展方面，萧冠英做出了不可磨灭的贡献。他先后两次出任汕头市市长，在推动市政建设上不遗余力。他在1922年1月7日接任汕头市市长之后，便以改良都市为先务。在1922年8月2日遭逢特大风灾后，萧冠英更是提出了"改造汕头市工务计划"，对汕头市市区的扩张及分区、道路路线的系统及水陆联系、街路的建设和下水道的铺设、建筑的管理和街道的拓宽、筑堤和疏浚海等几个方面都作出了详细的论述，并将此计划及改造计划图上呈省政府。⑤

此项计划随后因广东政局不稳而未获准实施，直至1925年冬范其务接任汕头市市长后才得以重新启动。范其务等人将萧冠英时期的计划做细微调整，以便适应汕头已发生的变化，随后呈报省政府并获准备案。1927年9月13日，萧冠英再次出任汕头市市长，与之前一样积极推动汕头的市政建设。当他发现范其务留下有关申拨公地建设平民住宅的案卷后，也努力推动该计划的施行，使得省政府

---

① 《汕头市工务局布告第二号》，《汕头市市政公报》第1期，1921年5月2日，第57页。

② 黄炎培编：《一岁之广州市》，第109页。

③ 第二任市长为公安局局长黄虞石代理，任期为1912年11月至1922年1月初，黄虞石也是参加同盟会之进步人士。

④ 陈荆淮：《民国时期曾两任汕头市市长的萧冠英》，《汕头史志》1992年第4期；曾旭波：《汕头埠史话》，暨南大学出版社2018年版，第169页。

⑤ 萧冠英编：《六十年来之岭东纪略》，第122—127页。

最终同意拨厦岭港龙舌埔坦地作为建设平民新村用地。① 他为此还拟写《筹办汕头市平民新村意见书》，并附《建设汕头平民新村计划》及《汕头平民新村章程草案》。虽然萧冠英第二次任期也不长，不到4个月即调任广东省立工业学校校长，但他在汕头的市政建设上实有开创之功，这与他的留学背景及锐意进取推行市政改革有关。

萧冠英之后的几任汕头市市长，也都同样有海外留学或接受新式教育的背景。如1925年12月接任市长的范其务，20世纪头十年曾东渡日本求学，系日本大学政治经济科毕业；1926年11月16日接任市长的张永福，是著名华侨，追随孙中山投身革命，曾连续7年任南方总同盟会正会长；② 1933年5月接任市长的翟俊千，是五四运动中的学生首领之一，曾赴法国里昂大学攻读国际政治和经济理论，获法科博士学位。

除此之外，据1931年《汕头市市政公报》的职员录所载，市长黄子信是岭南大学毕业，美国南加利福尼亚大学市政学士，哈佛大学硕士；工务科长李颂清，是香港大学土木工程科学士、英国工艺学院英国工程师总会毕业、伦敦大学建筑科毕业、伦敦大学修业生研究三合土建筑科硕士；建筑股长卢冠元则是香港大学土木工程科毕业领学士衔、香港官立英文师范毕业。③

由此可见，汕头的市政改革，不只是制度的创立以及组织架构的变革，也是人事组织及人员配备的革新。进一步说，正是有了新的市政制度，以及接受过新式教育和崇尚新学的市政人员，汕头的市政才得以改良，城市才得以进一步发展，城市规划才得以提出和实施。还有不可忽略的一点是，这些接受新式教育的市政人员在施

---

① 陈海忠、黄挺：《地方商绅、国家政权与近代潮汕社会》，暨南大学出版社2013年版，第141页。

② 《汕头历任市长调查表》，载汕头市政厅秘书处编《汕头市市政例规章程汇编》，汕头市政厅公报编辑处1928年版，第3页（栏页）。

③ 《汕头市市政府职员录》，《汕头市市政公报》第71期，1931年8月1日，第1—6页（栏页）。

政过程中，也推动了城市立法的发展，使得汕头空间形态的演变既处于城市章程例规等法律条文的约束之下，同时也处于城市规划的引导之下，最终形成现代化的都市样貌。下文将通过汕头市政厅所颁布的市政例规章程及其如何实施以进一步讨论市政制度与空间约束之间的关系。

二　市政例规章程的颁布及其约束力

地方的例规、章程一般由当地官方颁布，由此形成的地方性法规，在官民之间发挥着重要的作用。从上一章中我们已知，清末广东地区，上至两广总督，下至地方知县，都曾颁布一些章程应对时局。如1882—1885年商定的汕头土地章程，便是澄海知县为限制外国人在汕头填筑海坪地所颁行的。在传统县治下，这种因事而设的章程，只能算是零星的地方性法规，主要是为了使民间遵守。如有类似案件发生，这些法规虽能作一定依据，但适用性较为有限。晚清民国时期，汕头埠的警察机构，也颁布了一些应对城市管理的布告或章程，其适用性较之前广泛，比如其中有关于建筑的章程，在规范当地建筑方面起到了一定的作用。到了汕头市开始施行新的市政制度以后，有关城市的立法得以推行和进一步完善。

汕头通过立法施行市政的过程与广州相似。许瑞生指出，"广州在市政制度实践过程中形成的一系列市政规章，影响着城市的建设和组织。这一系列市政规章的作用与价值体现在：一是调解不同利益团体的空间冲突；二是规范城市各类建设行为；三是适应新技术应用、社会生活方式变迁而引起的城市管理的新需求；四是确保社会的公共安全"。[①] 汕头在施行市政的过程中，同样产生了一系列的市政例规章程，其中除了由市长在综理所有市政事务时颁布施行的，还有大多数是由市长下属各局在市政实践中产生的。1928年，汕头市政厅秘书处将汕头建市以后颁布的市政例规章程汇编成册，名为

---

① 许瑞生：《广州近代市政制度与城市空间》，第143页。

《汕头市市政例规章程汇编》，其中分为总务、财政、工务、卫生、教育、公安以及附录七类，足见当时汕头市市政法规体系已较为完善。

民国时期汕头的市政例规章程来源主要有三种：其一是以警察厅时期的规章条例作基础修改而成，其二是参照广州市章程条例加以编订而成，其三是最初虽是针对某一事项制定而成，但在后来成为通行的章程例规。这些章程例规的制定和颁布实施，主要集中在汕头成立市政厅后的十年间，并在随后逐渐成为管治和指导城市空间发展的法律法规。其中关于工务方面的建筑、马路方面的例规章程，以及由此所确立的街道规则、报建制度等，对空间的约束和演变产生了直接的影响。

汕头市政厅成立之初，为解决汕头开埠以来一直面临的街道狭小和楼屋随意起造的窘况，市政厅首先在工务方面就开辟马路和管理建筑等方面颁布章程。1921 年 10 月 4 日，市政厅颁布实施《汕头市开辟马路拆让楼屋土地及迁徙坟墓章程》，该章程主要涉及开辟土地过程中的拆卸和赔补原则，其中有诸多条例值得讨论。

如第一条规定："凡马路路线应经过地方，无论国有、公有、私有之楼屋、土地，及其他与土地有关连之建筑物，其有必须拆让者，均应一律拆让。"① 此章程是实施开辟马路拆让房屋的基本原则，其中所谓的国有、公有的楼屋和土地，若按当时的称法，可能皆指官方所有之产业。国有应是国有资产，可能包括设立在汕头的国家银行、邮政等；公有可能是属于市政厅及其接收旧机构（包括警察厅和潮梅筹饷局等）的资产；私有则指的是私人所有之土地及房屋，如商户、家族或个人的产业等。按照章程的规定，即无论属于何种所有权，只要是规划辟筑的马路路线所经过的，都必须拆让，由此为拓宽及开辟马路确立了法律上的依据。

再如第三条规定："凡拆让楼屋、土地及其他与土地有关连之建

---

① 《汕头市开辟马路拆让楼屋土地及迁徙坟墓章程》，载汕头市政厅编辑股编印《新汕头》，第 136 页。

筑物，概不给价，但有左列各项情形者，得由业主请求收买，由财政局估价给领：（甲）楼屋全部拆让者；（乙）楼屋拆让过三分之二，所剩余地业主不愿回收者；（丙）田地、园地、荒地须全部让用或用过三分之二以上，所剩余地业主不愿收回者。"① 由此可看出，市政当局最初对于开辟马路拆让房屋赔补原则，是楼屋及田地等拆让或让用部分超过三分之二以上，且所剩余地业主不愿收回者，才能获得赔补。赔补程序系由市政厅财政局对被拆楼屋及土地进行估价收买后赔补给业主，估价规则按月租的十倍赔偿（见该章程第四条）。

上述两条规定其实还涉及城市土地产权的问题。黄素娟指出，随着近代以来国家经济的变化，城市土地的重要性日益凸显，城市土地既是市政机构用于各种现代化市政建设的开发对象，也是市政机构用于筹集建设经费的征税对象，城市建设的迫切需求使得近代政府必须建立一套有效的控制城市土地的管理体系。② 汕头市政厅所颁布的这条章程中，在某种程度上也算是确立并扩张了对城市土地的控制。除了对城市私有产权实行管理之外，章程中所涉及的拆让和收买等条文，还使拆让的楼屋、土地修筑为道路，从而变成公有之产。市政当局所收买之余地，如果不进行召变拍卖，名义上也属于市政当局所有。不过余地常常是由市政当局公开招投后由私人承领，以充当建设经费，这也是市政当局在进行城市建设时应对经费不足时所采取的策略。由此看来，这条章程实际上是为征收土地建设马路确立了一个法律上的依据，而实际上在马路修筑的过程中，还涉及马路如何修筑、费用如何摊派等复杂的问题。

在未有明确章程进行规范和约束的情况下，修筑道路窒碍难行。比如在1923年前后提倡修筑的升平路，便遇到工程迁延日久的问题。时任汕头市市长的萧冠英发出布告，并颁布《马路建筑费征收

---

① 《汕头市开辟马路拆让楼屋土地及迁徙坟墓章程》，载汕头市政厅编辑股编印《新汕头》，第136页。

② 黄素娟：《从省城到城市：近代广州土地产权与城市空间变迁》，第2、7页。

及发给办法》。该办法主要规定，马路分段开筑，每段路的工程费用由该路段铺户承担，同时由该路段内铺户公举殷实董事一人呈市政厅委任，协助筑路事宜，董事负责收存马路费并发给承筑商人。① 筑路费的征收，如图 2-6 所示，按门牌号登记每个铺户的名号，然后按临街宽度每英尺 6 元的单价计算所应负担的筑路费，这是最初摊派路费的方法。

不过，需要注意到的是，仅仅通过计算临街宽度摊派路费，在随后的实践中被证明是不完善的，店铺的面积也应考虑在内。此外，开辟马路时拆让铺屋也会使两旁铺户蒙受损失，需进行相应的赔补，而《汕头市开辟马路拆让楼屋土地及迁徙坟墓章程》中规定的赔补方案不只不够清晰，也较少照顾到两旁铺户的实际利益。可想见在开辟马路过程中，难免会有铺户保持观望，甚至违命抗拆。这也促使市政当局不断完善相关的例规章程。到了 1927 年 2 月 14 日颁布的《征收马路建筑费章程》，市政当局已明确规定了承担道路建筑费及相关赔补的规则。其中相关规定如下：

　　一、各马路建筑路面渠道及补偿等费，均由该路两旁铺户主客担负
　　二、铺户全拆及割余及四英尺者，照年租五倍赔偿，应由非被全拆之铺户负担
　　三、拆让三分二以内者，须负担路费

附各铺户应行分派该路建筑费通知书					
门牌名号	前宽	每呎单价	合计	备考	
六十一号 發利	四二·呎	六元	二五二·元	查该局係國家機關所有應行攤派之欵業由本應填出合併聲明	
六十二号 郵政局	一三·		七八·		
六十五号	一四·		八四·		

图 2-6　各铺户应行分派该路建筑费通知书

资料来源：《汕头市市政例规章程汇编》，第 27 页（栏页）。

---

① 《马路建筑费征收及发给办法》，载汕头市政厅秘书处编《汕头市市政例规章程汇编》，第 24 页（栏页）。

四、拆让三分二以下［上］者，免担负路费，亦不赔偿

五、建筑及补偿费如系商店业主负担三分之二，租客负担三分之一，如系住户业主负担四分之三，住客负担四分之一，但业主于二年内不能将该铺屋起租

六、征收筑路费及赔偿费，平均计算分摊，铺面每尺阔应征收费若干元，铺内每井地征费若干元，铺之深度计至五十英尺而止①

该章程与前几年的马路征收办法相比更为完善。首先是明确了建筑马路的各种费用，包括道路路面及渠道的建筑费用，以及拆让两旁铺户建筑上盖的赔偿费，且规定这些费用由两旁铺户的业主和租客负担；其次，章程明确了铺户被拆面积比例与负担路费及赔补之间的原则；再次，章程根据商户业主、住户业主及租客在负担建筑及补偿费上的比例规定了铺屋重新起租的时限；最后，也是最重要的是，章程完善了路费及赔偿费的摊派标准，通过平均计算临街宽度和铺户面积来摊派路费，其方法如图 2-7 所示。

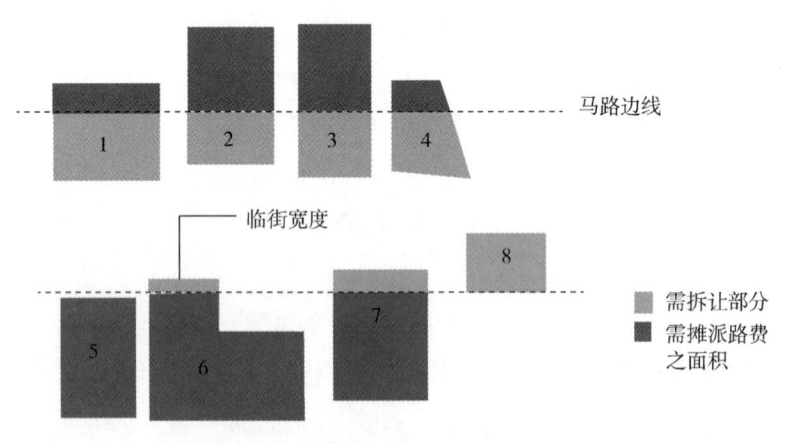

图 2-7 道路拆让及路费摊派示意图

资料来源：根据《征收马路建筑费章程》条文绘制。

---

① 《征收马路费建筑费章程》，载汕头市政厅秘书处编《汕头市市政例规章程汇编》，第 30—31 页（栏页）。括号内为订正之内容。

图中 1 号楼屋，为拆让面积超过三分之二以上者，无须承担筑路费，亦没能获得赔偿。2 号、3 号、7 号楼屋，为拆让面积在三分之二以内者，需承担筑路费以及相应的赔偿费。4 号楼的楼屋为梯形建筑，如果拆让之后深度不到 4 英尺，则可以领取 5 倍于年租的赔偿费。8 号楼为全拆楼屋，照例可以领取 5 倍年租的赔偿费。6 号楼屋的情况较为特殊，这里需重点讨论。如果按照最初升平路的章程来摊派路费的话，该楼屋并不需要负担过多的筑路费，因为其临街宽度较少。这种仅按临街宽度摊派路费的办法，可能在执行中遇到很多铺户的抵制，促使政府进一步修正和完善。到了张永福担任市长时（1926 年 11 月 16 日接任，1927 年 4 月 21 日由方乃斌接任代理市长），便公布征收筑路费"分为临路宽度及铺内宽度两种征收，而铺内面积凡属前后同一业主者，均由马路边线起，深度计至 50 英尺为止，其后面与前面虽非同一业主，亦在 50 英尺之内而与前面相通者，亦应负担筑路费"①。

1928 年 8 月间开辟新兴马路的时候，就有吴宗和试图以铺屋的临街宽度和深度来计算面积，试图瞒请减少所负担的筑路费。不过，他的伎俩为当时崎碌新兴马路筑路委员会的代表所识破，后者向市长递交呈文请求勘丈吴宗和所住清泉居的面积。市政厅随即派出工务局课员林启贤进行查勘，查勘结果如图 2-8 所示。由图可见，吴宗和的清泉居的建筑平面呈凸字形，临街宽度仅有 12 英尺 8 英寸，但相连铺内面积甚大。经林启贤由马路边线计至 50 英尺深的算，应缴纳筑路费的面积为 25.95 井。不过，吴宗和之前呈请少缴路费，还因为他曾提交家产之分单，指出该楼屋还属于他两个庶母所有。此案最终由市政厅发出指令，让他的两个庶母更正面积，以便负担相应的筑路费用。②

---

① 《课员林启贤呈文》，1928 年 9 月 19 日，汕头市档案馆藏，卷宗号：12-12-045，第 47—48 页。
② 《崎碌马路筑路委员会代表呈文》，1928 年 8 月 13 日；《林启贤呈文》，1928 年 9 月 19 日；《市政厅指令第 116 号》，汕头市档案馆藏，卷宗号 12-12-045，第 48—56 页；《呈为奉批陈明摊派错误恳请饬令更正俾便照纳事》，1928 年 6 月 9 日，《（吴郁青）分书》，1927 年农历八月初十，汕头市档案馆藏，卷宗号 12-12-049，第 68—76 页。

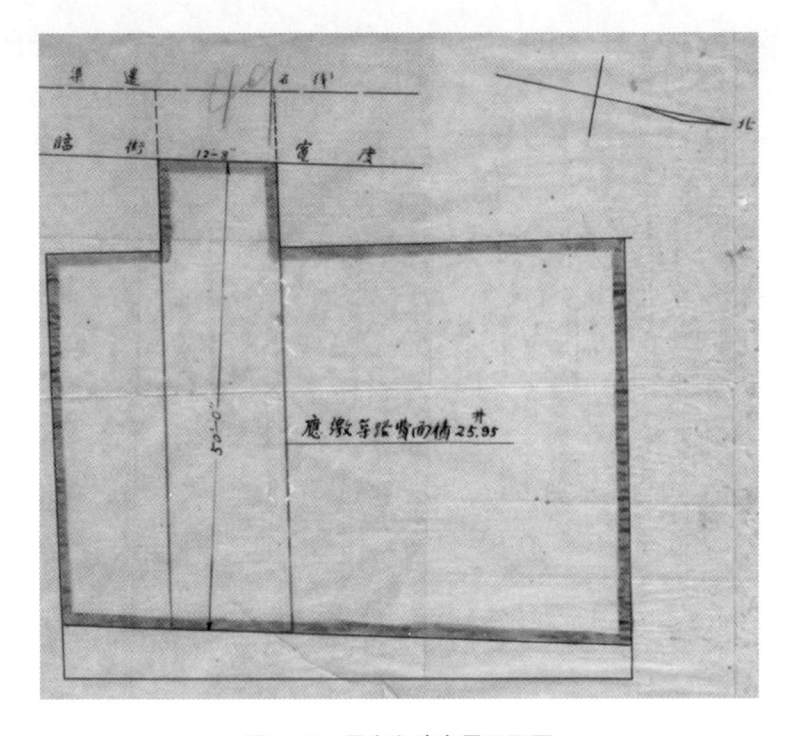

图2-8　吴宗和清泉居平面图

资料来源：《有关辟筑新兴新马路等文件》，汕头市档案馆藏，全宗号：民国档案12-12-045，第49页。

至于筑路费的征收，一般采取两种方式。如果道路的辟筑是市政当局直接办理的，则由市政当局派员测量核算费用并制订表格，派员征收费用。如果道路的辟筑是由两旁业佃成立筑路委员会办理的，则由委员会制订费用的摊派赔偿方法进行征收，并交付承筑公司，财政收支记录原则上需制订簿册呈报市政当局。

值得指出的是，汕头的马路筑路章程和办法，在当时还对其他城市产生了影响。如1929年武汉特别市在制定城市规划时，其工务局总工程师就张斐然就提到，对于各种建设工费，"若概由财政局于捐税或公债项下筹拨，当大感困难，最好仿先进国家及广州、汕头各市筑路派款成立，及当时政府通过的《都市筑路征费法》，筑路修沟经费，就新修马路两旁之受特别利益者摊付半数以上，其余不足之处数，再归市府筹给"。①

此外，与开辟及建筑马路相关的，还有市政当局颁行的处分畸零地章程。因为原先自然形成的街巷道路许多未能满足市政当局对新式马路的要求，所以规划所划定的马路路线，通常会穿过道路两旁铺户的地业，这便产生了因开辟道路割让土地而形成的畸零地。这些畸零地往往导致不同业户之间在业权上发生争执。针对这样的情况，市政当局发布《市政厅布告处分畸零地办法》及《汕头市市政厅修正处分畸零地章程连同说明书》。② 处分畸零地章程共有六条，其中较为重要的是涉及割地的前三条，如下所列：

> 一、铺户全拆及割余深度不及四英尺者，照民国十六年张前市长呈奉核准征收筑路费定章第二条办法，照年租五倍赔偿，收归市有，应由毗连业主承领合并建筑
>
> （说明略）
>
> 二、铺户割剩成为三角形而其面积不及一井者，照前定章赔偿，收归市有，应由毗连业主承领合并建筑
>
> （说明略）
>
> 三、铺户割剩成为锐角三角形者，其面积虽在一英井以上，然其锐角三十度以下之一边接在马路边线时，应由其角测至足四英尺之地，收归市有，照前定章赔偿，仍由毗连业主承领合并建筑③

---

① 涂文学：《城市早期现代化的黄金时代》，中国社会科学出版社 2009 年版，第 161—162 页。

② 在《汕头市市政例规章程汇编》一书中，在《市政厅布告处分畸零地办法》之下还有《汕头市市政厅修正处分畸零地章程连同说明书》，两者发布日期均标为 1928 年 1 月 5 日。然而，汕头在设立市政厅之初便已开始进行市政建设，应该已有处理畸零地的相关办法，但是，可能也因为最初的办法不够完善，随后在 1928 年 1 月 5 日发布的修正章程。

③ 《汕头市市政厅修正处分畸零地章程连同说明书》，载汕头市市政厅编辑股编《汕头市市政例规章程汇编》，第 33—34 页（栏页）。

这些条文在某种程度上可以说是对《征收马路建筑费章程》的补充，也涉及对土地产权的处理和重新分配。比如第 1 条办法，规定铺户全拆及割余深度不及 4 英尺的楼屋，可按《征收马路建筑费章程》的规定获得 5 倍于年租金的赔偿，而割余的土地，其实只是暂时收归市有，随后须由毗连业主承领以便合并建筑。再如第二条和第三条办法，是基于割存余地的面积和实际利用情况对畸零地的处理办法做出规定的。该两条办法在处理上如图 2-9 所示，颇值得结合具体案例进一步讨论。

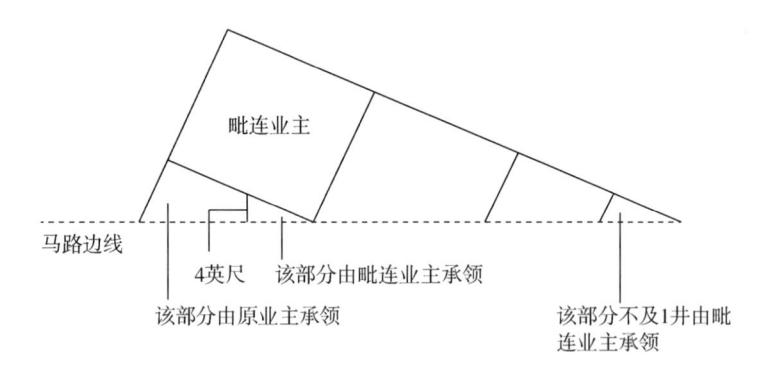

图 2-9　畸零地处理办法示意图

资料来源：根据《市政厅布告处分畸零地办法》条文绘制。

1929 年年末商平路开辟，郭振记等铺户需割让部分面积作为马路，由此产生了割存的畸零地。与郭振记毗邻的一块畸零地，按规定需由他备价承领，然而郭振记可能不想承领该地，且在报建时有意忽略。市政当局大概发现了他的意图，要求他必须承领该地。当时市长许锡清对郭振记的批示如下：

　　查该商报建之铺屋，与商平马路转角处第十号门牌割存三角形之畸零地相毗连，本府《处分畸零地章程》第二条规定，凡铺户割成三角形，其面积不及一井者，收归市有，由毗连业主承领合建。现查该永泰路第十号铺屋，拆存三角形之余地，面积仅得二十七方尺二十一方寸，既不及一井之面积，自无独立建筑之可能。应即照章将该畸零地并该畸零地前及十三号所割出合计一井七十八方尺又三十七方寸之骑楼地，一并收归市有，由该商缴价承领，合并建筑。仰该商即便遵照，迅赴商平路委员会，具缴该畸零骑楼各地地价取回收据，缴府验明，方准给照建筑，所请暂难照准。①

可见，郭振记的铺屋位于商平路及永泰路交界，其毗邻铺屋因规划马路割去并拆让大部分面积，割存面积不足一井，不具备独立建筑的可能。按市政当局处理畸零地办法，该部分割存之畸零地，先由市政当局收归市有，再要求郭振记缴价承领，以便合并建筑。值得指出的是，畸零地的承领与否还影响后续铺屋的重建或改建。按当时建筑法规，建筑物不管是新建还是改建，均应赴市政当局报建。② 郭振记的铺屋因开辟马路而拆让重建，自应遵守报建法规。市政当局在处理郭振记的报建申请时，注意到了与他相关畸零地及骑楼地问题，因此强制要求他在承领畸零地、骑楼地之后方能批准建筑。换句话说，如果郭振记不承领其毗连之畸零地，将影响他接下来重建或改建他被拆的铺屋。可见，畸零地的相关章程不仅具有法律效力和适应性，同时也反映了市政当局在管理土地及建筑上的规范化。

由上述讨论可知，畸零地的处理办法，在规划和开辟道路的过程中发挥着重要的作用，尤其是有关土地产权的管理和路费的补助。一方面，将畸零地合并到毗邻业主的土地中，可避免造成土地因割拆而过于零碎的情况。这既有利于土地的管理，在一定程度上也能满足市政当局对于"整齐划一"的追求。不过，并非所有的业主都

---

① 《批郭振记饬缴清骑楼畸零地价验明收据方准给照建筑由》，《汕头市市政公报》第51期，1929年12月1日，第123页。

② 《汕头市市政厅取缔建筑暂行章程》，载汕头市政厅编辑股编印《新汕头》，第130页。

情愿备价承领畸零地，甚至有些人呈文给市政当局要求免予承领，而官方对此通常是强制执行承领政策的。毗邻业主在承领畸零地时，除了需要准备资金进行购买外，还需要出示原来产业的契据，由市政当局验明之后才能承领毗连的畸零地。对于市政当局来说，这也是重新对土地产权进行管理和查验的一种方式。另一方面，畸零地的地价收入，并不一定归市政当局所有，通常作为补助筑路和赔偿经费。畸零地的价格则由市政当局派员估定，给发执照。如果该路是由筑路委员会组织辟筑，则由委员会向毗连业户征收地价。如果是由市府直接办理，则由市政厅派员征收，归市政厅财政局管理。①

《汕头市开辟马路拆让楼屋土地及迁徙坟墓章程》《征收马路费建筑费章程》《市政厅布告处分畸零地办法》等章程的颁行无疑反映了当时改良市政的重要内容——路政管理。为应对新式交通发展以及城市公共服务的需求，打造宽阔的道路或新式马路逐渐受到重视。在路政管理中，规范不同街巷道路的宽度，以及通过拆让使建筑退缩，从而开辟并拓宽马路，是市政当局的重要任务。

汕头市政当局较早颁布的《汕头市街道缩宽规则》，便对街道宽度做出规定，其中较为重要的条文有以下数条：

  第一条、凡汕头市所辖地域，无论商业、工业、住宅各区街道，除主要路线外，均须依照本规则办理

  第二条、所有应缩宽街道，分为四等如次（甲）等二十四尺、（乙）等二十尺、（丙）等十六尺、（丁）等十二尺

  第三条、全属住宅者，该街道不得狭于十二尺，如为绝巷亦不得少过九尺

  第四条、全属商业或工业者，该街道最狭不得少过十六尺

---

① 有关畸零地处理的讨论，参见《呈财政厅呈复对于处分畸零骑楼各案仍照旧案办理由》，《汕头市市政公报》第92期，1933年8月1日，第1—2页（栏页）。

第五条、凡住宅路线内，如有三分之一以上商铺参杂其中，该街道宽度须照第四条办理①

由此看来，除了主要路线另有规定外，其他街巷道路须按规定退缩建筑和拓宽道路。道路的缩宽分为四等，具体的宽度要求与道路两旁的楼屋功能有关。这点和广州的缩宽街道规则相似。广州市政厅工务局制定的《广州市暂行缩宽街道规则》，规定了街道的宽度与两旁建筑功能的关系，将街道宽度分为三类，如两边都是商店的街道，规定为20—24尺；民居与商店混杂的街道，规定为16—20尺，纯民居的街道，规定12—16尺，这体现了一种现代化的规划理念。② 汕头市政当局所颁布的街道缩宽规则，在分级上比广州更多1级，在宽度规定上，也考虑到两旁楼屋是工业、商业或住宅等功能，这些规则的背后蕴含了现代的规划理念。《汕头市街道缩宽规则》中的第六条至第十条，还明确表明了两旁建筑须参照市政当局规定道路中线，依照规则进行拆让退缩。除此之外，道路缩宽规则未涉及的主要路线，应是市政当局于1923年拟订的工务计划中所计划开辟的马路，大部分在40—100英尺，③ 这些主要路线其实可以说是汕头道路系统的整体规划，对汕头市的空间形态起到重塑的作用（详见第三章）。

通过以上对汕头市政当局颁布的有关道路的开辟、路费、畸零地以及缩宽规则等内容的讨论可知，汕头建立近代市政制度以后，逐步通过颁布地方性法规来施行市政，特别是其中有关道路方面的章程法规，在某种程度上可以看作汕头市政当局对其城市规划法的不断完善。依照《汕头市暂行条例》，汕头市政当局既是这些法律法规的制定主体，也是实施主体。汕头市政当局正是通过这些单行法

---

① 《汕头市街道缩宽规则》，载汕头市政厅编辑股编印《新汕头》，第135—136页。
② 许瑞生：《广州近代市政制度与城市空间》，第163页。
③ 萧冠英编：《六十年来之岭东纪略》，第124页。

规对城市空间的发展进行控制和发展。可见，正因为具有了上述这些章程条例的法律基础，汕头的市政建设才得以取得较好的成果，仅就道路的建筑方面而言，汕头在1928年已兴筑的马路达15条，总长度共38000尺。① 这些修筑的道路，其中就包括20世纪20年代两次城市改造计划中所规划的道路。可以进一步说，正是因为这些适应新市政制度的法律法规所发挥的作用，城市的总体改造计划才在随后的十几年间得到逐步实施。汕头城市的空间形态，在经历未建市以前的自由发展模式之后，在1921年开始进入市政机构主导的发展阶段，并在市政机构的改造计划之下得以重塑。

小 结

　　1921年，汕头与澄海分治，成立汕头市政厅。从汕头商埠到汕头市，不只是简单的行政区域划分级别上的上升，更意味着市政制度和行政人员的变革。汕头从通商口岸到近代都市的转变，也因此成为可能。

　　汕头在1861年开放通商以后的五六十年间，虽然在商业贸易上取得显著的增长，但是一直处于传统城乡一体化的行政管理模式之下。具有近代市政意味的管理机构，直到20世纪初才萌生。在汕头建市以前，一些类似市政内容的举措，常常由汕头的绅商推行。作为汕头当地最有势力的万年丰会馆及其行商，在汕头早期的商埠管理及建设中起到重要的作用，只不过他们还没有类似市政管理、建设等方面的观念，其活动仍处在绅商对公共工程和社会服务的传统语境之下，与市政时期的管理和建设尚有差距。

　　20世纪以后，清政府开始推行新政。在地方自治运动兴起的潮流中，汕头也仿照京师和省城，开始建立警察制度。中国近代警察

---

① 汕头市政厅编辑股印：《新汕头》，第102页。

制度效仿通商口岸租界的制度而成，又将租界中工部局负担市政建设的功能也归并其中。清末民初汕头的警察机构，同其他城市一样，也担负起维护地方治安和管理市政等职能，但在实际中对路政等事项所能发挥的作用较为有限，对汕头城市空间形态的发展也没有起到重要的作用，更遑论产生变革性的影响。

1921年以后，汕头仿照广州构建了新式的市政制度，并在随后逐步完善。在新的市政架构体系中，市长综理所有市政，其下设公安、财政、工务、公用、卫生、教育六局，各局行政职能分工明确。在人事组织上，汕头市政当局的官员及职员，已不是传统时期的旧官员或胥吏，而是具有留洋背景或是崇尚新学的进步人士。可以说，汕头市在某种程度上进入了"专家治市"的阶段。

正是有了新的市政制度及专业化的行政人员，汕头的市政才得以改良，其中也包括市政立法的逐步完善。市政官员在施政的过程中，通过颁布章程例规以主导和控制汕头市的发展。特别是在市政建设方面，逐步完善的道路辟筑、缩宽规则以及筑路费征收、摊派等方面的章程例规，促进了近代汕头城市规划法规的逐步发展。这些法律法规对汕头市政建设的发展起到了重要的作用，由此而影响了城市空间形态的演变路径，使得城市的空间形态摆脱以往自由发展的模式，进入由政府机构主导和法律法规约束的发展阶段。正因为此，汕头的城市改造计划才得以实施，城市的空间形态才得以重塑，从而完成从商埠到近代城市的转变。

第 三 章

20世纪二三十年代城市规划指导下的空间改造

　　近代新式市政制度的施行以及由此产生具有规划理念的地方性法规，无疑改变了汕头城市空间形态的演变进程，其中以20世纪20年代的城市改造计划所产生的影响最为深刻。城市改造计划是市政改良的重要内容，是对城市的总体规划，更是对城市的根本性改造。汕头的城市改造计划在1926年5月获得广东省政府的批准，由于有了制度上的基础、行政上的管理、专业人员的努力以及商民的协作，此项计划得以次第展开。经过十几年的建设，计划中的大部分内容得到落实，汕头的空间形态得到重塑。汕头城市的发展也因此取得显著成绩，成为广东名列前茅的现代化都市。

　　汕头的城市改造计划，在中国近代城市的规划与建设史上占有重要地位。中国近代城市规划始于19世纪后半叶，大体分为外国人所做的城市规划和中国人所做的城市规划两类。外国人所做的城市规划，又有"只对城市部分地区制定规划"和"有明确的城市总体规划意图和较为完整的规划图纸"之分。前者主要有上海、天津、汉口等划有租界或划定商埠区的城市，后者则包括青岛、大连、长春等租界地。相比之下，由中国人所做的城市规划起步较晚，其中最早的城市总体规划，是汕头市政厅在1923年推出的城市改造计划。随后又有南京、上海、重庆、杭州、成都等城市进行过总体城市规划。① 不过，诸如1929年南京推出的"首都计划"、上海编订的"上海新市区及中心区规划"以及抗战后的"上海都市计划"都由于各种原因未能实施，而汕头的城市改造计划在1926年颁布施行以后，除了其中的行政区域有所改易外，其余大部分得以实施，成为中国近代城市规划一个重要的案例。

汕头的市政制度参照广州而成，在"市政改良"方面也深受广州的影响。汕头的城市总体规划虽然提出较早，但在城市改良方面相比上海、广州等地起步较晚。汕头在开办市政之前，商埠的建设一直乏善可陈。1921年汕头成立市政厅，其下设立工务局负责街市的规划和辟筑，可称为汕头的市政改良和城市规划之始，最初的局部改良和规划主要以街道、马路为对象。在随后的发展中，汕头市政当局进一步提出市域分区的理念，对未来城市的发展进行规划和设计。本章重点关注民国时期汕头的城市改造计划，首先讨论此次总体规划的产生和设计理念，其次通过具体案例论述这些规划的实施过程，最后通过考察商业中心的改造，进一步阐释此项总体规划对汕头空间形态演变进程的意义。

第一节 20世纪20年代的城市改造计划

在近代以来"西学东渐"的影响下，中国多数城市在市政改革期间都进行过一定的城市规划，尤其是在20世纪二三十年代。这些城市规划无不参照欧美经验，甚至有的便是西方著名规划师设计的。事实上，中国所要面对的问题和规划性质与欧美等国都存在差异。欧美等国的近代城市规划是随着工业革命而产生的，工业化在促进城市和社会经济发展的同时，也带来了土地价格上涨、贫民窟、住

---

① 参见庄林德、张京祥编著《中国城市发展与建设史》，东南大学出版社2002年版，第202—212页。

房密度、犯罪率上升以及环境污染等一系列的城市问题。比如伦敦在19世纪90年代初就拥有560万人口，其住房密度、土地租金、交通堵塞、空间竞争等问题都颇为尖锐。① 为了解决这些所谓的城市问题，欧美各国逐渐产生了相应的"近代城市规划"。

中国的近代城市规划基本上不以工业化为起点，而是由于外国人在开埠城市因经商和居住的需要在租界进行建设而产生的。租界中由外国人所建设的"西式街区"，促进了中国城市的现代化，同时也使中国传统城市的结构和形态相形见绌，引发了中国人对租界的模仿，开始对传统城市进行相应的改造或规划。② 这也造成租界和非租界地区在近代城市规划上有所不同。有研究指出，租界的基本范型是"西方式的港口商贸城市建设和殖民主义城市建设"，而"华界的既有城市改造主要是以马路主义（Roadlism）城市建设模式为基本范型的"。③ 除了上海之外，广州在新政时期也逐步实施与改良街道和建设马路相关的举措。民国以后，拆卸城垣改筑新式街道成为广州市政建设的重点。④ 1921年广州市政厅成立以后，继续完善城市基础设施和城市公共设施，并进一步拓展新的道路系统，使城市表层基本实现现代化改造。⑤

相比于广州，汕头在开埠以后商埠空间发展和塑造的自由度较高，没有受到传统城市结构的束缚。如第一章所述，虽然汕头埠的街路具有类似规划而成的几何要素，但仍然存在随意铺砌、自然凑成以及逼仄狭窄等情况。19世纪末，一位英国传教士在谈到汕头时曾描述道："狭窄的街道、差劲的排水系统、可怕的臭味、凹凸不平

---

① ［英］彼得·霍尔：《明日之城：一部关于20世纪城市规划与设计的思想史》，童明译，同济大学出版社2009年版，第14—34页。

② 李百浩：《中西近代城市规划比较综述》，《城市规划汇刊》2000年第1期。

③ 李百浩等：《上海近代城市规划历史及其范型研究（1843～1949）》，《城市规划学刊》2006年第6期。

④ 黄炎培编：《一岁之广州市》，第2页。

⑤ 彭长歆：《现代性·地方性——岭南城市与建筑的近代转型》，同济大学出版社2012年版，第74页。

的街道。"① 20世纪初汕头学界、商界亦称："窃维沙汕滨海，所有店肆，半多填海筑建，前者商务寥寥，故街道不留宽展，而经营建设者，每多侵占官道。"② 20世纪20年代初一位旅行记者称："汕头市道路分两种，旧式者虽不甚宽，尚在厦门上。新式者在沿海一带，前潮梅镇守使刘志陆所创，甚宽阔。"③ 他所指的新式街道可能是潮海关附近的海关马路和育善前街，是当时仅有的较为宽敞的街路。可见，汕头虽具备扇形放射状这一适宜港口城市的空间形态，但街道狭窄且未成系统，楼屋随意建筑且粗陋。这便是1921年成立的汕头市政厅所要进行规划改造的城市空间雏形。

首任市长王雨若上任以后，开始效法欧美改良市政，提出了改造全市、兼顾统筹、以昭划一的想法，并饬令工务局从事规划。不幸的是，1922年8月2日特大台风席卷整个潮汕地区，汕头市受到重创，此项规划于是中辍于无形。④ 1923年萧冠英接任市长后，亦锐意改良汕头市政，重启前项中辍的计划，饬令工务局着手进行并亲自审定。当时萧冠英等人所要面对和解决的最切要问题，是"八二风灾"对汕头市的严重破坏。

一 "八二风灾"对城市的破坏

火灾、地震、风灾等灾害常常是促成城市重建的重要因素。比如1666年9月的伦敦大火，使这座欧洲第三富有的城市五分之四均化为灰烬，约13200座房屋被毁，皇家交易所、关税大楼、圣保罗教堂、87座教区教堂等建筑也遭到破坏，总损失超过1000万英镑，造成大约8万人无家可归。次年2月，议会通过《重建法》，4月通过了详细的道路规划，复建工程在1668年春全面动工。重建之后的

---

① Rev. J. Macgowan, *Pictures of Southern China*, London: The Religious Tract Society, 1897, p. 204.
② 《巡警整顿路政示文》，《岭东日报》1908年6月26日第3版。
③ 抱一：《南游通讯（五）》，《申报》1921年4月7日第6版。
④ 萧冠英编：《六十年来之岭东纪略》，第127页。

新伦敦城较旧城有相当大的改善。市政官员对铺路、测绘、排水和清障采取统一管理。按照合理的等级标准拓宽了道路，疏通了狭窄路段，规范了建筑的正面边界线。① 伦敦的灾后重建几乎重塑了整个城市的样貌。

汕头在开埠以后频繁经历过火灾、地震、风灾等灾害。如 1887 年 11 月 3 日，汕头埠西南部发生一场灾难性大火，将极大部分商业区夷为平地，约 500 栋房屋被毁，其中就包括几家大商行。1891 年 9 月 23 日的台风造成汕头许多民船、舢板受损，岸上的新旧房屋无一幸免，瓦片及百叶窗被扫落、围栏被夷平，树木被连根拔起，一些庭院成为废墟。② 再如 1918 年 2 月 13 日，汕头发生强烈地震，损失惨重，华人屋宇几乎尽数倒塌，洋人地方也受损尤甚，多数房屋须进行重建。③ 当时潮海关税务司查禄德向总税务司报告称："汕头市区房屋毁坏十分惨重，除了最近新建的水泥结构的法国领事馆之外，毫不夸张地说，整个市区没有一间房子完好无损。"④ 遗憾的是，19 世纪末 20 世纪初的汕头，还不具备 17 世纪伦敦城所具有的规划与重建的基础，灾后重建只能由商人和居民自发进行。从整个商埠来看，重建的范围和规模都较为有限。1921 年汕头成立市政厅以后，对城市的规划已具备制度的基础和实施的条件。在原先整体计划因受灾而中辍之后，市政当局在灾后仍能重新编订城市的整体改造计划，并在后来逐步实施。

在近代历史上，对汕头市造成最严重破坏的莫过于 1922 年 8 月 2 日登陆粤东一带的特大台风。此次台风的影响波及整个潮汕地区，

---

① ［英］A. E. J. 莫里斯：《城市形态史——工业革命以前》，成一农等译，商务印书馆 2011 年版，第 631—645 页；［美］凯文·林奇：《此地何时：城市与变化的时代》，赵祖华译，时代文化书局 2016 年版，第 3—7 页。

② 《1882—1891 年潮海关十年报告》，载中国海关学会汕头海关小组、汕头市地方志编纂委员会办公室编《潮海关史料汇编》，第 16—17 页。

③ 《汕头地震之惨况》，《申报》1918 年 2 月 23 日第 7 版。

④ 《呈报因汕头地震造成海关损失的报告（潮海关呈文第 5185 号，1918 年 2 月 15 日于汕头）》，载杨伟编《潮海关档案选译》，第 17 页。

沿海田庐毁灭无数，各地死亡人数情况，澄海高达2万多人、饶平和潮阳3000多人，汕头超2000人，揭阳600多人。① 据当时《汕头市被灾概况》所载，1928年8月2日傍晚，黑云密布，狂飙陡起，到了晚上8时许，风势变大，骤雨倾盆，势如千军万马衔枚疾走，随后海潮侵入，举市陆沉，这种情况持续了4个小时之久；到了午夜，风势渐缓，但过不了多久，风势较之前更为猛烈，海潮涨得更高，暴雷不停，震撼楼屋，由持续了4个小时，到黎明方止。②

当时汕头以及潮汕地区还没有近代的气象观测机构和条件，如此强烈的台风对人们来说全然猝不及防。台风期间中途风势稍缓可能是风眼经过，可推知汕头市及周边地区，完全是受到强烈台风的正面袭击，以致造成严重灾难。当时对受灾的情形最初都过于低估，随后才认识到受灾的严重程度。如当时的一篇报道所称：

> 风息后最初估计死伤人数，旋即证为失之太少，此次究竟死人若干，实无确切报告，大概言之，合汕头本埠及周围各乡计算，至少当有三万之数。至于房屋财物之数，亦较初时估计为多，此在着手整理之后，乃全显现，各大货栈寄存之货，有百分八十完全归于损失。任有坚固房屋，皆有倒塌，此等损失，至少当有三千万元。③

可见，此次"八二风灾"对整个潮汕地区造成了人命和财物的巨大损失，甚至在随后的调查统计中，都发现比原先的调查结果更加严重。就生命损失而言，整个潮汕地区丧生的人数有3万人之多，

---

① 汕头市史志编写委员会编辑部编：《汕头市三灾纪略（初稿）》，1962年，第8—9页。
② 《汕头市被灾概况》，载汕头赈灾善后办事处调查编辑部编《汕头赈灾善后办事处报告书》，1922年，第1页（栏页）。
③ 《西报纪汕头风灾情形》，《世界画报》1922年第36期，第55页。

其中仅汕头一市,据路透社所称约有 5000 人之数①,占当时整个潮汕地区被灾人数的 1/6,占汕头市区人数的 6%②,比《汕头市被灾概况》中所载之数要高 1 倍多。除了生命受到严重损失之外,整个汕头市的房屋和财物也遭到严重的破坏。许多机关单位的房屋均有倒塌及破坏,屋顶被吹落。全市马路多处冲坏,树木均被吹倒。一些商店的货物也遭受严重损失,多数商家因此倒闭。据灾后的调查所及,当时汕头的受损情况如表 3-1 所示。

表 3-1　　　　　　　　汕头市"八二风灾"灾况

序号	类别	受灾情况
1	潮梅善后处	内部花厅等处倒塌,其余屋顶多被吹落
2	税务机关	潮海关各关员旧住宅,多已倒塌,其新建之士敏土围墙石柱等,均被水冲倒,各种新建筑物间有破坏倒塌
3	行政机关	市政厅前后左右办事房屋均倒塌,中座屋顶吹去,内部毁坏不堪,公安局屋顶毁坏,第四区署全间倒塌,压毙警尉兵役二十五人,消防队水车房倒塌,其余教育、卫生、公用、工务、财政各局均已毁坏
4	司法机关	澄海地方审判、检察两厅,均全座破坏,头门及看守所倒塌
5	教育机关	省立商业学校、职业学校、回澜中学校、八属正始学校、广州旅汕学校、同济学校等,内部均有倒塌及破坏,校具三十,恢复困难。其余各学校,及教会所办礐石华英各中学校,福音礐石各小学,均校舍塌毁损失甚巨,此外如市立通俗图书馆,商品陈列所,内藏图书商品均损失不少
6	实业机关	耀华火柴厂各部倒塌,仅存办事处,死去数人,利强织造厂全部倒塌,中国领海渔业公司被水冲平,捕鱼轮船沉没一艘,电灯局机器房烟筒倒塌,全市电杆线多损折,其余汕头火柴厂,鸿生肥皂厂,林治平烟酒等,均被毁坏
7	交通机关	潮汕铁路机关车房,及各办事处多倒塌,路轨冲坏,修理月余,始能行车。电报局通各处电线杉杆,一概毁拆,亦须修理月余方能通电
8	娱乐机关	第一公园及临时公园,各种景物布置,均荡然无存。张园各种布置,及附设各戏园商店,并职业学校出品陈列所,汕头汽车公司,均一扫而尽,此外如大舞台、陶陶园、高陞戏院,均已倒塌

---

①　《汕头风灾损失甚巨》,《兴华报》第 31 册,1922 年 8 月 16 日,第 30 页。
②　据《中国海关民国十年贸易总册》及《中国海关民国十一年贸易总册》所载,1921 年和 1922 年汕头市的人口分别为 85000 人和 83000 人。见陈海忠《近代商会与地方金融——以汕头为中心的研究》,第 30 页。

续表

序号	类别	受灾情况
9	慈善机关	福音医院，角石益世医院，均屋顶吹去，药物浸毁，为数甚巨。存心社屋后围墙倒塌屋脊倾侧。诚敬社、同济善堂等均有损坏
10	商庄住宅	全市商庄、住宅之近海旁及在崎碛者，多已被水冲倒，及风力损坏。在市中心者，多吹去凉棚及屋顶，亦间有全间倒塌，压毙人命
11	花园住宅	全市花园住宅等围墙，均已冲倒
12	马路	全市马路有多处冲坏，尤以潮海关码头附近为最甚
13	树木	全市树木均已吹倒，间有生存者，亦多毁折不堪入目
14	货物	全市货物浸坏，损失之数，至难稽查。小商店约数十元至数百元，大商店自数千至数万元。有多数商家因此损失，以致倒闭，尤以太古洋行为最巨，码头货仓均被毁坏，约值数百万元。统计此次损失，全市约值千万元以上
15	船艇	全市船艇多已毁坏，溺毙人命，漂流海中，无可调查
16	死亡人数	全市市民压毙溺毙，现经查明收殓者共一千二百余人，其余漂流海中者，不可胜计，总约死亡二千余人云

资料来源：根据《汕头市被灾概况》整理，见汕头赈灾善后办事处调查编辑部编《汕头赈灾善后办事处报告书》，第2—4页（栏页）。

通过表3－1可知，汕头市的各个机关、商店、住宅、马路、货物都被台风破坏殆尽。当时一些政府的办事机构，如市政厅前后左右房屋均倒塌，中座的屋顶被吹走；公安局屋顶被损坏，位于外马路且近海的第四区署整间倒塌；市政厅下属的教育、卫生、公用、工务、财政各局，也都被破坏殆尽，整个政府机构几乎陷入无处办公之境。更有甚者，如《新汕头》所载，"市厅岁收，因八二风灾，案卷散失，已无可考。"[①] 可见，当时受损的不仅仅是单纯的办公地点，还包括市政厅及下辖各局的文牍案卷，甚至建市之后接受前汕头警察局及潮梅筹饷局的档案，都很可能在风灾中散失。当时市政当局正在从事的城市规划，自然中辍于无形。

潮海关一带因临海，受强风和海潮的冲击更为严重。图3－1是潮海关的船坞，图中停泊与此的大小船艇已无一幸存，左右相连一带的土敏土建筑物也几乎全部塌下。表3－1中述及的大舞台，其受

---

① 汕头市政厅编辑股编印：《新汕头》，第101页。

图 3 – 1　潮海关船坞灾后情况

资料来源：[A407 – 7]，Kerncollectie Fotografie，Museum Volkenkunde。

灾情况如图 3 – 2 所示，建筑物已整个坍塌，墙壁破碎成堆，整个大舞台成了一片废墟。后方的康乐酒店虽未倾毁，但也受损过半，几乎仅存骨架。图 3 – 3 是太古洋行的两间货仓，靠海一面的墙壁几近倒塌，货仓顶棚被台风掀走过半，露出房顶间架。整间货仓几乎被台风破坏掉一半，寄存的货物大概也损坏殆尽。据《汕头赈灾善后办事处报告书》所称，"此种货仓极为坚固，门窗屋顶均用铁建筑。闻初被码头舢艇扫破□壁，屋顶遂被风吹毁"[①]。

除了沿海的货仓外，位于市中心的街道和商铺也受到严重的损毁。图 3 – 4 是当时汕头市重要的商业街——升平街，可见临街铺屋受损严重，有的已完全坍塌，街面一片狼藉。再如图 3 – 5 所示，海关附近马路两边的建筑物虽不至于坍塌毁坏，但路边的树木全然倒下，有些电线杆也出现倾倒的迹象。

---

①《风灾摄影·（九）太古洋行货仓》，载汕头赈灾善后办事处调查编辑部编《汕头赈灾善后办事处报告书》。

图3-2 大舞台受灾情形

资料来源：[A407-10]，Kerncollectie Fotografie，Museum Volkenkunde。

图3-3 太古洋行货仓

资料来源：[A407-4]，Kerncollectie Fotografie，Museum Volkenkunde。

图3-4 升平街受灾情况

资料来源:《东方杂志》1922年第19卷第15期。

图3-5 潮海关附近马路受灾情形

资料来源:[A407-2], Kerncollectie Fotografie, Museum Volkenkunde。

通过有关灾后的调查报告以及影像等材料，我们可以大致清楚1922年"八二风灾"对汕头市造成的全面性破坏。不只丧生人数众多，且全市的房屋、商店财物均受到严重的损坏。根据灾后对汕头各区署长的调查，我们可以进一步了解当时各区房屋受损的情况，如表3-2所示。

表3-2　　　　　　　　　　汕头灾况调查表

第一区灾况调查表								
地别	店屋		地别	店屋		地别	店屋	
	倒	坏		倒	坏		倒	坏
砾砵街	3		永泰七横街	2		和乐街	2	
升平街头	2		升平四横街	1		升平街口蓬寮	17	
永安街口蓬寮	19		永安二横街	1		永和街口蓬寮	24	
永泰街口蓬寮	73		永兴直街	3		永兴街口蓬寮	28	

第二区灾况调查表								
地别	店屋		地别	店屋		地别	店屋	
	倒	坏		倒	坏		倒	坏
育善前街	4	4	德兴市	1	1	海墘街	6	
育善后街		19	德里街		25	海墘蓬寮	125	
至安街	1	3	棉安街		13	万安街	2	
怀安街	3		吉祥街	1	10	益安街	13	

第三区灾况调查表								
地别	店屋		地别	店屋		地别	店屋	
	倒	坏		倒	坏		倒	坏
顺兴街	2		老市街	2		中兴街	1	
升平街	3		如安街	2		新康里三横街	3	
永顺街	3		老市街	4		打石街横巷	1	
老妈宫街	1							

第四区灾况调查表								
地别	店屋		地别	店屋		地别	店屋	
	倒	坏		倒	坏		倒	坏
公安局前上下蓬寮	13		大马路	7	7	广州街	1	
同益东巷		2	南北园	2	2	汕荫巷		3

续表

第四区灾况调查表

地别	店屋		地别	店屋		地别	店屋	
	倒	坏		倒	坏		倒	坏
内马路	甚多	甚多	商业街	1		同益西巷		1
新兴街左一巷	两旁楼屋全塌		高园路	1	4	新兴街右一巷		3
源兴桥头		甚多	明惠巷		4	乔林里左巷	3	10
大马路大舞台前一带	6	7	联兴里	2	2	新兴街左巷	3	10
新兴街礼拜堂左畔		3	华龙里		2	振华里右巷	2	9
天主堂前一、二、三巷		甚多	仁安里		3	天主堂前巷		4
冯公桥新兴街一、二巷		无多	六街		5	庆云里		6
轻便车头一带		5	花园路		3	和园路		3
源泉巷、源安里、耀华里		无多	马光利	3		瑞芝酒庄	1	
李家祠		全坏	致祥里		4	日雨里		4
内马路	甚多	甚多	致平里	2	甚多	八属会馆左巷	3	
秀水里	合里俱塌		指南里	4	甚多	第四区署	2	

第六区灾况调查表

地别	店屋		地别	店屋		地别	店屋	
	倒	坏		倒	坏		倒	坏
杉排街	2	8	荣新街	5		通津街	2	5
行署左巷		3	下乌桥		5	樟隆市	1	7
同济海旁		8	永隆街		3	天后宫右巷	1	8
福合沟	2	5	金山街		2	南商前	2	7
荣隆街	5	8	潮安街		5	南商海旁	5	
福安街	3	6	信荣市		3	行署右巷	7	
金山外街	2		兴隆市		3	天后宫左巷	2	8
顺隆街		10	会通街	1	3	福合新街	1	
金山新街		2	五福巷		2	天后前巷	8	
行署后巷		1	明德巷	1	5			

续表

第七区灾况调查表									
地别	店屋		地别	店屋		地别	店屋	
	倒	坏		倒	坏		倒	坏
新马路	7	27	荴楚地	8	35	洪家祠巷	9	
庆华里	2	4	月眉旁		6	乌桥	37	57
光华埠	6	十余	中马路	4	22	火车桥脚蓬屋	17	
耀华火柴厂	1		火车头		十余	陶陶园	1	
同济回澜桥旁	2	38	定安里	4				

注：1. 原《调查表》中的死伤人数此表从略。
2. 原《调查表》缺第五区。
3. 第八区为礐石，此表亦从略。
4. 民国时期汕头的文献中存在"蓬寮""篷寮"混用的情况，该表原始文献中皆用"蓬寮"，此处仍用此词，但在《汕头市市政公报》和今天现代汉语里面，"篷寮"更为常见，故本书正文论述采用"篷寮"一词。
资料来源：根据《调查表》整理，《汕头赈灾善后办事处报告书》，第1—6页（栏页）。

由表3-2来看，汕头市内所有区署房屋倒塌及毁坏的情况，有确切数字的计有倒塌572间，毁坏502间，再算入"甚多""无多""合里全塌"等情况，保守估计房屋倒塌和毁坏的数量均在700间以上。将表3-2中记录房屋倒塌、毁坏的地别，与1923年汕头城市地图的地名相互关联，可得房屋受灾情况的空间分布图，如图3-6所示。

结合表3-2和图3-6来看，几乎全市的各个地方都有房屋倒塌和损坏的情况，其中倒塌的以第一区、第二区及第四区最为严重，损坏的以第四区和第七区最为严重。第一区、第二区主要集中在升平、永安、永泰、永和、永兴等街各街口以及海墘篷寮等地。这些临时搭建的简陋房屋，即使在内街都难以抵抗台风，更何况在街口还要受随风而起的潮水冲击，全然倒塌的后果不难想象。还有新兴街左一巷的受灾情况也较为严重，两旁楼屋全部倒塌。楼屋受损较为严重主要集中在第四区和福合沟以东的第七区，其中第四区的李家祠全部毁坏，天主堂一、二、三巷则损坏甚多。第七区的新马路、荴楚地和乌桥一带，房屋受损情况也较为严重。

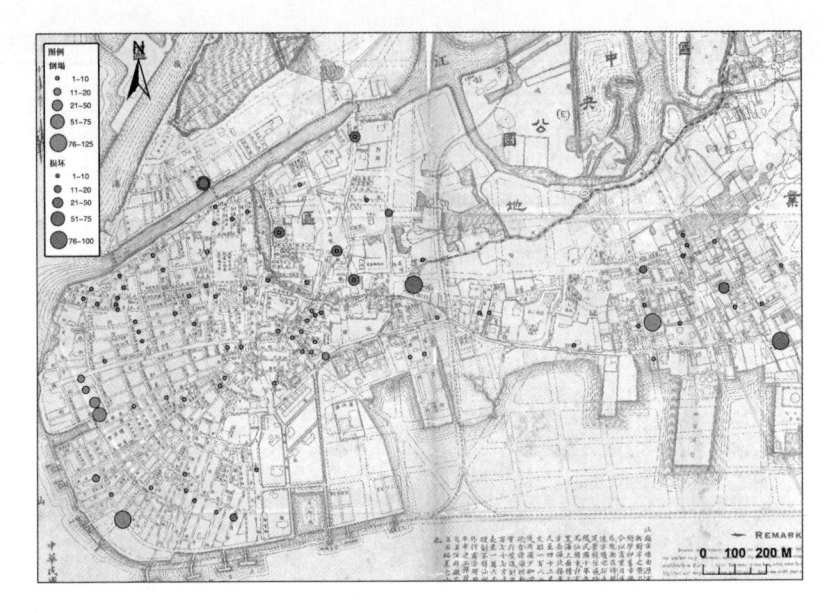

图 3-6　1922 年汕头市楼屋受灾情况空间分布示意图（参见彩图 2）

资料来源：根据表 3-2 的调查报告绘制（以 1923 年汕头市地图为底图）。

通过上述受灾的情况可知，全市房屋倒塌和损坏较为严重的主要分布在沿海一带。当时沿海一地多有贫民搭建的篷寮，难以抵抗强风和潮水。近海一些较为坚固的房屋，虽然稍能经受住强台风的风势，但潮水涌入岸上的强烈冲击，也极易受损和坍塌。正因如此，使得台风肆虐时人们的生命财产受到威胁，沿海篷寮的多数居民甚至被倒灌的海水卷去而罹难，内部街道的居民则多数被坍塌和损毁的建筑物压毙。全市楼屋一片狼藉、居民流离失所。

受灾第二天，汕头的官方和商界开会讨论应对之策，议决由潮梅善后处、市政厅、总商会共同成立"赈灾善后办事处"，由市长王雨若和商界代表陈澂廷担任总理，专门办理赈灾事务。① 该办事处成立后，王雨若和陈澂廷随即致电海外的中华商会及全国各地潮州会

---

① 《汕头赈灾善后办事处之组织及历次开会议案汇录》，载汕头赈灾善后办事处调查编辑部编《汕头赈灾善后办事处报告书》，第 1—2 页（栏页）。

馆募捐救济，并积极处理救灾及善后事宜。从历次会议来看，灾后一个月的赈灾善后以"赈米"为主，其中包括对汕头市及各县的添购和分发赈米等方面。负责管理各街道、恢复交通以及修复店屋的交通股，于8月13日因全市交通已通而先行结束。关于汕头市倒塌楼屋的修葺费，由办事处提议按照1918年地震时汕头商会的旧案办理。该旧案暂时无从查考，很可能除了由业主自行负责或由商会会员互助外，还由商会募捐以及海内外各地赈灾善款以筹得款项，再分拨以资助受灾业主进行重建。

可以肯定的是，全市楼屋的修葺和重建，进展应该不如治安、收尸、救济衣食等救急事项。特别是在人口遭遇严重损失之后，建筑行业可能陷入工人极缺的状况。如当时路透社的电文就称，"怡和堆栈存货保全，但大遭损失，大需修理。暂无工人可觅"①。到了当月月底，建筑行业已开始恢复，如《南侨月报》所载："市上建筑公司，极为忙碌，大有应接不暇之势。各项建筑原料，价益大涨，屋瓦一项，平日每千值银七八元，今已涨至二十余元，尚形求过于供。"②即便如此，修楼建屋并不是件可以迅速完成之事，汕头市受损及坍塌楼屋的重建工作，起码持续半年以上。直至1923年1月7日萧冠英接任市长后，汕头市灾后衰败的迹象是否得到改善其实还是让人心存疑窦。

二 1923年的"改造汕头市工务计划"

市长王雨若于1922年11月离任，随后转任潮桥盐运副使。③公安局局长黄虞石于11月15日代理市长，次年1月7日，萧冠英接任汕头市市长。④ 萧冠英赴任时汕头的重建工作应该还在进行中。他虽

---

① 《汕头风灾损失甚巨》，《兴华报》第31册，1922年8月16日，第30页。
② 《汕头灾后近状》，《南侨月报》第1期，1922年8月31日，第11页（栏页）。
③ 陈述经：《先师王雨若先生传》，载侨港潮汕文教联谊会第三期会刊编撰委员会编印《侨港潮汕文教联谊会会刊》第3期，1974年10月，第190页。
④ 谢雪影编：《汕头指南》，1933年版，第7页。

然未亲历"八二风灾",但灾后景象仍对他造成强烈的冲击,以至于他到任后不久便从速处理王雨若未完成的城市规划。此项规划由萧冠英督同市政厅工务科编订设计,并由他亲自审定,随后在当年5月7日上呈广东省政府。

萧冠英在提交给时任广东省省长廖仲恺的呈文中指出,市政最重要的内容在于划定区域、开辟马路、取缔建筑、缩宽街道诸端。在他看来,汕头市居民商店混杂,不只工业和商业的地点不良,市民的家屋也较为简陋,生产分配的地区和卫生审美的风俗都需设立与改良。由此,他认为应相度情形,将全市划分为工业、商业、住宅、行政、游园等区。这种分区理念在当时全国范围内算是较早运用于城市规划中的。在此之前,林云陔曾在《市政与二十世纪之国家》一文中提出:"市政中之首要者为分区计划,盖以各区地方宜于何用而顺其天然之利也。如住宅、商场、工厂等必须分域。"① 像林云陔这样的留学归国人士,其观点在当时较有代表性。萧冠英提出分区理念,可能是受当时这类观念的影响。

萧冠英指出,汕头市街道狭窄,路线迂回,不只形式不佳,交通不便,而且水陆之间的联络也被切断,致使运输困难,商业停滞。因此,他提出应从长擘划,确定马路路线和宽度,并参照各国都市马路将宽度大部分规划在40—100英尺,形式采取放射线、格子形和圆圈式三种,以便交通能达于各区。至于建筑方面,他指出汕头市的商店、民居之前建筑时,因无管理机构,乃秉承旧时的不良习惯,因陋就简随意砌成,致使遭遇地震、风灾容易坍塌,造成严重损失,由此提出应先事绸缪,对建筑进行有效取缔。这可能也是由于"八二风灾"所带来的冲击仍让人心有余悸,萧冠英和许多汕头市民也深刻地认识到以往存在的诸多弊端。

据《汕头市区房地产志》所载,1922年"八二风灾"之后,外马、中山、"四永一升平""四安一镇邦"等大街楼房,大多有经济

---

① 林云陔:《市政与二十世纪之国家》,《建设》1919年第1卷第3期。

实力者已将倒塌改建为钢筋混凝土结构。① 可以说，除了私人业主对灾后建筑重建的考虑之外，市政机构对全市建筑的管理起到了更为重要的作用。萧冠英的呈文最后有关缩宽街道的内容，主要是着眼于改善卫生及防范火灾两方面。他认为在新建或修葺房屋时，应同时勘定建筑缩入的尺寸，以保留街道达到一定的宽度。②

由此看来，萧冠英不只是着眼于解决"八二风灾"后的重建问题，而是从汕头市未来的完善和发展作出全盘的考虑，希图加以建设而使汕头成为中国南部的商业中枢，以应对当时中国及世界的城市竞争。这种改造城市以及为城市制定发展规划的想法其实早在晚清就困扰着广州当局，彭长歆指出，"香港的开埠和发展则从根本上改变了华南的口岸和贸易格局，广州逐渐从中国唯一对外通商口岸沦为依附于香港的内陆、内河口岸。改善城市功能、调整经济结构、应对城市竞争也因此成为晚清以来岭南卓见人士长期思考的问题，并成为推动城市发展的主要动力"③。不过，当广州还挣扎于历史重荷时，汕头市的城市规划却领先了一步。

就上述的市政要点，萧冠英及其工务科同人在制定"改造汕头市工务计划"时将其分为六个部分，并作了系统的论证，其中包括绪论、市域分区之计划、路线之系统与联络水陆、街路之建筑与下水道之敷设、取缔建筑与缩宽街道、筑堤和浚海。

计划书中首先阐明市政最紧要的是扩张区域，以广容纳，划出毗连的澄海、潮阳和潮安各县的一部分归入市区。④ 其实将澄海、潮阳、潮安等县的一部分地区划归汕头，在1921年王雨若在任时已由市区测量委员会划定区域。⑤ 萧冠英等人在计划书中重提划定区域，

---

① 汕头市地方志办公室编：《汕头市区房地产志》，第2页。
② 萧冠英编：《六十年来之岭东纪略》，第127页。
③ 彭长歆：《现代性·地方性——岭南城市与建筑的近代转型》，第91页。
④ 萧冠英编：《六十年来之岭东纪略》，第122页。
⑤ 《有关潮阳、澄海两县与汕头市划定市区界限等文件》，1931—1934年，汕头档案馆藏，卷宗号：12-12-44；另见本书第二章第二节之讨论。

是因为他们觉得1921年的划定方案，属于澄海县的太多，应行减少而割划潮安县庵埠的部分区域代替之，庵埠为铁路所经之地，水陆交通较为便利。此外，扩张区域还包括"赶筑长堤，填平海坦，另辟新市域"，并"加以种种新式适宜之设备，以为模范区域，使旧市场所有渐移入新市场"。① 当时所谓的兴筑长堤，填平海坦，应该是指将汕头市东南面海坪地继续填筑，沿海筑造与西南面滨海道路相连通的长堤。

其次，市区扩张之后的要务是市域分区。因为城市的盛衰与工商业的发展与否关系甚大，但工业和商业性质不同，前者主生产，后者主分配，设备不同，而且工业生产污染问题也与市民的生命财产密切相关，所以应分工业地区和商业地区。商业与住宅也有差异，前者宜美观、繁华，后者宜清幽、雅静，两者在保留空地和街道两方面也有不同，需分而别之。据计划书所载：

今统计全市面积，拟划韩江西北部之将军滘、火车站、回澜桥等为工业地区，取其水陆便利，风向相宜，且有河流为之隔离，四周隙地甚多，即他日发达扩张亦易也。划旧日中英续约中所开之旧商埠，及沿海而东至新填市区为商业地，亦取其交通转运之便利。至住宅地区则在旧市区东北部，行政地区则在月眉坞之东，华坞之西，全市适中之空地。行乐地区则取对面角石天然之山水，而于月眉坞设一中央公园，以供随时之游息，其地四面环水，地点适中，且有多少天然风景，果能先行整顿点缀，俾早告成，于发展市区，必可收无形效果。盖既附近旧市区，而地又适中，周围尽属旷地，公园成立，游人络绎，则旷地皆可变为繁盛市场，其他小公园及公共建筑物，若屠宰场、菜市场等，则相继次第建筑。②

---

① 萧冠英编：《六十年来之岭东纪略》，第123页。
② 萧冠英编：《六十年来之岭东纪略》，第123页。

由此可见，该计划书对于市域的分区理念，主要着眼于当时汕头的自然地形和实际发展情况，对不同地形用途、土地利用率、不同地方的土地价格以及铁路等因素皆有考虑。结合当时的"汕头市改造计划图"（如图3-7所示）来看，划分为工业地区的"将军澳、火车站、回澜桥"主要集中在原汕头埠回澜溪以北，是梅溪和厦岭港的出海口。靠海处有一呈水滴状的土地，是光绪年间开凿回澜新溪而成。从图1-9可知，该地区主要由坭地、塭地逐渐开发而成，土地业主不少，除了同济善堂占有很大一片土地之外，还有一些洋行、商号和地方人士占有部分土地，如德记洋行、元兴洋行、德兴号、裕成兴号、合利号等。该地后来逐步发展，虽然直至1923年仍有部分塭地未填筑，但已有部分行栈、楼屋及工厂坐落于此，包括同济善堂兴建的货栈、德记煤栈、太古栈、大安栈、同化公司、明发油厂、耀华公司等。该地段连同东面潮汕火车站一带，土地利用率都不高，有河流阻隔，又有铁路横亘，与汕头埠商铺鳞次栉比的情况不同，所以划分为工业地区较为合适。划分为商业地区的主要包括因条约所开之旧商埠区、沿海以东的新填地以及后来归入汕头市的崎碌地区。该地区以西部的旧商埠区最为繁忙，且商住混合，建筑密度、人口密度都较大。崎碌地区的发展则较旧商埠区缓慢，多建新式楼屋，且密度较低，此外还有张园、临时公园等地。

萧冠英等人对于行乐区的设想，主要是选取汕头对岸之礐石山，同时在月眉坞设中央公园。礐石与市区隔海相望距离较远尚且不论，中央公园之设，其实早在王雨若任市长时，便选址当时属于汕头市郊的月眉坞筹建公园，并效仿纽约之例定名为中央公园。[①] 在当时欧风美雨的影响下，许多人认为设立公园是市政的重要内容。如担任过汕头市工务科科长的陈良士就称："况公园喻为都市之肺腑，欧美

---

① 《黄市长在中山公园开幕典礼中之演说词》，载汕头市市政厅编辑股《新汕头》，第105页。

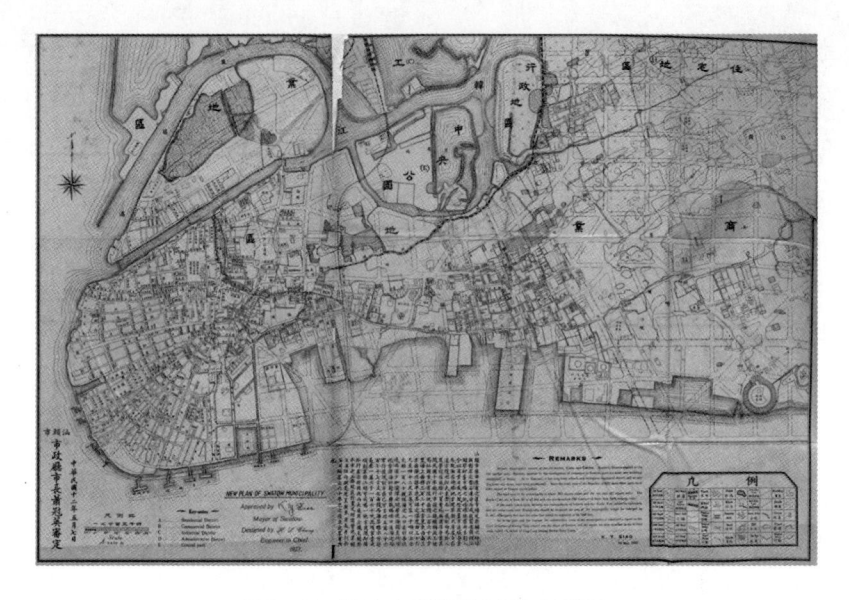

图 3-7　汕头市改造计划图（1923）

资料来源：萧冠英编：《六十年来之岭东纪略》。

都市公园，面积动占全市十分之一以上，是则市无公园，自足为一市市政之玷。"① 可见，公园的设置，既是当时工务改造的重要内容，也是市政改良之所需。萧冠英等人制订的工务计划，仍沿用王雨若的旧例。中央公园在1925年改名为中山公园，地址仍在月眉坞。随后经过范其务、萧冠英、黄开山、陈国槼等数任市长的推动和筹措，以及陈良士长期的努力，中山公园最终在官倡商办的模式下由蓝纸变成现实，成为汕头市的重要公共空间。②

至于行政区和住宅区，分别划在中山公园以东和市区之东北。这两个地方在当时都是空地，这种分区的考虑可能是受收用民地和土地利用两方面的影响。郑莉指出，萧冠英等人的分区计划，主要受19世纪下半叶欧美现代城市规划理论和"土地分区""功能分区"等规划理念影响，现代"城市规划"某些观念和特征改变了汕

① 陈良士：《汕头市之中山公园》，《工程季刊》1935年第2卷第3期，第75页。
② 陈海忠、黄挺：《地方商绅、国家政权与近代潮汕社会》，第90—101页。

头城市的内在秩序。① 作为当时国内首个市域分区计划，汕头无疑是领先于国内其他城市的，广州直至 1928 年前后才开始探讨分区规划的可能。② 遗憾的是，或许因为该计划和理念过于超前，未能为当时汕头城市居民所接受，直至 20 世纪 40 年代末也未能实行。据 1947 年的《最新汕头一览》所载：

> 惟上述区域划分③，仍未实行。现工商业地区与住宅地区，错综万状，互相混杂，大抵商业最盛之区，为镇邦街、居平路上段、安平路上段、永平路上段、升平路上段，及小公园附近一带。
>
> 各类街道商业，就大体而言，旅业多在居平路、商平路；医院及诊疗所，多在外马路；药材行多在永泰街、永泰路，及永兴街；银庄多在永安、永和、大通三街；杉行多在韩堤路、杉排路；生果行多在金山横直各街，堆栈及煤仓，多在乌桥一带；住宅以崎碌最多，角石次之。④

可见，虽有分区计划之提出，但工商业与居住混杂的现象一直伴随着城市的改造过程。在开辟马路和规划路线等计划实施之后，汕头城市的公共设施及城市布局虽有所改善，但改变旧的城市风貌并不意味着随即改变人们的生活方式和思想观念，人们仍以自己的习惯的方式来适应新的城市生活。

值得指出的是，上文所引材料中，所述及的商业最盛之区以及各类商业的空间分布，与萧冠英等人在"工务计划"中所规划的"路线系统与联络水陆"以及"街路建筑与下水道之敷设"具有密

---

① 郑莉：《民国市政厅时期汕头的两次都市计划》，《城市规划学刊》2014 年第 4 期。
② 彭长歆：《现代性·地方性——岭南城市与建筑的近代转型》，第 91 页。
③ 因中山公园已筹建完备，该书仅列行政区域、住宅区域、商业地区、工业地区。
④ 曾景辉编：《最新汕头一览》，1947 年版，第 3 页。

切的关系。汕头街巷道路在城市规划实施前的情况是"自然凑合而成，私人铺屋前后随意铺砌，并未经公共规划取缔。故平陂不同，广狭不一。甚或狃于风水方面之说，各自为谋，绝无整齐划一之规划"。① 在这种缺乏统一规划发展历程中，汕头市的街道虽然向西南方向发展并形成了放射状路网，但街路不成系统，密度较大。这在萧冠英等人看来是不符合现代市政理念且亟须改造的。正如他们在计划书中所言：

  街路为都市发展与存立之直接紧要关键，西人目为都市之神经血脉，良非譬言。本市街路依据地形，拟以新规定之行政地区为中心，为求美观而便交通计，斟酌因革，取格子形、放射线、圆圈式三种，互相联络，以达各区。格子形规定宽六十英尺，放射线则八十至一百尺。旧市区内为避免商人重大损失起见，暂定为四十尺，使合于五等道路，圆圈式路即夹杂其中。至于堤岸则定为一百二十尺，因船舶辐辏，人货起落，均集于此，非宽其路面，不能适用，与内街之已经分散者不同也。②

结合图3-7来看，以行政地区为中心，取放射线路网连接各区；行政区以东和中央公园以南则大抵取格子形，另有放射线道路夹杂其中。事实上，整个路网规划较重要的部分是旧市区的改造。旧市区主要是《天津条约》签订后所开放通商的汕头埠，亦可称为旧商埠区。如第一章所言，该部分空间在向西南方向海坪地拓展的过程中形成多条街道，直接通向作为船只停泊和货物装卸区的海岸，塑造了适应海岸贸易的呈扇形放射状的街道形态以及相应的城市布局。萧冠英等人对该部分的规划，仍沿用以往放射状路网的雏形，并对部分放射状和环状街路计划拓宽，以便形成一定的路网等级，

---

① 萧冠英编：《六十年来之岭东纪略》，第124页。
② 萧冠英编：《六十年来之岭东纪略》，第123页。

同时选取圆圈式道路夹杂其中。为了避免商人重大损失，在道路拓宽度方面规定为40英尺。

从图中来看，设为圆圈式道路主要有升平路头、念佛社义塚和临时公园三处。其中较为重要且最后得到实施的是升平路头和念佛社义塚两处。升平路头的是汕头埠放射状街路形态的汇聚点，在这取圆圈式道路可以起到汇集和联通的作用，发挥路网中心的功能，此处改造实施以后，成为上文所引《最新汕头一览》一书中所谓的"商业最盛之区的小公园附近一带"。念佛社义塚的圆圈式道路，则主要是作为连接回澜桥通向潮汕铁路，以及连接通向汕头东部的干道。

通过上面的讨论可知，"改造汕头市工务计划"以及"汕头市改造计划图"，除了提出对汕头市的分区理念之外，还对汕头市的道路网络系统作了全盘的规划，为汕头市空间形态的发展奠定了基本格局。彭长歆对此评论道，"由于没有城墙等传统防御体系的羁绊，该计划摆脱了岭南早期以拆城筑路为主要特征的城市'改良'色彩，更多表现出近代城市规划的科学理性，并成为最早由国人自己制定的城市规划文本"[①]。不过稍显遗憾的是，此次城市规划呈交省政府之后，因广东政局不稳而无下文，其原因可追至陈炯明与孙中山的冲突。1922年陈炯明与孙中山产生分歧，并于6月率所部洪兆麟、陈炯光等人攻占广州总统府。1923年1月陈炯明败退，洪兆麟虽一度拥孙撤兵回潮，但是年5月吴佩孚接济陈炯明所部使之重回广东，占据潮汕地区的洪兆麟又重新归附陈炯明[②]，并于5月27日免去萧冠英的职务。萧冠英离职后历任鹤山县县长、广东省立工业专门学校校长、潮桥盐务支处处长、潮梅财政处处长等职，直至1927年9月13日，他再次出任汕头市市长。此时，他先前审定的工务计划，已由范其务等人修订后于1926年上呈广东省政府，并获准颁布施行。

---

① 彭长歆：《现代性·地方性——岭南城市与建筑的近代转型》，第92页。
② 饶宗颐总纂：《潮州志·大事志·民国》，第5页。

三 1926年"改造市区工务计划"的颁布实施

如果说萧冠英及其同人拟定了汕头市首个"市政工务计划",那么范其务等人则改订了该计划并推动了其颁布实施。和萧冠英一样,范其务也是大埔人,毕业于广东陆军小学校、日本岩仓铁道学校工业化学科、日本大学政治经济科。来汕头前,范其务曾任广东北伐军经理局输送科员、两广盐运使署缉私科长、电政监督、粤海关监督、全省禁烟督办等职。① 1925年前后,省城广州派系斗争激烈,范其务既非左派也非右派,自知在省城的危险,于是寻求外放,后由省政府委任其为汕头市市长。② 1925年12月21日,范其务接任汕头市市长,当时距革命军东征收复潮汕仅一个半月有余。③ 自陈炯明起事至1925年冬三四年间汕头政局频仍的乱象亟待条理。范其务上任之后,随即开始整顿汕头市政,积极推动汕头的市政建设。据范其务提交省政府的呈文所言:

> 窃查汕头市区改造计划,于民国十二年五月间,曾由萧前市长拟具图说,呈请前省长公署备案,未奉核示,嗣因汕局迭更,省政未能统一,继任各前市长,对此计划,亦均未有公布实行。查原图所定马路线,及街道宽度,年来有已经由厅核准更变,实行拆筑,或正在预备拆筑者。该计划图,当时既未奉准公布,现在自无庸墨守成规,转致措施困难。惟此项区域马路街道等具体计划,关系市政前途甚巨,亟应订定公布,庶市民有所适从。兹由厅长督同工务科,将萧前任拟定原图,参酌现时状况,重加改订,另定例,绘成新图一幅,俾便呈奉核准

---

① 《汕头历任市长调查表(十七年三月查填)》,载汕头市政厅秘书处编《汕头市市政章程例规汇编》,第3页(栏页)。

② 广中:《记范其务轶事》,《社会新闻》第4卷合订本(第4卷第6期,1933年7月18日),第84—85页。

③ 饶宗颐总纂:《潮州志·大事志·民国》,第5页。

后，作为定案公布根据。厅长再三审核，似比萧前市长原图于交通上、土地经济上较为妥善，至连类应及之取缔建筑与缩宽街道规则，现仍悉遵前省长公署批准成案办理，尚无疑难问题。其填海筑堤已由国民革民军东征军总指挥部另委组织堤工监督招商承办矣。①

由此可见，萧冠英拟定的"改造汕头市工务计划"呈省政府备案后，因政治和军事上的原因一直未奉核示，以致未公布实施。萧冠英到范其务中间的几任市长，对此计划也没有公布施行，反倒是将部分之前规定的路线和街道宽度核准变更并实行拆筑。根据1928年的调查，在这段时间内开辟通车的道路有升平路（1923年9月）、永平路（1923年10月）、福平路（1924年4月）、同平路（1924年6月）、外马路（1924年7月）、回澜路（1924年9月）。② 在这种情况下，范其务及其工务科同人，不得不参酌现状，重新谋划城市未来发展的蓝图。在他们看来，既然1923年的计划未曾颁布实施，自然无须墨守成规以致施行困难。于是，他督同工务科同人对萧冠英任上拟订的改造计划进行改订，并重新绘具改造计划图，如图3-8所示。

对比图3-7和图3-8可知，新的改造计划图对前计划的改动并不大。其中包括取消潮汕铁路南部延长线、向北缩进南岸长堤路、减少了路网密度等。③

首先就汕头旧商埠区而言，除了上述同平路、永平路及升平路东段已修筑外，还有潮州常关西边船湾已填平，福合沟也填筑成福平路，念佛社义塚地建起同济医院，而其他地方则没大的改变。在旧市区的改订方面主要是对安平路、居平路略作修改。安平路东段

---

① 范其务：《呈为改订市区计划图例》，1926年2月3日，汕头市档案馆藏，卷宗号：12-12-041，第2—3页。
② 汕头市市政厅编辑股编：《新汕头》，第35页。
③ 郑莉：《近代汕头城市建设发展史研究》，第145页。

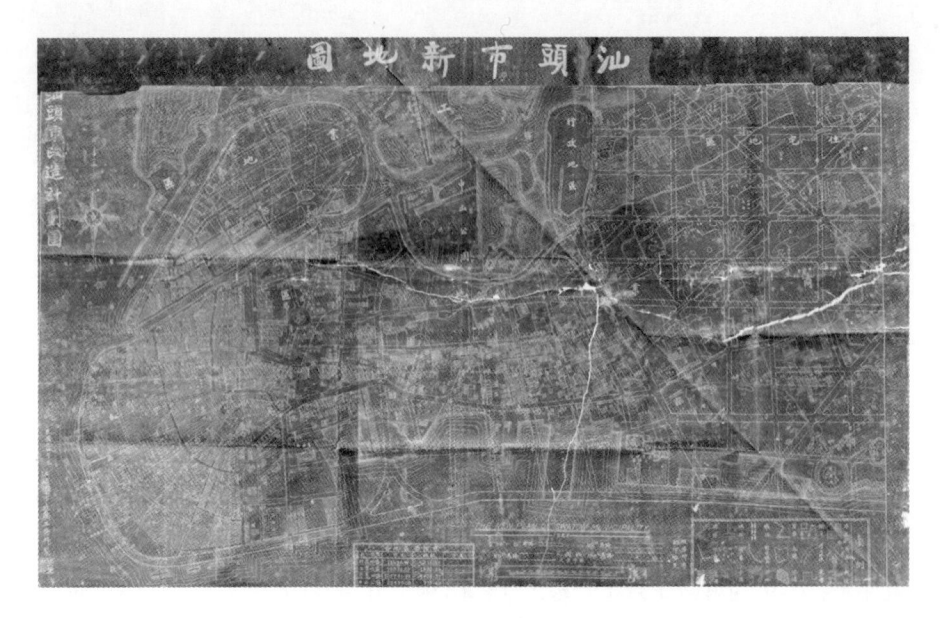

图 3-8　汕头市改造计划图（1925）（参见彩图 3）

资料来源：《有关改订市区计划文件及图表等》，汕头市档案馆藏，全宗号：12-12-041。

有一处原计划是拆辟永顺直街，新计划则改为拆辟新康里直街，如此一来，安平路则摆脱原来一处中断改道而凸起的情况，而由升平路头的圆圈式道路直接通向西边海岸。居平路原计划有一处也向里折入拆辟镇邦横街，新计划则改为拆辟新康二横街，使居平路成为由外马路连接安平路的半环形道路。原念佛社义塚地已建起了同济医院，仍旧保留圆圈式道路，不过取消了东南侧与福平路连接的放射线路线。原计划中审判厅附近由外马路斜着通往东南堤的道路，在新计划也被取消，该部分全改为格子形路网。

其次，图 3-18 中崎碌地区的改订，主要体现在修改格子形和放射线的道路规划，并从总体降低路网密度。此外，还取消原计划中德国领事馆以南的圆圈式道路以及一条由此连通南边堤岸的道路。最后就东南堤而言，新改造计划图取消图 3-7 中的"新堤岸线"计划，而将堤岸线及沿堤路缩入"旧堤岸线"。经过上述的改订，范其务等人认为新计划较之前在交通上、土地经济上较为妥善，遂于1926年2月上呈省政府，以求"迅赐采择批示，俾便公布遵行"。

经由省务会议议决，对汕头市新计划的审核由省建设厅负责，后者转行省公路局办理。当时公路局局长陈耀祖参照欧美各国的市政要点对汕头市的改造计划提出以下八点意见，主要包括：（1）填海筑堤一节，所展拓宽度与规定航线有无抵触，填筑砌磡工程经费的估计预算须备缴计划说明书；（2）规划图的马路路线经纬纵横尚无不合，唯对于迁拆民房收用土地各节是否经济，需附缴支出预算及详细规划说明书。另规划路线有须割用外商产业，在不平等条约未废除以前割用补偿应否依约赔偿；（3）马路路线宽度是否考虑市区外毗连各属公路或铁路交通情形的接驳情况，以及拆用民房收用土地，是否就原有街道因利乘便酌予扩大，以求适合公私产经济为主旨；（4）已筑成的轻便铁路和潮汕铁路未成路线，一则侵入住宅区域，一则通过中山公园沿海傍堤岸敷设，是否有危害市民生命安全之虞；（5）行政地区偏处市区之东北，虽控韩江水面交通之中，但仍距工商业地区较远，若非特殊关系似应另行计划迁移至商业地区或交通最繁盛之中心点；（6）原图所列住宅区仅限偏东一隅，与欧美依市民在社会上所占地位和生活程度高低而定有两种规划之成例不符；（7）公园面积及其他之公共学校、医院、市场种种设置，是否就市内人口统计、全市面积以及住宅位置而订；（8）公共坟场未顾及规划，且各义冢位置多数划入路线范围，与欧美成例计划市民公共坟场义定地点并建筑整齐以增美术之点缀不符。[①] 可见，当时省建设厅及公路局对当时汕头市的新计划并非完全认同，而是进一步要求汕头市政厅依照各个要点提交相应的说明书及预算。

范其务在接到省政府的意见之后，便开始进行着手准备相应的

---

① 《广东建设厅长孙科呈文抄件》，1926年3月27日，汕头市档案馆藏，卷宗号：12-12-041，第13—17页。

说明书、计划图以及预算表，并对省政府所提的意见作出回应。据范其务的呈文所称：

> 职厅（指汕头市政厅）于民国十年四月成立，彼时汕市尚未有与市区毗连之各属公路，可资筹划接驳，而市政最重要者，如全市交通系统、河港设备、区域划分，三者迫不及待，故特由前工务局将测量告竣之市心一部分，先行妥为计划，并编制说明书在卷，其中行政地区之规定，由现时计划图观之，虽似稍偏，但一因别处无此独立广大之适宜地点，二因汕市近正向东发展，由该地至海关堤岸，不过二里之遥，将来市区展拓，不出一二年，即可变为适中之繁盛地。以距离计，比诸广州市省政府至长堤尤为较近。住宅地区，系位于行政、商业两区之中，现正由新马路起，筹筑一中山路，以贯达该地。目前低价低廉，发展至易，颇适合于英国花园城之旨。惟劳工住宅，将来当于工业地区附近，选择一适宜地点以经营之。公共坟场，规定在行乐地区之西边临海山腹地方，因吾国习惯，俱用土葬，与欧美各国之用火葬者，迥然不同，如在室内繁盛之区，于市民卫生、有重大之关系，故宜择距离市区较远之地位置之。轻便车路通至市区内，原极不合，惟该路建筑，系在市厅成立之先，现应俟中山路筑成后，再行令其迁移郊外。至对于辟筑马路、拆让民房、迁徙坟墓、收用土地各节，职厅于民国十年九月曾拟具章程呈奉前省长公署批准公布执行，至今尚无窒碍。又割用外商产业，职厅历次辟筑马路，均系比照原价，酌为补偿，并非绝无办法。又关于填筑堤岸一层，经于上月测量更正，核与海关所定航线，尚无抵触……①

---

① 《范其务呈文》，1926年5月8日，汕头市档案馆藏，卷宗号：12-12-041，第18—21页。

范其务的呈文旨在对陈耀祖的意见作出回应和说明,并阐明计划的理念和汕头市的实际情况。如关于行政区域所选位置的申述,范其务指出,首先是因为汕头已无其他独立广大的适宜之处,其次是汕头市正在向东发展,将来市区展拓,计划中的行政区域将变为适中的繁盛之地。再如住宅地区,则从实际情况中的辟筑中山路和土地地价两方面以作说明。至于公共坟墓的选址,范其务则指明是因中国与欧美地方丧葬习俗的不同,以及基于卫生方面等原因而做出的考量。除此之外,他还随文提交修改后的《汕头市市政厅改造市区工务计划书》《建筑中山公园预算表》以及关于筑堤方面的《堤身建筑预算表》《填筑海坦预算表》《填出地皮预算表》,作为改造计划的附件。

《汕头市市政厅改造市区工务计划书》大体依照萧冠英在任时拟定的《改造汕头市政工务计划书》略作修改。比如"新计划书"仍重申汕头加以新的建设,将来必可成为中国南部工商业之中枢,指出对汕头城市的根本改造刻不容缓,且为将来工商业与国民经济及政治社会的健全发达计,尤非从工务规划入手不可。再如扩张区域和分区方面,"新计划书"不仅同样提出划出毗连澄海、潮阳、潮安各属县的一部分归入市区作为将来的郊外之方,还进一步提出了为"花园城"作准备的观点。与此同时,对于住宅地区的选址和规划,也阐明其地"地价低廉,发展至易,颇适合于英国花园城之旨"。可见范其务等人受欧美国家花园城市运动之影响以及在规划理念上的进步。

此外,有关游乐地区的划分,"新计划书"增加了中山公园对市区发展重要性的论述,指出公园建成之后,游人络绎,旷地可发展为繁盛市场,公园面积与当时世界各国文明城市的公园相比亦无不及。至于筑堤与浚海,"新计划书"除了重申堤工计划对于模范新市场、市政能否发达以及市库收入能否充裕的重要性之外,还指出了新填海坦是市政之计划中教育、卫生、工务、交通诸大端能否按照计划次第实行的关键,而筑堤一案,与汕头市政的关系更是重大,亟应在一定规定的时间内招商承筑，以利进行。①

　　在范其务等人的努力下，新的汕头改造计划最终获得省政府批准立案。范其务随后饬令工务科将计划图、书制就印发作为定案，于1926年7月9日发出布告，以便汕头商民人等知悉，并在三天之后针对此计划的实施方面提出要求。如7月12日的布告所言：

> 查从前本市各马路界线内铺屋，往往来厅请领建筑或修理执照，迫至该处马路开筑时，辄又呈请展期拆卸，多方稽延，私人损失，固在所不免，路政进行，复因而阻滞，亟应严示限制。除饬科在各马路界线上树立石标外，为此布告，仰令本市商民人等知悉。嗣后市内各铺屋，凡当马路界线中者，只许拆毁，不得重行修理或盖建，以重路政，而利进行。②

　　范其务此举，旨在通过行政的手段，使汕头商民周知市政当局颁布的城市改造计划及其所具有的法律效力，从而管控和约束随后展开的城市马路工程。由此，自萧冠英于1923年拟定的城市总体规划，经过范其务在1926年的改订和推动，最终得以颁布实施。在此之后，汕头市各马路的辟筑，基本按照此计划次第展开。汕头市的空间形态，也按照这张"汕头市改造计划图"开启了转变的进程。此外，值得一提的是，该项计划连同征收建筑马路工费及赔偿拆让等简章，还在张永福任市长时，由他函寄中华全国道路建设协会，供该协会编印的《道路丛刊》编录刊载，以便作为后来其他城市规划和发展的指南。③可以想见，汕头这个首次由中国人自己编定的城

---

① 《汕头市市政厅改造市区工务计划书》，汕头市档案馆藏，卷宗号：12-12-041，第23—32页。

② 《汕头市政厅布告》，1926年7月12日，汕头市档案馆藏，卷宗号：12-12-041，第45页。

③ 《中华全国道路协会笺函》《汕头市政厅笺函》，汕头市档案馆藏，卷宗号：12-12-041，第53、64—66页。

市规划在全国范围内也发挥着一定的影响力。

第二节 城区路网的形成

道路规划是城市规划的重要内容，规划而成的街道路网基本决定了城市的空间形态。奥斯曼时期的巴黎城市改造闻名遐迩，其主要内容之一便是道路的修建，自 1852 年至 1867 年相继建成的两批道路网络，使城市面貌大为改变。① 更值得注意的是，奥斯曼是有体系地计划对巴黎的社会与经济生活的空间架构进行重整。这不仅包含了新的路网，还涵盖了下水道、公园、纪念碑学校、教堂、官署、住房、旅店、商业建筑等多个方面。② 上海租界作为近代中国的城市规划之发端，公共租界的工部局和法租界的公董局，无不注重道路的规划和修筑。公共租界的工部局虽有道路计划，也呈现一定的方格路网，但最初并没有总体的规划，而是由原有的路网雏形加以修筑。③ 法国租界公董局的道路规划则表现出较强烈的形态秩序感，其 1914 年的道路计划，更是"对城市发展产生了较强的引导作用，计划预设的路网结构基本实现"。④ 汕头的城市改造计划，也以路线系统的规划为重要内容。从上一节的讨论可知，无论是 1923 年的改造计划，还是 1926 年对计划的改订，都表现出对汕头市区路线系统的总体规划。从位于西部的旧商埠区的扇形放射线及环状道路，到东部的格子形，以及夹杂其间的圆圈式，全市路网相互联络，骨干道路多，

---

① 朱明：《奥斯曼时期的巴黎城市改造和城市化》，《世界历史》2011 年第 3 期。
② [美] 大卫·哈维：《巴黎城记：现代性之都的诞生》，黄煜文译，广西师范大学出版社 2010 年版，第 120—121 页。
③ 参见罗婧《上海开埠初期英租界洋行分布及景观复原初探》，《历史地理》（第 27 辑），上海人民出版社 2013 年版，第 258—259 页。
④ 孙倩：《上海近代城市规划及其制度背景与城市空间形态特征》，《城市规划学刊》2006 年第 6 期。

道路等级明显，路网形态完整，对汕头市未来的发展也产生了较强的引导作用。1926年，在范其务等人的努力下，改订后的计划得到省政府的核准并颁布施行。在此之后，汕头市的道路开筑，开始在此改造计划的指导下次第展开。

一　道路规划的实施

有了获准实施的改造计划图、工务计划书以及多条章程例规作为基础，汕头市政当局开始着手兴筑马路。从已有的诸多成例来看，市政当局计划开辟某一马路之前，先由工务部门绘制的设计、割拆图纸等上呈省政府，经核准后方准实施。在实施之前，市政当局先发出布告，使两旁铺户周知，随后由工务科派员对沿路需拆让的铺屋划出黑标，令业主自行拆卸①，若业主观望迁延或抗拆，则由公安局派消防队进行督拆。② 兴筑马路的方式一般有两种，一种由市政当局直接办理，另一种由道路两旁业户自行组织筑路委员会办理。这种组织筑路委员会的办法，可能由最初在两旁业户中推举董事发展而来（见第二章第二节）。筑路委员会专门负责收支路费和督促工程进行等事宜。至于路费如何摊派，全段马路的辟筑需款若干，则由市政当局派员测量设计估价以及招工投承后，再通知筑路委员会征收拨用。③

无论哪种筑路方式，筑路工程都须由市政当局发出布告招工投承，并颁发章程。投得工程的承建者，需自备所有一切材料人工。筑路的工程包括车道、步道、中央大渠、泄水管、大小检查井，等等。筑路工程各部分的形式尺寸，所用的材料及做法，乃至其他应

---

①　《通知限期拆卸碍路房屋由》，《汕头市市政公报》第34期，1928年6月20日，第94页。

②　《训令公安局克日派消防队前往外马路第一段将一八一至一八四号已划黑标未拆卸部分督拆由》，《汕头市市政公报》第45期，1929年5月，第4页（栏页）。

③　《布告外马路两旁业户组织筑路委员会由》，《汕头市市政公报》第52期，1930年1月1日，第80页。

注意的事项，承建者需按市政当局规定的图式、施工章程及工程合同办理。筑路工程虽然需由政府公开招投，但工程合同通常由筑路委员会和承筑者签订。① 由市政当局直接开辟的道路，由工务部门直接派员测量估价，得出筑路总费用，并测量两旁各铺屋的临街宽度和面积，计算各铺户所需负担的路款，并通知他们到财政部门缴纳。如遇到抗缴迟缴的情况，则由市政当局饬警催收。② 财政部门在收到路款后，再拨放给承筑公司，以便兴工。至于筑路委员会负责办理的筑路工程，由该委员会直接与承筑公司接洽。路费摊派方面，同样由市政当局派员测量两旁各铺户的临街宽度和面积，并按一定的标准将总路费摊派到给各个铺户，筑路委员会负责向铺户征收相应的路款并发给承筑公司。所有路费的摊派和割让铺屋的赔偿，通常按上一章所述的《征收马路费建筑费章程》等相关章程办理。承筑公司将道路修建完竣后，应呈请市政当局派员验收工程。

从上述的这些办法来看，市政当局通常不承担具体建筑工程，但两旁铺户需按照市政当局划定的路线拆让建筑。承筑公司也需按照工务部门绘制的图式进行施工，竣工后由其派员验收。在修筑道路的过程中，有关筑路的事宜，筑路委员会或者承筑公司都可以直接向市政当局提交呈文，比如催促兴工，催缴路款，拆卸楼屋等。市政当局除了由工务部门对道路的开辟和兴筑进行规划设计外，还通过发布指令和公告、颁布地方性法规、派出职员干涉等行政手段，控制道路的辟筑。城市空间的发展由此受到有效的管理和控制，1926年的城市改造计划，在后续的施行过程中也因此而得到较好的落实。如许锡清在1929年时向省政府提交呈文中称：

---

① 《汕头市市政府投承马路工程简章》，《汕头市市政公报》第 48 期，1929 年 9 月 1 日，第 34—35 页；《汕头市市政府招投德兴马路工程章程》，《汕头市市政公报》第 48 期，1929 年 9 月 1 日，第 103—104 页。

② 《布告饬警催收各马路欠缴路费由》，《汕头市市政公报》第 54 期，1930 年 3 月 1 日，第 66 页。

伏查汕市改造计划图，业经范前市长其务，于民国十五年间，呈奉省政府核准公布在案。所有汕头已筑及正在展筑各马路路线，均系按照改造计划图案办理。在计划开筑某条马路之先，又经将设计割拆平水各图，呈候钧厅核准，奉令后，方始公布周知，依图辟筑，并计算筑路赔偿各费，实需若干，就两旁非被全拆之铺屋，按其铺内面积、临街宽度摊派负担，历办如是，并无擅自变更路线之事……①

由此可见，由省政府核准施行的城市改造计划，具有作为"定案"的效力，市政当局须依照该"定案"实施城市规划，逐步推动全市马路的兴筑，并解决因筑路产生的纠纷。对于汕头商民而言，城市改造计划的公布实施以及随之而来的辟筑马路，可谓事关切肤。有趣的是，他们一方面不得不对市政当局的公权力表示遵从和配合，另一方面也利用"定案"所具有的效力争取自己的合法权益。

如汕头市政厅在1926年以后开始辟筑安平路，便因割拆产业问题发生纠纷，迁延一年多才得以解决。按照1926年核准的城市改造计划图，安平路由小公园直通合兴码头，分别拓宽镇邦街上段、新康里直街、和安街而成。全路并不呈直线，而是在镇邦街和新康里直街相接处略为弯曲。此次纠纷系因时任汕头工务科科长张斐然变更原定计划路线所致，变更后的路线使全路段比原先略直，其背后缘由是为改善道路或有其他隐情我们不得而知。

不过，由于路线发生变更，原先各铺户的拆让要求亦随之而变。这在一些铺户看来是不能接受的，其中就包括在汕头商界颇有势力的银业公所。于是，这些铺户组织民业维持会，向官方提起上诉，认为所割拆路线与省政府核准的路线不符，要求维持原定路线和拆让方案。省建设厅曾一度派公路处处长陈祖耀核查该案，但民业维

---

① 《呈覆建设厅本市各马路悉照呈准图案辟筑并无更变路线嗣后自当查照奉颁办法展筑由》，《汕头市市政公报》第49期，1929年10月1日，第107—108页。

持会对处理结果并不满意,还控告陈祖耀颠倒黑白,此案最终也惊动了中央执委会。当时汕头的舆论认为,张斐然之所以突然变更路线,有徇私舞弊之嫌,时任省建设厅厅长的孙科也认为张斐然失职,处置方案前后矛盾。① 这直接导致张斐然被撤职。② 至1927年6月,省建设厅批复汕头市政厅按原订路线办理,可事情并没有就此解决。在此期间,汕头总商会甚至提议罢筑以平息纷争,③ 而代理市长方乃斌似乎还受到擅自变更路线的指控。

1928年3月,黄开山接任汕头市市长。随后,他向省政府呈报称,方乃斌在任时违令变更和安马路路线已无案可查,请示是否仍照核准的原路线拆辟。省政府接到呈文后,转发给建设厅派员勘明,后者转饬公路处派员前往汕头勘查。公路处派出的是技士邝子俊,他到汕头后,即会同汕头市政厅的工务科长周君实前往镇邦街上段,依照省政府核准的实测图,将该处路线经过的要点详细勘踏。邝子俊和周君实勘踏查明后的结果由公路处呈报给建设厅,其呈文称:

> 查十六年张市长永福所定之黑标,系依据十五年六月张斐然所绘之开辟和安马路原线实测图办理,并未另定新线。故镇邦街民业维持会所称与省核不符,殊非事实。查此案纠纷,于民国十五年九月间,本处始奉到建设厅发下张斐然所绘原定路

---

① 《呈中央执委会关于汕头和安马路应遵照省府核定路线办理之经过情形请察核由(中华民国十五年十一月十九日)》,《广东建设公报》第1卷第7、8期合刊,1927年1月15日,第42—44页。

② 《令汕头市市政厅奉省批关于审核汕市辟筑和安马路一案准如拟办理仰遵照由(中华民国十五年十一月廿五日)》,《广东建设公报》第1卷第7、8期合刊,1927年1月15日,第131—132页。

③ 《批具呈人汕头维持省政府核准和安马路原线委员会呈请维持路政原案候行汕市厅照办由(十六年六月三日)》,《广东建设公报》第2卷第2期,1927年10月1日,第167—168页;《函汕头总商会据称和安马路由新康里至新华市一俟请罢筑息争等由经呈省政府俟确定路线纠纷自解希烦查照由(十七年四月廿三日)》,《广东建设公报》第3卷第1期,1928年7月30日,第203—204页。

线及更改路线实测图,饬交本处审查,曾经本处依照实测图,将两线割拆民房面积,精密计算,分别两表,互相比较,并以工程原则,决定原定路线,系镇邦街原路加阔筑成,甚为妥善,经已呈复建设厅在案。旋于十五年又奉到建设厅批令,和安马路路线,曾经省政府核定公布拆卸有案,现据公路处查明,实无变更之必要,应准照核定原线办理。①

由此可知,早在张永福任汕头市市长时(任期为1926年11月16日至1927年4月20日),已按原来经省厅审核批准的原案路线实测图办理,并划定需拆卸的黑标,只是道路辟筑和纠纷一直未能得到解决。其实,镇邦街民业维持会始终对处理结果不满意,是因为其主张的原定路线,系以1926年6月核准的五千分之一原线放大,而在拆辟马路时,还会在核准原线的基础上就实际路段绘制更大比例尺的割拆图。因此,公路处认为镇邦街民业维持会的主张在事实上难以办到。公路处将调查结果上呈省建设厅后,省建设厅长亦同意仍按照原定路线的实测图照案兴筑。最终,安平路上段的马路路线,由汕头市市长黄开山发出布告,申明仍按照1926年改造计划所核准的路线辟筑,并限令所划定黑标的铺户自行雇工拆卸,以便兴筑该路。

另一个涉及变更路线的是辟筑同益东巷马路的案例。1930年兴筑同益东巷马路的时候,就有汕头的市民刘克明等人呈文上诉到省政府,其文称拟开辟的同益东巷马路偏割民业,请求撤销,免辟马路,或另定马路中线。省建设厅随后饬令汕头市政府查明同益东西马路上段路线内是否有新建铺屋,以及是否有预先依照路线图退让。汕头市市长许锡清派人查明后,指出同益东巷已有四家新建铺屋,且按照改造计划图所定路线,各该铺屋均无须割拆。他还进一步阐明:

---

① 《布告安平路上段业户限期依照本厅十五年六月所定路线黑标自行雇工拆卸并分令遵照由》,《汕头市市政公报》第32—33期,1928年5月31日,第38页。

本市开辟各路，赖以避免纠纷者，实因根据呈省核定公布之改造计划图办理，一般业户，无可借口。如果已定路线，可以变更，必致横生阻力，引起纷争，将见无法以善其后。路线既无确定，则后之计划辟筑者，难保不从中取巧，流弊滋多。①

对于许锡清的说法，省建设厅并不完全接受，而是认为改造计划图的比例尺为五千分之一，只可作为开辟马路时的参考资料，不能作为新建铺屋拆割尺寸之根据，至于按照改造计划新建的铺屋，亦未说明在发给执照时如何规定退缩尺寸。由此，省建设厅指出，"如照改造计划图所定路线割拆，尚欠平允，应照本厅修正路线办理，另绘图说"。② 不过，许锡清没有因此让步，而是进一步阐明路线难以更改的原因，他在呈文中说：

伏查汕市自核准改造计划以后，曾经范前市长布告，凡在马路线内之铺屋，一律只准拆卸，不准建筑，其非在马路线内之铺屋，均准令照兴建，历经照办在案。所有玉筍山房等四家铺屋，系不在同益东巷路线内，前任核准建筑之时，所发照内，即毋颁注明兴筑马路时应再退缩若干尺寸之字样。设遵照钧厅所改路线开辟，则玉筍山房新建四家，均须割拆变更。业经公布省政府核定之改造计划图，以保存一部分旧屋，而致新建者反被割拆，非特有失政府威信，抑且无以服新建屋主之心。诚恐纠纷立起，对于职市改造前途，大受影响。至云原图割拆，未能平允，则不独同益马路为然。如安平路上段，当时亦因由此情形发生纠纷，后由钧厅长派员莅汕处理，卒依照省政府核定之计划图辟筑。嗣后继续开筑国平路及新马路亦均有同样情

---

① 《呈复建设厅同益东巷马路路线碍难更改复请察核由》，《汕头市市政公报》第55期，1930年4月1日，第1—2页。

② 《呈建设厅同益马路变更为难请照前呈图内路线核准由》，《汕头市市政公报》第56期，1930年5月1日，第1—2页（栏页）。

形，而不发生纠纷者，实因历任均依照成案，根据省政府所核定之改造计划图办理。盖因此图为范前任所计划，呈省政府修正核定，所以汕头市民，均奉为路线之规律，从未变更。现如因同益东巷一路，变更路线，则职府嗣后开辟马路，失所根据，即市民领照建筑，亦靡所适从。此例一开，势必引起纠纷，诘难纷至。不特同益东巷一路为如此，其影响未开各路尤无止境，而汕市路政将难举办矣。①

许锡清不仅援引范其务在改造计划获准实施后颁发的布告，为玉笋山房等四家新建楼屋请领执照一节辩护，还将上文论及的安平路一案作为解决割拆房屋及其纠纷的成例，支撑其"路线变更为难"的论点。他更明确指出，汕头市的改造计划，既经省政府核准成为定案，嗣后在开筑马路的时候，则应以此计划为准绳，作为避免或处理因割拆铺户产生纠纷的重要依据。如果允许变路线，则此计划失去原有的效力，致使随后开筑马路失去根据，其后果可能使汕头市民相继效仿，为一己之私利设法谋求变更路线，由此产生的纷争，对尚未开辟的马路的影响是无止境的。相比于南京后来的首都计划，后者便是因为行政院为解决民间请愿变更路线之风潮，不顾"首建会"的反对决定缩减太平路的路宽，由此揭开了后来不断修改或变更首都道路系统的序幕。②

由此可见，汕头城市改造计划通过省政府核准实施后，即成为后来指导汕头市马路开辟的重要规划文本。除了以"拆辟马路章程""征收马路费赔补章程""取缔建筑章程"等相关的法规条文作为开辟马路的依据外，汕头市政当局还针对此计划颁发布告或章程，作为推行此项改造计划的辅助性法规，并积极通过行政手段严格对马

---

① 《呈建设厅同益马路变更为难请照前呈图内路线核准由》，《汕头市市政公报》第56期，1930年5月1日，第1—2页（栏页）。

② 董佳：《民国首都南京的营造政治与现代想象（1927—1931）》，江苏人民出版社2014年版，第185—186页。

路的辟筑加以干预和控制，包括对马路的进行设计，推动辟筑道路的核准定案，以及督促道路的辟筑活动等，使得马路的辟筑有法可依，有案可循。如此一来，在市政当局自上而下的主导和推动之下，汕头市民参与到城市规划的实施及辟筑马路的市政建设活动中。

从萧冠英提出工务计划以后，至20世纪30年代中，汕头马路辟筑的总长度逐年增加。如图3-9所示，1923年汕头开辟的马路长度还不到1万英尺，到了1935年，全市开辟的马路长度已接近7万英尺。在这段时间内，以1925年和1928年新辟的马路长度为最多，都在1万英尺左右，其次是1926年和1933年，都在5000英尺左右。这些新辟的马路，即是省政府核准的城市改造计划中所规划的马路。至此，1925年冬由张斐然设计规划的汕头市路网已大部分得到落实。

图3-10是出版于1937年的最新汕头地图，由图中所绘的马路，可知规划的道路已大体辟筑完竣。除了1921—1925年辟筑通车

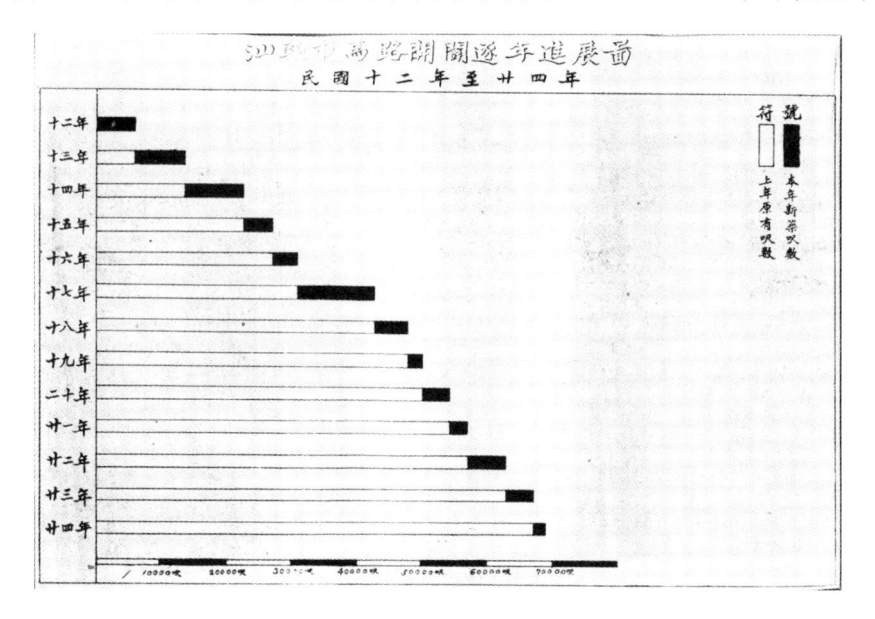

图3-9　汕头市开辟马路逐年进展图

资料来源：《汕头市一年来工务之建设》，《汕头市市政公报》第115—118期，1935年6、7、8、9月，第20—21夹页（栏页）。

的升平路、同平路、永平路、外马路和福平路，汕头市东部的各路也在1926年以后相继开辟。将图3-10与图3-7、图3-8相互比较，可进一步了解马路辟筑具体情况。

图3-10　最新汕头地图（1937）（参见彩图4）

资料来源：《有关修理光华侨及公园护堤桥工程等文件》，汕头市档案馆藏，卷宗号12-12-39。

先就汕头西部，也即开埠后逐渐填筑的汕头埠而言，这片原本已呈扇形放射状的路网形态，对这片地方的规划和开辟马路，主要是选择其中较为重要的横、直各街加以拓宽，使之成为主要干道。与此同时，在较为中心的升平路上段开辟广场，并配以小公园之设，使之成为全市路网的重要节点。小公园附近拆辟行署左巷、打锡巷等处，定名国平路，作为连通镇平路和外马路及招商路等处的交通要道。除了升平路由小公园直通海岸外，新开辟的安平路是另一条连接小公园与沿海堤岸及码头的道路。安平路全长2210英尺，宽度为47英尺，主要通过拆辟镇邦街上段、新康里直街、双和市、和安街等处而成。另外几条放射线的主要干道，如永泰路为拆辟永泰街下段而成，至平路为拆辟至安街而成，镇邦路为拆辟镇邦街下段而成，杉排路为拆辟杉排街而成。

与放射线的干道及街巷相辅相成的，是拆辟原来的与海岸相平行的半环状道路作为主要干道。如拆辟德兴市为德兴路，拆辟德安后街、福家里、总商会西侧街巷、永和七横、永安五横、升平十二横、通津三横、潮安四横、荣隆四横、杉排三横等街为商平路；原来沿岸堤路则兴筑为海平路，此外又继续向西填海建筑西堤，并筑成西堤马路。由此，原先不成系统的环形放射状路网，在规划实施之后形成了有系统、有等级和结构清晰的道路网络。

再就小公园以东的地方来看，除了福合沟填平筑为福平路外，其余大都是新设计开辟的道路。如同济医院周围修筑圆圈式马路，与新辟的新福路、新马路、中山路相连通。新马路是作为途经同济圆圈马路且连通韩堤路和升平路的干道，中山路则成为贯通汕头东西部的主要干道，全长5800英尺，是当时汕头市除了外马路以外最长的马路。与新马路大致平行的为新辟的中马路，连通韩堤路和外马路。中马路以西又有利安路，该路除了中间路段未辟筑外，北段通往中山公园和南段通往海边均已建成马路。利安路以西的同益马路，其南北段已开辟完竣，而中段尚未完工。又同益路以西建成中正路（后改名公园路，因直接连通公园正门而得名）和博爱路，博爱路与中正路相交。博爱路以西的新兴路，是拓阔新兴右一巷、新兴右二巷及源泉巷等街巷而成，北可达中山公园，南可达东南堤。横贯上述利安路、同益路、中正路、博爱路、新兴路且与中山路平行的为内马路，亦因大致与外马路平行且位于它的北侧而得名，1934年时全长为1190英尺。

最值得一提的是外马路，该路东起海关，南至饶平路，全路共长10190英尺，是当时汕头最长的道路。该路在开埠以后作为连通汕头埠到崎碌地区的重要道路，因滨海而得名外马路，后汕头东南部分虽陆续填筑，该路仍沿用旧名。该路东侧与海关路平行一段，原先是育善前街，后拓宽并入外马路。外马路在1924年已通车，在改造计划实施之后，又逐渐拓宽，其工程共分五段进行，各段兴筑时间不一（因割拆纠纷导致各段进展不同，见下文讨论）。工程完竣后，外马路由升平路至公园路（也即图中的中正路）的宽度为80英尺，其余为60英尺，成为当时汕头较为宽敞的交通要道。

通过上面的论述可知，城市改造计划颁布实施后，经过十年左右发展，所规划的道路已大部分开辟筑成。这除了得益于市政当局的主导和市民的参与之外，还得益于城市改造计划的切实可行。1947年方逖生发表于《市政评论》的文章称：

> 市政建设，重在工程。当时汕头工务系张斐然氏主办。张氏是留东高工（即后来的工大）毕业生，由民国九年任职至十五年。因他能久于其位，熟识地方的情形，能够有了深一层的观察，遂使他所拟计划得于详细缜密。复经多方的研究，讨论，呈奉核准后，次第实施。我们知道一个计划如没有实现的可能，无异于开出一张空头支票，汕头市的计划，不蹈这种弊病，不无可取。①

正因为张斐然在汕头任职多年，负责与工务相关的专业事宜，对汕头地方情形的熟悉，更在随后担任工务科科长的要职，才能为汕头量身定制一张改造的蓝图，并使得所计划的道路路线能贴合实际情况，具有较强的可行性。计划大部分实施之后，结构完整的路网成为城市主动脉，城市的空间形态也由此产生新的变化，从以往仅仅在旧商埠具有扇形放射状但不成系统的几何性空间形态，演变成具有扇形放射状、圆圈形、格子形且相互连通和具有系统的空间形态，并由此奠定了汕头百年来的城市形式和空间格局。当然，不容忽视的是，虽然城市改造计划的内容大部分得到落实，但是其中的辟筑道路中所遇到的困境，以及如何克服困境，是城市改造计划

---

① 方逖生：《论汕头市的市政》，《市政评论》1947年第9卷第2/3期，第20页。

得以实施完成的关键。

二 辟筑道路的困境与官方的应对

虽然规划的道路路线大部分得到实施,但从图3-9中我们也可看出筑路工程的进展并不能谓之快。除了1928年辟筑的道路较多以外,其余年份都在5000英尺以下,可见平均每年不到4000英尺之数。虽然如此,汕头市的马路建设还是取得了良好的成效,当时有论者对此称道:

> 现计已成马路,有六万七千余尺。市内最繁盛之商业区域,马路路线完成已在百分之九十以上。附近䃭砾一带,住宅区域,凡人烟稍稠密之处,其马路亦次第开筑。沿马路两旁之店户,均以最新式之材料营构,堂皇璀璨,颇具美观。①

这"六万七千余尺"马路以及"堂皇璀璨"的店户的背后,事实上有着颇为艰辛的历程。在汕头市历任市长的行政往来文书中,常常可看到他们感叹筑路"工期迟滞"。在1929年《汕头市市政府整顿改良建设计划书》中,亦有相关论述如下:

> 本市马路,虽经积极开筑,但因种种关系,每多半途停顿。现计已拆而未竣工之马路,尚有多条,以致颓垣败壁,触目皆是。现拟督饬赶筑,并对阻碍进行之洋商行栈,积极交涉,以完成已兴工之各马路。在未一律竣工以前,暂不新辟其他马路,至已完成之马路,亦拟筹蓄养路费,以便随时修理。②

---

① 陈国机:《改善汕头市政建设计划之我见》,《工程季刊》1932年第1卷第1期,第34页。

② 《汕头市市政府整顿改良建设计划书》,《汕头市市政公报》第51期,1929年12月1日,第41页。

这种情况的出现，从大的方面来讲，是因为汕头市政当局在马路建设方面虽有规划，但缺少具体的实施计划。在 1932 年 5 月 14 日下午汕头市政府的一次市政会议中，工务科曾提议"拟定开辟马路整个计划案"，理由是"本市以前开辟马路，并未拟定整个计划，致进行迟缓，应即整理计划，视其缓急，分期开辟"。① 可见，虽然张斐然等人设计了汕头城市马路路线，但对于具体道路的开辟工程，数年间并没有形成一个通盘的计划，也即没有从总体上对各条道路的辟筑划分轻重缓急并分期实施。

再从市政当局的财政来讲，经费的不足或缺少一定的预算也是导致工期迟滞的原因。如 1933 年的汕头市政府的施政大纲所载："建设事业，由市府经费内担任小建设，待小建设有成绩时，然后由市府与市民共同筹款兴办大建设。"② 再从市政当局常规预算的《汕头市政府收入支出计算书》（1929 年 6 月 17—30 日）中，可看到当时汕头在财政收入上虽有筑路一项，为 871.588 元，仅占总收入的 2.58%，而在支出方面，该计算书并没有筑路的科目。这可能是征收马路费后尚未拨用，就算后续有筑路费的支出，也可能是极少部分由政府负责修筑马路，或是因涉及外国人产权赔补的非常规支出。正如汕头市市长翟宗心所言，"汕头市拆筑马路，其筑路费、赔偿费均由两旁业主负担，政府并未分担路费"。③ 由此看来，在汕头市政当局的财政支出中，筑路费在市政当局的财政预算中无关紧要，甚至不一定有马路筑路费的支出预算。

这和汕头市政当局对马路建设上的政策立意有关。从第二章第二节有关市政章程例规的讨论可知，汕头市政当局一开始便通过向

---

① 《汕头市政府第一次市政会议（1932 年 5 月 14 日）》，《汕头市市政公报》第 81 期，1932 年 6 月 1 日，第 11 页（栏页）。

② 《汕头市施政计划大纲》，《汕头市市政公报》第 86 期，1933 年 2 月 1 日，第 2 页（栏页）。

③ 《呈财厅呈复对于本市处分畸零骑楼各案仍照旧案办理由》，《汕头市市政公报》第 92 期，1933 年 8 月 1 日，第 2 页（栏页）。

民间筹措经费的办法来开筑马路，也即让所开辟道路沿路两旁铺户来负担筑路费，而不是由市政当局的财政支出来负担筑路费。这种办法到了1926年以后臻于完善，通过计算沿路铺户的临街宽度和铺户面积（由马路边线起计至50英尺深的铺内面积）来征收路费。此外，骑楼地和畸零地的地价收入也用于增补筑路费用。

汕头的这种做法应该是借鉴了广州开展市政建设的经验。正如孙科所言：

> 广州当开马路的时候，第一时期非有现款不办。到了第二时期，市政府要开辟马路可以不要负担经费，所有经费皆由马路两旁业主负担。因为马路一开，两旁地价即涨，房租亦涨，店铺营业发达与业主有直接利益的关系。所以开辟马路的经费由业主负担，实是很公平的。①

对于市政当局而言，开辟马路虽是施行市政的重要举措，但与两旁铺户利益攸关，理应由他们负担相应的经费，这样既能节省财政开支，也能拓展融资渠道。许瑞生指出，广州市政厅"善用民间力量推动城市的发展，拓展市政建设融资渠道"，比如在整理濠涌方面，其收入预算便包括两旁铺户征费、铺户所割余面积征费以及两旁三十米内街道铺户征费三项，首度出现了土地开发价值与公共利益相关的评估制度的萌芽。②像广州、汕头这种通过向两旁铺户征收筑路费，利用民间的力量推动城市发展的办法，在许多近代城市政府进行市政建设时并不少见。如南京于1930年施行筑路摊费之法，规定凡在南京市区域内新辟或拓宽道路所需要的费用，一概由道路两旁的公私受益土地所有人均摊。③

---

① 孙科：《市政问题》，载武汉地方志编纂委员会办公室编《武汉国民政府史料》，武汉出版社2005年版，第358页。
② 许瑞生：《清末民初广州市市政制度的实践与启示》，《规划研究》2009年第5期。
③ 徐智：《改造与拓展：南京城市空间形成过程研究（1927—1937）》，第79页。

值得注意的是，虽然在征收路费方面具有较完善的地方性法规，但实际的征收过程却存在不少困难。不管是由市政当局直接负责还是由筑路委员会负责的道路，几乎会遇到一些铺户迟缴或抗缴路费的情况。其处理办法一般是由市政当局发出布告，通知两旁铺户在宽限的时间内上缴路费，如果仍不缴费，则派出警察协助催缴。如1928年市政厅就曾发布催缴筑路费的布告：

> 案查本市开辟各马路，所有两旁铺户，应缴筑路费，早经规定数目，及分别布告发给通知书限期缴纳在案。乃现在日久，尚未据一律清缴，实属玩延已极。为此布告各马路业户人等知悉，尔等务自布告之日起，限五日内各将应缴前项筑路费，依照规定数目，前赴本厅财政科清缴，以凭掣给收据存据，倘再逾延，定即拘传到案，从严究罚，决不姑宽。①

此布告所针对的是全市已开筑的马路，要求两旁铺户将筑路费上缴市政厅财政部门，但事实上是由市政当局直接负责的马路工程一般采取这种方式，由民间自行负责的并不一定如此。不过可以肯定的是，即便市政当局三令五申，也难以保证在限定的期限内收齐筑路所需费用。

由筑路委员会负责开辟的道路，筑路费一般由筑路委员会负责征收和拨用。不过，在一些情况下（比如筑路委员会本身出现问题），也可能由市政当局征收筑路费之后拨给筑路委员会，再由后者拨给承建公司。筑路委员会如遇到铺户迟缴或抗缴筑路费，可呈文市政当局，由后者发行布告饬令缴纳路款或派警协助催缴，但有时筑路委员并未上报市政当局协助催缴。如1929年10月间，工务局取缔课课长便向该局局长提交签呈：

---

① 《布告各马路该业户催缴筑路费由》，《汕头市市政公报》第32—33期，1928年5月31日，第28页。

职课于各工厂呈缴建筑图说时，虽经饬缴筑路费收据核验，惟各该业主，每有种种借口，不曰马路完成多日，缴过筑路费收据早已遗失，则曰筑路委员会无人往收，甚至设委员会，因该户不向委员会请领骑楼地畸零地，而径向市政府具呈请领，因此不肯收费。姑无论事实上是否如此，然证以永泰路上段竣工有日，如马茂如等之筑路费，迄今尚未收清，而该路委员会，亦复延不报请协催，是其办理之未尽完善，已属可见。①

由此看来，沿路两旁铺户业主及承建工厂在呈交建筑图说时，应向取缔课上缴筑路费收据以便核验，随后方能领照建筑。这些手续是当时报建制度的规定，旨在对建筑起到规范化的管理。然而，在实际执行过程中，取缔课为方便市民考虑，似乎没有要求得过于严格，以免影响筑路及沿街建筑工程的进展。许多报建的业主可能借此逃避或拖延缴纳筑路费，乃以各种借口不上缴收据。如引文中就提到永泰路竣工之后仍有业户未缴清筑路费。再如上一章所述，吴宗和虽缴纳了路费，却是有意瞒请减少所需负担的份额。

通过上面的讨论可知，在辟筑道路方面，汕头市政当局虽然通过利用民间资本来推动城市的建设和发展，且颁布地方性法规作为法律依据，但在实施过程中，征收筑路费的办法不可能适用所有情况，沿路铺户业主亦常有观望迟缴或抗缴之举。这种经费上的问题，常常是影响道路辟筑因素之一，从汕头市政当局出版的多期《汕头市市政公报》中，也常见催缴路费的布告，甚至不乏饬警催收的指令。市政当局最终难免通过强硬的行政手段来解决问题，以便辟筑道路的工程得以继续展开。

比起征收筑路费，割拆房屋是开辟马路中更为棘手的问题。一些沿路业主为避免一时的损失，要么观望拖延，要么违令抗拆。他

---

① 《训令本市各马路筑委会详列缴路费未领公地各户列表送局以凭核办由》，《汕头市市政公报》第 50 期，1929 年 11 月 1 日，第 103 页。

们这些举措严重影响了汕头路政的进展，市政当局往往不得不采取"派警督拆"等强制性手段。需要指出的是，对于普通商民，市政当局固然可以采取强硬手段，但汕头是五方杂处之地，自然有不少外国人的房地产，当割拆房屋或地产涉及这些产权的时候，市政当局往往面临诸多交涉上的难题。如上文所述，公路局局长陈耀祖在审核范其务呈缴的《汕头市改造计划图》时，便对此表示担忧。如他所言：

> 查图列附近长堤马路纵线，有须割用外商美孚及亚细亚等洋行货仓地位不下数起，并因填堤拆去太古洋行码头数座，虽国权所在，改革市政尽可自由设施。唯此种外人永租贸易居住地，似为条约所缚束，在不平等条约未经废除以前，割用补价应否依约赔偿。局长因未洞悉实情，本未便遽加未议，但以事关对外，似应统顾预筹。①

当时范其务回应称，"割用外商产业，职务历次辟筑马路，均系比照原价，酌为补偿，并非绝无办法"。② 陈祖耀谈及的长堤即汕头东南堤岸，后来由于填堤所需款额巨大，进展缓慢，直至第二次世界大战结束后，尚未填筑完成，路线规划也未实施，自然未有割让美孚洋行和亚细亚等洋行仓库的交涉案件。

不过，从另一个割让外国人产业辟筑马路的例子，我们亦可以了解当时汕头市政当局如何解决涉外产业的割让问题。下文将通过因辟筑中马路、外马路而割让福音医院产业的例子，探讨汕头市政当局在辟筑道路所遇到的困境以及如何解决困境的另一个侧面。

汕头市政当局因辟筑马路需割让福音医院产业之事共有两次。

---

① 《广东省建设厅长孙科呈文抄件》，1926年3月27日，汕头市档案馆藏，卷宗号：12-12-041，第15—16页。
② 《范其务呈文》，1926年5月8日，汕头市档案馆藏，卷宗号：12-12-041，第20页。

第一次是因辟筑中马路（当时亦称外马路）上段拆让福音医院及礼拜堂，第二次是拓宽外马路第三段割让福音医院产业。1926年，汕头市改造计划获准施行后，市政当局开始着手辟筑计划的路线。由福平路与中马路相交处起至外马路为当时计划的路线之一。

1926年6月10日，汕头市市长范其务致函复福音医院院长来爱力，称市政厅辟筑福平路已大部分竣工，唯旅汕学校到外马路一段因福音医院未按照路线拆让，致使该路未能完工。由此邀请来爱力在六日后的上午到市政厅磋商。[①] 当时来爱力已离任数月，磋商事宜落到其接任者越晏如手上。越晏如复函请求范其务把时间改到下午，但因当时在时间上没能协调成功，最终由英国长老会教士汲多玛和萧晓初于6月25日前往市政厅磋商，并订立解决办法，如下文所示：

（一）汕头市政厅，因开辟马路，割让福音医院住宅地基，计面积七十一方丈强，免赔补地价及上盖建筑费，惟因住宅拆卸后，修复费无着，可由市厅加入发起向本市各慈善大家劝捐以资助另行建筑或修葺该住宅之费

（二）募捐银额不加限制，惟市厅可先认捐毫洋五百元以示提倡

（三）拆卸时期，以市厅所收捐款缴交贰千元后，一星期起由院会自行雇工拆卸福音医院住宅，一个月起拆卸长老会住宅，所有工资旧料，均由原物主自理

（四）拆让礼拜堂之地基，计面积八十四方丈强，由市厅将牖民学校前之畸零地计面积三十一方丈三十二方尺划归英国长老会管业，以资抵补，不另要求赔偿地价[②]

[①]《范其务笺函》，1926年6月10日，汕头市档案馆藏，卷宗号：12-12-69，第3页。

[②]《汕头市市政厅公函第二八五号》，1926年6月26日，汕头市档案馆藏，卷宗号：12-12-69，第8—14页。

双方订立的这些条件，反映了市政当局在割让外国人产业时，并不能像处理普通民业那样能够完全按照地方性法规和采取强制性手段，而是需要考虑外交上的问题，并与外国业主磋商。这其实是晚清以来的不平等条约所带来的遗留问题，导致涉外之事往往需要通过交涉解决。在近代开埠城市中，这类事情并不鲜见。事情一旦陷入交涉或磋商，难免未能按通行章程办理，而地方政府为了尽快解决问题和避免外交上的麻烦，致使磋商结果往往对外国业主较为有利。

如上述条款中，市政厅加入发起募捐以赔补福音医院修筑之费，已显示了福音医院所获之便利。当范其务将此解决办法和马路割拆图函送福音医院后，院长越晏如表示完全同意，并答应如约履行，按地图进行割拆。① 随后，范其务亦如约加入越晏如、汲多玛一同向全市发起募捐。

不过，由于时间仓促，马路工程进行在即，募捐的结果并不理想，仅得1150元，加上市政厅原先认捐的500元外，还差350元。这笔数目最后也由市政厅加捐补齐。② 随后市政当局致函越晏如派人于10月2日领款，以便早日雇工拆卸。

当时所需拆让之地共有两起。如图3-11所示（彩图见图版），蓝色部分为所需割让的建筑和地基，左边为福音医院及福音医院住宅地段，右边为礼拜堂地段；红色部分为赔补给福音医院之地。根据上文市政厅和福音医院商定的条件，第一条至第三条是针对图中左边蓝色地段，其割让面积为71方丈强，西侧割余之畸零地仍归福音医院长老会所有，第四条应是针对图中右地段而言，割让面积共计84方丈强，由市政厅将图中红色地段的31方丈32方尺的旧路地段划归长老会管业以资抵补，并在1928年10月6日将此地的执照发给

---

① 《越晏如笺函》，1926年8月13日，汕头市档案馆藏，卷宗号：12-12-69，第26—27页。

② 《呈报修筑外马路应割用福音医院住宅地基由厅捐助二千元不另赔补地价捐款业经如数交清请予备案由》，1926年10月8日，汕头市档案馆藏，卷宗号：12-12-69，第41页。

英国长老会。①

福音医院在收到2000元和畸零地执照后，具体何时开工拆卸住宅，已不得而知，不过，英国长老会于1926年12月4日给汕头市市长张永福的信中称：

> 刻下敝堂经已拆卸住宅屋宇，对于路端扇形之界线，尚希派员前来指示画定，以便建筑围墙也。②

据此可知，至迟在当年12月，长老会已拆卸图3-11中左边福音医院住宅，至于右边礼拜堂地段道路转弯处的屋宇，似乎尚在等待划定界线后拆卸。张永福收到长老会的笺函后，于12月7日派工务科科员江炳淦前往划明界线。然而，12月9日长老会再次致函张永福，称测量员所画之界线，与契约内所载录西南面地方，尚差数尺之地，希望再派员测量改正，同时也请画定范其务任上所让出的北面旧路界线，以便建筑围墙。③张永福随后派人对西南面马路转湾界线所画的偏差加以改正，至于北面旧路，他则在覆函中称："俟福音医院住宅围墙拆卸，将新路开辟，乃能划界建筑围墙。准函前由，相应函覆。烦为将该旧围墙，暨其他建筑物，克日拆卸，以便划界，而利交通。"④

由上述可知，从1926年10月市政厅和长老会福音医院开始磋商起，至12月，后者仍未完全拆卸所应割拆的屋宇。长老会福音医院可能先拆卸图3-11中左边福音医院住宅，但尚存部分旧围墙。随后长老会才在12月开始着手进行图3-11中右边礼拜堂建筑物的拆卸事宜。

---

① 《为牖民学校前畸零地三十一方丈三十二方尺划归英国长老会管业由》，1926年10月6日，汕头市档案馆藏，卷宗号：12-12-69，第35—38页。

② 《汕头英国长老会致汕头市市长张永福函》，1926年12月4日，汕头市档案馆藏，卷宗号：12-12-69，第53页。

③ 《汕头英国长老会致汕头市市长张永福函》，1926年12月7日，汕头市档案馆藏，卷宗号：12-12-69，第57页。

④ 《笺函第三十六号（汕头市市长覆英国长老会笺函）》，1926年12月10日，汕头市档案馆藏，卷宗号：12-12-69，第58页。

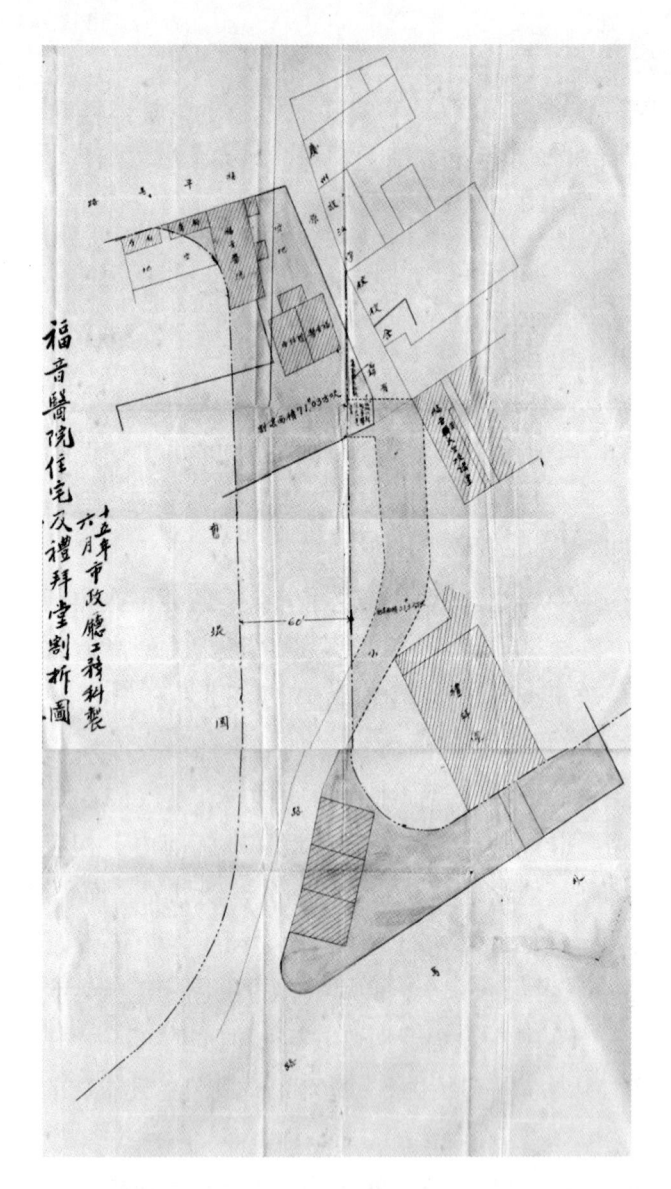

图 3-11　福音医院住宅及礼拜堂割拆图（1926 年 6 月）（参见彩图 5）

资料来源：《有关辟筑外马路割让福音医院等文件（一）》，汕头市档案馆藏，卷宗号：12-12-069。

从汕头市政厅工务科于 1926 年 12 月绘制的测量图（图 3-12）亦可知，原先划定的割拆之地，西北边福音医院及其住宅已基本拆卸完毕，南边路端礼拜堂屋宇尚未完全拆卸。福音医院住宅因规划路线所产生三角形畸零地，在拆卸后似乎仍与路线存在偏差。可能正缘于此，张永福才在回复长老会的信中称，等福音医院将围墙拆卸，将新路开辟后才能划界建围墙。无论如何，1926年6月这次因开辟中马路割让福音医院及礼拜堂产业之事，通过汕头市政厅和长老会福音医院的磋商得以进行。虽然道路的开辟不如磋商中签订的条件迅速开展，但最终仍能得到妥善解决，此段中马路也得以开辟通行。

图3-12　福音医院住宅及礼拜堂割拆图（1926年12月）（参见彩图6）

资料来源：《有关辟筑外马路割让福音医院等文件（一）》，汕头市档案馆藏，卷宗号：12-12-069。

1928年，市政当局因辟筑外马路需再次割让长老会福音医院的相关产业，此次则陷入了为期数年的交涉，最终也只完成部分拆卸事宜。从现存档案来看，第二次割让长老会福音医院，应始于1928年3—6月间。1928年，陈国榘致函交涉署杨建平称：

> 查本市外马路第四段福音医院有碍路线一案，业经前任划定黑标，函请该院长照标拆卸在案，至今日久，未准照办。殊属有碍路政，兹查该段工程，业经兴筑，而段内台湾银行业地，亦均拆让清楚，该院事同一律，未便再任推延。①

从后来的交涉过程来看，当时所称的外马路第四段，在后来有可能部分路段划为外马路第三段。该函中所称的台湾银行，位于升平路与外马路相交路口以西，该路口自公安局起西至国平路口止，后来称为外马路第四段，而福音医院则位于该公安局以东，后来将自公安局起东至公园路口止，称为外马路第三段。② 此段马路在规划中划定宽度为80英尺，市政当局为拓宽马路达到此标准，需拆让福音医院的部分产业。杨建平收到陈国榘的公函后，转函驻汕头英国领事督促福音医院院长按照图拆卸。英国领事在回信中称：

> 如果需要拆让本国长老会之房屋地段，必须先与业主磋商同意，秉公赔偿地价及另盖新房屋建筑费，以昭妥洽。函达前任市长在案，迄未照办。③

---

① 《公函第85号（汕头市长至交涉署公函）》，1928年9月29日，汕头市档案馆藏，卷宗号：12-12-69，第66页。
② 见《布告外马路第三段建筑步道水涵摊派路费数目仰商店住户主佃两方克期来府缴交毋得推延由》，《汕头市市政公报》第64期，1931年1月1日，第18页（栏页）。
③ 《外交部汕头交涉员署公函第722号》，1928年10月12日，汕头市档案馆藏，卷宗号：12-12-69，第73页。

从陈国榘和英国领事的笺函来看,黄开山任汕头市市长时①,已开始着手辟筑外马路,并和福音医院院长磋商,当时双方交涉的重点集中在赔偿地价和另盖新房屋建筑费。此外,英国领事也要求汕头市政厅将"需要用该教会产业开辟各马路的计划绘具详细图说",并由交涉署转送。黄开山在任时并没有同意福音医院提出的条件,其继任者陈国榘亦持相同态度。陈国榘在给杨建平的覆函中明确表示:"敝厅开辟马路,割让外业,向无加给另盖新屋之费,兹对于该医院自未便独异。致引起其他籍民借口效尤。致赔偿地价一项,自应裁酌办理。"② 与此同时,陈国榘还准备派市政厅秘书谭护前往福音医院同院长磋商。不过,事情进展并不顺利,迁延一个月之后,陈国榘只能另辟蹊径,对福音医院发出指令,让该院院长呈缴新旧契据进行查验。

福音医院院长是否按要求呈交契据已难获悉,但割让一事开始陷入胶着。1929 年 3 月 19 日,英国领事、教会当事人和交涉员杨建平进行会商,除了再次函请市政当局绘送筑路详图外,英国领事还提出,因筑路而拆让该教会产业,应有相当价值赔偿。英国领事此举其实也代表了长老会方面的意见,主要是为了谋求福音医院后面的海坦地。③ 事情延搁数月以后,杨建平在 1929 年 8 月 3 日请市政当局于当月 16 日派员到交涉署和潮桥运副使三方会同商定,但此次会商因长老会当事人生病没有如期进行,英国领事借此再次通过交涉署转函致市政当局,重申之前绘送详细图说的要求。

1929 年 8 月 27 日,接任陈国榘职位的许锡清,将割拆英国长老会产业面积详图两份交给杨建平,请后者转给英国领事并重新订定

---

① 黄开山任汕头市市长时间为 1928 年 3 月至 6 月。见谢雪影编《汕头指南》,1933 年版,第 7 页。
② 《公函第 115 号(汕头市长致交涉员公函)》,1928 年 10 月 17 日,汕头市档案馆藏,卷宗号:12-12-69,第 75 页。
③ 《外交部广东汕头交涉公署公函第 122 号》,1929 年 8 月 3 日,汕头市档案馆藏,卷宗号:12-12-69,第 87 页。

会商日期。① 随后中外各方定于 9 月 16 日上午在汕头市政府进行会商，但会商结果亦不明了，繆辖之处仍在以海坦地作为赔偿一节。事情拖了四个月之后，英国领事又致函许锡清，希望他再绘具图说申明前议，并答复调换海坦一事，以便长老会可以拆让房屋和放弃原有海坦业权。②

许锡清并没有答应长老会的要求，他在给英国领事的覆函中称，对于割让福音医院图内所列之地，面积仅有 688 英（方）丈 43 方尺 60 方寸，只能在医院毗连市政府所管海坦中划出相同面积的海坦补还，并将该医院应行摊认的筑路费准予免缴，作为弥补被拆上盖的损失。③ 英国领事和长老会方面过了三个月之后才回复许锡清，仍重申之前的要求，并在信函中称：

> 市长所言拟将未填之水坦以同等面积调换本会之良好地段，本会万不能允许。而本会对于市长割让本会产业面积六百八十八方丈四十三方尺六十方寸，要求调换坦地约一千四百方丈，虽多出七八百丈，但本会所受拆卸房屋等项，损失仍巨。市长无须赔偿，既得便益，且本会放弃原有之海坦特权，关系非轻，至于筑路费一节，亦系无缴纳之义务，更属不能承认。④

由此看来，此事迁延一年有余，其争论之处在于长老会一直要求调换更大面积的海坦作为补偿，但汕头市政当局并不认可。英国

---

① 《呈送展筑外马路第三段割拆英长老会产业面积详图两份请存转并将会商日期示悉由》，1929 年 8 月 27 日，汕头市档案馆藏，卷宗号：12-12-69，第 96 页。
② 《英国领事致汕头市长函》，1930 年 1 月 23 日，汕头市档案馆藏，卷宗号：12-12-69，第 117 页。
③ 《笺函第 261 号（汕头市长覆英领事笺函）》，1930 年 1 月 27 日，汕头市档案馆藏，卷宗号：12-12-69，第 119 页。
④ 《英国领事致汕头市长函》，1930 年 4 月 17 日，汕头市档案馆藏，卷宗号：12-12-69，第 123—124 页。

长老会对于上述许锡清的处理办法亦持异议，认为以未填筑的海坦补偿良好的地段是不能接受的，应该以 1400 方丈的海坦作为补偿，并免于缴纳筑路费。至于长老会所称放弃海坦特权一事，其实早在 1929 年 9 月的交涉中已有涉及，当时长老会声称对所要调换的海坦享有特权，且已久为地方官所承认，并曾一度商定允分该海坦之一半予教会，但因政变中辍。① 事实上，长老会福音医院自汕头开埠以后，便租有外马路地段的海坦，并填筑建造医院。医院后面的海坦地，可能尚有部分未填筑。在获准施行的《汕头市改造计划图》中，所规划的中马路南段有部分经过福音医院后面的海坦地段。长老会所称的放弃特权允许调换之海坦，可能系指福音医院后面的海坦地而言。

有趣的是，在市政府和英国领事及长老会磋商调换海坦之际，还出现了一段插曲。当时汕头市民庆成堂业主李怀新、郭概如等人有盐塌地位于福音医院后面之海坦，因先前与商业学校界址发生争执，由财政部派员勘明，断令分别管业，并由潮桥盐务支处派人督同业主李怀新等人前往竖立界石确定业权。不料福音医院的英籍人员江曲礼和华河力两人突然出面阻挠，差点儿发生冲突。随后由潮桥盐务支处转咨交涉署向英国领事进行交涉，函请后者饬令福音医院缴验清政府所给管业契照。几经周折和迁延，福音医院才呈缴契照影片二纸。随即由潮桥盐务支处核明长老会福音医院原先所租之地，横直仅 25 丈，而福音医院在当时所占有的面积，实际上已溢出三分之二，且庆成堂业主所在的盐塌地，还尚在溢出数之外，可见两地毫无牵涉。李怀新等人因听闻许锡清有意割让毗连福音医院之海坦地 600 余丈补偿给长老会，恐自己产业被割让，乃具状上呈市政府。② 如

---

① 《外交部广东汕头交涉员公署公函第 122 号》，1929 年 8 月 3 日，汕头市档案馆藏，卷宗号：12-12-69，第 87—88 页。

② 《呈为擅割民业闻讯骇异乞取销成议仍乞据理交涉以正业权而杜觊觎事》，1930 年 9 月 30 日，汕头市档案馆藏，卷宗号：12-12-69，第 129 页；《呈复查案关于展筑中马路上段外马路第三段割让福音医院院址住宅交涉经过情形请察核由》，1931 年 2 月 12 日，汕头市档案馆藏，卷宗号：12-12-70，第 31—32 页。

此一来，原本在空间上与福音医院并无关联的庆成堂盐塌地，却陷入了开辟外马路割让福音医院产业一案的纠缠中，而福音医院方面似乎也参与争执，并声称"对海坦地享有特权"，致使割地一案陷入困境，直至许锡清离任仍悬而未决。

此案开始出现转机要到张纶接任汕头市市长以后。张纶于1930年5月上任后，便开始积极整理路政，属于交通要冲的外马路第三段自然成为他所关注的重点。1930年10月6日，汕头市政府已招投兴筑该段马路，但由于割让福音医院产业一案仍未解决，张纶极力与英国方面交涉。最终在当年12月26日得到初步解，由张纶和英国长老会代表汲多玛签订特别合约，其主要条文如下：

（一）此次开辟外马路第三段，英国长老会应就汕头市政府划定部分拆卸，由市政府收为展筑马路之用，免于摊派筑路费

（二）将来开辟本市中马路下段及福音医院南面马路时，福音医院仍应依照市府规定路线拆让，不给赔偿，在英长老会亦免认筑路费

（三）英长老会地址，由市政府另行测量绘图发给执照管业，并于四周树立界碑以垂久远

（四）市政府帮助英长老会在本市石炮台东首地方成立新福音医院

（五）本合约签字后，从前市政府与英领事关于割让马路及庆成堂界址来往交涉函件，一律取销①

由此看来，汕头英国长老最终答应在开辟外马路第三段和将来开辟中马路下段时，按照市政府的规定拆卸相关产业，而市政当局则给予其免于摊派路费的优惠。值得注意的是，上述合约的重点主

---

① 《汕头市政府汕头英长老会为割让英长老会地址辟筑外马路第三段订立特别合约》，1930年12月26日，汕头市档案馆藏，卷宗号：12－12－70，第6页。

要在第四条，指的是由汕头市政府代为收买石炮台以东章兴公司坦地 14 亩，连同市有坦地共 33 亩左右，拨给英国长老会作为建筑新福音医院基址。① 33 亩也即 1900 多英井，其实已比前次要求调换海坦 1400 方丈还多，可见英国长老会所得之利益。至于该合约的第五条，据汕头市市长张纶所称：

> 因检查交涉署移交卷宗，以及陈、许两前市长任内继续与英领及福音医院交涉经过之文件，对于庆成堂盐塸业权之争执，尚属悬而未结。是以此次解决割让院址之条约内，将与英领交涉庆成堂一事，以及从前各市长议割福音医院院址，关于英领及福音医院要求补给另建上盖费并相当赔偿，或以坦地交换之一切办法函件，声明取消，以免后论。②

事实上，张纶是希望通过签订特别合约一事，将之前与英领事和长老会之间久而无果的交涉，以及牵扯进来庆成堂的久悬之案一并解决。英国长老会方面在磋商时既得到张纶拨给石炮台东海坦地帮助成立新福音医院的允诺，亦同意将之前的各种交涉以及同庆成堂的争执一并不再争论。由此，1928 年间因开辟外马路割让长老会福音医院院址一案，终于得到初步解决。

英国长老会和张纶签订特别合约之后，开始按照市政府所划定的详细图进行拆卸，具体需要割让的面积如图 3－13 所示。该图绘出了外马路长老会的产业，不只包括外马路第三段临街部分，还包括长老会后面的海坦地段。图中所绘的"——"线为马路路线，超过此线的是需要割让的土地和拆卸的建筑。虚线与马路路线的间距为 50 英尺，是计算派路费摊的铺内面积深度。如上一章所述，在征收马

---

① 《汕头市政府执照第㘸号》，1931 年 6 月 2 日，汕头市档案馆藏，卷宗号：12－12－70，第 72 页。
② 《呈复查案关于展筑中马路上段外马路第三段割让福音医院院址住宅交涉经过情形请察核由》，1931 年 2 月 12 日，汕头市档案馆藏，卷宗号：12－12－70，第 32 页。

路费中,"铺内每井地征费若干元,铺之深度计至五十英尺而止"。从图中来看,外马路第三段临街地段,共需要割让面积 185.9182 井,中马路南段,应割让为中马路通海段之面积为 239.3703 井,福音医院后面坦地部分应割让面积为 263.1482 井,此三部分加起来,应该就是陈国榘任上交涉所应割让的"长老会产业六百八十八英(方)丈四十三方尺六十方寸",只不过面积有几英方寸的差别。特别合约的第一条至第三条款,都将这三个部分包括在内。

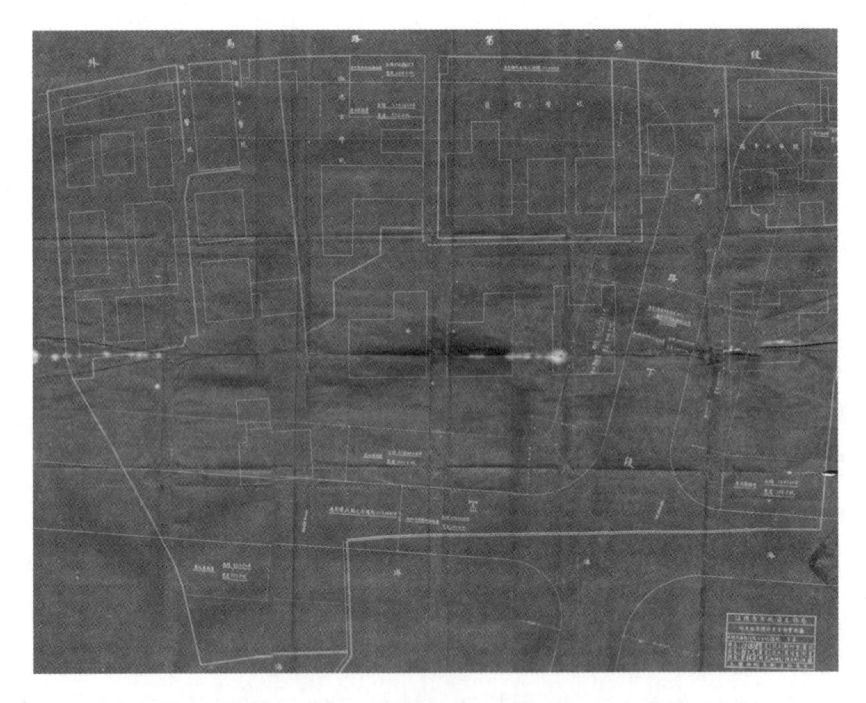

图 3-13　外马路英礼拜堂全部实测图（1929 年 8 月）（参见彩图 7）

资料来源:《有关辟筑外马路割让福音医院等文件（二）》,汕头市档案馆藏,卷宗号:12-12-70。

事实上,当时亟须解决的是外马路第三段所要割让的 185.9182 井,包括福音医院、福音女医院、淑德女学校、贝理学校还有福音女学校等处的建筑物,英国长老会也按详细图说开始拆卸。由图 3-14 来看,至迟到 1931 年 1 月,该段马路中长老会已拆卸完毕。张纶在和长老会交涉时，业已开始招投该段马路的兴筑工程。和前几任市长一样，他遇到了经费不足的困境。正如他在1931年1月7日向省政府提交的报告中所言：

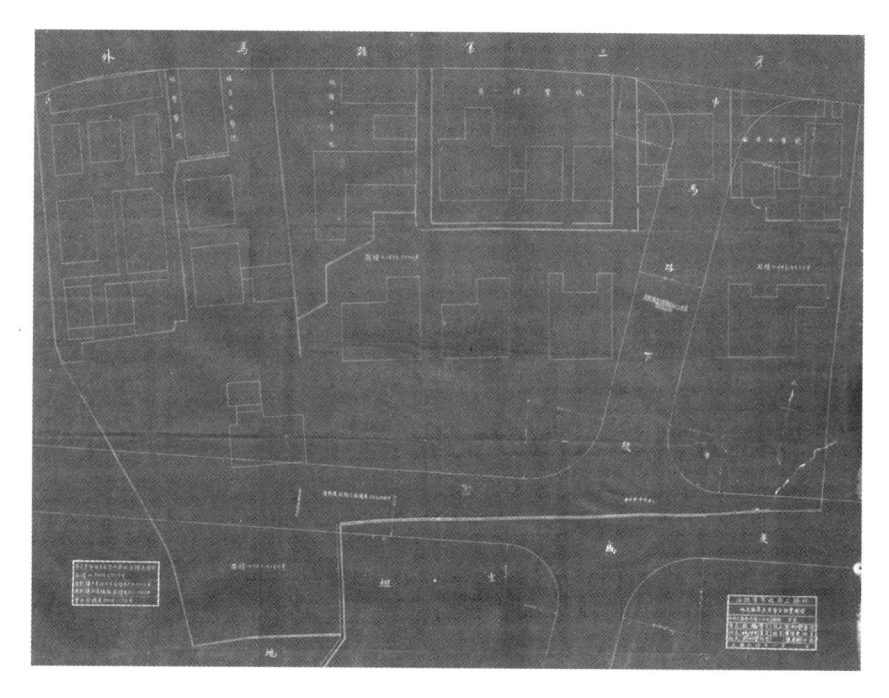

图 3-14　外马路英礼拜堂全部实测图（1931年1月）（参见彩图8）

资料来源：《有关辟筑外马路割让福音医院等文件（二）》，汕头市档案馆藏，卷宗号：12-12-70。

市长受事以来，尤以修筑外马路第三段之路面及涵洞步道为前提，爰经督饬员司，妥为设计，并于十九年十月六日招工投承，结果以顺合工厂取价大洋五万七千一百三十六元六角五分为最相宜，照章归其承筑，订约开工，限期完竣在案。所需筑路费用，现在虽就两旁商店、住户摊派拨用，惟该段地界内，以学校、机关、善堂、教堂、外人住宅医院，及外国领事占其大半，派认路费实属为难。纵使竭力催收，将来亦只能收到派额七分之一而已，不敷之数，除以各业户承领外马路第四段骑楼地地价约有大洋一万七千六百元左右,及催收第四段旧欠路费一万余元,全数拨用外,仍须二万余元。先由市库设法挪用,以竟全功。一俟西南堤填地投变后,再行填补。①

由此可见,因外马路第三段两旁以学校、机关、善堂、医院、外人住宅及领事馆占大多数,在派认路费方面比其他道路以两旁铺户居多者较为困难。从1923年《汕头市改造计划图》(见图3-7)可知,该地段内有公安局、大峰庙、存心医院、福音医院、淑德女校、贝理学校、张园、天主堂、福音女学校、电报局、洋商会所等。如其中占有大半路段的长老会福音医院,已使市政当局在辟筑马路割让产业时大费周章,最终还需免予长老会福音医院需要派认的路款。张纶所谓竭力催收也仅得派额七分之一之数,可能只是较乐观的估计。在这种情况下,张纶只能另想办法筹款,其中就包括骑楼地地价收入,以及外马路第四段应派路费的旧欠款,最后还挪用市库的两万余元,才得以凑齐工程路款。

辟筑外马路割让外国人产业一案,对汕头市政当局开辟马路来说并非特例。汕头自开埠以后,五方杂处,外国商人、传教士等在汕头买地租地,以致汕头有部分外国人的产业。汕头市政当局在主导城市的规划和建设时,颁布许多相应的地方章程条例作为法律依据,原本是为了使居住于此中外人等均受到法令的约束。这些法规法令在市政当局处理割让本国人私产过程中发挥了有效的作用,甚至是进行严格干预的法律依据,可当涉及外国人产业时,却如陈耀祖说所,受以往条约的束缚,仍需与外国领事进行严重交涉。如1926年拆辟至安街为至平路,位于该路中段的福麟洋行便抗拒不拆,以致引起公愤。该案迭经汕头市两任市长范其务和张永福与英国领事展开严重交涉,仍未有结果。直到至安街全街两旁铺户均已遵照

---

① 《呈省政府呈报筹款辟筑外马路第三段暨割让福音医院院址交涉经过各情形请察核由》,《汕头市市政公报》第65期,1931年2月1日,第1页(栏页)。

拆卸完毕，福麟洋行仍违抗不拆。1928年黄开山接任以后，他一面与福麟洋行交涉，一面与英国领事展开非正式的磋商，最终商定由市政厅酌补地价每井250元并负责其应派筑路费，洋行则由业主自行拆卸，遵照市政厅规定修复完案①。

通过上述的讨论可知，汕头市政当局在推动城市规划路线的实施过程中，虽然存在诸多困境，比如在实施上却没有总体的计划、在征收路费上存在的问题、承筑工厂的施工问题，以及最为棘手的割让民业问题，但历任市长及其下属职员，大体上能积极寻求办法解决。即便是需要严重交涉的割让外国人产业，也都积极展开交涉。正因为有一套较为完善的市政制度，以及市长和职员的努力，汕头城市改造计划的道路规划，最终在市政当局自上而下的主导和控制下，得以大部分实施完成。

第三节　20世纪二三十年代旧商埠的改造

随着城市改造计划的实施，全市马路次第开辟，沿路两旁铺屋相应拆让和重建，汕头的城市风貌发生了显著的变化。十余年的城市建设，汕头逐步从新兴的通商口岸蜕变为繁华都市。如1934年一篇关于汕头的文章所称：

> 汕头在广东南部，可算是个繁盛的都市。它有着宽阔的马路，华丽庄严的立体建筑，炫耀夺目的电炬，风驰电掣的汽车；所谓都市的一切文明，在这儿已有可观了。虽然受了连年来潮梅各地农村经济没落，和海外商情不景气的影响，稍觉冷清；但内地所有游资，都向这里集中。因此，也就促成汕市畸形的

---

① 《笺函第59号（汕头市长致英领事函）》，1928年8月25日；《市政厅呈文第314号》，1928年8月31日，汕头市档案馆藏，卷宗号：12-12-71，第69—75页。

繁荣了。

……

　　至平路小公园一带地方，是汕市商业的中心。这里车水马龙，不绝地来去，而在夜里，更形热闹。有辉煌炫目五光十色的电灯，富丽堂皇的电影院，耸入云表的酒楼旅馆，规模宏大的百货公司，滚滚的人潮，烫得贴平的西装，油光的头发，鲜丽的旗袍，血红的嘴唇，粉白的脸蛋，袭人的肉香，而大公司的无线电播音机哼着南腔北调，小商店的留声机唱着潮曲外江，还有嘈杂的叉麻将声，淫荡戏谑的妮笑声，悠扬悦耳的丝管声，汽车的怒吼声和黄包车的铃声，喧闹在一起；使每个人都会目眩耳聋，魂消心醉哪！①

　　这段文字的描写或许存在夸张的文学手法，但其中述及的马路、建筑、汽车等城市风貌，以及电影院、酒楼旅馆、百货公司等近代商业文明，在汕头是确实存在的，且许多是在市政厅成立和城市改造计划实施之后陆续涌现的。这些都是彰显近代都市繁华的重要元素。

　　上文述及的"城市改造计划"，其重要内容之一就是对旧商埠的规划和改造。在规划分区方面，"划旧日中英续约所开之旧商埠，及沿海而东至新填市区为商业地区"，在改造方面则是选择重要街道拓宽，开辟马路，并修建广场作为交通汇集点。

　　汕头本是因商贸而起的小市镇，开埠以后，对外贸易和商业迅速发展，原先交易场所——闹市日显狭小，汕头埠的空间不断向西南面海坪拓展，并形成了繁盛商业地段，也即萧冠英所称的旧商埠。1921年汕头成立市政厅以后，市长王雨若已开始改良市政，旧商埠的改造自此开始，但是最初由于政事频仍而进展缓慢。1926年以后，城市改造计划开始实施，城市建设进程加快，旧商埠在统一规划之下也迅速变换新颜。以往狭窄的街道拓宽为宽敞的马路，并形成骑

---

① 霏曼：《汕头素描》，《新生周刊》第1卷第18期，1934年6月9日，第349—350页。

楼街区及系统性的道路网络；原先简陋的铺屋重建为新式屋宇，并饰有中西合璧的建筑样式；原本功能简单的"四永一升平"和"四安一镇邦"等商业区逐渐填充了新的都市元素，并发展为多元化的商业文化中心。

一　骑楼街区的形成

时至今日，汕头市仍保留着较大规模的骑楼街区，成为探寻和追忆民国时期汕头城市繁荣的物质"文献"。这一片骑楼街区的形成，得益于20世纪二三十年代汕头城市改造计划的实施。通过拆辟马路，汕头除了完成适应新式交通的道路和系统性的路网之外，还出现以骑楼建筑作为街道的组成形式。骑楼是近代东南亚地区和中国南方地区普遍存在的街道建筑形式，表现为一系列连续的有顶廊道，且在街道两侧的建筑底层建有连续廊柱。

骑楼最初出现于新加坡和槟城等地。早期新加坡华人居住的外廊式街屋，大多维持传统竹筒屋窄而深的形制。[①] 1822年，莱佛士在新加坡推行"市区发展计划"，其"条例"要求所有用砖或瓦建造的房子要有统一的立面，正立面要有一定深度的廊道作为连续和开放的通道，以确保沿街为公众提供廊道。这些规定可能缘于巴达维亚的华人中式店屋给莱佛士提供了效仿的原型，使他萌生了对沿街房屋的设想。这种带有廊道的店屋，随后在华人社会得到推广，建造技术和风格上也有了进一步的发展，[②] 其基本建筑形态是在不同文化渊源和相关规章制度的结合下逐步形成的。

英国人占领香港后，这种建筑形态不久便开始在香港岛出现，其较早的形式，可能是华人街区中一些商民在房屋立面违章搭建木

[①] 林冲：《骑楼型街屋的发展与形态的研究》，博士学位论文，华南理工大学，2000年，第85页。

[②] Jon S. H. Lim, "The 'Shophouse Rafflesia': An Outline of its Malaysian Pedigree and its Subsequent Diffusion in Asia", *Journal of the Malaysian Branch of the Royal Asiatic Society*, Vol. 66, No. 1 (264) (1993), pp. 47–66.

制阳台，侵占周围道路上方的空间。至1878年，香港殖民政府基于卫生和防火的考虑对建筑提出新的要求，规定此后所有阳台须用砖石材料，并沿着人行道用柱廊从底层支撑。① 随后，殖民政府更是通过批准建骑楼的手段，来规范业主在房屋中建造用于通风的开放空间。② 如此一来，不仅原先占街的违章建筑能合法地扩大到街道上空，而且骑楼也成了香港店屋常见的建筑形态。19世纪70年代以后，随着华商在香港地位的提升，他们所建的外廊越来越阔，甚至横跨人行道，并由此催生了相应的"骑楼规则"，使骑楼在修建、用途乃至形式、材料、构造等方面逐渐规范化。③

香港的骑楼及其相关规则，可能随着贸易往来及人员流动而传入华南地区，并产生了不同的发展机制。与此同时，我们也不应忽略沙面外廊式建筑的影响。19世纪末张之洞在广州筹议修筑长堤，最初虽然只是出于"弭水患而利民生"，然而在长堤修筑工程中，其目的及功能却被赋予了"与沙面媲美"的政治意涵及经济考量。④ 张之洞还提出"马路以内，通修铺廊，以便商民交易……马路三丈，铺廊六尺"⑤ 等意见。彭长歆据此认为，骑楼在广州的出现可溯源于张之洞修提出的"铺廊"模式，"从空间形态和使用功能来看，'铺廊'之于'行栈'与后来的骑楼显然没什么区别，惟尺度略狭而已"。他同时也指出，虽然张之洞获取过有关香港方向的大量信息，但将不应简单地把"铺廊"的空间原型归究于新加坡—广州或

---

① ［澳］巴里·谢尔顿等：《香港造城记：从垂直之城道立体之城》，胡大平、吴静译，电子工业出版社2015年版，第33—34页。

② David Faure, "The Verandah: Hong Kong's Contribution to a Southeast Asian and China-coast Urban Design", *Journal of East-Asian Urban History*, Vol. 3, No. 1, June 2021, pp. 139–160.

③ 黄素娟：《民国时期广州骑楼的规章与实践》，《学术研究》2013年第3期。

④ 杨颖宇：《近代广州长堤的兴筑与广州城市发展的关系》，《广东史志》2002年第4期。

⑤ 张之洞：《修筑珠江堤岸折》（光绪十五年七月初三日），载赵德馨主编《张之洞全集》第2册，武汉出版社2008年版，第208页。

香港—广州的线性传播。① 其实，当时骑楼建筑尚未广泛兴起，仅是一种铺屋建筑形式。广州与香港之间的经济和文化交流本来就很密切，广州的建筑形态直接模仿香港骑楼，或者间接地参考沙面租界区外廊式建筑的风格，也都是有可能的。另外，广州范围的许多民间建筑在建造时采纳的技术风格，乃至广州以外各地推行新政时新造建筑的风格，所受的影响往往是多元的。

有观点认为，中国近代骑楼主要受到两个层面的影响，其一是殖民外廊式建筑传入中国后，影响了传统建筑的形态，孕育出骑楼发展的可能性；其二是海峡殖民地推动骑楼政策的影响，并通过不同媒介移入中国，从而影响中国东南沿海地区的商业街屋的发展面貌和都市空间结构。② 也有观点认为，骑楼是近代岭南地区西式外廊样式与中国传统的民居形式相结合而成。③ 事实上，随着各通商口岸贸易网络的扩展，不同地方的建筑形态、风格乃至文化样式，都有可能经由人员、物资、技术的流动而播迁。作为条约体系中重要的通商口岸，汕头在城市样貌转变的过程中，也会受到海内外诸多因素的影响。

目前汕头与骑楼有的较早文献，是1908年刊于《岭东日报》的《巡警局干涉占碍街道示文》。文中说明，当时汕头官方管理机构——巡警总局具有管理全埠路政的职能和权力，对"各铺占街骑楼、猪栅、鸡笼各等项凡有碍道路应干涉"。④ 据此可知，至迟到光绪末年，汕头已有骑楼出现，但数量可能不多，大抵是沿街铺户占据街道建成的，这与香港商人占据官地兴建骑楼的方式相似。不过，汕

---

① 彭长歆：《现代性·地方性——岭南城市与建筑的近代转型》，第80页；彭长歆：《"铺廊"与骑楼：从张之洞广州长堤计划看岭南骑楼的官方原型》，《华南理工大学学报》（社会科学版）2006年第6期。
② 林冲：《骑楼型街屋的发展与形态的研究》，第66页。
③ 林琳：《港澳与珠江三角洲地域建筑——广东骑楼》，科学出版社2006年版，第48页。
④ 《巡警局干涉占碍街道示文》，《岭东日报》1908年8月7日第3版。

头巡警总局对骑楼的态度主要取决于是否有碍通行，香港殖民政府则重在扩大对骑楼的管理。

一张20世纪头十年由山口洋行发行的明信片展示了汕头商业街的图像，其中沿街建筑与骑楼大有关联。如图3-15所示，左边是联排建筑，其底层向里缩进形成廊檐，沿街一边有连续廊柱，各廊檐不相连通，没有形成可通行的廊道。这种建筑形式类似于槟城早期的商住楼。如图3-16所示，左边的联排建筑为槟城早期的商住楼类型，和图3-15左边的建筑相似，每间房屋建筑底层之间皆有隔板。莱佛士颁布立法之后，指定建筑物底层与街道或排水沟之间须留有5英尺宽的走廊，槟城的商住楼遂演变为图中右边的建筑类型。图3-15右侧白色的建筑，在形式上类似于槟城晚期商住楼，底层廊道虽较为狭窄，但似乎是可通行的。可见，当时汕头至少存在两种建筑样式，其中一种与东南亚早期商住楼类似，另一种可能是与光绪末年所谓的骑楼相似，这也反映了汕头的建筑受到不同地方的影响。事实上，当时汕头的洋楼，亦多采用殖民地外廊式建筑。当时人们的观念可能和广州类似，并没有严格区分外廊式和骑楼式

图3-15　汕头商业街早期景观（约1910年代）

资料来源：陈传忠编：《汕头旧影》，第29页。

建筑。在这种情况下，20 世纪头十年的汕头并没有形成骑楼街区，而是呈现多种建筑形式并存的商埠景观。

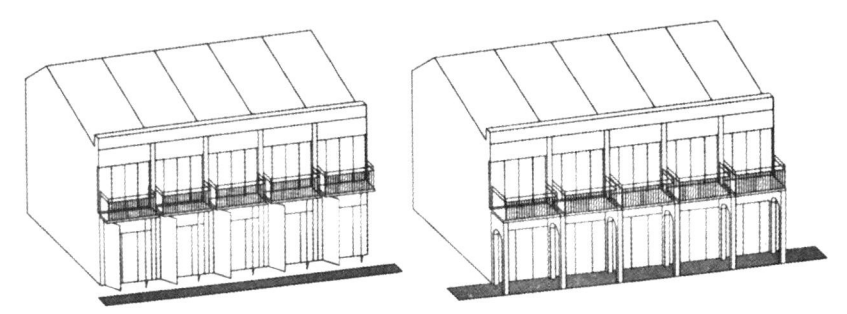

图2.11 槟城的商住楼——早期类型（左）和晚期类型（右）晚期类型遵循莱佛士的立法，指定在建筑物与街道/排水沟之间建造一个5英尺（1.5米）宽的走廊及人行道。

图 3－16　槟城商住楼

资料来源：［澳］巴里·谢尔顿等：《香港造城记：从垂直之城到立体之城》，第33页。

汕头在1921年成立市政厅以后，工务局已出台过沿街建造骑楼的规定。如第二章第二节所引的工务局布告，其中对第一公园前马路作出如下规定："兹本局预定计划，应由公园前面围墙中线起算，留14英尺作为马路路线外，再由各铺户起造八尺骑楼。[①]"工务局此举这可能是效仿了省城广州的做法。广州警察厅在1912年前后颁布了《省城警察厅取缔建筑章程及施行细则》，其中有关骑楼的条款有两条，主要规定凡是堤岸及各马路建造屋铺，均应在自置私地内留8尺宽建造"有脚骑楼"，且不能隔断和摆卖什物阻碍行人。[②]

由这些章程可看出，民国初年省城警察厅通过地方性法规加强对广州范围内的建筑管理，并有意推广沿街建造骑楼的政策。彭长歆指出，建造骑楼的规定一方面可以满足城市管理者对近代新式马路设计"中间车行、两侧步道"的要求，另一方面能够减少

---

① 《汕头市工务局布告第四号》，《汕头市市政公报》第2期，1921年5月9日，第30页。

② 《省城警察厅取缔建筑章程及施行细则》，载赵灼编《广东单行法令汇编》第5册，广州光东书局1921年版，第21页。

开辟马路拆让铺屋的赔付成本。此外,骑楼修饰拆让后受损的沿街立面效果良好,并经过东南亚华侨社会的检验。① 有意思的是,建造骑楼虽然是官方的规定,可民间却有权利选择遵行与否,或是如何落实官方的要求。不同商民自身条件不同,他们对建造骑楼亦有不同看法。总体而言,警察厅时期广州的骑楼数量应该没有官方倡导的那么多,主要集中在堤岸大马路,② 大规模骑楼的建造以及骑楼街的形成,要到1918年广州成立市政公所并拉开拆城筑路的序幕以后。

在广州市政公所颁布《圈用城基宅基地迁拆补偿费章程》中,有关收用民业和不补偿地价的规定受到商人的大力反对。市政公所被迫作出让步,一方面提高补偿,另一方面放宽建筑骑楼的限制,且明确表示放宽建筑骑楼是为了弥补割用铺屋的面积。③ 市政公所此举主要是为了谋求筑路的便利。因为开辟新式马路大多数情况下需征收沿路铺户的私有土地,而在马路两旁的公共步道上建筑骑楼,可以将步道上方的空间补还给铺屋被割的铺户。④ 这些准建骑楼之地称为骑楼地,一般需由铺户承领并领取执照确定管业,并依照土地价值缴纳一半的税额。⑤ 在随后约十年的时间里,广州市政当局出台了诸多与骑楼相关的政策,强制推行各马路的骑楼建设,使广州形成了马路骑楼如廊的城市景观,成为一时之风潮。省内其他城市和市镇也开始推广骑楼建筑,岭南城乡出现了泛骑楼现象。⑥ 值得注意的是,在广州由官方推行的骑楼建设,在省内其他地方普及时,却产生了不同的机制。

---

① 彭长歆:《现代性·地方性——岭南城市与建筑的近代转型》,第80页。
② 黄素娟:《民国时期广州骑楼的规章与实践》,《学术研究》2013年第3期。
③ 黄素娟:《从省城到城市:近代广州土地产权与城市空间变迁》,社会科学文献出版社2018年版,第181—182页。
④ 参见周祥《广州城市公共空间形态及其演进(1759—1949)》,第259—260页。
⑤ 《令知骑楼地得声请为所有权登记及其征税估计办法(附原呈)》,《广东省政府公报》第401期,1938年4月30日,第58页。
⑥ 彭长歆:《现代性·地方性——岭南城市与建筑的近代转型》,第83页。

上述汕头在 1921 年辟筑第一公园前马路时规定起造骑楼，可以说是市政当局较早出台的骑楼政策，只不过骑楼并未得到推广。同一年开始辟筑的升平路，是当时汕头重要的商业街，在拓宽之后实现车道和步道分流，步道靠车道的一边按间隔植树。随后萧冠英等人在制订城市改造计划时，也没有设计在步道建造骑楼，而是像升平路那样，在步道与车道分界的阳沟按 40 英尺的间隔植树。① 显然这种样式更符合市政当局对新式马路的设想，沿街建造骑楼甚至一度被禁止。这也使民间有了不满的声音，并提议马路步道需加建造骑楼。② 1925 年，范其务等人在修改城市改造计划时，对步道的设计仍沿用原先植树的方案。③ 然而，在城市规划实施过程中，这种设计没有得到严格的遵守和重视，道路宽度规定虽受到官方的重视，但也能在民间的要求下做细微的调整。随着各马路的开辟，骑楼逐渐受到青睐，成为汕头民间应对旧商埠改造及拆辟马路时所采用的策略。因为从民间的角度看来，建造骑楼一方面可以减少拆让房屋带来的损失和获得不到上方的空间，另一方面也有营商获利和炫奇的效果。如此一来，汕头商民成为汕头推广骑楼建设的主要力量，不同马路在开辟时还产生了竞相效仿的现象。

如 1928 年开辟国平路的时候，就有名利轩等商户向市政厅提出依照至平路先例，将道路两旁铺户改作骑楼式建筑，④ 但此次提议没有获准。国平路开工的次月，国平路筑路委员会主任洪勉之向市政厅呈文，称之前划升平、永平、同平等道路的时候，虽然辟有步道，却没有盖建骑楼，导致市场交易甚为不便，行人往来生

---

① 萧冠英编：《六十年来之岭东纪略》，第 124 页。
② 林国亮：《汕市马路步道应加建骑楼的提议》，《商学月刊》第 38 期，1925 年 4 月 30 日，第 12—13 页。
③ 《汕头市市政厅改造市区工务计划书》，汕头市档案馆藏，卷宗号 12 - 12 - 41，第 29 页。
④ 《名利轩等商号呈状》，1928 年 11 月 6 日，汕头市档案馆藏，卷宗号：12 - 12 - 24，第 73 页。

其抱憾，后来至平、安平、居平等路拆让的两旁铺户业主鉴于升平等路的不完善，乃向市政厅请准建造骑楼。当时的国平路已定为 40 英尺，如果改建骑楼，按市政当局的要求，需增加路线宽度。洪勉之为此提出愿意再将步道内的墙基拆入 1 英尺，共成 8 英尺以作骑楼，全路宽度合成 42 英尺。① 市政当局并没有同意洪勉之等人的请求，而是提出马路需 47 英尺方准建造骑楼。② 洪勉之等人只能再次让步，征求两旁大多数铺户的意见，并向市政当局表示愿意两边各拆入 3 英尺以符合 47 英尺准建骑楼。然而，国平路改建骑楼一事因市长陈国榘和该路较有势力的铺户徐子青等人的反对而几经挫折，洪勉之等人一度将请求改建骑楼的呈文递交至省建设厅。洪勉之等人之所以执着于改建骑楼，是因为与原先开辟 40 英尺马路且不准建骑楼的方案相比，改建骑楼较为有利。如图 3-17 所示，A 为最初的设计方案，B 洪勉之等人提出拆入 3 英尺半之后的方案。可见，即使拆入 3 英尺半建造 8 英尺骑楼，也只相当于损失铺屋首层 3 英尺半的进深，却比原先多得到 4 英尺半宽的步道上方空间，同时还能随楼层的增加而获得更多建筑面积。

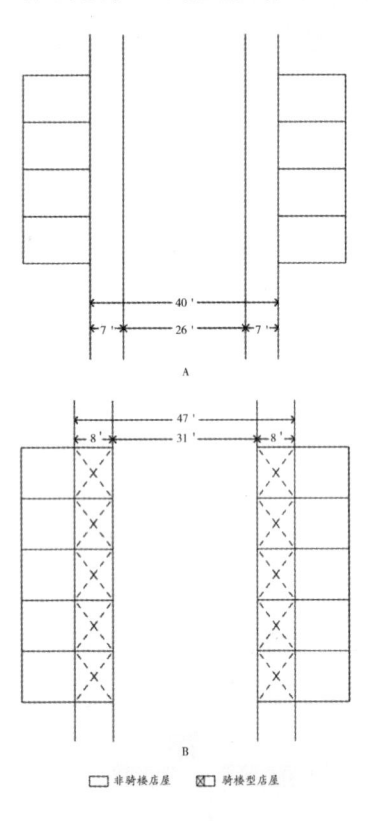

图 3-17

资料来源：根据汕头市拆辟马路、骑楼相关章程及国平路筑路委员会呈文绘制。

① 《国平路筑路委员会呈文》，1929 年 1 月，汕头市档案馆藏，卷宗号：12-12-31，第 97—100 页。
② 《市政厅指令第 1094 号》，1929 年 2 月 4 日，汕头市档案馆藏，卷宗好：12-12-31，第 108 页。

陈国絜的继任者许锡清，仍没有同意洪勉之提出的第二次方案，并以避免产生纠纷为由反对建筑骑楼。① 有意思的是，到了1931年6月黄子信接任市长之后，在任期间正式核准建造骑楼，② 并采取折中的办法，即支持建骑楼的铺户领照改建骑楼，反对建骑楼的铺户不必改建。

国平路的例子提醒我们，汕头市骑楼街的兴建，大抵是在"民间呈请，官方批准"的模式下进行的。当市政当局需要利用民间的力量和资本实施城市规划及开辟马路的市政建设工程时，不得不在一定程度上考虑民间的意见。因此，在1926年城市改造计划实施之后，汕头商民面对市政当局迅速进行的开辟马路工程，更加认识到修建骑楼所带来的利益。于是，他们运用符合市政话语体系的要求呈请建造或改建骑楼，使沿街修建骑楼成为拆辟马路的主要模式，汕头也由此而形成了大规模的骑楼街区。

通过对20世纪三四十年代绘制的汕头市地籍图进行详细考察，可知当时汕头市的骑楼建筑如图3-18所示。由该图可见，在汕头旧商埠区，除了洪勉之所说到的升平、永平、同平等因开辟较早未建骑楼外，其他在城市改造计划实施后开辟拓宽的马路，大多沿街建筑骑楼，如安平路、居平路、商平路、至平路、德兴路、镇邦路、永泰路、海平路、国平路、旧公园前路、五福路等，以及福平路、杉排路、外马路、西堤路、升平路部分路段。

这些骑楼街使得汕头城市的风貌大为改善，且极具特色。1947年方逊生在论述汕头市政时提到安平路的街道特点时称：

> 所改辟的安平路（原名至安街），所有铺屋，规定一律建筑三层半楼房，铺面一律建筑骑楼，全部外观同一形式，同一色

---

① 《呈复建设厅国平路如建骑楼必生纠纷谨陈纠纷原因请察核由》，《汕头市市政公报》第48期，1929年9月1日是，第101页。
② 参见《布告国平、镇平两旁铺屋限于一星期内迅速来府缴交骑楼地价由》，《汕头市市政公报》第81期，1932年6月1日，第12页（栏页）。

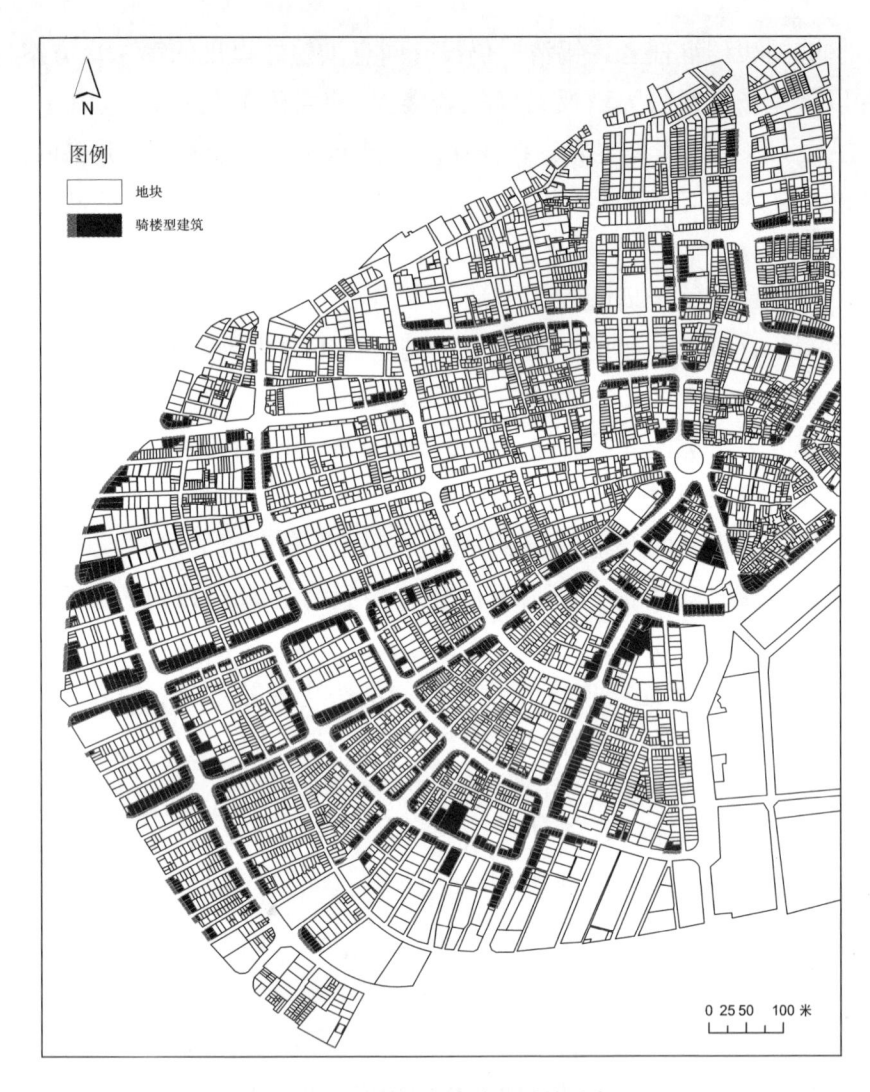

图 3–18 汕头市旧商埠区骑楼分布图

资料来源：以汕头市地籍图和房地产档案资料绘制。

彩，极其可观，不过日久其间有的稍为改变旧观了。①

---

① 方逖生：《论汕头市的市政》，《市政评论》第 9 卷第 2—3 期，1947 年 3 月 1 日，第 21 页。

显然，统一观瞻是当时汕头骑楼街的重要特点之一。不过，方逊生所称街道存在错误，安平路为拆辟镇邦街、新康里直街及和安街而成，2210 英尺，宽 47 英尺，为当时汕头较长的骑楼马路之一。至安街拆辟后称为至平路，全长 1560 英尺，宽 47 英尺。图 3-19 和图 3-20 所展示的是 1940 年和 20 世纪 50 年代安平路的街景。图 3-19 所示安平路均为清一色的骑楼建筑，各骑楼立面上大同小异，各具特色。如果方逊生文中确指安平路，那可能是其描述存在文学夸张成分，或者是虽然存在他所说的情况，但随着时间的推移，部分业户加建了骑楼的层数或更新了骑楼的沿街立面。再如图 3-20 所示，虽然照片主要拍摄的是"安平路花纱布公司"，也展现了安平路的部分街景。从照片可见，安平路上段均是统一立面和高度的骑楼建筑，较为符合上文方逊生的描述，但结合方逊生和图 3-19、图 3-20，也可发现安平路骑楼街既统一又多元的风貌。图 3-21 的拍摄位置是一个 T 字形路口，当时至平路仅与德兴路和商平路两路相交呈 T 字形路口，这两个路口都位于至平路的中段，可推知图 3-21 展示的应该是至平路中段的街景。如图中所示，至平路两旁皆是整齐划一的骑楼建筑，且骑楼沿街立面采用相同的样式。如果方逊生文中的刊物指的是括号中的"原名至安街"的话，那么改辟后的至平路，确与"同一形式，统一色彩"的特点相符。

由此看来，连续的骑楼和大致整齐划一的建筑立面，可以说是当时汕头市政当局对旧商埠进行规划和改造后所形成的城市样貌。改造的成功除了民间力量的推动以及官方的主导外，还有一个很重要的因素便是汕头市政当局对建筑的管理。20 世纪头十年，汕头埠建筑的管理和报建由警察厅负责。1921 年汕头市政厅成立后，该职能归并到市政厅所属的工务局中，行政上更加统一，也更为专门化和细致化。与此同时，市政当局还颁布了《汕头市市政厅取缔建筑暂行章程》，进一步确立了较为完善的"报建制度"。该制度是中国城市近代转向的重要内容之一，不仅对城市建筑产生重要影响，也约束着城市空间景观的变迁。正如上述建筑章程的规定所称：

图 3 – 19　汕头安平路（1940 年）

资料来源：陈传忠编：《汕头旧影》，第 77 页。

图 3 – 20　汕头安平路花纱布公司（20 世纪 50 年代）

资料来源：陈传忠编：《汕头旧影》，第 89 页。

　　凡市民之建筑物，无论新建或改造，均须先到本局领购报勘图说，依章绘成图样，填注尺寸及说明。于兴工前七日赴局报告，以便派员查勘核准，给照开工。若隐匿不报，违章私行建筑或自由改造者，一经查觉，除饬令停工报勘外，并照章取罚。惟旧屋改造，如因墙壁危险，得先行拆卸，仍一面照章报勘。①

　　可见，在市政厅成立以后，官方进一步加强对城市建设的管理，对报建图样提出了详细的要求，对建筑缴费领照的规则也做出了明

---

①《汕头市市政厅取缔建筑暂行章程》，载汕头市政厅编辑股编印《新汕头》，第 130 页。

图 3-21　汕头至平路（20 世纪 20 年代末）

资料来源：陈传忠编：《汕头旧影》，第 37 页。

确的规定。此外，章程中还对各类建筑的形式和方法做出了相应的规定和限制，这也使得汕头市的各类建筑行为（尤其是私人建筑行为），很大程度上受到政府的管理和约束，更符合城市建设发展的统一要求。也正因此，才能在开辟马路之后出现连续和整齐划一的骑楼建筑。这些骑楼建筑较为完整地覆盖了当时改造后的旧商埠区的环形放射状的主要交通干道，成为当时的重要商业街。为了更好地理解这一过程，我们进一步对汕头旧商埠区的建筑情况进行考察。

在城市规划及开辟马路实施的过程中，大量沿街的建筑重新修建，汕头的城市建设进入一个兴旺的阶段。20 世纪 50 年代，汕头市政府对当时汕头房地产情况进行重新登记，对每栋建筑的情况也做了调查。在目前所能获得的资料较为有限，仅能收集到汕头旧商埠区的 3000 多宗房地产信息，这些房地产信息大致覆盖了汕头旧商埠区的主要街区，占该区总数约 37.5%。利用这些信息进行统计分析，虽无法全面探究汕头旧商埠区的建筑情况，但仍能了解其大致情况及发展趋势。将这些房地产信息进行统计，可得出汕头旧商埠主要街区

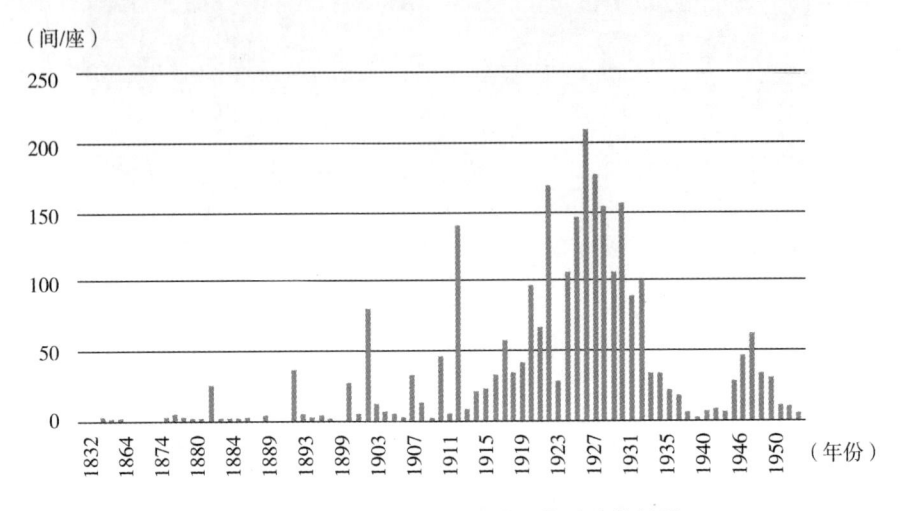

从 19 世纪下半叶到 20 世纪中期的建筑数量统计图。

图 3-22　汕头市旧商埠区主要街路建筑数量

资料来源：根据汕头市房地产档案馆资料绘制。

表 3-3　　　　　　汕头旧商埠区主要街路建筑情况　　　　　单位：（间/座）

建筑时间	数量
1832—1907	295
1908—1920	524
1921—1925	517
1926—1939	1113
1940—1949	223

资料来源：根据汕头市房地产档案馆资料统计。

如图 3-22 所示，1902 年和 1912 年建成的楼屋存在一个可观的数量，分别是 87 间和 140 间；随后在 1912—1920 年，建成的楼屋数量都是几十间不等，其中 1918—1920 年这几年间建成的楼屋较多，这可能与 1918 年的地震有关，当时（1918 年 2 月 13 日）震中烈度为 10 度，汕头市区震动历时 20 分钟，塌屋百余间。① 1921 年以后，

----

① 广东省汕头市地方志编纂委员会编：《汕头市志》（第一册），新华出版社 1999 年版，第 93 页。

除了1923年存在一个低值外，建成的楼屋数量稳步上升，并在1926年达到峰值210间（座），随后有所回落，但直至1931年以前，数量都保持在100间（座）和150间（座）上下。可见，在城市改造计划开始实施以后，汕头的楼屋建设进入一个高峰期。1933年至日本攻占前夕，建筑的数量迅速下降，从34间（座）跌至6间（座）。这一方面是受1933以后汕头金融危机的影响，另一方面与这时期许多新建设都集中在崎碌地区有关。1945年汕头光复之后，新建楼屋的数量又有所回升，但效果并不明显，只在1947年达到63间（座）的数量，其他时间都是50间（座）以下。

再将不同时期的建筑数量按照一定的时间加以分段统计，其结果如表3-3所示。据此可知，在20世纪50年代的统计中，从开埠至光绪末几十年间所建的楼屋，存有295间（座）。从设立警局至建立市政厅之前的十余年间，所建楼屋存有524间（座）。从设立市政厅至城市计划改造前，虽仅三四年，但此期间内新建楼屋所存数量颇为可观，达到517间（座），其中应该包括大部分在地震和风灾之后重建的房屋。值得注意的是，在1926年城市改造计划开始实施至日本攻占之前这段时间内，所建楼屋存有数高达1113间（座），可见城市建设十几年间的进展速度之快。随后抗战时期至1949年，新增建筑的数量都较为有限，存有量自然不多。此外，需指出的是，以上由于缺少商平路、永平路等新辟道路的数据，本统计结果具有一定的局限性，实际情况要比现在有限的统计结果高。

将前4个时间段有关建筑的统计关联到地籍图上，可呈现其分布情况如图3-23所示。由此图3-23A看来，建于1907年以前的楼屋，主要集中在永泰街上段、金山二横街、福安街和新康里一带，这些街道大抵都属于较为狭小的内街，可能民国时期都未曾进行改造。再由图3-23B可见，建于1907—1920年的建筑，主要集中在升平路中下段、永安街、永和街和阜安街一带，结合上面图3-22这段时间内每年的建筑数量，可以推测这些地段应该在20世纪头十年已开始逐渐兴旺。图3-23C呈现了建于1921—1925年的楼屋的

图 3 - 23　汕头旧商埠区主要街路建筑时序分布图

资料来源：以汕头市地籍图和房地产档案资料绘制。

分布情况，总体上较为分散，如在升平路、安平路下段，至平路下段等地方，在旧公园前一带则较为集中，其中升平路或至平路等路下段，可能是一些篷屋被"八二风灾"毁坏之后进行重建的楼屋。至于1926—1939年间新建的楼屋，如图3-23D所示，大多分布在新开辟的马路，如永泰路、安平路的沿街建筑，几乎是在这一时期建造的；至平路、永安街下段、潮安街下段的大部分沿街建筑，也在这一时期建筑完工。这些建筑的分布大体上也与图3-18的骑楼街分布相一致。可见，由于开辟马路的影响，沿街两旁建筑须拆让退缩重建，汕头城市也因这些新建铺屋而变换旧貌。

经过这一番改造之后，不只是汕头城市的空间形态的平面发生了变化，城市的沿街里面及天际线也由此发生了改变。将房地产卡面所载每座建筑的层高信息，与地籍图相关联，可得民国时期汕头旧商埠区的建筑层高如图3-24所示。需要指出的是，在房地产卡片中，有关建筑物层数存在二分之一层、三分之一层和四分之一层等记载，兹为方便起见将这些不足一层的统称为半层。对比图3-23和图3-24可见，因拆辟马路而在1926—1939年间建造的楼屋，大部分具有2层半以上的楼高。如新开辟的永泰路，沿街两旁的骑楼建筑大多都在2层半到3层的高度；新开辟的安平路，沿路两旁的骑楼多在3层半至4层，其中位于安平路头的南生公司，甚至达到7层楼高，是当时汕头最高的建筑；再如新辟的至平路和德兴路，沿路两旁的骑楼建筑也多在2层半至3层和3层半至4层的高度，其中德兴路和至平路的交叉路口，有高达4层半至5层的骑楼建筑。此外，一些不属于新辟马路的内街，沿街两旁楼屋在新建的时也加高层数，如永安街中段数间在1926年后新建的楼屋，建筑高度也在3层半到4层之间，升平路下段部分在1926年以后兴建的楼屋，建筑高度多在2层半和3层，比该路中段的1层半至2层高；再如棉安街和吉祥街下段，也都在1926年后建造2层半至3层的楼屋。

由此可见，汕头市在建立市政厅以后，尤其是在1926年城市改造计划实施以后，开始大规模拆辟马路，沿街两旁的建筑也随之或拆让或重建。在这个过程中，汕头市旧商埠区不只在平面格局得到改良，城市的沿街建筑和天际线立面也由此发生显著变化，2层半以上的楼屋充满着汕头的大街小巷，3—4层的建筑也连续排列在主要的交通干道，这些大街小巷和交通干道又是当时汕头重要的商业街，与以往的城市景观相比，可谓焕然一新。

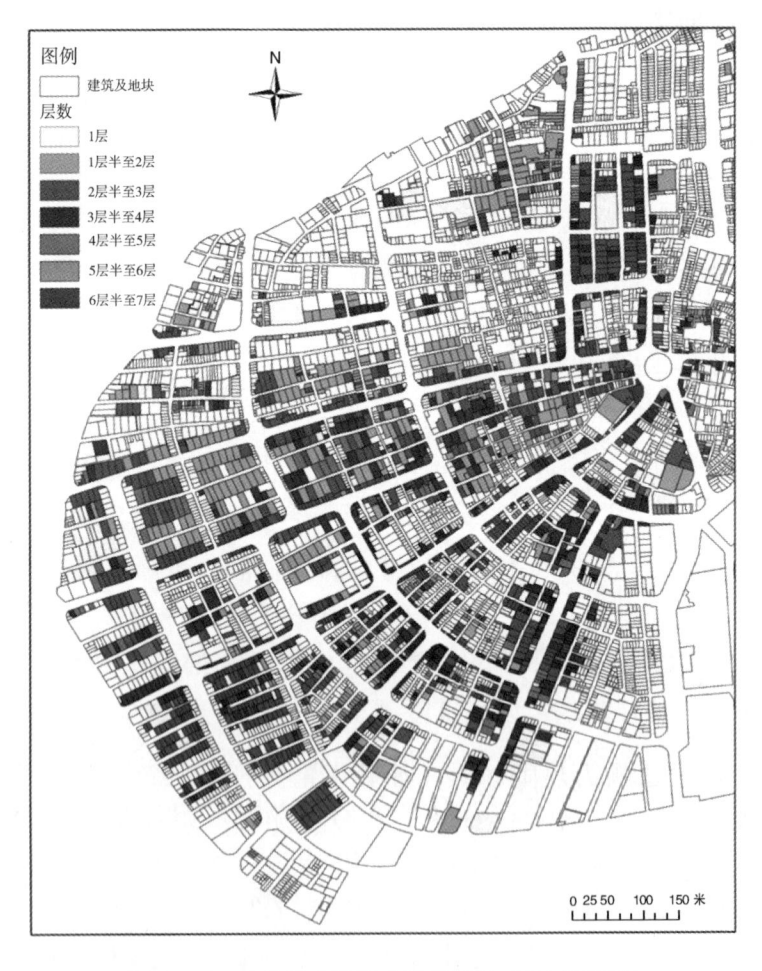

图 3-24　汕头旧商埠区建筑层高图（参见彩图 9）

资料来源：以汕头市地籍图和房地产档案资料绘制。

二 "四安一镇邦""四永一升平"和小公园

"四安一镇邦"是指镇邦街和四条街名次字冠一安字的怀安、棉安、怡安、万安等街道,其中镇邦街下段在1926年之后改辟为镇邦路。"四永一升平"是指升平街和四条街名首字冠一永字的永安、永和、永兴、永泰等街道,其中升平街在1922年改辟为升平路,永泰街的下段在1926年之后改辟为永泰路。小公园是因1926年汕头城市改造计划在原有放射线道路的交会处设计圆圈式马路,并在中心建街心广场,随后又改为建造中山纪念亭而成。辟筑马路和建造中山纪念亭肇始于20世纪20年代末,完成于1934年前后。后来又常称小公园一带,乃因为圆圈式马路和小公园修建之后,此处成为连通原汕头西部商业中心和汕头东部崎碌地区的重要交通节点,带动了周边商业的发展,成为当时最为繁盛的地段。在地理空间上,"四安一镇邦""四永一升平"和小公园一带三个地段并非截然分开,而是相互连通的,均为20世纪二三十年代汕头的核心商业地段,其中又以"四安一镇邦"和"四永一升平"率先发展起来。或者应该说,20世纪之交,"四安一镇邦""四永一升平"已发展为汕头重要的商业地段,20世纪20年代以后,因拆辟马路和新建楼屋的关系,这两个地段的商业和文化功能更加丰富,成为民国时期汕头的都市新元素的汇集地。

从第一章第三节的论述可知,在20世纪前二十年,"四永一升平"地段已颇为热闹,据《汕头事情》所载,该地段汇集着棉纱、米谷、杂粮、绸缎、油类、药材、洋药、火柴等批发商和零售商,总计有中国商户115家。与之相比,"四安一镇邦"地段各行业中属于中国的批发商和零售商较少,计有米谷1家、杂粮5家、杂货8家、绸缎7家,中国酒2家、油类1家,抽纱2家,洋药1家,火柴1家。[①] 值得注意的是,《汕头事情》一书中所载录

[①] 在汕頭日本領事館編『汕頭事情』、32—35頁。

的 14 家外国商店，大部分聚集在"四安一镇邦"，其情况如表 3-4 所示。

表 3-4　　　　　　　　　　汕头外国商店

名称	国籍	种别	名称	国籍	种别
德记洋行	英	船舶、代办、仲买、进出口业	新昌洋行	德	代办业兼进出口业
怡和洋行	英	同上	台湾银行	日	银行业
太古洋行	英	同上	三井洋行	日	进出口业
Care Ramsey	英	代办业兼进出口业	顺天堂	日	杂货及药零售
源顺公司	英	代办业兼进出口业	广贯堂	日	卖药及杂货零售
维记公司	英	进出口业、仲买、代办业	幸阪洋行	日	食料品、杂货、卖药、兼旅店业
吓林公司	英	杂货零售业	东隆昌洋行	日	卖药及杂货零售
元兴洋行	德	船舶、代办、仲买、进出口业			

资料来源：在汕頭日本領事館編『汕頭事情』、35 頁。

由此表看来，当时汕头的外国商店以英国商人和日本商人经营的居多，种类远没有中国商店丰富，主要集中在船舶、代办、掮客和进出口业等行业，另有日本商店则兼及杂货、药品、食品等，总体来说经营的种类较为有限。此外，除了商业方面之外，作为当时重要的通商口岸，金融业在 20 世纪头十年初也占有重要位置。同样在《汕头事情》一书中，载录有银庄 21 家，资本额在 8 万—20 万元不等，其中 20 万元 2 家，150 万元 3 家，120 万元 1 家，110 万元 1 家，100 万元 9 家，80 万元 3 家，50 万元两家[①]，这些银庄均由中国商人经营，与商店的分布情况一样，主要聚集于"四永一升平"，他们主导着汕头埠市面的交易，深刻地影响了商业贸易的兴衰。

《汕头事情》所载录的商店和银庄，一定程度上代表了当时日本人的视角。他们所重视的大多是与对外贸易相关，而对于一些负责国内贸易和一些本地行档则有所忽略。直至 1923 年安重龟三郎编写

---

① 在汕頭日本領事館編『汕頭事情』、45 頁。

《华南汕头商埠》，才有对汕头埠各行档的记载。这些记载和统计，大部分与1921年由马育航等人编写的《汕头近况之一斑》相同。在《汕头近况之一斑》中，汕头埠营业行档的情况如表3-5所示。

表3-5　　　　　　　　　　汕头商埠营业行档　　　　　　　　　单位：家

类别	数量	类别	数量	类别	数量	类别	数量
汇兑银庄	35	银行业	96	轮船行	48	米行	30余
绸缎布行	40余	新衣店	30余	苏广洋货行	30余	药材行	50余
熟药店	数十	西药房	十余	纱棉行	20余	天津酒行	十余
富按押行	11	金银首饰店	13	糖行	40余	杉行	十余
生果行	20余	汉口麻苎杂货行	8	火柴行	30余	面粉行	20余
柴炭行	十余	油行	十余	纸行	4	色纸薄札店	20余
鞋店	十余	铁行	4家	麻袋行	十余	图数局	6
漆油行	十余	瓷器行	20余	旧衣店	数家	灰砖店	十余
海蜇行	5	土器家私店	7	颜料行	十余	土靛行	3
生猪行	4	猪屠店	数十	牛屠	2	鲜鱼行	15
京果鱼脯杂货行	十余	京果店	40余	蚶行	7	鸡鹅鸭行	4
咸鱼行	4	香港海味行	十余	土酒行	数十	鸡卵店	20余
甜料制造栈	十余	饼食甜料店	数十	南北港食料用物店	数十	洋菜食品用物店	数家
暹商公所	数十	南商公所	数十	南郊公所	数十	南批局	数十
佣行	数十	经纪店	十余	旅馆	数十	酒菜馆	9
制造罐头食品公司	6	抽纱公司	10	建造工厂木匠店	数十	制铁器工厂	4
制藤家私器具工店	3	制铜器工店	十余	制锡器工店	十余	制玻璃工厂	3
制洋式砖厂	2	制麻绳工厂	数家	染衣店	十余	制缝衣服工厂	数十
油漆工匠店	十余	各国洋行汽船公司	7	外国煤油栈池	3		

注：书中有关行档还记录有潮汕铁路公司、招商局轮船公司、自来水公司、本埠电灯公司、汕樟轻便公司等交通行业，本表从略。

资料来源：马育航等编：《汕头近况之一斑》，1921年版，第12—17页。

由上表看来，直至1921年以前，汕头埠的营业行档的种类已颇为丰富，其中商业行档有60多种，工业也达15种。唯表中的数量很多没有确切数字，如将十余取作 15 计，数十取作 50 计，可估算其总数有 1500 多家，足见当时汕头埠的商业情况已颇具规模。再对《华南汕头商埠》书中所载的"各街主要商业便览"进行整理，可得表 3-6。

表 3-6　　　　　　　　　　各街主要商业便览

街名	主要商业	街名	主要商业	街名	主要商业	街名	主要商业
第一津街	洋杂货	育善街	外人商店、洋服装	镇邦街	洋杂货、客栈	仁和街	洋杂货、客栈
德里街	杂货商	怀安街	料理店	怡安街	家具商	至安街	锡细工商、客栈
德安街	仓库	棉安街	仓库	吉安街	仓库	永兴街	药材卸商
永泰街	汉药卸商	永和街	米商、铁材商	升平街	干果、（食料品类卸）	通津街	酒商
潮安街	干果	荣隆街	干果	杉排街	杉丸太、左官	新潮兴街	鸡鸭商
新康里	粗制家具、料理屋	双和市	日用食料品	福安直街	杂货商	金山街	青果商
行署前街	饮食店	新马路	织袜、织布				

资料来源：安重龟三郎『南支汕頭商埠』、47—49 页。

需要指出的是，表中仅是简要地列出某一街道的主要商业，事实上每一街道的行业并非如此单一。这 26 条街道，在安重龟三郎看来，应是当时汕头大部分商号所在的繁华地段。其中就包括"四永一升平"和"四安一镇邦"，即便如仁和街、通津街、新康里、新潮兴街、福安直街、德里街、至安街，等等，也都在"四永一升平"和"四安一镇邦"附近。由此可推测，《汕头近况之一斑》所载的 1500 多家商号，有绝大多数分布于表 3-6 所列出的 26 条街道之中。"四永一升平"作为在 20 世纪头十年初便已汇集中国人商店的主要地段，至 1920 年前后仍保持其已有优势。到了 20 世纪 20 年代城市改造计划开始实施之后，"四永一升平"和"四安一镇邦"的商业情况也随之显著发展，并在 20 世纪 30 年代初达到了鼎盛阶段。

1933 年，谢雪影参照上海的城市指南，编著《汕头指南》一书。当时他已主持《汕报》的专访部近 5 年，对汕头的情况颇为了解。《汕头指南》的大纲分为汕头概述、内外交通、汕头生活、文化事业、海关、公用事业、公益事业、机关团体、汕头建设、工业、商业、税捐条例、潮州各县概况、杂件附录等14篇,其中以汕头生活及工商业等内容最为详细,记载了全市的商号名称和地址。[①] 该书资料大部分是作者的调查记述,其余部分则采自报刊,足以反映当时的实际情况。根据该书的统计,汕头总计有商号3873家,按照当时汕头市的分区,其分布情况如表3-7所示。

表3-7　　　　　　　汕头各分局商店统计表　　　　　单位:家

经营种类	各区域数量						
	第一分局	第二分局	第三分局	第四分局	第五分局	第六分局	总计
酒米店	12	38	82	72	19	3	325
食物店	79	9	33	43	13	0	177
新旧做衣店	35	28	8	11	0	0	76
金银钱店	95	44	17	13	0	0	169
金饰物	2	9	1	16	0	0	28
木器家私	27	10	41	29	1	0	108
中西药材行	90	30	34	31	6	2	193
书籍文具及纸料	26	7	6	5	2	0	46
洋货店或公司	79	20	25	6	2	0	132
绸缎布匹	35	15	5	3	2	0	60
京果海味什货	42	2	63	23	18	0	148
杉木店	16	5	24	22	5	0	72
铜铁什货点	35	8	30	24	4	0	101
旅馆	67	65	9	4	1	0	146
茶楼酒楼	21	13	6	6	0	0	46
用具玩器店	36	1	21	31	1	0	90
烧腊铺或屠猪牛房	40	6	22	34	16	1	119
蔬菜瓜豆等	45	0	17	40	13	0	115
油糖豆行	33	18	27	5	0	0	83

---

① 谢雪影编:《汕头指南》,1933年版,第4页。

续表

经营种类	各区域数量						
	第一分局	第二分局	第三分局	第四分局	第五分局	第六分局	总计
咸货点	4	0	8	15	0	0	27
猪牛羊鱼棚等	25	0	18	30	0	0	73
整容理发店	29	16	20	24	10	0	99
影相镶牙	14	10	1	7	1	0	33
医院医馆或医所	13	12	3	17	0	2	47
柴炭店	20	4	34	47	12	0	117
糕饼店	15	4	12	17	2	0	50
竹器店	12	0	34	22	0	0	68
鞋履帽等	19	22	16	11	4	0	72
印章印刷	13	12	5	3	0	0	33
仪仗店	2	0	1	2	0	0	5
电器店	6	4	4	3	3	0	20
果栏或茶栏	18	0	24	0	7	0	49
其他	930	0	13	3	0	0	946
总计	2034	388	655	641	147	8	3873

注：表中各分局指当时汕头市划分的六个区。
资料来源：谢雪影编：《汕头指南》，1933年版，第12页。

由表3-7来看，20世纪30年代初汕头的商号在经营种类上有30多种。除了"其他"一类以外，各经营种类中以酒米店的数量最多，达325家，其次又以食物店、金银钱店、中西药材行、洋货店或公司等种类占大多数，均在150家以上。各商号在分布上，又以第一分局的种类最全，数量最多，该分局具备所有经营的种类，除了酒米店和京果海味什货外，其他种类在数量上大多比其他分局多。此外，第三分局和第四分局的商店总数也颇为可观，有600多家，而第二分局则接近300家。各个分局系按当时公安局的管辖区域划分的，据《潮梅现象》所载：

  第一分局之管辖，为升平路以东，镇邦街以西，第二分局管辖为镇邦街以东，招商路以西，第三分局管辖升平路与福平路以西，及乌桥同济地一带，第四分局管辖为招商路以东，公园路以西，第五分局管辖为公园路以东，至吴家祠及华燕坞路，第六分局管辖为礐石蜈田上人家乡等处。①

此划分情况正好与一幅1932年汕头城市地图所标注的情况相符。如图3-25所示，蓝色部分即为第一分局，主要包括"四永一升平"、安平路、益安街、吉安街、新潮兴街、德里街、仁和街等地段；红色部分为第二分局，主要包括"四安一镇邦"、棉安街、德安街、德安后街、万安街、至平街、怡安街、育善街、外马路西段、招商路等地；浅粉色为第三分局，主要包括通津街、潮安街、荣隆街、杉排路、五福路、金山街以及乌桥同济地一带；紫色为第四分

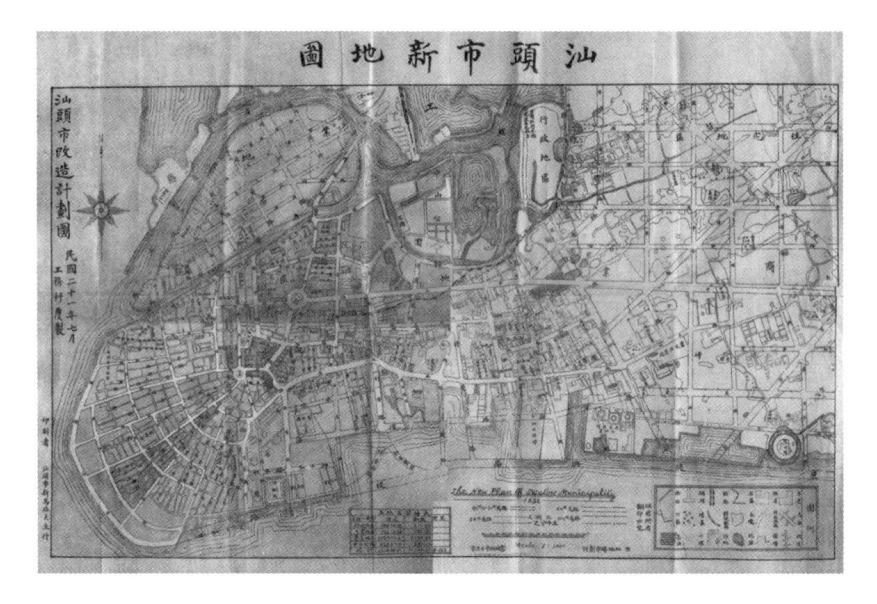

图3-25 汕头市新地图（参见彩图10）

资料来源：《广东东区绥靖委员公署令发中山公园至护堤公路架设木桥及架设过程一切文件（卷二）》，汕头市档案馆藏，卷宗号：12-12-038。

① 谢雪影编：《潮梅现象》，第151页。

局,主要则包括福平路、新马路、中马路,中山路东段,内马路、外马路中段等地段,是施行市政以后发展起来的新区。绿色部分为第五分局,主要包括中山路西段、外马路西段、新兴路和共和路、主要干道较少,以住宅偏多。

从汕头的发展进程来看,第一分局、第二分局、第三分局乌桥以南一带,都是在开埠以后就开始迅速发展起来的。这部分区域在19世纪末20世纪初划分为东、南、西、北四社,当时汕头埠巡警亦按此划分管理。1921年汕头设立市政厅,原先警察厅的划分管理,随后逐渐演变为六个分局。其中第二分局较早发展起来,因汕头开埠后对外贸易迅速增长,而"四安一镇邦"等地位于汕头埠南岸,靠近轮船海路,建有大量堆栈和码头,率先成为热闹场所。随着商业贸易的丰富和完善,第一分局亦得到发展,其中南北货物运输、批发、二盘商较集中的"四永一升平",逐渐成为繁盛地段,并在此后一直保持着商业活力。第三分局乌桥以南部分,包括潮安街、杉排街、荣隆街等地,因靠近内河出海口而得到发展。譬如将潮梅地区土货出口至东南亚的南商业,便在此处设立南商公所,成为该行业的聚集地。第四分局的新马路、中山路以及张园、崎路等处,在20世纪20年代以前多是坟墓密葬,荒郊旷野之地[①],直至1921年以后,市政当局积极对此地展开建设,才逐渐发展起来;第五分局因距离汕头的商业中心较远,在当时看来属于郊区,且以各里坊为主的住宅偏多,商业并不繁盛。由此可见,汕头开埠以后率先发展起来的"四安一镇邦"和"四永一升平"两个地段,一直保持着一定的商业优势,特别是在"四永一升平"地段,不管在开埠初年或清末民初,还是在市政时期,都得到了显著的发展。

此外,我们还可以从当时汕头的人口情况来探讨当时"四永一升平"和"四安一镇邦"的繁盛与否。据《汕头指南》所载,20世

---

① 谢雪影编:《汕头指南》,1933年版,第75页。

纪 30 年代汕头的人口统计如表 3-8 所示。

表 3-8 汕头市户口及人口统计表 单位：户，人

分局别 户口数		第一分局	第二分局	第三分局	第四分局	第五分局	第六分局	第七分局	总计
户口		4540	3270	5721	7807	3610	748	5195	30855
人口	男	29854	17121	22431	29193	11979	3054	15875	129807
	女	8974	6552	13682	18275	10681	2270	16	60450
	计	38828	23973	36113	47468	22660	5324	15891	190257

资料来源：谢雪影编：《汕头指南》，1933 年版，第 8 页。

由此表看来，当时汕头市以第四分局的户数和人口数最高，分别达 7807 户和 47468 人，平均每户 6 人。第一分局的户数虽然较第四分局少 3000 多户，但人口总计仅少 9000 多人，按 4540 户 38828 人计，平均每户高达 8.5 人左右，比第四分局高出 2.5 人左右。图 3-26 所示显示了汕头市政府于 1934 年 10 月 1 日所调查绘制的汕头市人口密度情况。结合表 3-8 和图 3-26 可看出，虽然第四分

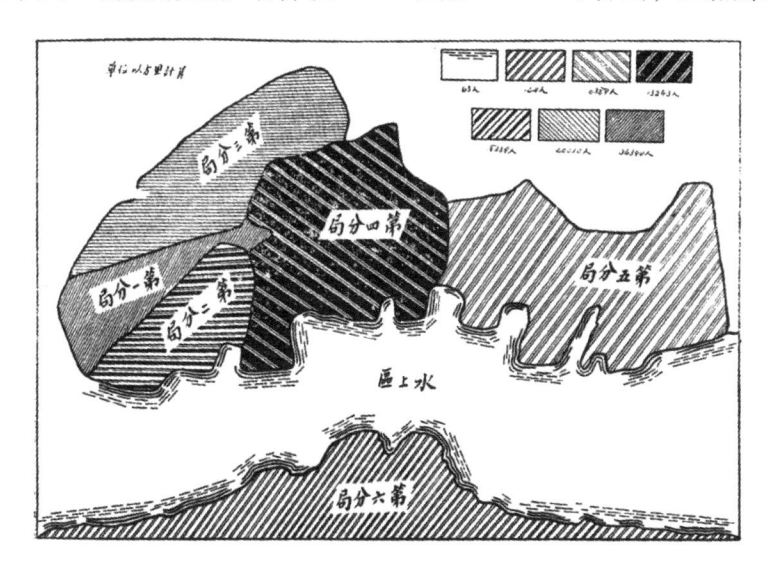

图 3-26 广东省汕头市现人口密度比较图（1934 年 10 月 1 日）

资料来源：《汕头市市政公报》第 119—121 期，1934 年 10、11、12 月，第 6 页（栏页）。

局具有最高的户口数和人口数，但因为其面积较第一、第二和第三分局大，人口密度在全市仅排第四位，每方里 13243 人；人口密度最高的是第一分局，该分局虽然所辖面积最小，但人口密度达到每方里 34340 人，远高其他分局；第三分局除了乌桥以南潮安街、荣隆街、金山街等商住区之外，乌桥以北的同济地，因同济善堂在该地搭建房屋，租与贫民，也聚集了一定数量的人口，该分局的人口密度达 20010 人，居全市的第二位；第二分局的人口密度为 18389 人，居全市第三位，不过需要注意的是，该分局因南岸具有多个重要的轮船货运码头，堆栈占有一定比重，同时潮海关也占有不少土地，所以该分局的商住区人口密度实际上要高于此数。

通过上述的讨论可知，包括"四永一升平"等地段在内的第一分局，不管在商业经营种类上和商店数量上，还是在人口数量和人口密度上，在 20 世纪 30 年代前后的这段时期内，都居全市第一位，且远超过其他分局，具有明显的"首位"现象。再从商业的发展情况来看，1920 年前后商业行档在 1500 家左右，至 1930 年前后商号店铺已达 3800 多家左右，呈现明显的增长。再从汕头的人口数量来看，汕头在 1920 年前后人口数量为 8.5 万人左右，随后逐年上升，1927 年以后以每年 2 万—3 万人的数量迅速增长，至 1933 年全市人口已达 199158 人，并在 1935 年超过 20 万人。① 由此，可进一步推测，在当时商住相混合的情况下，这些新增长的商店和人口有很大一部分是会聚于第一分局的。值得注意的是，商店和人口的新增是与城市的改造是相伴相随的，汕头旧商埠区在转变为新商业中心的过程中，不只是物质形态上变换一新，更重要的是众多商业店铺的开张和大量人口的移居，这两者是相互促进的。

最后，值得一提的是小公园一带的发展和新商业元素的出现。

---

① 参见陈海忠《近代商会与地方金融——以汕头为中心的研究》，第 30—31 页。该书 1932 年以前的数据采自历年《中国海关民国华洋贸易总册》，1933 年的数据采自《汕头市市政公报第 97 期》，1935 年的数据则采自《星华日报六周年纪念刊》，1937 年，第 30 页。

1923年的城市改造计划中，规划于升平路、安平路和国平路三条道路的交会处设置圆圈式马路，并建立小公园，随后1926年的城市改造计划仍保留原先的设想。为了实现改在计划中的"花园城"目标，并为市民提供一个工作之余的娱乐设施，市政当局于1929年开始着手开展该项目，规划在小公园建设一个喷泉、假山和一座纪念国民党北伐的纪念碑。尽管当时市政当局有雄心勃勃的计划，但只完成了喷泉的修筑，而且由于没有电力的供应以及市政当局缺乏进一步的监管，喷泉退化成人们倾倒垃圾且散发恶臭的场所，市政当局的小公园公共项目由此宣告失败。[1] 随后，民间的力量在小公园的改建中发挥了重要的作用，其后续的成功与南生公司大有关联。

南生公司的老板是李柏桓，他最初于1911年创办公司于镇邦街。20世纪20年代末，他从南洋集资回到汕头，准备扩展生意。看到市政当局有关小公园的规划，他预计这一新的交通汇集点将会成为商业中心，因为一些主要的珠宝店、布料店、杂货店都位于附近路段，邻近的居民也会是潜在的顾客。据南生公司老职工黄修红等人回忆，李柏桓积极筹谋，使用各种手段收购这一交通交汇点附近带铺户的产业。为了防止各业主走漏风声坐地起价，他采取分散的办法进行收购，在不到一年的时间内，已收购完大部分楼屋。在此过程中，钟明堂和吴宝廷两家业主得知他的意图之后故意抬高价格。李柏桓为使自己的计划得到顺利进行，托人暗中与他们商洽，说如果两业主愿意出让房屋，地价可略从高，或是由他出资代两家建造五层楼房，产权归两家所有，但必须订约永租给南生公司。吴宝廷暗示经纪人转告李柏桓说自己兄弟多人，租金多少对自己来说并没有太大关系。李柏桓听出其中的弦外之音，乃暗地里拿出光洋500元给吴宝廷作茶仪。如此一来，收购吴宝廷楼屋的交易才在明、暗并进的交易中成交。随后，李柏桓又以同样的方式准备收购钟明堂

---

[1] Fusheng Luo, *Merchant Guilds, Local Autonomy, and Municipal Governance in A South China Treaty Port: Shantou 1858—1939*, p. 65.

的产业，但后者企图将500元茶仪加价至1000元，而李柏桓则示意钟明堂楼屋的位置已不那么重要，不买也罢，乃开始拆卸买下的楼屋，开始清基打桩兴建。钟明堂得知情况后，担心连500元也捞不到，才转口答应出让楼屋。① 此后，李柏桓的计划得以进行，开始修建百货大楼。从后来20世纪50年代初的土地登记情况来看，吴宝廷也拥有百货大楼的部分产业，主要包括百货大楼的北座，这可能是李柏桓和吴宝廷最后协商的结果，而吴宝廷所拥有的产业，其实也是在1929年向他人购买的。从现存的土地契约来看，李柏桓收购楼屋地基建造百货大楼，主要集中在1931年间，购买时所采用的名称主要以合利公司再冠以烈记号、公记号、李梅记、李春记、李海记等，与老职工等人所称的采用分散收购的手段相符。

南生公司大楼于1932建成，据《汕头指南》所载：

> 南生公司建筑之工程，颇为伟大。有层楼凡七，合天台为八楼。其建筑式样，从地面以至最高处，每层楼渐次缩小范围，七楼两傍建电灯柱二列，自置电机。公司内外每晚电灯辉煌，远望如列星，灿然夺目，并于各层骑楼设铁花架，种植时卉，愈觉清雅宜人。其一切建筑工程之精巧，为汕市冠。于廿一年元旦开始营业，现在该楼下二层为百货商场，二楼附设绸缎部及志成银庄，三四楼为酒楼，五六楼为旅社，七楼本为西餐室，现因旅社地方不敷应用，改设为最完备之旅舍矣。②

与当时汕头市大部分建筑都在2层半到4层的情况相比，李柏桓这栋南生公司大楼，一时间无有可与之相媲美者（见图3-27）。值得指出的是，在商业模式上，南生公司也成为当时汕头的创新者，它集购物、餐饮、住宿、休闲娱乐于一体，带来了新的消费生活方式。据

---

① 陈汉初、陈杨平：《汕头埠图说》，中国文史出版社2009年版，第162页。
② 谢雪影编：《汕头指南》，1933年版，第199页。

当时汕头南生公司的广告可知,其百货商场打出的旗号是"统办环球货品,搜罗中华国产",其一楼设有食品部、衣服部、果品部、袜部等十个营业种类、其二楼设有钟表部、铜铁部、鞋部、乐器部、文具部、西餐用品等十个营业种类,可见当时其经营种类之多。除了一二楼的购物,以及三楼到七楼的餐饮、住宿、娱乐各功能,可见南生公司无疑是汕头冠绝一时的大型百货公司,更是汕头商业之龙头。

图3-27 汕头南生公司大楼

资料来源:陈汉初、陈杨平:《汕头埠图说》,第162页。

除了南生公司之外,汕头还有广发公司、振源公司、平平公司等,与南生公司合称为汕头的四大百货公司。广发公司是梅县人李景韩创办,最初之时摆摊贩卖杂货,清末在至安街开设广发商店,经营日用百货,民国初年在至安街和永平路转弯处谋得六七间楼屋,遂扩大店面,组织广发股份公司;振源公司由泰源号东家郭仲眉招请蕉岭人吴德馨为主的归侨和海外侨胞集资创办,设在至平路中段德兴路头;平平公司是新加坡华侨于20世纪20年代创办,初设在镇邦街,后迁至居平路新址。①

大型百货公司的兴起在某种程度上可以看作汕头成为近代新型都市的标志之一。李欧梵在描绘上海的现代性时就重点提到了当时百货大楼②,叶文心在论述20世纪20年代上海南京路成为重要的购物街和商业文化中心时,也无可避免地论及坐落该地的先施、永安、新新、大新四家主要百货公司,她还注意到永安公司的销售模式、经营范围以及餐饮娱乐等内容。③ 连玲玲关于上海百货公司的研究指出,百货公司的设立首先有拉抬地价的效果;其次,百货公司带动商业发展,并重塑南京路商圈的性质;最后,"四大公司"的兴起也重新形塑南京路的意义。她认为,四大百货公司的出现,不但意味着激烈的零售大战就此展开,也标志着上海城市样貌及文化意涵正不断地被重新塑造,特别表现在商圈的西移和延长。④ 汕头的城市规模和都市的现代性虽然不能和上海相比,但百货公司的出现同样对汕头城市的发展产生了重要影响。

李柏桓在汕头小公园投资建立南生公司成功之后,相应地吸引了其他商人在附近一带建立业务。总部设立于香港且在上海和广州设有分支机构的大新公司,便是其中之一。该公司打算将业务扩展到汕头,并接管市政府建设的小公园项目的改造工程。李柏桓获悉后,为了减少自己公司即将面临的竞争,他联合其他商人向市政府请愿,希望获得改建小公园的权利。据陈汉初所言,"当时李柏桓找到绥靖公署秘书杨幼敏,并送茶礼光洋1000元,请他帮助想法直至

---

① 参见黄浩瀚《民国时期汕头埠的"四大百货公司"》,《广东档案》2016年第3期。
② 李欧梵:《上海摩登》,浙江大学出版社2017年版,第19—24页。
③ 叶文心:《上海繁华》,(台北)时报出版社2010年版,第83—88页。
④ 连玲玲:《打造消费天堂——百货公司与近代上海城市文化》,社会科学文献出版社2018年版,第86—94页。

大新公司来此设点……经过一番筹划之后，决定由李柏桓牵头，串联其他商号联名申请改建小公园，建立起中山纪念亭，纪念孙中山先生。由于先有沟通，报告一上即获批准。就这样借孙中山之名，以堵塞大新公司之路"[1]。罗福生指出，与中山公园和平民新村两个公共项目不同，小公园的改建完全由当地商人独自承担。1933年8月，李柏桓召集小公园附近的大业主尽心开会。在会议上，由南生公司、利源庄和其他九家公司成立"改建小公园委员会"，监督整个改建的过程。这11家公司、商号成立了1000元的基金来启动小公园的改建项目[2]，所有工程由上海装璜社承建[3]，工程预计4300元。

由于有了商户的支持，汕头小公园的改建项目一开始便获得了充足的资金，并于1934年4月开始建造。工程进行了4个月之后，首期资金耗尽，与此同时，汕头也正面临着严重的金融危机。由于大多数商号和公司的财政预算都很紧张，"改建小公园委员会"通过组织一场潮剧演出来向汕头市面募集捐款，门票的收入则用于进一步建设。在这种情况下，尽管改建小公园所需资金不多，但项目由本地商人完全控制确保了资金的充足。该项目最终于1934年12月竣工，主体是中山纪念亭，可供行人休息。此外，当地商人和小公园附近一带的店主坚信保持小公园整洁有序是一个繁荣商业中心的必要条件，他们由此和市政府密切合作，市政当局也颁布了禁止摆摊贩卖和污染小公园的法规。[4]

建成后的小公园，已不再是以往的垃圾场，而是变成消费的磁石，成为20世纪30年代全市最热闹之地，绸缎庄、旅店、戏院及酒楼皆云集于此。特别是由小公园和南生公司配套而成的娱乐消费

---

[1] 陈汉初、陈杨平：《汕头埠图说》，第167页。
[2] Fusheng Luo, *Merchant Guilds, Local Autonomy, and Municipal Governance in A South China Treaty Port: Shantou 1858—1939*, pp. 66-67.
[3] 《呈为呈报工期事》，汕头市档案馆藏，卷宗号：12-6-402，第71页。
[4] Fusheng Luo, *Merchant Guilds, Local Autonomy, and Municipal Governance in A South China Treaty Port: Shantou 1858—1939*, pp. 67-68.

场所（见图3-28），成为汕头新式商业中心，吸引了众多来往的商旅，大部分的商业交易以及日常消费在这一带进行。小公园和"四永一升平"及"四安一镇邦"，一同促进了汕头都市时期的繁华。

图 3-28　汕头市南生公司大楼和小公园孙中山纪念亭（20世纪50年代）

资料来源：陈传忠编：《汕头旧影》，第88页。

小　结

汕头于1921年成立市政厅以后，官方的市政职能在城市发展中发挥了重要的作用，城市的空间形态进程也从自由发展进入受市政当局管控的阶段。首任市长王雨若履任之后，便开始效仿欧美改良汕头市政，诸如宽筹经费、拆辟马路、整顿卫生、建设公园等，甚至还有进一步兼顾统筹，制订改造全市规模的计划，无奈因遭遇"八二风灾"而无形中辍。面对汕头受灾后的残破之象，萧冠英于

1923年接任市长后，不只着眼解决重建问题，更从汕头市未来的发展和完善作出全盘的考虑。他督同工务科同人制订"改造汕头市工务计划"，不仅阐述城市改造的必要性，还对其内容进行科学性的分析论证，包括市域分区之计划、路线之系统与联络水陆、街路之建筑与下水道之敷设、取缔建筑与缩宽街道、筑堤和浚海，其中的路线系统和街路建筑等，可以说是为后来城市空间的发展制定了蓝图。从近代城市规划史来看，此项计划是第一个由中国人自己设计的城市规划，其中的市域分区计划无疑是领先于国内其他城市的。可惜的是，此项计划在上呈省政府之后，由于广东政治军事的变动，一时没有下文。

1925年革命军东征收复潮汕以后，范其务接任汕头市市长，面对政局频仍后之乱象，他重新条理汕头市政，并根据当时的实际情况，督同工务科着手修改萧冠英任上拟定的计划并上呈省政府，积极推动计划的落实。该计划于1926年获准施行，自此以后，《汕头市市政厅改造市区工务计划书》及《汕头市改造计划图》，开始成为规范和约束汕头城市空间发展的重要文件。

汕头城市改造计划中的一项重要内容，是全市道路路线总体规划。路线的设计因地制宜，采用格子形、圆圈式和放射线三种形式，并采择一些重要街道拓宽辟筑为主干道，形成有等级的道路系统。基于较完善的市政制度及合理的城市规划，范其务及其后续几任汕头市市长积极推动规划路线的实施。他们饬令工务部门设计道路路线，督促沿街铺户拆让楼屋，并动员他们自行组织筑路委员会负责道路的开辟，制定筑路经费的摊派办法，广泛利用民间资本。面对外籍人士顽抗不拆阻碍路政的情形，历任市长也多能极力交涉，使其拆让以便路政得以进行。他们对辟筑道路所遇到的其他困境，亦积极采取办法加以克服。在市政当局的主导下和民间的参与下，城市改造计划中的道路路线，经过十年左右的建设，大部分从蓝纸变为现实。

在道路路线规划中，一部分重要内容是对旧商埠的改造。在实施过程中，旧有的街道得以拆辟拓宽，沿街两旁铺户则随之拆让和重建。旧商埠区的城市样貌由此得以焕然一新,形成连续统一的骑楼街区,城市的天际线亦随之而变。与此同时,随着商业店铺和人口的大量增长,旧商埠的繁华非同以往。最值一提的是,以往商业地段"四永一升平""四安一镇邦"得到进一步发展,并与小公园结合成为城市重要的新式商业文化中心,汕头的发展迈入繁华的鼎盛阶段。城市改造计划的实施及其意义,亦由此而得以充分显现。

最后,"四永一升平""四安一镇邦"地段重新发展和小公园一带商业中心的形成,也提醒我们,在汕头城市改造的过程中,商业的发展和人群的活动发挥了极其重要的作用。若对城市规划和改造进行进一步探讨,解释此过程背后的机制,还需详细分析与之相关的商业分布、人群活动和地产投资等内容。

第 四 章

商业、地产的分布与城市空间的发展

经过十余年间的积极建设，汕头的旧商埠区摆脱以往因陋就简和拥挤狭窄的面貌，成为一个拥有近代都市景观的商业文化中心，具备多条宽阔的交通干道、成片的骑楼街区以及建筑精巧的新式楼宇。这是一个近代市政改革背景下的都市化过程，其中不只伴随着商业的集聚和发展，还有人口的迁移和增长。当时汕头市政当局在城市的规划和实施上占有主导地位，但也不能因此便过分注重市政当局对城市空间的政治性影响，以致忽视民间力量在城市建设和实施规划等方面所发挥的重要作用，毕竟当时汕头的土地大部分属私人所有，且业主大部分是商人。

作为一个因商而兴的条约港，从19世纪下半叶起，活跃于此的商人在对外贸易和商埠事务中便扮演着重要的角色，直至20世纪初，他们一直是主导商埠发展的主要力量。正因为此，商业要素对城市空间的产生和变迁具有极为重要的影响，汕头也由此形成了适应于港口贸易的空间形态。

20世纪20年代初期，潮汕地区的商人仍在掌握地方社会资源方面具有一定权力。到了20世纪20年代末期，随着国家权力及其对地方社会控制力度的加大，地方精英最终不得不把部分权力让渡出来。[1]

---

[1] 黄挺：《商人团体、地方政府与民初政局下之社会权力——以1921—1929年的韩江治河处为例》，《潮学研究》（第9辑），花城出版社2001年版，第176页。

就汕头而言，随着1925年国民革命军重新占领汕头，市政当局与汕头商人的关系开始发生历史性的转变。面对权力被大幅度侵占的情况，汕头商人不得不在新的秩序下重新思考应对策略。正如已有研究所指出的，在国家与社会的关系上，汕头并不表现为权力上的零和博弈，恰恰相反，总是处在合作、争论和谈判的复杂互动中。① 汕头市政当局为了改良市政，发起诸多城市建设项目。这些项目都需要利用商人的力量，而商人为了保持，或是争取自己的权力和地位，也积极参与到相应的地方事务中。于是，当城市改革者们开始为改造汕头而不断努力，我们可以看到市政当局和商人们展开合作，一同打造文明有序的现代化城市。

当然，这背后还涉及商人的权力和资本的力量，因此需要进一步考察这些参与到城市建设中的人，挖掘他们所从事的行业、身份背景和经济活动等。陈春声指出，汕头城市的发展，是整个韩江流域不同方言群体的人民移居、投资、建设的结果，而历史上汕头城市的繁盛，也正是因为它成功发挥了超越行政区划界限的地域性中心城市的功能。② 回到绪论所提到的问题，即哪些人群如何在汕头占据具体的地方，如何与更大的环境产生联系，如何利用所有可供支配的资源，他们的社会、经济、政治关系如何影响城市空间的发展和布局。

汕头的城市改造和商业发展，伴随着人口的大量聚集、人群的多元化以及商业行档的增加。在此过程中，汕头城市空间的演变，恰恰深刻受到这一人口和商业愈趋多元化和复杂化的影响，其中尤以在汕头掌控着地方势力的人群发挥了重要的作用。因此，要解答汕头城市空间的生产形态塑造等议题，其开埠以后所形成的旧商埠区是作进一步考察的合适"样本"。从空间生产和演变等方面来讲，

---

① Fusheng Luo, *Merchant Guilds, Local Autonomy, and Municipal Governance in A South China Treaty Port: Shantou 1858—1939*, p. 4.

② 陈春声：《近代汕头城市发展与韩江流域客家族群的关系》，《潮学研究》2011年新1卷第3期。

我们不能仅限于旧商埠区这一实体空间形态的变化和更新,而是要进一步探讨这一过程背后的经济力量和社会力量。上一章已主要论述市政当局在城市物质空间形态的演变所发挥的政治力量,本章则重点关注空间生产的过程如何产生特定的空间形态,探讨其背后的商业经营、人群活动和地产投产等因素,进一步深化对所塑造的空间形态和空间生产的理解。

第一节 大资本行业及其分布特征

汕头作为商业重心的崛起,最初系因樟林港淤塞衰落,来往洋船转泊于此。1860年,汕头开放通商,逐渐发展为沟通国际贸易、国内贸易和本地贸易的枢纽港。国际(境外)贸易包括东南亚各地(主要为新加坡、泰国、越南、马来亚)、香港地区、台湾地区以及英国、美国等,其中以香港最为重要;国内贸易包括上海、芜湖、汉口、天津、牛庄、芝罘等国内通都大邑;在潮汕地区的本地贸易方面,汕头也占据枢纽的地位,大抵以汕头与各县市为买卖的两方,既销出土货,又输入外货,而各县土产,也先多由出产地运销至汕头,再以转售各市场。① 随着贸易的逐步发展,汕头不仅仅承担了水陆运输的功能,商业、工业等功能也应运而生。

早在1893年,潮海关税务司辛盛就指出,汕头的重要性首先在于商业,居民基本上是商人。朝着海面有一长排大仓库,进出口货物可在此暂时"栖身",但离开海岸,便只有为数不多的房屋,几家店铺将锡镴合金锤成各种形状的器皿,到处散落着庙宇或会馆。② 可见,汕头在开埠后,首先拓展其作为港口的功能,诸如提供货物仓

---

① 饶宗颐总纂:《潮州志·实业志·商业》,第5—9、53页。
② 《1882—1891年潮海关十年报告》,载中国海关学会汕头海关小组、汕头市地方志编纂委员会办公室编《潮海关史料汇编》,第1页。

储、交易以及兼具转驳等。在辛盛撰写报告之时，汕头的对外贸易处于迟滞期，贸易总额长年保持在 4000 万—6000 万海关两，直至第一次世界大战结束之后才开始复苏，很快达到接近 7000 万海关两之数。① 在长达 30 余年的迟滞期中，汕头的输出入结构发生了变动，如输出商品表现为农产品的消减和手工产品的增加，输入商品表现为鸦片进口比重的下降和其他商品如粮食、燃料的增加。② 如此一来，虽然贸易额没有明显的增长，但贸易种类有所增加，贸易模式变得完善。一些经营南北货物运输、批发、二盘商会聚到汕头一地，商行店铺如雨后春笋。据《潮州志》所载：

> 汕头贸易素有上、二、三盘之分，上盘即运销业，而同一业中亦分别上、二、三盘，如布匹、柴炭、药材等业皆有之。现有之生药公会即上、二盘商号，熟药公会即三盘商号，货物虽相同，业务则迥异。至通常买卖，上盘多属大宗批发，售给二盘及各县城市批发商店，二盘则售给三盘及各县城市之零售商店，三盘则专营当地零售。③

贸易模式的完善使汕头的商业得到进一步的发展，商业功能亦随之更加凸显。值得指出的是，在贸易增长的同时，汕头及其周边地区的工业并没有得到相应的发展。有研究指出，汕头全市共有各业工厂仅 50 余家，并未能充分发展，其中原因主要有经营资本不足、原材料来源缺乏、售货市场狭小三个方面。就经营资本不足而言，并非流经汕头的资本不足，而是大量资本都用于经营性行业，包括金融和房地产业等。汕头市 50 余家工厂的资本总额仅有 60 万之数，平均下来每家仅有 1 万元，与一些动辄达十万元以上的商业

---

① 范毅军：《对外贸易与韩江流域的经济变迁（1867—1931）》，第 10—11 页。
② 范毅军：《对外贸易与韩江流域的经济变迁（1867—1931）》，第 14—21 页。
③ 饶宗颐总纂：《潮州志·实业志·商业》，第 54 页。

资本无法相比。① 因此，汕头在早期发展及后来快速城市化过程中，并不如欧美城市一样深受工业化影响，而是为商业化所左右，商业的兴衰直接影响城市的发展。

如上一章所述，20世纪头十年中后期，汕头埠已有商业行档1500多家，到了20世纪30年代，全市商号更增加至3800多家。可见，贸易发展以及由此带来商业资本的流动，使得各行各业集聚到汕头一地，促进了商业的发展和繁盛。这些集聚于此的数十种行业数千家商号中，有些行业由于掌握了大量的商业资本，对城市空间的生产发挥重要的作用。

一 操控资本的行业

作为开放通商的贸易港口，汕头的大资本行业直接与其港口功能相关。《潮州志》中有关商业之资本额有如下记载：

> 潮州商业之资本数额，向无调查统计，惟资本最多之商号，向推汕头之汇兑庄。汇兑庄初名银行，在清末民初期间，设一汇兑庄以有实备资本银十万两为合格。其次为运销业，初名火船行，则须有资本五万两。但此仅系一种行使信用定范，并非有管理机关之限制，且事实若合伙股东资雄信孚，可以随时调用流动资金，则虽资本未足前额，市面已自寄予相当信用，不碍其营业之发展。其独资设立之庄号，则视其人财产程度为依归，不问其资本之厚薄。因旧制商业营业人应负无限责任，苟有力负责，人多乐予寄款存款，资其营业，否则虽资本较多，转不相及创设多年之庄号，获利余积，亦与年加厚。在民国十年与二十年之间，汇兑庄有资本积至百数十万元者，运销业有积至三数十万元者，皆化利为本固也。此外其他商号统称杂

---

① 参见洪松森《潮汕近代工商业述略》，《广东文史资料》（第70辑），广东人民出版社1993年版，第62—66页。

行，杂行资本之多者，推药材行、纱布行、出口商（南郊暹郊）三业为巨擘，多者资本间不下于运销业，少者类亦有二万元至四万元之资本。次为典当业、首饰业须有万元资本。又经纪业（初名牙家）中之潮普帮，因须代内地客号认账代偿，经营资本亦有万元以上。民国十年以后，亦有集资至数万元经营者。至果业（初名生果行）向无须大资本，但自潮果（柑荔枝之类）畅销海外后，果业商人竞以资金贷放农村，而延揽其产品，间亦有运用资本达数万元者，其余各小商店，则数百元至数千元不等。①

自晚清至20世纪30年代，汕头的各行业中，以汇兑庄的商业资本最为雄厚，而运销业次之。汇兑庄是旧式金融机构，专营汇兑业务及收受存款，是贸易活动所不可或缺的行业。该行业经营者一般备有雄厚资本，以便应付大量资金的流动。运销业俗称火船行，又称轮船行，以向国内北部各省运载土产至汕头销售为业务。该行业租轮船以运载货物，货物沽出之盈亏，纯由商号自行负责，故亦当备有相当之资本。至于其他之杂行，如药材行、纱布行、果业等，也与汕头来往贸易的货物相关。出口商为南郊和暹郊两行业，与汕头土货之出口地相关。可见，这些大资本行业都以汕头为中心或与汕头的贸易直接相关。

《潮州志》中"实业志"商业卷的编者黄仲渠以1933年版《汕头指南》一书中商业名录所载商号家数为基础，以大洋元为银额单位，作出20世纪30年代汕头各业商号资本约数表，如表4-1所示。

由表4-1可见，资本总额及平均额较大的有汇兑庄、侨批局、南北港行、苏广杂货、南郊、暹郊、抽纱、绸缎布匹、药材行等，这些行业大多与金融和贸易有关。如上文所述，汕头汇兑庄的商业

---

① 饶宗颐总纂：《潮州志·实业志·商业》，第67页。

表4-1　汕头各业商号资本约数表

业别	家数	资本总额(千元)	备考(平均/元)	业别	家数	资本总额(千元)	备考(平均/元)	业别	家数	资本总额(千元)	备考(平均/元)
汇兑庄	58	14500	250000	织衣	11	44	4000	饲料	35	525	15000
车务公司	7	210	30000	绸缎布匹	66	1980	30000	电器	18	288	16000
收找庄	256	1024	4000	土夏布	13	65	5000	香烛	17	34	2000
轮船公司	24	720	30000	新衣	30	60	2000	酒庄	64	512	8000
经纪行	43	172	4000	铁行	7	105	15000	鸡鸭行	9	45	5000
洋行	18	720	40000	古玩	10	30	3000	屠宰	72	216	3000
栈批局	55	1100	20000	竹篷	67	134	2000	海味京果	49	245	5000
南北港行	70	7000	100000	帽厂	8	80	10000	生菜行	11	44	4000
苏广杂货	71	2130	30000	影相	15	60	4000	猪行	8	80	10000
饷押	23	460	20000	颜料	13	234	180000	薯粉行	16	192	12000
保险	51	510	10000	成衣	57	57	1000	洋烟酒	33	264	8000
旧货店	8	24	3000	旧衣	18	18	1000	酒楼饭店	29	232	8000
五金	12	180	15000	麻袋	21	315	15000	梅饼	9	54	6000
锡器	3	18	6000	钟镖	14	210	15000	面粉	21	315	15000
铁工	36	72	2000	金店	33	330	10000	蛋行	28	168	6000
铜工	25	25	1000	弹棉	16	32	2000	药材行	111	4440	40000
铸鼎	2	40	20000	纸行	10	150	15000	各业工厂	60	600	10000
机器	5	75	15000	煤炭	10	200	20000	烟茶	44	176	40000

续表

业别	家数	资本总额（千元）	备考（平均/元）	业别	家数	资本总额（千元）	备考（平均/元）	业别	家数	资本总额（千元）	备考（平均/元）
南郊	54	1620	30000	火柴煤油	41	615	150000	西药房	38	190	5000
暹郊	54	1350	25000	米行米店	198	1188	6000	盐店	2	12	6000
镜器	15	150	10000	生果行	43	516	12000	包饼	17	68	6000
印务	33	264	8000	家私木器	126	1008	8000	面食店	17	34	2000
建筑	155	1085	7000	皮革	12	36	3000	糖行	38	570	15000
洋灰	7	70	10000	北货	19	95	5000	杂咸	37	222	6000
砖瓦	10	40	4000	炼油	27	540	20000	中药店	114	456	4000
杉行	29	348	12000	柴炭	44	264	6000	腊味	9	45	5000
油漆	5	50	10000	杂粮	27	540	20000	榨油	11	330	30000
漆工	22	44	2000	西餐杂食	30	90	3000	干果行	30	300	10000
信局	9	9	1000	饼干	13	195	15000	旅铺客栈	158	948	6000
船票局	10	20	2000	鱼行	23	184	8000	药品店	8	40	5000
染刷	16	128	8000	鞋庄	33	330	10000				
棉纱	16	400	25000	瓷器	24	144	6000				
抽纱	25	1500	60000	文具	22	132	6000	合计	3441	57684	16763

资料来源：饶宗颐总纂：《潮州志·实业志·商业》，第68—71页。

资本最为雄厚，表中汇兑庄有 55 家，资本总额达 1450 万元，平均每家商号的资本额有 25 万元之多，其他各行业难以比肩。表中的南北港行属于运销业，计有 70 家，资本总额有 700 万元之多，平均每家商号的资本额也有 10 万元之多。苏广杂货是销售国内外各杂货之行业，包罗万象，尤以百货公司为代表，其资本总额较其他行业亦不遑多让，达 200 多万元，平均每家也有 3 万元之多。至于南郊业和暹郊业，即上文提及的出口商，主要将潮汕地区的土货运销东南亚各地，这两个行业的商家亦有较大资本，总额皆在 150 万元上下，而平均每家也有 2.5 万元到 3 万元之数。侨批业对于汕头及其腹地来说极为重要，行业本身也较为特殊，主要将海外侨汇输入国内，与汇兑庄关系密切。虽然资本总额与前几名相比相差较远，仅有 110 万元，平均到每家仅有 2 万元，但事实上该行业不能仅看其资本额和平均额，其营业额及其相关行业互为兼营的运营模式更为重要。上述这些行业皆与汕头的贸易直接相关，与汕头城市的发展和商业的兴衰关系密切，值得进一步讨论。

先就汇兑庄而言，该行业的兴盛与汕头地方货币制度有关，尤其与纸币的发行有密切关系。潮汕地区长期以来与海外具有商贸上的联系，各种外国货币在潮汕市面流通。随着贸易来往日繁，外币增多，而晚清时国内的银两制度又处于混乱状态，于是促成地方通用银的诞生，称为七兑银。据《潮梅现象》所载：

> 初时汕头商场交收概用银两，每七十两即一百元，惟交收颇费手续，遂发明由一商号将银秤定用纸封固并加盖印章，即可照其数额往来周转。后因有狡黠者流，异想天开，利用商场此种交收办法，银封之内暗掺铜元，银封交收之信用，于是宣告破产矣。循年月之演进，商业之发展，商场交收日繁，银封交收之办法，亦不适用，非官银号之私人银庄，因此先后设立。澄海人陈香石所主持之汇安庄，潮安人沈春波所主持之德万昌，及赖礼园之同吉庄等，遂先后发行凭票。后银号日增，森丰、

巨源、太古、怡和等庄先后设立。太古、怡和两银庄，为太古、怡和两洋行之买办阶级所设立，均先后发行直秤之七兑票。①

为了解决商业日新月盛带来的银封交收问题，活跃于汕头的商人相继设立私人银庄，发行凭票，以应付市面流通。随着银庄日益增多，越来越多的商号插足到货币的发行中来，其中还包括外国洋行的买办阶层。这些银庄在当时发行的货币称为七兑票。陈景熙指出，"七兑票的发行者，是一个包含了汕头及潮汕内地银庄、汕头官方银行、外籍银行及中外合资银行等势力，由汕头银庄执其牛耳的金融业群体"。② 可见，最初因地方货币的行使问题，汕头本土一些拥有较雄厚资本的商人设立银庄发行地方货币，同时也促成其他势力参与其中，汕头的汇兑行业由此得以兴盛。在此过程中，汕头本土商人所经营的汇兑庄，一直是发行货币的大宗，操控着市面上的大量商业资本。

随着汇兑庄的发展，汕头开始出现代表着该行业利益的组织，如光绪末年已有"汕头汇兑公司"出现。其后，又有汇兑庄行业同业理事场所"汇兑公所"成立。③ 据《六十年来之岭东纪略》中有关"汇兑公所"的内容所载：

> 本所为汕埠银业行之同业组合。其业务一方面有类于证券交易所，又一方面有类于手形交换所。凡上海、香港各地汇兑票值之行情，俱依公所买卖之公定价格为标准。各庄所发行之七兑纸币，亦群集该所为交换场（近因时局关系有时不在公所而聚于值理之店铺行之），依交换之结果各因其信用贷借之关系，迨月终之日互为公定息价，所以每月汕埠来往存款之息价，

---

① 谢雪影编：《潮梅现象》，第62页。
② 陈景熙：《清末民初地方虚位币制研究——以潮汕"七兑银·七兑票"为个案》，《汕头大学学报》（人文社会科学版）2003年增刊，第42页。
③ 饶宗颐总纂：《潮州志·实业志·金融》，第42页。

亦于该所公定为标准。其所中费用，概由会员担任，故非会员不得入所交易。其入会章程虽无成文会章之规定，然依相沿之习惯，入会手续，非常严密，倘非会员全体之同意，虽有充分之信用，不易参加。例如台湾银行屡欲参加，皆为否决，其团结性之强固可见矣。盖一以保障该所交易信用之确固，一以防制同业纸币之滥发。汕头纸币得于自由竞争之中，而仍有所维持者，实赖此自动之集会机关也。①

由此可见，20 世纪二三十年代的汇兑公所，不只掌控着上海、香港等地汇票的买卖（上海汇票又称为申票，香港汇票又称香票），还管理着汕头市面通行货币的流通。据《潮州志》所载，"汇兑庄在全盛时期（民国二十一年间）全市达六十余家，为汕头首屈一指之行档，对地方一切支应负担最多"。② 此外，汇兑公所的组织也极为严密，不仅非会员不得入交易所，而且入会手续也极为繁复。对于申请入会者，所有汇兑公所的会员皆有一票否决权。汇兑公所对入会申请的严格要求，表明了汇兑庄行业对汕头金融领域中既得利益者的维护，同时还有对市面金融的垄断。台湾银行入会失败，某种程度上也反映了汇兑公所会员们对外来势力和新银行机构的抵触。

在汇兑公所掌握金融权柄之后，银业公所亦继之而起，并与之互争雄长，两相倾轧，最终双方进行协商，以香港、上海汇票归汇兑公所，龙银、毫洋买卖归银业公所。③ 香港、上海等地汇票常常关乎大宗交易，其商业资本之流动规模较大，与市面普通交易之龙银、毫洋不同。如此看来，汇兑庄在很大程度上掌控着汕头大量资本的流动，这对汕头商业发展以及城市空间生产具有重要的影响。

再就运销业而言，该行业的兴起与近代机器轮船业的发展密切

---

① 萧冠英编：《六十年来之岭东纪略》，第 51 页。
② 饶宗颐总纂：《潮州志·实业志·金融》，第 44 页。
③ 谢雪影编：《汕头指南》，1933 年版，第 247 页。

相关。汕头开埠后作为唯一可以停泊轮船的口岸，仅四五十年便跻身"中国第四通商口岸"①，运销业所发挥的作用不可谓不大。据《潮州志》所载：

> 轮船行之运销范围，就地方则遍及上海、镇江、芜湖、汉口、天津、牛庄、烟台、青岛、安东、大连、营口等处，论货品则遍及米粮、豆粕、麦粉、豆类、酒类、咸鱼类、干果类等物。由汕头运出者，则以土糖、纸箔为大宗，旧麻袋次之。所租轮船，以货之多寡而定，少则数号合租一轮，多则一号而租用数轮。出入货件既多，而在北方办货，须先筹汇款额备用，即在汕头办出土货，亦例以现款付还。惟来货之售卖，在民国十四年以前，则十之八九，系属赊账，因之需要资本至巨，在赊账期间，每一商号除须实备资本数万元外，恒调用存放款项至数十万元。市面息价之起落，类视轮船行应否用款为转移。而货品出售，概系批发。每次买卖货件，不及一百或数十之件者，即惰于洽商。其售货习惯，有时货未到达，而先行结价兑出者，名卖海盘。同时到货多家，承买者无论为百数十宗而酌定一价出卖，名结公盘。若在农历年首最初开市时兑定之价，名开红盘。潮州各地物价，直接、间接多有受轮船行盘价以涨跌，其力量之雄伟，冠于各业。是者多属豪商巨贾，以货到赴市为鹄的，不屑计较锱铢。当其货起入栈待沽之际，任由买客探取货模，大包小包，络绎拣取，略不靳惜。汕头经纪商号至以此项货模为营业之预算，可见轮船行规模之宏大。②

由此看来，运销业的运销范围主要为国内东南和北方各通都大邑。作为和货物贸易直接相关的行业，轮船运销业对汕头的商业

---

① 《集股行轮》，《岭东日报》1903年2月27日第3版。
② 饶宗颐总纂：《潮州志·实业志·商业》，第77页。

及市面金融产生了重大影响。由银庄把控的商业资本，有一大部分随着运销业的货物买卖而发生流转。运销业的用款与否，不只直接影响申票（即上海汇票）、香票（即香港汇票）等汇票在汕头的买卖行情，还波及市面七兑票、大洋银、商库证券、大洋券、法币等各时期通行货币的流通及息价。值得指出的是，位居汕头商业资本前两位的汇兑庄和轮船行，虽然在行档上一分为二，其实际经营者却常常趋于同一。一些资本雄厚的汇兑庄，通常也兼营其他业务，其中就包括运销业。如1920年的一篇调查所称，汇兑公所各银庄除了多兼营南洋各批信外，"又兼营直输出入，如租船向外埠采办米、豆、豆饼、油、糖等类"。① 可见，运销业与汇兑庄具有密切关系，前者还往往影响后者之态势。运销业对汕头市各方面的影响，比之汇兑庄实不多让。

上文述及的南郊和暹郊，亦称南商业和暹商业，属出口商。这两个行业所经营的业务，是采办潮汕地区的土货以及国内各地产品运销到南洋各地。南商和暹商之别，是因营业范围不同，门户各别，乃各自组织，并以运输地域命名。南商，以运销南洋各地而得名，该行业为出口各部之领袖，营业最大最广，运销之地遍及越南、马来亚群岛、南洋荷属各岛屿及香港。出口货品颇为广泛，大抵包括潮州人日常生活之所需，如食品有杂粮、干果、干菜、鱼脯、烟酒等，用品有布线、纸、铁、竹器及一切手工业品等。1928年以前，所有北部各省产品如豆、酒、冬粉、干果等皆由汕头转运出口，南商业的营业状况益见蓬勃。随后由于关税的关系，货品改由香港出口，南商业才逊于前期。② 暹商，因运销地为泰国一地而得名，运销货品与南商大体相同，本来合于南商业之内，清末才开始分门别出。其契机是清末年间，泰国华侨打算发展本国航运业，以免受外国商

---

① 《汕头金融业之调查》，《潮梅商会联合会半月刊》创刊号，1929年2月1日，第12页（栏页）。

② 饶宗颐总纂：《潮州志·实业志·商业》，第79—80页。

人操纵,乃组织华暹公司,购置轮船四艘,航行于汕头与曼谷两地。泰国华侨于是商请南商业商号,将运销到暹罗的货物一律由华暹公司的轮船配载。由此,南商中一部分商号便脱离出来成立暹商公所。后来华暹公司不久即告歇业,但暹商公所自此而独立。① 该行业出口货品以粗货低价者居多,营业额较南商业为少,如表 4-1 所示,资本总额少 27 万元,平均每家则少 5000 元。

事实上,南商业和暹商业所反映的不只是货物的行销,还关系到整个移民和商业的网络。滨下武志的研究指出,移民的迁出地和移居地的相互关系是紧密化的,久而久之,这种关系又会更深一层地扩大延伸到商业和贸易的层面,形成一个跨区域的商业网络。移民到达移居地之后,并未与迁出地脱离关系。相反,迁出地与移居地的彼此往来变得更为频繁,原有的商业关系更扩展为贸易和交流网络。20 世纪 30 年代,暹商业与南商业已相互匹敌,在扩大华侨经济圈,即华南与东南亚的商业贸易网络方面扮演着重要的角色。滨下武志进一步指出,移民和商业的联结,因迁出地和侨居地产生新的经济结合而得到强化,去往侨居地人力和资金的投资,将通过经济利益回报于迁出地。② 由此可以认为,南商业和暹商业,对沟通汕头及其腹地与东南亚各国的货物运销、资金往来和人口流动发挥着重要作用。流向东南亚的人力和投资,反过来回报于汕头乃至整个潮汕地区,尤其对作为商业贸易总汇之地的汕头影响甚巨。侨居东南亚各地的海外华侨,他们回报于迁出地的形式,表现为大量侨汇源源不断地输入,而主导这些侨汇流动的,是值得重点讨论的侨批业。

侨批业是近代时期一种专门服务海外华侨和国内侨属的金融通信行业,在中国闽粤两省和海外华侨聚集地扮演着重要角色。所谓侨批,一般泛指海外华侨通过民间渠道寄回国内的批信(侨信)和批银(侨

---

① 饶宗颐总纂:《潮州志·实业志·商业》,第 80 页。
② 濱下武志『華僑·華人と中華網:移民·交易·送金ネットワークの構造と展開』、岩波書店 2013 年、103 頁、105 頁。

汇），因侨批出现而有了专门承担其运转的侨批局，进而形成这种专门服务华侨和侨属的侨批业。海外华侨的家书汇款，在侨批业产生之前，基本上仰赖水客带回。这些水客在海外原本没有住所，只是联合设立行馆作为居停之地，称为批馆，是侨批业之滥觞。① 随着出洋人口与日俱增，家书汇款也相应增多，水客携款不能应付需求，遂先后出现信局、银号和商行等经营侨汇业务的民间机构。② 这些机构在汕头称为侨批局，最迟至 19 世纪中后期已陆续出现。戴一峰指出，侨批局的产生大致经过两种途径：一是由水客或客头投资创办；二是由客栈、商号等经济组织兼营或转业。③ 汕头的情况以后者居多。侨批局的出现并未导致水客的消失，至 20 世纪 20 年代末，汕头约有水客 800 人，同是重要通商口岸的福建厦门亦约有 1200 人。④ "南洋水客联合会"在汕头曾盛极一时，是整个潮梅水客的中心组织，20 世纪 30 年代，该组织会员达 900 余人，其中来自梅县地区的有 700 余人，潮汕地区占 200 余人。⑤ 自 1934 年至 1937 年，水客每年携带的侨汇仅占华侨汇款总数约 5.2%，⑥ 其他大部分汇款由侨批局汇入国内。

从 19 世纪末到 20 世纪中期，侨批业将东南亚各地的大量侨汇输入汕头及其腹地，对该地区的经济发展具有重要的影响。据统计，1930 年潮梅地区侨批流入的金额为 1 亿元，随后由于世界经济萧条，逐年减少，至 1934 年降至 5000 万元。⑦ 1939 年 6 月以后，汕头沦陷，侨汇业在短暂受创后很快恢复。随后因重庆国民政府积极争取侨汇，

---

① 饶宗颐总纂：《潮州志·实业志·商业》，第 73 页。
② 林家劲等：《近代广东侨汇研究》，中山大学出版社 1999 年版，第 6 页。
③ 戴一峰：《网络化企业与嵌入性：近代侨批局的制度建构（1850s—1940s）》，《中国社会经济史研究》2003 年第 1 期，第 70 页。
④ 杨建成主编：《三十年代南洋华侨汇投资调查报告书》，（台北）中华学术院南洋研究所 1983 年版，第 98 页。
⑤ 姚曾荫：《广东省的华侨汇款》，商务印书馆 1943 年版，第 29 页。
⑥ 夏诚华：《近代广东省侨汇研究（1862—1949）——以广、潮、梅、琼地区为例》，（新加坡）新加坡南洋学会 1992 年版，第 14—15 页。
⑦ 谢雪影编：《潮梅现象》，第 42 页。

潮汕沦陷区的侨汇转为萧条。① 太平洋战争爆发后，侨汇业大受影响，至抗日战争结束后才有所复苏。1947—1949 年，侨汇重新大量流入国内。据邮件登记，此 3 年间，汕头市共收到侨批 500 余万封，平均每封港币 60 元计，三年总计港币 3.2 亿元，平均每年值 1 亿港币。② 仅就汕头一市而言，侨汇的输入直接关系到城市商业的繁荣与凋敝。一篇刊于 20 世纪 30 年代的文章谈道："汕头的商业，视华侨汇款回国多少而兴降，因潮梅一带的人士，多侨居海外，故商业方面，全赖南洋汇款。连年来世界不景气，海外汇款回国锐减，故商市冷淡，近来南洋各地略有起色，商业或可稍呈转机。"③ 这不仅反映了侨汇对汕头商业的深刻影响，同时也彰显了汕头的商业与东南亚的紧密联系。作为主导侨汇输入国内的侨批业，其兴旺与否亦对其他行业产生影响。

一般而言，侨批业的经营在空间上涉及东南亚地区和国内两个部分，在东南亚地区分布广泛的侨批局负责收取海外侨民的批信和批款，将其递送至国内的侨批局，再由后者派送到位于各乡各村的收款人手中。据 1946 年的调查统计，潮帮侨批局在海外有 451 家，广泛分布于泰国、新加坡、马来西亚、印度尼西亚等地，在潮汕地区则有 131 家，遍及各县及其下属乡村，④ 可见，侨批业不仅空间分布广，覆盖面亦全，这无疑得益于侨批业的经营特征。姚曾荫指出，"其营业或为专业，或由一般商号兼营，其营业范围类多带有地方性。潮州帮、梅属帮、琼州帮，以及福建帮为其大帮别。各大帮别之中，又可按其所属县份划分为若干小帮。各帮批局的业务皆以本县本乡为主。在南洋如此，在国内亦然"⑤。这也即陈春声和戴一峰

---

① 焦建华：《太平洋战争前潮汕沦陷区侨汇业研究（1939.7—1941.12）》，《南洋问题研究》2014 年第 1 期。
② 杨群熙辑编：《潮汕地区侨批业资料》，潮汕历史文化研究中心、汕头市文化局、汕头市图书馆 2004 年版，第 371 页。
③ 伟强：《汕头杂记（汕头通信）》第 600 期，《礼拜六》，1935 年 7 月 27 日，第 1013 页。
④ 饶宗颐总纂：《潮州志·实业志·商业》，第 75—76 页。
⑤ 姚曾荫：《广东省的华侨汇款》，第 18 页。

等学者在讨论侨批局时所说的"乡族纽带"和"地域性"。① 陈丽园指出，侨批局这种经营网络与东南亚—潮汕华人社会的内部结构具有一致性，也与华人的商业网络有所重合。② 可能正是由于侨批局这种倚赖乡族纽带的地域性经营特征，及其通过兼营与不同商业网络之间相互交织的情形，侨批业常常被认为是规模不大的商业组织。事实上，因为汕头侨批局盈利较为微薄，如果专设一商号运营侨批，较难应付日常的必要支出，所以多和其他行业互为兼营，如汇兑业、旅业、银业、茶业、杂粮业、进出口业、运销业等。③ 由此，经营侨批业的商号，其实皆有一定的资产支撑，具有良好的信用基础。侨批业的整体运营相对稳定，就算是某一侨批局内部营业机构停歇，其他有意此业者也可集资承袭其商号继续营业，有时个别批局内部人员或机构实质上已经重组，但表面上并没有改易。④

值得指出的是，由于具有上述的经营特性，侨批局除了通过汇兑以赚取利润之外，还以汇兑为基础通过汇票的方式与其他行业之间相互划扣货款，并以此获利。根据1914年的调查所言：

> 汕头之钱庄受信局之委托，先代垫汇至香港汇票之金钱或直接购买香港电信汇票，而于日后再决帐。
>
> 汕头之信局为南洋信局之代理店时，将受托之资金原封不动转交给客户，照理不需要任何周转金，但通常皆兼营其他业务（钱庄、客栈、贸易商、杂货商）。因此，用此汇款亦属常

---

① 陈春声：《近代华侨汇款与侨批业的经营——以潮汕地区的研究为中心》，《中国社会经济史研究》2000年第4期；戴一峰：《网络化企业与嵌入性：近代侨批局的制度建构（1850s—1940s）》，《中国社会经济史研究》2003年第1期。
② 陈丽园：《跨国华人社会的脉动——近代潮州人的侨批局网络分析》，《历史人类学学刊》2004年第2期。
③ 《汕头市侨批业同业公会函》，1947年1月27日，汕头市档案馆藏，卷宗号：12-9-626，第62页。
④ 饶宗颐总纂：《潮州志·实业志·商业》，第75页。

事，而钱庄为资金周转的来源。①

侨批业这种经营模式和转拨华侨汇款的方式，在于他们很好地利用汕头对外贸易的特征。杨起鹏称：

> 因本市进口货大半购自沪埠货香港，至输出之土产则多运销南洋群岛。同时爪哇之糖、安南之鱼干、暹罗之米，新加坡之锡及椰、枳，多以香港为销售综汇之地……故南洋各埠，当汇还汕市之商人时，每付以香港之汇票以清帐。因此香港票多由南郊之商人转售与银庄，然后由银庄再售与入口之商人也。②

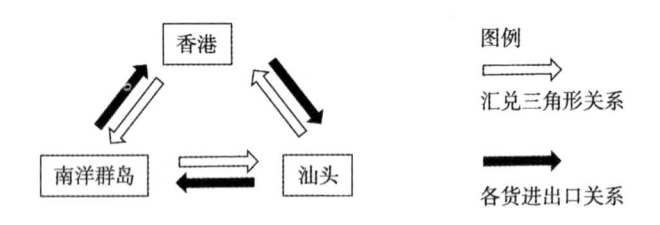

图 4-1　汕头-香港-南洋各埠贸易汇兑关系图

资料来源：根据杨起鹏《汕头银业史略及其组织（下）》绘制。

由此可见，在贸易和汇兑上，汕头、香港和南洋群岛各埠呈现三角关系（如图 4-1 所示）。侨批业通过兼营他业，并与汇兑业、钱庄业、杂货商以及出入口贸易商等行业交织在一起，将汕头的经济和商业发展与海外联系在一起。在侨批业互为兼营的行业中，以汇兑业的关系最为密切。从表面上看，虽然侨批局与汇兑业在资本额上差别甚大，但实际的情况是，很多侨批局在经营中直接参与了国际金融汇兑，有些批局甚至本身就是汇兑庄，如陈炳春、有信、

---

① 杨建成主编：《侨汇流通之研究》，第 122—123 页。
② 杨起鹏：《汕头银业史略及其组织（下）》，《银行周报》第 13 卷第 15 期，1929 年 4 月 23 日。

光益、普通、光益裕、永安等商号。可进一步地说，侨批业所具有的"乡族纽带"和"地域性"，以及同华人商业网络的重合性，促成了海内外的紧密联系，这种联系所带来的资本流动以及其中所具有的内部社会结构，对汕头及整个潮汕地区的发展影响重大，尤其是对作为资本和货物总汇地的汕头而言。从海外流进国内的侨汇，除了输入整个潮汕地区各个市镇和村落之外，部分成为商业资本聚集在汕头，也有部分从市镇和村落又回流到汕头。这些侨汇成为城市商业发展和城市建设的资本，深刻地影响了汕头城市空间的转变。

正是上述各种大资本行业在汕头的经营，操控着大量商业资本的流动，既推动了汕头的贸易和经济的发展，也使它逐渐从商埠发展为近代城市。这些大资本行业的商人为了经营的需要，在汕头投资设立商号行栈等活动，直接促成了城市空间的营造和发展，也由此塑造了特定的城市风貌及空间形态。在随后城市规划的实施以及持续的城市建设中，这些行业商号的业主也不得不参与其中，成为城市发展的重要力量。下文就以上几个重要行业的分布情况进行重建，以进一步讨论它们与城市空间的关系。

二 20世纪40年代侨批业、出口业的空间分布

通过上文的论述，我们已知汇兑庄、运销业、出口商及侨批业是汕头具有较大资本的行业。尤其是侨批业，因与海内外的商业网络相重合，与较多大资本行业有互为兼营的关系，又操控着海外侨汇的输入，对汕头及整个潮汕地区影响重大。与此同时，侨批业又与掌握大量资本并发行纸币的汇兑庄具有密切关系，不少商号既是汇兑庄，也是侨批局，把持侨汇与市面资本的流通。正因为此，汕头本地汇兑庄作为清末至民国年间发行地方货币的主要机构，深受海内外经济波动的影响。

随着国家权力逐渐向金融方面渗透并逐步统一货币，汇兑庄的生存空间受到严重挤压，逐渐走向衰落。自1933年以后，因受金融危机之冲击，汕头的汇兑庄相继倒闭，或自行收盘，或因同业太少负担加

重而自行退会转为他业,至20世纪30年代后期,仅剩光益、普通、光益裕、有信、陈炳春、永安、簧利7家商号。1939年汕头沦陷后,汇兑庄全部解体,汇兑公所乃告结束。1945年复员以后,汇兑业同业公会仍未恢复。1946年7月间,旧存的7家汇兑庄谋求恢复公所旧制,邀同汕头侨批业商号在公所旧址仍照之前买卖香港汇票,不过到了第二年便因政府实施统治外汇而宣告停止。① 如上文所述,这7家汇兑庄,大多数也是侨批局。通过重建侨批业在汕头城市内部的空间分布,在某种程度上可以窥视海外侨汇及其商业资本与城市空间的关系。此外,由于南商业和暹商业对东南亚和汕头地区的商业及人群网络具有重要影响的,其空间分布与汕头城市空间的关系亦值得探讨。

稍显遗憾的是,在各行业空间分布的重建上,存在文献和地图的局限性问题。在文献上,本书主要依赖民国时期日用类书——《汕头指南》中所载的门牌号。该书先后共有两版,分别为1933年版和1947年版。两版都记录了当时汕头各行业各商号所在地的门牌号,反映了20世纪30年代初和20世纪40年代末的情况。地图方面依赖汕头地籍图及配套使用的房地产卡片。如上一章所述,目前所收集到的房地产卡片占汕头旧商埠区的八分之三左右,在范围上大抵能覆盖主要街道。利用房地产卡片虽能重建这些街道在20世纪50年代初的门牌号信息,但成效较为有限。房地产卡片上所登记的坐落(门牌号),部分列有新、旧门牌号,其中有的相同,有的偏差一两个门牌号,各占一半。由房地产卡片可知,门牌号的编订规律自东向西,部分自北向南(小公园以南的道路),部分自南向北(小公园以北及环状的道路)与民国时期相似。由此,20世纪50年代初所登记的门牌号,与20世纪40年代的门牌号编制系统十分接近。也即这套房地产卡片信息上所登记的门牌号信息,大体上可等同于20世纪40年代末的门牌号。然而,由于缺乏材料考察20世纪30年代到20世纪40年代汕头市门牌号的变化,在此只能以1947年版

---

① 饶宗颐总纂:《潮州志·实业志·金融》,第45页。

《汕头指南》为准来重建各行业的空间分布。与此同时，我们也不能忽略各行业在 20 世纪三四十年代的变化。因材料所限，目前以侨批业的文献材料较为完善，下文以该行业自 20 世纪三四十年代的变化进行讨论，并重建其 20 世纪 40 年代末的空间分布情况，以便进一步讨论行业分布与城市空间的关系。

初版《汕头指南》商号名录中列有全市各行业商号的名称和地址，汇兑庄和侨批局自然在其中。就其中所列 58 家汇兑庄的地址来看，有 37 家位于上一章所论及的"四永一升平"地段，远超一半之数，其中尤其以永和街占大多数，达到 19 家[①]，呈现明显的聚集性。这 58 家汇兑庄中，有 12 家同时也是侨批局。这也是为什么后来汇兑庄相继歇业，而部分商号仍以侨批局继续营业。1945 年光复之后，因汇兑公所未能随之恢复，汇兑庄仅剩 7 家。1947 年版的《汕头指南》商业名录中并未载录汇兑庄，可见此事汇兑庄已消亡殆尽。至于侨批业，初版和 1947 年版的《汕头指南》皆列有 55 家，其中部分商号有所不同。下文通过对比前后两版的侨批业商号名录，探讨该行业的总体营业情况及空间分布的变化。初版《汕头指南》收录了 55 家侨批局的名称和地址，如表 4 - 2 所示。

表 4 - 2　　　　　　初版《汕头指南》侨批业名录

名称	地址	名称	地址	名称	地址
永安	永和街 99 号	得合兴	福安四横街 2 号	洪万兴	海平路 85 号
四裕	海墘内街 21 号	商业	至平路 43 号	陈炳春	潮安街 17 号
光益	永和街 85 号	智发	永和街 100 号	振盛兴	永和街 37 号
光益裕	永泰街 34 号	普通	永和街 109 号	泰怡昌	永和街 36 号
有信	永和街 68 号	曾锦记	潮安街 17 号	泰成昌	安平路 140 号
光德	永和街 96 号	添兴利	永兴街 82 号	振丰	永和街 95 号
同发利	至平路 94 号	胜发	安平路 231 号	振丰盛	仁和街 76 号
成茂合记	永兴街 100 号	森春	海平路 8 号	陈悦记	升平路 63 号

---

① 参见谢雪影编《汕头指南》，1933 年版，第 266 页。

续表

名称	地址	名称	地址	名称	地址
成顺利振记	永和街 120 号	裕安	安平路 191 号	陈万隆	商平路 71 号
再裕	永安街 1 号	万兴昌	永安街 36 号	理元	永和街 82 号
宏祥	如安街 3 号	万丰发	永兴街 131 号	广合兴	仁和街 61 号
宏信	永和街 68 号	新合顺	德里街 86 号	广源和记	升平路 179 号
吴顺兴	新潮兴街 66 号	源顺	镇平路 2 号	广顺利	荣隆街 22 号
协兴盛	永和街 12 号	福兴	海平路 22 号	嘉隆	至平路 14 号
协成昌	永安街 41 号	福成	德里街 80 号	郑成顺利	永和街 97 号
和合祥	打索街 31 号	福利	至平路 18 号	潮利亨	海平路 77 号
恒记	仁和街 96 号	广汇	镇邦街 72 号	鸿发祥	升平路 132 号
马合丰	永和街 74 号	广泰祥	育善街 37 号	钟荣顺	福安街 20 号
谦祥和兴	德里街 32 号				

资料来源：谢雪影编：《汕头指南》，1933 年版，第 267—268 页。

从表 4-2 可见，如同汇兑庄一样，这 55 家侨批局大部分位于当时所谓的"四永一升平"地段，其中位于永和街有 15 家、永安街 3 家、永兴街 3 家、升平路 3 家、永泰街 1 家，几乎占到总数的一半，也具有较强的集聚性。这些侨批局的经营情况在《汕头指南》中并没有记录，所幸在 1935 年版的《潮梅现象》中，载有侨批局每月的批信额和每月平均银数（如表 4-3 所示）。考虑到这两部文献所收录的侨批局并不完全一致，我们仅对同时被收录者做比较分析。

表 4-3　　　　汕头市侨批业月营批信封数及批银数目

名称	每月平均批信额	每月平均银数（元）	名称	每月平均批信额	每月平均银数（元）	名称	每月平均批信额	每月平均银数（元）
福兴	329	4935	恒记	2765	41475	同发利	7727	115905
振丰盛	58	870	协成兴	2956	44340	新合顺	7765	116535
义发	2402	3603	陈悦记	3065	45965	和合祥	8355	125325
森春	388	5820	万丰发	3191	47865	有信	15301	229515
胜发	526	7890	万兴昌	3317	49755	光益	15586	233790
玉合	5650	8481	马源丰	3834	57510	光益裕	23915	358725
得合兴	601	9015	陈炳春	4119	61785	宏信	2270	34050

续表

名称	每月平均批信额	每月平均银数（元）	名称	每月平均批信额	每月平均银数（元）	名称	每月平均批信额	每月平均银数（元）
李华利	1116	16740	马德发	4260	63900	福成	2371	35565
福利	1261	18915	广源和记	4489	67335	广汇	2403	36045
广泰祥	1136	19740	洪万兴	5296	79440	泰成昌	2452	36780
荣丰利	1515	22725	普通	5315	79725	吴顺兴	2691	40365
钟荣顺	1621	24315	理元	5856	87840	振盛兴	2753	41295
潮利亨	1642	24630	成顺利振记	5933	88995	马合丰	7439	111585
广顺利	1832	27480	永安	6237	93555	郑成顺利	2056	30840

资料来源：谢雪影编：《潮梅现象》，第41—42页。

通过表4-2和表4-3的对照可见，表4-3中位于"四永一升平"的侨批局，有光益裕、光益、有信、马合丰、永安、成顺利振记、理元、普通、万兴昌、万丰发、振盛兴、宏信、郑成顺利13个。这些侨批局中，每月平均批信额和批银数额最大的是光益裕批局，月均有批信额23915封、银数358725元，最少的为郑成顺利，月均批信额2056封，银数30840元。光益裕是一家较大型的批局，1911年开业，在中国汕头设本号，与新加坡、越南、中国香港、印度尼西亚等地皆有业务往来，设潮属分号12家。[①] 郑成顺利批局也是1911年开业，在泰国、中国汕头均设自己的信局，属于较大型的批局。[②] 若将郑成顺利与表4-3中月均批信额和银数最小的振丰盛批局相比，数额有35倍之差，更遑论那些规模过小而未被收录的侨批局。胡少东等人对潮汕八邑批局中心性分析结果也显示，有信、

① 邹金盛：《潮帮批信局》，（香港）艺苑出版社2001年版，第594页。
② 民国时期汕头曾存在郑成顺利和郑成顺利振记批局，后者为前者后来分设而独立的批局。《潮帮批信局》一书中则只录郑成顺利振记批局的介绍。参见邹金盛《潮帮批信局》，第142、595页。

永安、万丰发具有中心批局的地位。① 此外，在 1946 年侨批同业公会会员册重新登记的信息中，这 13 家批局里面的光益裕、光益、有信、普通、万兴昌等商号的资本额均达到 1000 万元，是当时所有登记的批局所达到的最高额。② 可见，位于"四永一升平"地段的侨批局，规模相对较大。

上文已提到过，由于相关材料的限制，无法确定 20 世纪三四十年代门牌号的变化情况，目前尚难以将 1934 年的地址落实到地图上。有鉴于此，我们不妨先探讨 20 世纪三四十年代末汕头侨批业分布情况的变化，再将 20 世纪 40 年代末的侨批业分布做微观层面的空间分析。

抗战时期，侨批业因邮路受阻而大受冲击。初版《汕头指南》所收录的侨批局，有 25 家在日据时期仍维持运营，有 9 家门牌号不变，也即这 9 家在此期间未曾迁址，其位置亦未重编门牌，还有 7 家的地址虽有改变，但却在相同路上相近的门牌号，这可能是缘于侨批局迁址或道路门牌重编。此外，除了在初版《汕头指南》中所见的侨批局外，《潮梅现象》里所收录的侨批局，还有 7 家见于 1942 年汕头市侨批业同业公会的名册。由此看来，20 世纪 30 年代的侨批局，至日据时期至少有 32 家仍维持经营，占当时加入公会的侨批局总数的 71.1%。若将上述 9 家未曾迁址及 7 家门牌号发生较少变化的侨批局归为一类，那么这 32 家在日据时期维持经营的侨批局，至少有一半未发生较大的变化。

抗日战争结束后，邮路重新恢复，侨汇激增，原来被迫关闭或迁往内地的侨批局，陆续回汕头复业。1946 年 5 月 16 日汕头市侨批业同业公会填具人民团体登记表，呈交给汕头市政府查核登记。6 月 22 日该公会举行改选会议，选出新一届理监事成员，公布同业公

---

① 胡少东等：《近代潮汕侨批网络构建与特征的量化分析》，《中国经济史研究》2017 年第 5 期。

② 王炜中编：《潮汕侨批业档案选编（1942—1949）》，（香港）天马出版有限公司 2010 年版，第 172—175 页。

会章程，并登记加入同业公会的会员，并于 24 日呈交市政府。从填报的会员名册来看，共计 55 家。① 1947 年版《汕头指南》中所收录的侨批业商号，与 1946 年的公会名册完全一致，唯个别侨批商号地址有所出入，其中有些是豕亥鱼鲁之误。可见《汕头指南》所载侨批业商号的资料来源，应与 1946 年的公会名册有极为密切的关系。今以 1946 年及 1947 年两版公会名册补正《汕头指南》中的纰漏，可得 1947 年的侨批业商号名录，如表 4-4 所示。其中开列的 55 家侨批局，皆在光复之后向邮局登记且领有营业执照。通过登记信息中侨批局经理人的籍贯，可推测这些批局的经营范围大部分在潮汕地区。此外，还有一些未领执照也未加入侨批同业公会的批局，计有 37 家（如表 4-5 所示），其中有 16 家以往是在梅县地区经营侨批业，光复之后为方便接收南洋各地区的侨汇才迁至汕头，维时未久。② 另有未明经营地区的批局 20 家，可能是规模甚小，或由其他行业代理。

表 4-4　　　　　　1947 年《汕头指南》侨批业名录

名称	地址	名称	地址	名称	地址
普通	永和街 102［109］号	老亿丰	安平路 136 号	四兴	镇邦路 51 号
光益	永和街 85 号	恒记	仁和街 104 号	荣大	永兴四横街 17 号
陈炳春	潮安街 17 号	裕大	永和街 140 号	广泰祥	育善街 29 号
葛丰发	升平十三横街 9 号	马源丰	永和街 112 号	陈长发	永安街 47 号
有信	永和街 68 号	永安	永和街 99 号	张广泉	棉安街 23 号
王［玉］合	杉挑［排］路 4 号	理元	永和街 83 号	成昌利	永兴街 62 号
万兴昌	永安街 60 号	泰成昌	安平路 136 号	捷成	育善后街 20［30］号
广顺利	荣隆街 22 号	李华利	潮兴街 94 号	宏通	万安街 1［14］号
许福成	永平路 133 号	和合详	安平路 223 号	钟荣顺	镇邦路 5［50］号

① 王炜中编：《潮汕侨批业档案选编（1942—1949）》，第 172—175 页。
② 王炜中编：《潮汕侨批业档案选编（1942—1949）》，第 273 页。

续表

名称	地址	名称	地址	名称	地址
光益裕	永泰街34号	振丰盛	仁和街82号	陈协盛	商平路12［111］号
洪万丰	海平路89号	复安	海平路55号	福成	吉安街41号
振盛兴	永兴街41号	广源	商平路12［111］号	福兴	海平路22号
合丰	永兴街62号	胜发	升平路96号	潮利兴［亨］	杉挑路54号
荣成利	升平路176号	福利	永太路134［130］号	陈万合	海平路75号
协成兴	永太路71号	信大	永太路128号	源合兴	永兴街127号
马德发	永安街30号	福茂	潮安街74号	致盛	永和街110号
忱［悦］记	永和街110号	和兴盛	永兴街91号	森春	海平路84［8］号
成顺利	永和街97号	荣丰利	永兴街130号	义发	安平路142［42］号
同发利	永兴六横街11号				

注：表中方括号为订正之内容。
资料来源：谢雪影编：《汕头指南》，1947年版，第85—87页。

表4-5　　　　　　　　　未登记申请执照的侨批局

名称	地址	名称	地址
明兴	安平路246号	正丰	至平路35号
利源宏茂	安平路108号	孚通	怀安横街10号
倪两兴	永泰路104号	汇源	居平路37号
万德	永泰路41号	信安	万安街39号
和和	永泰街37号	同益	永泰街15号
利亨	商平路165号	侨联	至平路16号
潘合利	商平路163号	南成	至平路43号
张长顺	潮安街48号	庆丰	至平路66号
永昌利	潮安三横街5号	联丰	
瑞生祥	永安街81号	美和	万安街14号
展亚	升平路136号	华强	安平路57号
永裕	永兴四横街14号2楼	合利	至平路二横街4号
张利丰	镇邦路42号	常兴	福合后街12号

续表

名称	地址	名称	地址
长兴利	福安一横街19号	利记	怡安街42号
裕昌	永和二横街7号	英昌	至平路64号
永泰丰	永安街61号2楼	富春	至平路84号
福胜昌	吉安街85号	承裕	仁和街74号
永福兴	益安街35号	友亨	金山直街29号
源泰昌	海平路24号		

资料来源：王炜中编：《潮汕侨批业档案选编》(1942—1949)，第242—243、273页。

结合表4-2、表4-3和表4-4来看，初版《汕头指南》和《潮梅现象》所收录的侨批局中，有30家在20世纪三四十年代一直维持经营，或是在光复后相继复业。这些批局有的早在清末民初便已开设，如陈炳春于1893年开业；振盛兴1899年开业；和合祥1906年开业；广顺利1908年开业；普通1911年开业；光益裕1911年开业；光益1911年开业；万兴昌1913年开业。① 这30家批局中，有10家的门牌号在抗战前后相同，其中9家在1942年的公会名册也是同样的地址，剩下1家为森春批局，其土地买受时间为1930年。由此可知，这10家批局在从20世纪三四十年代的地址和门牌号皆未发生变化，地址亦未发生迁移。这多半归功于其资本雄厚，经营有方。在1946年公会名册中，这10家批局有7家的资本额为700万元以上，其中5家达到1000万元。

此外还可能存在的情况是，这10家批局所在地及其附近街区没有重编过门牌号，或虽经重编，新编门牌号仍与旧编相同。特别是这10家批局所在的永和街、永泰街、荣隆街、海平路、潮安街等地段，门牌变化程度可能很小。与表4-2相比，表4-4中位于"四永一升平"地段的侨批局也有25家之多，但在分布上略有不同，其中永和街10家、永安街3家、永泰街和永泰路4家、永兴街6家、

---

① 邹金盛：《潮帮批信局》，第587—598页。

升平路2家，从大的范围上来看，与20世纪30年代的情况差异不大。将1947年的侨批局分布呈现到地图上，在一定程度上亦可反映20世纪30年代的侨批局在商业核心地段的分布情况。

如前所述，20世纪50年代初房地产登记中的门牌号信息，可反映20世纪40年代末的情况。因此，将这些门牌号与1947年版《汕头指南》的门牌号一一对应，再将房地卡片上登记的测区号关联到地籍图中，同时对每条道路进行编码，为地籍图上的每个地块赋予一个道路编码与房地产卡片的门牌号合并的数值，由此便能重建20世纪40年代末的门牌号分布情况的数据库。

为进一步确定侨批局的精确位置，我们还试图排查汕头市老城区房地产卡片上的登记信息，寻找其中与侨批局门牌号、代表人相对应的土地，计有10家侨批局能符合条件。① 从这10家侨批局的土地交易情况看，除了成顺利的土地是在1913年购买的以外，其他批局的土地交易时间都在1949—1952年。可以推知，20世纪三四十年代，汕头的侨批局大抵是租用店铺和房屋运营，只有小部分在20世纪40年代末才买断原来所租用的产业。所以，通过房地产信息精确对应侨批局的位置，是较为困难的。对于大多通过租用店面运营的行业，只能通过门牌号来确定其商号的位置。现在将1947年的侨批局门牌号和道路编码按上文所提到的办法进行合并，便可得到一个门牌号信息的数值。将此数值与上文所得数值相关联，并结合侨批局代表人的籍贯信息，便可得到有附有籍贯属性的侨批局分布图。

由图4-2看来，侨批局均散布于汕头旧商埠区。在所有的批局中，已知代表人为潮汕籍的也占到了58.2%。在加入侨批局同业公会的成员中，潮汕批局更是占到96.3%。造成这种结果可能和侨汇的汇入路线有关。一般说来，潮汕的侨批一部分经过汕头转送，一

---

① 这10家批局分别是陈万合、广汇通、成顺利、福茂、四兴、森春、光益裕、万丰发、老亿丰、悦记。其中广汇通仅见于1948年汕头市同业公会名录。

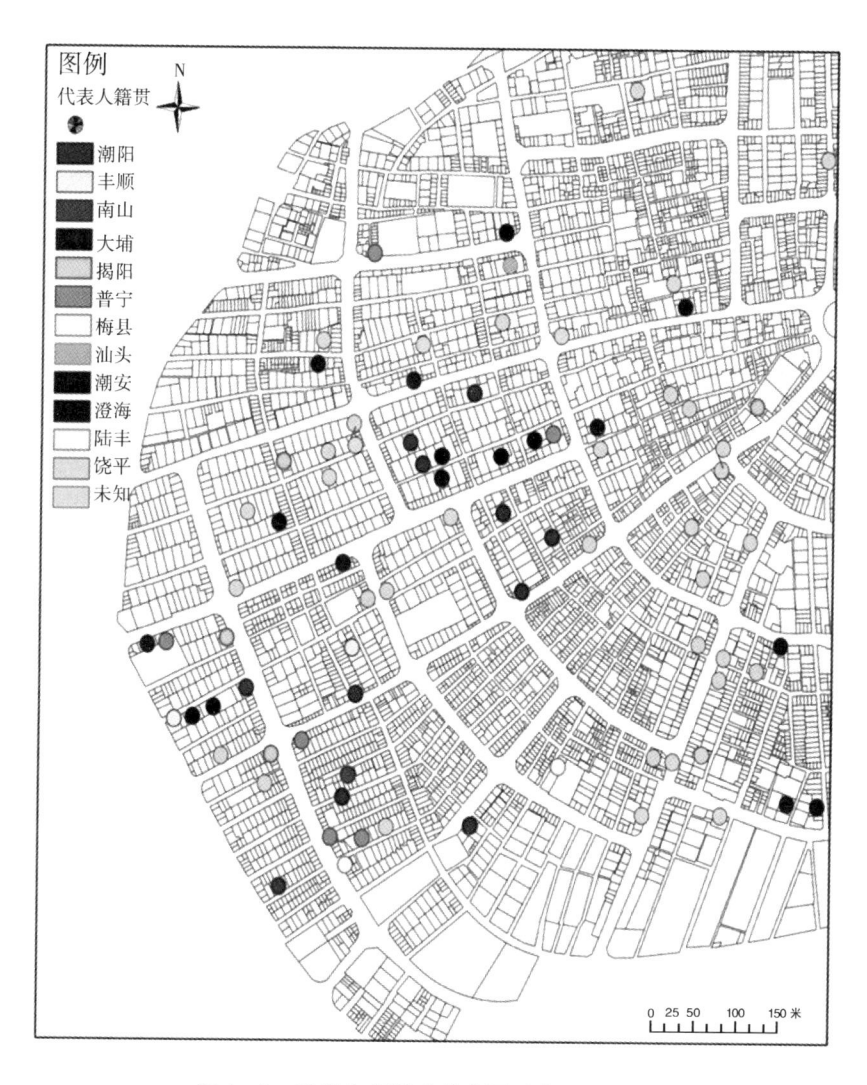

第四章　商业、地产的分布与城市空间的发展　273

图 4-2　1947 年侨批业分布图（参见彩图 11）

资料来源：根据 1947 年版《汕头指南》侨批业名录绘制。

部分有南洋径寄内地。梅属的侨批则大部分直接寄至梅县转送，小部分经过汕头。① 在"四永一升平"的中间部分，侨批局呈现较为

---

① 姚曾荫：《广东省的华侨汇款》，第 19 页。

明显的集聚性，总共有 16 家之多，而与之距离相近的还有潮安街、杉排路几家侨批局。在这 16 家批局中，除了有 5 家未知经营范围外，其他 11 家都是潮汕批局，侨批局的代表人主要以潮安、澄海、潮阳的居多。①

在图 4-2 的基础上，进一步添加这些侨批局在登记注册时所记录的资本额信息，可得到侨批局资本额分布图（如图 4-3 所示）。其中有 6 家资本额为 1000 万元，另有 900 万元和 700 万元各一家，占上述这片区域的半数以上。可见，大规模的侨批局，大多集聚在"四永一升平"地段。除了这种较为明显的集聚分布之外，侨批局在汕头四商埠区的其他地方，则较为分散，其中部分潮汕批局散落在与海平路中段相交的几条道路附近，特别是位于海平路的几家侨批局，也具有一定的资本额。此外，还有一些梅属批局，位于至平路中段。值得指出的是，如上文所述的光益裕、光益、有信、永安、普通、陈炳春这几家具有较大资本的侨批局，同时也是汇兑庄。后来汇兑公所结束后，这几家既是侨批局又是汇兑庄的商号仍继续营业，足见其雄厚的力量。再结合上文所述及这些商号的开设时间，可以看出这种分布在很大程度上是前后相承的。

我们再以重建侨批局空间分布的办法，将出口商中的南商业和暹商业的空间分布落实的地籍图中。上述两版《汕头指南》都有南商业和暹商业各商号的名录。初版中载录有南商业 54 家，暹商业商号 54 家，其中南商业和暹商业共有 6 家的商号名字相同，地址也相同，分别是合福盛、广源、源昌利、合发、集祥、顺成，可推测这 6 家商号是同时经营南商和暹商的业务。另有和祥、福成泰、永盛、

---

① 汕头侨批局的经营范围在海内包括潮汕地区和梅县地区，这里把经营范围为潮汕地区的称为潮汕批局，其批局代理人的籍贯一般为潮汕地区；把经营范围为梅县地区的称为梅属批局，其批局代理人的籍贯一般为梅县地区。潮汕批局的国内经营范围即为潮汕地区，近则包括潮安、澄海、潮阳、揭阳、饶平、普宁，远则包括惠来、丰顺等地。梅属批局的国内经营范围则为梅县、大埔、兴宁等地。参见姚曾荫《广东省的华侨汇款》，第 19—28 页。

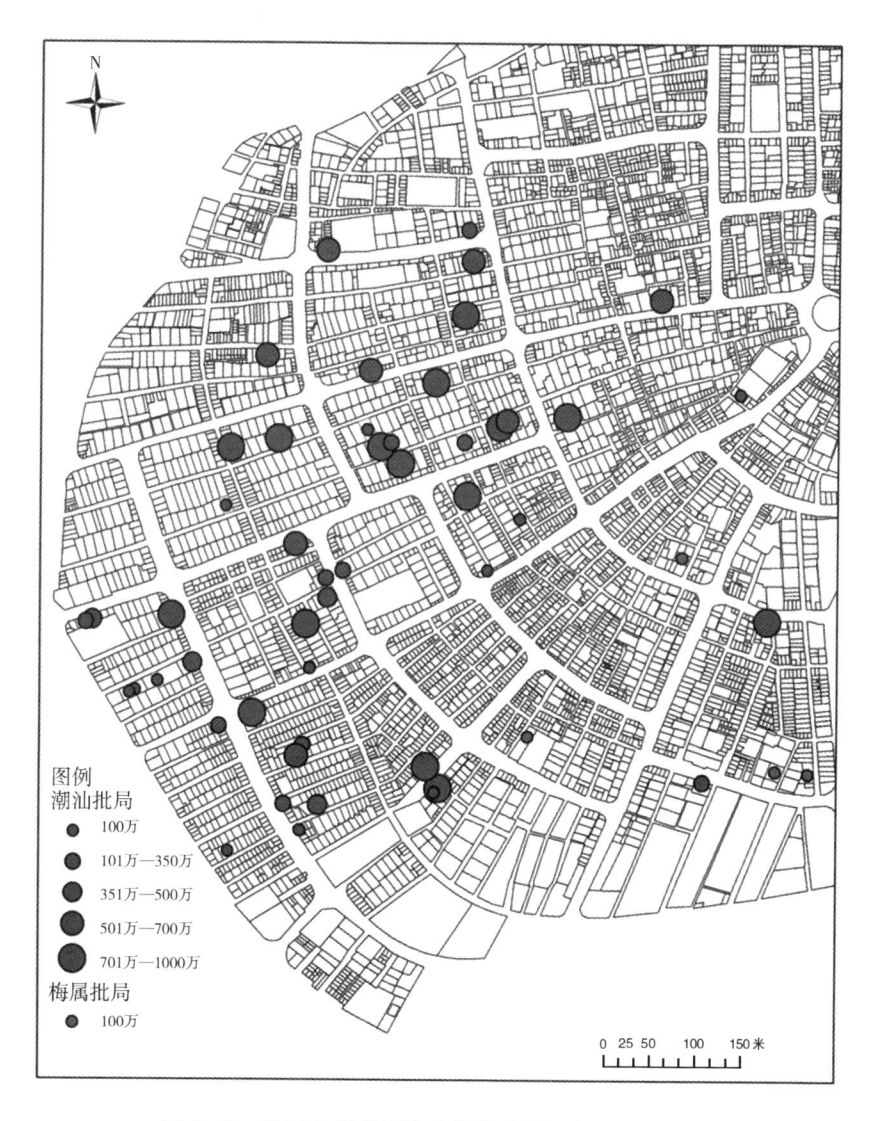

图 4-3　1947 年侨批局资本额分布图（参见彩图 12）

资料来源：根据《汕头侨批业同业公会名册》等材料绘制。

振发 4 家商号，虽名称相同，但地址不同。不过和祥、福成泰、振发几家商号的地址颇为接近，可能也是同家商号同时经营南商业和暹商业。从所载地址来看，南商业大部分位于升平路西段、杉排路、荣隆街、通津街、金山街等地，可知该行业大多位于"四永一升平"

的西北方向，在汕头的西北部，与厦岭港等内河航道较为接近。暹商业大部分位于金山横街、金山直街、回澜桥等地，该地段在"四永一升平"以北，属于汕头北部，靠近韩江及韩堤路。作为大资本行业，南商业和暹商业在很大程度上影响了汕头北部和西北部杉排路、荣隆街、通津街、金山街、潮安街等地段的形成。

南商业和暹商业在抗战时期全业停顿，光复之后逐渐恢复，各商号也陆续复业，且比20世纪30年代有所增加。如《潮州志》中所载，1945年复员之后，南商达99家，暹商业达83家。① 不过1947年版《汕头指南》中所载录的南商业是94家，暹商业是82家，虽比《潮州志》中所称略少，但都比20世纪30年代的数量大有增加。对比前后两版《汕头指南》中该两行业的商号，可知光复后的南商业，仅有8家是20世纪30年代就已存在的，而暹商也仅有5家。也即90多家南商商号和80多家暹商商号，有90%左右是新设或是改用新商号的，而且也同样存在互为兼营的情况。将1947年的南商业和暹商业落实到地籍图中，可得知其空间分布情况。

从图4-4来看，1947年的南商业和暹商业，除了大部分位于原有升平路西段、杉排路、荣隆街、通津街、金山横街、金山直街、回澜桥等地以外，还有大部分位于"四永一升平"地段，而且在杉排路、荣隆街、通津街、潮安街等处具有较强的聚集性。由此可见，复员后该两行业中改用名称或新设的商号，有很大一部分是在原先的基础上创办起来的，这也造成了其聚集性仍与20世纪30年代大致相同的结果。至于那些位于"四永一升平"的新增商号，可能是属于代理性质的，不能与之前的经营规模相比。

需要注意的是，光复后的南商业和暹商业，虽然在数量上比20世纪30年代多，但实际贸易额远不及以往。不过，由于出口商在20世纪40年代和20世纪30年代具有同样的聚集性，仍有理由认为这

---

① 饶宗颐总纂：《潮州志·实业志·商业》，第80页。

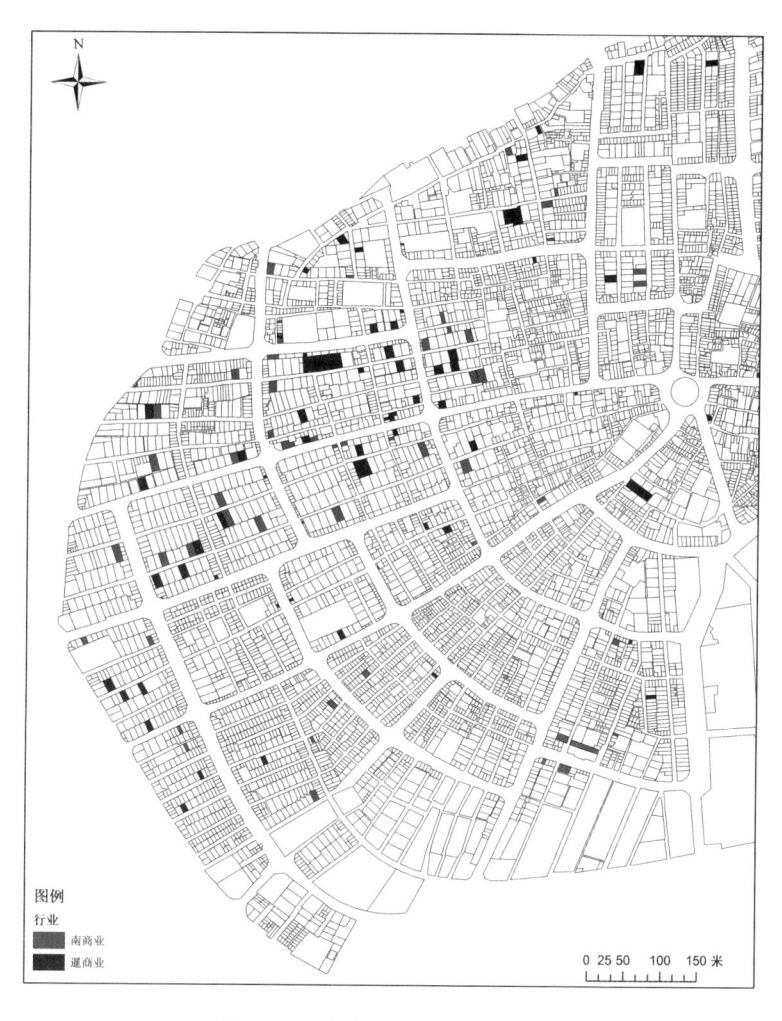

图 4 - 4　南商业、暹商业分布图

资料来源：以1947年版《汕头指南》商号名录绘制。

两个掌控有大量资本的行业，对于他们所聚集的汕头北部及西北部的城市空间发展和演变发挥了重要的作用。自汕头开埠以后，出口商随轮船业的发展而兴起。光绪末年，该行业的商人在汕头西北部开始设立南商公所，其后又有暹商业从南商业分出另立门户，可见出口商在清末时期已有了一定的发展。1928年以前，北方各省货物都从汕头转运出口，出口商进入经营的繁盛期。20世纪30年代后，因关税关系，汕头出口商不再转运北方货物，但仍拥有较高的营业额，进而影响汕头市面的兴衰。可以说，由出口商带来大量资本流动，几十年间一直对汕头城市的发展产生影响，促成汕头城市内部空间的形成和演变。

通过上文对侨批业、南商业和暹商业空间分布的重建，可较为清楚地了解这些拥有大量资本的行业在城市内部的分布情况。这些行业呈现的聚集性，一方面有其自身缘由，另一方面对城市空间的演变亦有重要影响。如上文所述，侨批行业中的侨批局，大多数同时也是汇兑庄，它们聚集在"四永一升平"这一人口密度最高和商业行档最多的地方，大量的商业资本在此买卖、流通、汇聚、分发，不仅促进了商业的兴旺发达，同时也带动了城市空间的发展和转变。结合图3-23的建筑时序可知，像汇兑庄、侨批业、出口商等行业所聚集之地，留存大量20世纪头十年的建筑，当时汇兑庄、轮船行和侨批业等行业，都已有几十家的商号，[①] 可推测20世纪头十年的建筑中，应该有不少便是这些商号的所在地。换句话说，正是这些行业在汕头的发展，占据了城市内部特定空间，才造成了后来的建筑留存情况。

再如出口商的南商业和暹商业，聚集于靠近内河航道的汕头西北部和北部，大量货物和资本从韩江中上游通过河运汇集于此，再由汕头出口远销东南亚各地，促进汕头城市内部空间的形成和发展。与此同时，城市的发展也加强了海内外的联系，使得以往仅限于两地关系的活动进一步扩大，作为迁出地的潮汕地区和作为侨居地的东南亚各地之间的往来变得更加频繁，原先的商业关系进一步扩展为贸易网络，而人群、资金、货物在贸易网络的流通又进一步影响汕头城市空间的演变。汕头城市内部的商业中心，也由此得以形成。

---

① 马育航等编：《汕头近况之一斑》，第12、18—24页（栏页）。

第二节　人群活动与房地产投资

　　汕头自开港以后，商业日渐繁盛，吸引了各地人群不断迁入，人口迅速增长。如第二章所述，1866年于汕头成立的万年丰会馆，分为"海阳、澄海、饶平"和"潮阳、普宁、揭阳"两部分，可知潮汕地区的商人开始聚集于汕头开展贸易活动。欧美各国势力亦相继在汕头设立领事馆、洋行和医院等，不少外国人迁到汕头及其附近居住。由于本土商人的排外和凝聚力，外国人在汕头的商行难以得到有效发展。此外，因为汕头没有设立租界，外国人在此的数量较为有限。[①] 迁入汕头的人群，主要来自汕头腹地的潮梅地区。据调查，20世纪初，汕头已大约有居民3.5万人。[②] 陈海忠参照各年份的"中国海关贸易总册"中"各省及各通商口岸中国人口概数"和《星华日报》《广东全省户口统计表》等材料，整理出1904—1939年汕头的人口数。此数据可绘制成曲线图，如图4-5所示。

　　虽然清末民初有关汕头的人口统计有所疏漏，实际人口数要比统计数据均高，不过我们仍可通过已有数据看出一段时间的人口变化趋势。由图4-5看来，汕头的人口，在1904年已有5万人左右，在1910年骤增至接近10万人之数，这可能是存在讹误之故，在1911年又回落至6万多人，并在随后十几年间逐渐上升。1926年以后，汕头市的人口出现迅速增长的趋势，几乎每年增加2万人到3万人，并在1935年达到峰值。这段时间正好是汕头市整体进入迅猛发展的阶段，城市的现代化改造及大量的城市建设均在此期间完成，城市的商业发展基本处于繁盛期，由此吸引了大量人口聚集于此。

---

　　① 《1882—1891年潮海关十年报告》，载中国海关学会汕头海关小组、汕头市地方志编纂委员会办公室编《潮海关史料汇编》，第29页。
　　② 外务省通商局编『清国广东省汕头並潮州港情况』、4页。

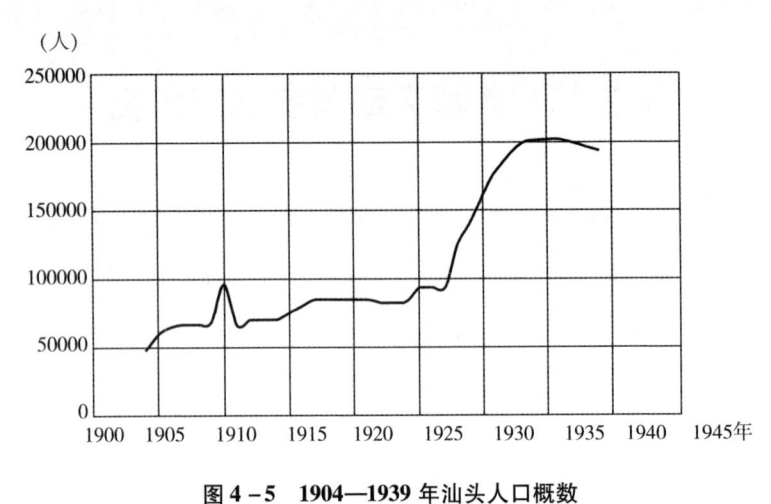

图 4-5　1904—1939 年汕头人口概数

资料来源：陈海忠：《近代商会与地方金融——以汕头为中心的研究》，第 29—31 页。

来自潮汕和梅州地区县乡的人群，不仅大部分人频繁地途经汕头来往海内外，更有一大部分人迁居汕头谋求发展。

一　潮梅各属的移民及其商业权柄

所谓潮梅地区，范围基本上包括未设嘉应直隶州以前的潮州府，也即今天的潮汕和梅州地区。作为唯一可以停泊机器轮船的港口，汕头成为潮梅地区的人群、货物往来所必经之地。1903 年温丹铭曾在报上发文称："若韩河则自汀而通潮，梅河则自潮而逾赣，均为航运之区。由潮嘉以抵省会及中原诸省者，向皆取道于梅，而分趋内陆。今皆取道于韩，以径出外海，此自各国通商以来，轮船交驰，而地理受其变移也。"① 文中所谓取道于韩，指的是取道韩江通往其出海口汕头。再如《潮梅现象》所载：

（汕头）为岭东之门户，潮梅商品出入口之要港，其通于内

---

① 《潮嘉地理大势论》，《岭东日报》1903 年 12 月 28 日第 1 版。

地者，北至澄海，东通潮阳，东南临大海，对南洋群岛，有轮舶可通，而澳、港、沪、津、台、厦等处，樯橹相接，交通便利。至潮州、潮阳、揭阳、澄海、饶平、普宁、惠来、丰顺、大埔、南澳、梅县、平远、五华、蕉岭、兴宁等十五属，上游龙川、紫金、连平、和平、河源、福建长汀、上杭、宁化、连城、清流、永定、武平、归化、江西兴国、浔邬、瑞金、会昌、雩都、宁都、石城之交通，亦以汕头为总汇也，其能发达至于今日，诚非偶然。①

正因为这种地理上的优势，汕头成为韩江流域人、货、资金流动的枢纽，贸易辐射范围还远至闽赣两省的部分地区，这也无怪乎潮梅地区的商人竞相在这个新兴的开埠城市发展自己的力量了。

除了上文提到万年丰会馆外，1882年，汕头还有由客家人设立的八属会馆。《1882—1891年潮海关十年报告》中有如下记载：

> 八属会馆属于八个客家地区籍的商人、居民和回国移民。八个地区为广东的嘉应州、兴宁、长乐、平远、镇平、大埔、丰顺和福建的永定。它建立于9年前，建造会堂的资金由回国移民和在汕头的客家店主捐赠。这些店主或者称之为旅店业主更加确切，因为在汕头的主要"客家"商业是经营为出国移民开设的客栈，其中11名店主被选出组成一个委员会。②

可见，在汕头开埠后的20年间，来自梅州地区的客家人势力也开始在此抬头，他们主要经营为来往海内外的移民而开设的客栈。这是因为，随着西方国家开发东南亚殖民地的需要，以及第二次鸦片战争后华工出洋合法化，潮梅各属的人群开始大量经由汕头出海

---

① 谢雪影编：《潮梅现象》，第1页。
② 《1882—1891年潮海关十年报告》，载中国海关学会汕头海关小组、汕头市地方志编纂委员会办公室编《潮海关史料汇编》，第27页。

谋生，从事商业、贸易或出卖劳力，汕头的客栈业由此应运而生。客栈与招募移民的客头关系密切，并通过此关系为移民提供住宿或垫付等服务，有时也从船头行处购得船票加价卖给客头。1914年的调查显示，汕头已有客栈60余间，其中嘉应州、大埔、丰顺等地移民住宿为大多数，而澄海、潮阳等地靠近汕头、交通方便，因此客栈数较少。① 当然，梅属地区的客家人在汕头的经济活动不只限于客栈业，引文中所提到的"商人、居民和回国移民"，在汕头贸易增长和地位上升的同时，所投资和经营的事业其实更为广泛。他们的活动为汕头近代市政事业和文化事业都产生了重要的影响。

比如1906年修筑而成的潮汕铁路，从倡议兴建到投资建设，主其事者为张煜南和张鸿南兄弟，皆是嘉应州的著名侨商；其次如1916年开始建设的汕头至樟林的轻便铁路，主其事者是大埔百堠乡人杨俊如；再如福建永定县著名侨领胡文虎，在汕头投资建有虎标永安堂制药坊及其营业部、《星华日报》报馆、虎豹印务公司，他还捐建了汕头医院、市立一中图书团等一些近代化的市政设施；文教事业的办学先声岭东同文学堂，创办者温仲和、丘逢甲和温廷敬也是客家人。② 更重要的是，对20世纪20年代汕头城市改造计划从提出到推动落实做出重要贡献的两任汕头市市长萧冠英和范其务，亦皆为大埔人。由此可见，不管是从内地移居到汕头，抑或出洋归来到汕头的客家人，对汕头城市的发展都发挥了重要的作用。

与客家人不同，潮汕各县属的商人在汕头开埠后便掌握了商业上的话语权，甚至还包括地方公共事务。如第二章所述，由潮汕人组成的万年丰会馆，除了维护会员们的个人和集体的商业利益，解决贸易争端，制定贸易章程，同时还起着商会、交易所和市政会的职能作用。潮海关税务司辛盛指出：

---

① 杨建成主编：《侨汇流通之研究》，第25—39页。
② 陈春声：《近代汕头城市发展与韩江流域客家族群的关系》，《潮学研究》2011年新1卷第3期。

> 它（指万年丰会馆）一般担当追随者们的监护人，而又使所有与之打交道的人感到畏惧。它拥有一种执行自己意图的能力。这种能力可能为很多政府所羡慕。因为其中赋予了这个强有力的机器能行使的独一无二的权力，即现代爱尔兰历史中一段插曲称之为"联合抵制"的那种坚定的压倒他人的争辩能力。①

把控着这一商业组织的潮汕商人，当晚清政府开始在地方设立保商局、商会等机构试图掌握权力的时候，仍牢牢保持着自己的地位。如官倡商办的保商局在官方代表黄遵楷去职后，由潮阳籍的商人萧永声接管②。萧永声是万年丰会馆的绅董，同时也是怡和洋行的买办，这代表新设的保商局仍为潮汕籍商人掌控。再如1905年由上海总商会发起的抵制美约运动，得到汕头商人们的积极响应。在此运动中，保商局和万年丰会馆发挥了重要的作用，甚至还促成潮籍商人和客籍商人的联合。当时汕头的商务中，潮州地区的商人占五到六成，梅属嘉应各地区的商人占到三四成。③ 由此亦可想见当时汕头埠各地人群在商业事务上的活跃程度及话语权。④

潮汕籍商人在汕头的商务活动及其势力还表现在金融事业方面。20世纪二三十年代汕头的金融事业以银庄最为发达。银庄包括汇兑公所和银业公所各商号。据《六十年来之岭东纪略》所载：

> 汇兑公所，多以澄海帮为主干。故银庄各号，其股本股东即属他帮者，其家长一席（即司理人）亦多属澄人。近年潮阳帮突起，不甘澄帮之压抑，遂联同各帮新组织银业公所，以为对抗。迩因对抗之故，屡起风潮，互相倾轧，究之两败俱伤，

---

① 《1882—1891年潮海关十年报告》，载中国海关学会汕头海关小组、汕头市地方志编纂委员会办公室编《潮海关史料汇编》，第25页。
② 《商局接办》，《岭东日报》1903年1月21日第3版。
③ 陈海忠：《近代商会与地方金融——以汕头为中心的研究》，第99—102页。
④ 《论潮嘉人联结一气与以后的关系》，《岭东日报》1905年6月29日第1版。

始行觉悟,将营业方法划分,凡香港、上海汇票,概由汇兑公所,而龙银、毫洋之买卖,概归银业公所。潮阳帮之殷实商号,亦准许加入汇兑公所。①

由此看来,在汕头金融事业中首屈一指的银庄业中,最初由澄海人主导,随后潮阳人异军突起,并组织银业公所,与澄海人分庭抗礼。这种在金融事业上的角逐和博弈,影响了当时汕头商会的权力结构。如《潮州志》所载:

> 民国以后,澄海、潮阳两县人士,每因汕头商会竞选,双方银庄划分阵线,各行暗中鼓动风潮以相角斗,恒集中全帮力量,针对对方一二庄号,尽量吸收其纸币,分由多人同时拥向兑换,使其周转不灵而倒闭。凡一次斗争,双方即有一二庄号牺牲。②

这种斗争所造成的结果,便是汕头商会由澄海和潮阳两地人士轮流坐庄。曾担任过汕头市党部商民部部长的古梦真称:

> 汕头原来有个总商会,它是代表大资本家的利益的,一向为几个大行业所包办,如轮船行、汇兑业、银业、米行等。这些大资本家按籍贯分为二帮,海澄镜[饶](汀[澄]海、澄[潮]安、饶平)的一带叫海天派;潮揭普(潮阳、揭阳、普宁)的一帮叫商运派。商会长就由这二派的头子轮流坐庄。③

这两派中,海天派以南北行商家为中坚,其代表人物高伯昂、

---

① 萧冠英编:《六十年来之岭东纪略》,第51页。
② 饶宗颐总纂:《潮州志·实业志·金融》,第11页。
③ 古梦真:《大革命时期汕头商民协会对右派势力的斗争》,载广东省政协学习和文史资料委员会编《广东文史资料存稿选编》第6卷,广东人民出版社2005年版,第745页。方括号内为订正之内容。

陈少文皆为澄海人；商运派以银庄商人为主力，代表人物萧永声、林邦杰皆为潮阳人。陈海忠整理了汕头1904—1946年历届商会领导人的情况，其结果显示，从1904年至1905年的商务分会时期；从1906年至1914年的汕头商务总会时期；再从1915年至1929年的汕头总商会时期；最后1930—1946年的汕头市商会时期，这几个阶段内的商会总理、协理以及后来会长、副会长，都由澄海和潮阳两地人士轮流担任，而他们所属的行业或商号，主要是汇兑庄、轮船行、南北港公会等。①

可见，掌握汕头商业权柄的，主要是澄海和潮阳两地为代表的潮汕六邑人士。他们在汕头所经营的行业，以汇兑业、轮船行和南北行为主。在《潮州志》所列举的汕头四大行业（侨批业、运销业、出口商和抽纱行）中，侨批业自毋庸赘言。运销业即为轮船行，南北港亦属其中，② 可见澄海人和潮阳人在经营上之成就。除此之外，潮汕地区各县属的商人也在商会中扮演着重要的角色，如1929年，汕头总商会制定商会章程并完成改组，其主席团三人分别为澄海的张元章、潮安的李鸣初，以及潮阳的郭华堂；常务执行委员会则为潮阳的林玉书、澄海的陈子彬，陈少文和普宁的许宛如，常川监察委员为潮阳的林俊峰、潮安的钟少岩和澄海的林忠俊。③ 值得指出的是，民国时期汕头总商会的派别之分，与第二章述及的万年丰会馆大致相同，这在某种程度上说明了汕头在近代的发展中，商界本身的传统及其权力结构并未发生较大变化。因此，即便汕头的地方公共事务及建设工程项目从原先由商人主导演变为由市政当局主导，活跃于汕头的商人对城市空间影响仍具有一定的延续性。

作为当时商会的主要力量，潮汕籍人士掌控着汕头的商业活动，

---

① 陈海忠：《近代商会与地方金融——以汕头为中心的研究》，第133—135页。
② 饶宗颐总纂：《潮州志·实业志·商业》，第72页。
③ 《汕头总商会会员录》，《潮梅商会联合会半月刊》第1卷第2号，1929年2月16日，第17页（栏页）。

他们影响力不仅遍及全市所有行业的买卖和商店的营业，甚至还包括城市的地产投资和城市空间的变化。20世纪30年代，汕头全市各业同业公会需加入市商会成为公会会员，通过商会会员名册可大致了解各行业经营者的相关情况。1936年，汕头市第二届市商会执监委改选，各行业同业公会均派代表出席，形成了"公会会员名册"，登记了出席商会代表人的相关信息，将该名册进行整理，提取其中出席代表的姓名和籍贯信息，可得表4-6。

表4-6　　　　　广东省汕头市商会第二届公会会员名册

	姓名	籍贯		姓名	籍贯		姓名	籍贯		姓名	籍贯
汇兑业同业公会（以下各业省略同业公会四字）	陈伯元	饶平	南北港货物运销业	唐伯言	澄海	绸缎布业	赖次风	潮安	苏广洋杂货业	吴公辅	蕉岭
	钟少岩	潮安		蔡时帆	澄海		庄明见	揭阳		郑学思	潮阳
	林玉书	潮阳		陈少文	澄海		黄志农	潮阳		萧觉民	大埔
	陈荫衡	饶平		余质初	澄海		庄觉非	饶平		李景韩	梅县
	郑岭星	潮阳		沈朝蔚	潮安		庄仰云	潮安		黄健吾	潮阳
	陈尹衡	澄海		林敬祥	潮安		杨翼臣	大埔		萧仰辉	潮安
	郑雪珊	澄海		蔡幸三	澄海		蔡子光	澄海		林寿仁	大埔
	陈仰文	澄海		饶洞明	澄海		蔡友山	潮安		林厚德	潮阳
	郑卓民	潮阳		王泽臣	澄海	中药生药	洪子廷	潮阳		胡隐之	潮安
	伍富良	梅县		陈锡标	澄海		许兰坡	潮阳		黄镜清	佛冈
	廖友夔	潮安		陈焕章	饶平		朱祥如	揭阳		李象堃	梅县
	黄峻六	澄海		李鸣初	潮安		吴世德	澄海		王道甫	梅县
	陈湘筠	澄海		杨照三	澄海		余海珊	潮阳		张哲欣	潮阳
	周寿昌	澄海		邱卓伦	澄海		邓介卿	潮阳		陈镜清	江西
	沈朝立	潮安		陈梦珊	澄海	银业	王龙章	普宁		吴澄秋	澄海
土糖业	林伟岩	揭阳		蔡理刚	澄海		陈开知	潮阳	旅业	陈章武	普宁
	洪海涛	普宁		许能建	澄海		许学圃	普宁		吴藩雄	潮阳
	林君量	揭阳		杜观因	澄海		陈克锦	普宁		张柏香	普宁
	刘瑞春	揭阳		谢景云	潮安	棉纱业	陈麒友	潮阳		马凯翘	潮阳
	柯宗捷	揭阳		陈友琼	澄海		周雁石	潮阳		张荣初	大埔
	郑定源	潮阳		许宛如	普宁	暹商业	许益敬	澄海		余逢元	大埔

	姓名	籍贯		姓名	籍贯		姓名	籍贯		姓名	籍贯
土糖业	黄平阶	潮阳	麦粉业	廖勋臣	潮安	暹商业	陈德燊	潮安	旅业	田倬云	大埔
	罗克伦	丰顺		朱南湘	潮阳		许肇辉	揭阳		陈炳南	梅县
	林俊峰	潮阳	火柴	马杰三	潮阳	南商果业	钟翔初	潮安		张松生	江西
	张秉萱	普宁		吴雪亭	潮阳		林勤甫	澄海		谢慧剑	潮安
	刘怀石	潮阳		陈友华	饶平		刘若衡	潮安		王宝光	澄海
	马瑞记	潮阳		许若厚	饶平		陈次宋	澄海		吴嗣海	普宁
	黄华圃	普宁		李楚炎	潮阳		蔡益三	澄海		吴兴祥	潮阳
	廖公伟	饶平		陈友钦	潮阳		李任道	澄海		陈达文	普宁
	马俊卿	潮阳	田料业	张泽	澄海	鲜鱼业	李春钊	潮安		陈子元	潮阳
	陈让吾	普宁		蔡适如	潮安		林桐琴	潮阳		李卓仁	澄海
	陈子承	普宁		李璧臣	潮安		蓝文成	潮阳		林崇衔	潮安
	黄禹川	潮阳		周宪臣	潮安		朱作舟	饶平		蔡亮如	潮安
	陈德三	潮阳		郑少卿	潮阳		陈景荣	潮阳		方伟	潮安
	张伟山	潮阳		黄祚明	潮阳		林文熙	澄海	颜料业	林时青	潮安
麻袋业	蔡甲铭	澄海		陈辛五	潮阳		朱若愚	潮阳		杨子贞	潮安
	胡耀宜	澄海		周鹤生	潮阳		郑盘初	潮阳		林禹臣	潮安
	郑斐云	澄海		陈运生	潮阳	酒楼茶室菜馆	黄采良	潮安		林守明	潮安
	陈德胜	澄海	经纪业	许慈职	普宁		陈豪仁	潮阳		赖德藩	揭阳
	丘佩书	潮安		黄植亭	潮阳		覃仲明	高要		杨开志	潮安
	张煜奎	澄海		郑修宾	潮阳		王于浚	澄海	典业	黄朴之	普宁
	林国华	澄海		刘次风	潮阳		萧余合	潮安		吕明才	普宁
中药熟药业	黄季武	梅县		陈秉明	潮阳	海味京果业	谢晏林	澄海		李桂廷	大埔
	熊伯楷	梅县		陈若汤	潮阳		张广丰	潮安		黄日增	普宁
	黄俊明	普宁		周梅非	潮阳		陈映波	潮安	煤炭	张汉琳	澄海
烟草业	朱启东	潮阳	茶业	李绍英	福建	鞋业	朱智华	潮阳	酱园出口业	李学忠	澄海
	姚旭初	潮阳		廖志商	潮安		颜子隐	潮阳		黄枚笙	澄海
	邓维安	潮阳		陈作善	潮安	甜料果脯	杨文深	潮安		吴卓南	澄海
	陈松江	潮阳	蔬菜业	邓伯坚	大埔		佘可臣	潮安		蔡少卿	澄海
	林道美	揭阳		纪伯卿	澄海	陶瓷业	卢星河	潮安		李泽如	澄海
	马焕新	潮阳		林鹤南	澄海		曾植羽	潮安		王铭峻	澄海

续表

姓名	籍贯		姓名	籍贯		姓名	籍贯		姓名	籍贯
烟草业	陈守德	揭阳	蔬菜业	李作球	澄海	陶瓷业	唐文佩	澄海	土制煤油业	郑熙庭	潮阳
	冯华	南海		汤子彬	澄海		卢静渠	潮安		郑蔚庭	潮阳
	郑伯谦	潮阳		蔡礼川	澄海		吴潮士	潮安		郑紫庭	潮阳
	黄文渭	揭阳		汤子侃	澄海		潘天青	潮安		萧必荣	澄海
	郑可芳	潮阳	出口纸料业	王汝澄	澄海		佘照庭	潮安		陈鑫	潮阳
	刘应章	揭阳		姚序昭	澄海		许智章	普宁		郑德如	潮阳
	刘云亭	潮阳		杜伯渊	澄海		曾伯翼	潮阳		佃丰年	潮安
	孙伯熊	揭阳		王仰德	澄海		林鸣堂	澄海	地瓜薯粉业	郑照吾	潮阳
	林香州	揭阳	戏剧业	方书元	普宁		许古醴	普宁		施远斋	澄海
	成利	潮阳		方寄梅	普宁		庄义长	普宁		陈炎生	潮阳
	林大炎	澄海	电轮业	杨介眉	饶平	米业	许智睦	普宁		萧苹洲	潮阳
	唐凤巢	潮阳		方承斌	惠来		王锐声	澄海		庄明爵	普宁
	杨植宣	潮阳	生猪业	萧毅书	潮阳		杨衡炎	普宁	杂粮	蔡景瑜	潮安
	庄礼草	普宁	建造业	陈天籁	澄海		陈俊美	普宁		张仰松	澄海
	马景晓	普宁		郑辅臣	潮阳		许介福	普宁	柴炭	陈雨松	潮安
西药	陈虞泽	潮安	酒业	郑松初	潮阳						

资料来源:《广东省汕头市商会公会会员名册》,1936 年,汕头市档案馆藏,卷宗号: 12 - 9 - 12,第 55—66 页。

表 4 - 6 呈现了 20 世纪 30 年代加入汕头市商会公会的同业公会共有 43 个,其中不仅包括汇兑庄、南北港货物运销业等大行业,也包括鞋业、戏剧业等小资本行业,所涉范围颇广。表中虽然仅列出各行业的代表人,未臻完善,但一定程度仍能大致反映经营各类行业的人群。如表中所示,大体经营某一行业的人群,会有一定的倾向性,如汇兑庄业、南北港货物运销会和酱园出口业,均以澄海人为主;银业以潮阳人和普宁人为主;火柴业、烟草业以潮阳人为主;米业以普宁人为主;陶瓷业、颜料业以潮安人为主;旅店业则基本以梅县人、大埔人占大多数。此外,还有如绸缎布业,潮汕几个县

和大埔均有代表出席。总体看来,汕头各行各业的经营人士,近者包括潮州地区澄海、潮阳、潮安、揭阳、普宁、饶平各县属,远者有来自佛冈、高要以及福建、江西等地,但为数不多。在所有出席的代表中,尤以澄海、潮阳、潮安三地人士占大多数。

这些行业在资本上和人群上的不同构成情况,不只影响市商会的权力组织形式,也影响汕头整个商业的运作,进而影响城市的内部结构。在汕头经营各行各业的商人,要么需要租赁店铺房屋,要么直接置业经营,一些大行业资本雄厚的商人更是参与汕头地产投资活动中。在汕头城市建设进入快速发展的阶段,这些商人所拥有的资本,以及他们的房地产投资活动,成了推动城市空间演变的主要力量。

二 房地产投资及其空间特征

1926年以后,随着城市改造计划的推行,城市建设进展加快,汕头吸引了潮汕和梅州地区的大量人口到此地经商或打工。与此同时,一些经由汕头到海外谋生的华侨,也大量回到汕头谋求发展。他们在汕头的活动,尤其是城市建设时期的房地产投资,促进了汕头的城市化和现代化。

如上文所述,汕头的人口在1926年以后迅速增长,从原先的不足10万,到1934年已接近20万之数。1934年10月,汕头市政府对全市人口户况的进行调查和统计,如表4-7所示。

表4-7　　　　　广东省汕头市现住人口户况统计表

（1934年10月1日调查）　　　　　单位:人,户

类别		区别户口别	总计	第一分局	第二分局	第三分局	第四分局	第五分局	第六分局	水上区
总计	户数		32841	4596	2455	7969	8362	4257	685	4517
	人口	合计	191356	34287	17459	45883	49278	25875	4953	13621
		男	121469	24576	12428	27525	26634	13983	2715	13608
		女	69887	9711	5031	18358	22644	11892	2238	13

续表

类别	户口别	区别	总计	第一分局	第二分局	第三分局	第四分局	第五分局	第六分局	水上区
普通户口		户数	22485	2709	1115	6725	7403	3908	622	
	人口	合计	115549	12214	6492	31751	39411	21630	4051	
		男	59171	6221	3623	16625	19722	10937	2043	
		女	56378	5993	2869	15126	19689	10693	2008	
商号		户数	5090	1768	1204	1101	745	249	23	
	人口	合计	53726	20825	10163	12837	7403	2348	150	
		男	41320	17173	8067	9763	4724	1481	112	
		女	12406	3652	2096	3074	2679	867	38	
船户		户数	4516							4516
	人口	合计	13599							13599
		男	13586							13586
		女	13							13
公共场所		户数	393	65	42	72	153	52	8	1
	人口	合计	6342	955	406	942	1826	1525	666	22
		男	5610	923	381	864	1653	1252	515	22
		女	732	22	25	78	173	273	151	
寺庙		户数	25	5		3	10	2	5	
	人口	合计	202	31		18	109	13	31	
		男	152	24		15	86	9	18	
		女	50	7		3	23	4	13	
外侨		户数	188	20	36	39	22	44	27	
	人口	合计	662	64	93	172	120	158	55	
		男	406	49	92	102	63	103	27	
		女	253	15	31	70	57	55	28	
监狱人犯		户数	5		1		2	2		
	人口	合计	492		24		267	201		
		男	467		22		244	201		
		女	25		2		23			

续表

类别	区别/户口别		总计	第一分局	第二分局	第三分局	第四分局	第五分局	第六分局	水上区
无住所者	户数		139	32	57	26	24			
	人口	合计	784	198	281	163	142			
		男	757	186	273	156	142			
		女	27	12	8	7				

资料来源：《广东省汕头市现住人口户况统计表（1934年10月1日调查）》，《汕头市市政公报》，第119—121期，1935年10、11、12月，第1页（栏页）。

通过对表4－7进行分析，可得知汕头的人口户况具有以下特征，首先，汕头共有户数32841户，人口合计191356人，以男性人口为多，男女比例接近二比一。其次，在分类统计中，以普通户口占首位，总户数22485户，人口115549人，男女比例则接近一比一；商号户口居第二位，全市六个分局计有5090户，人口合计53726人，男女比例悬殊，接近三比一；其他类别户口较少在此不做讨论。再次，在空间分布上（各分局参照图3－25），普通户口主要集中在第四分局和第五分局这两个以住宅为主的区域，几乎占到普通户口及人数总数的一半左右；商号户口则主要集中第一、第二、第三分局，占到商号户口及人数总数的八成以上，其中尤以第一分局最多，占到总数的四成左右。如上一章图3－25、图3－26所示，第一分局是人口密度最高的区域，"四永一升平"地段即坐落于此，可以算是商业中心的核心区域。第二、第三分局虽人口密度不及第一分局，总户数和人口数也不及第四分局，但商号户口及人数则较第四分局为多。可见，汕头旧商埠区改造之后，人口和商业都达到颇为繁盛的程度。

表4－8　　　广东省汕头市现住人口职业分类统计表　　　单位：人

类别	性别	总计	第一分局	第二分局	第三分局	第四分局	第五分局	第六分局	水上区
总计	合计	92160	24135	11081	17759	13218	9426	3078	13463

续表

类别	性别	区别	总计	第一分局	第二分局	第三分局	第四分局	第五分局	第六分局	水上区
	男		74836	19707	8016	14165	10314	6635	2099	13450
	女		17324	4428	3065	3144	2904	2791	979	13
农	合计		2335					340	983	1012
农	男		1528					214	302	1012
农	女		807					126	681	0
矿	合计									
矿	男									
矿	女									
工	合计		30258	9211	5167	6679	5331	3277	593	
工	男		19267	6505	2845	4381	3124	7884	528	
工	女		10991	2706	2822	2298	2207	1393	65	
商	合计		33800	12864	2854	7246	5467	4601	738	
商	男		29609	11545	2428	6595	4986	3452	603	
商	女		4191	1349	426	651	481	1149	135	
交通	合计		15192	255	683	1347	26	64	130	
交通	男		14939	186	652	1308	233	24	98	12438
交通	女		253	69	31	39	29	40	32	13
党务	合计		269	50	44	34	62	44	35	
党务	男		255	48	42	31	59	42	33	
党务	女		14	2	2	3	3	2	2	
公务	合计		3238	728	693	576	461	455	325	
公务	男		3201	716	682	566	459	454	324	
公务	女		37	12	11	10	2	1	1	
自由	合计		4023	537	1045	909	835	537	160	
自由	男		3122	280	797	787	672	475	111	
自由	女		901	257	248	122	163	62	49	
不详	合计		3045	460	595	968	800	108	114	
不详	男		2915	427	570	947	781	90	100	
不详	女		130	33	25	21	19	18	14	

资料来源：《广东省汕头市现住人口职业分类统计表（1934年10月1日）》，《汕头市市政公报》，1935年10、11、12月，第119—121期，未标页码。

第四章 商业、地产的分布与城市空间的发展　293

在同一时期的《广东省汕头市现住人口职业概况表》中，可知虽然汕头总人口达 19 万人，但其中有业人口仅为 92160 人，其他还有业失 15945 人、准有业 1987 人、在学 21826 人、废疾 423 人、告老 5338 人、未成年 25322 人、无业 22079 人、不详 276 人。① 表 4－8 是在此基础上对有业人口的职业所做的分类统计。根据此表，其中有业者以商业人数最多，为 33800 人，男性为 29609 人，女性为 4191 人，男女比例极为悬殊，几乎达到七比一。这种情况表明，虽然表 4－7 中普通户口比商号多四倍左右，人数也达两倍之多，但可能有大部分属于普通户口的市民，也从事与商业相关的活动，他们给商家打工，作为他们的职员或店员，全市大部分居民在职业上可能仍以商业为主。职业是工业的人数则仅次于商业者，约少 3000 人，有 30258 人之数。此外，职业是交通业的人数居第三，有 15192 人，这和汕头作为沟通海内外的枢纽城市有关。在空间分布上，职业为工业和商业的大量分布在第一分局，其中商业人数达 12864 人，工业人数 9211 人，皆远远超出其他几个分局。此外，第三分局的工、商业人口居第二位，以商人数多，第二分局的工、商人数居第三位，而工业人数则要比商业人数多一倍左右。

通过表 4－7、表 4－8，我们已大致清楚潮梅各属及海外华侨迁居汕头后全市的户口情况及其空间分布，以及人口职业状况及其空间分布。无可否认的是，在本章所研究的空间范围之内，即图 3－25 中所包含的第一、第二分局和第三分局的一部分，无疑是以商号户口为主的，从事商业的人口占最多数。这样的人口构成和空间分布，必然对城市内部结构产生影响。这些在汕头经商和工作的人群，应该有很大一部分是各个同业公会的会员。他们在汕头购买土地、购置房产、建造房屋、改建店铺，参与到城市空间的塑造和发展的历程中。这些用于居住、经商或投资的房地产，是城市物质空间的基

---

① 《广东省汕头市现住人口职业概况统计表（1934 年 10 月 1 日调查）》，《汕头市市政公报》第 119—121 期，1935 年第 10、11、12 月。

本单元，既成为今天遗存的历史建筑，同时也反映在流传的档案"故纸堆"中。

如上一章所述，目前所收集的房地产卡片的主要范围在旧商埠区，有3000多张[①]，这些卡片由20世纪50年代初的汕头市人民政府建设局地政科设计，作为房屋产权管理的依据。[②] 房地产卡片与地籍图相配套，以宗地为基本单位，其内容包括填卡日期、测区号、坐落、面积、四至、所有权来历、所有人的姓名、籍贯、性别、年龄、职业、住址、建筑情况、建筑时间等详细信息。在旧商埠区，通常一宗地上为一座房屋。由于房地产卡片形成的时间基本在1953年前后，与20世纪30年代中期相差十几年，这期间自然有部分土地的权属发生变更。在目前收集房地产卡片中，所有权来历一栏所登记的时间在20世纪四五十年代的并不多见，大抵在十分之一以下。事实上，20世纪30年代中期以后，汕头市逐渐向东发展，汕头旧商埠区的房地产交易可能并不频繁。因此，这些房地产卡片所登记土地产权信息，大致能反映20世纪40年代末的情况，甚至一部分还能反映20世纪30年代中期的情况。

将所收集的房地卡片进行整理，提取其中的职业信息，可得表4-9。通过该表可知，汕头市旧商埠区大部分房地产业主的职业情况为商业，占目前所收集的3089张卡片的60%，数量为1884张。将房这些职业信息关联到地籍图，可得到房地产业主的职业分布图（如图4-6所示）。

表4-9　　　　　　　　汕头市部分房地产业主职业情况表

	医	商	工	自由	教	航	职工	职员	家务	海员	学	其他及未知
宗地数	30	1884	121	6	19	2	6	5	91	3	24	898

资料来源：根据汕头市房地产档案馆所藏房地产卡片整理。

---

① 汕头市房地产档案馆藏。
② 汕头市地方志办公室编：《汕头市区房地产志》，第28页。

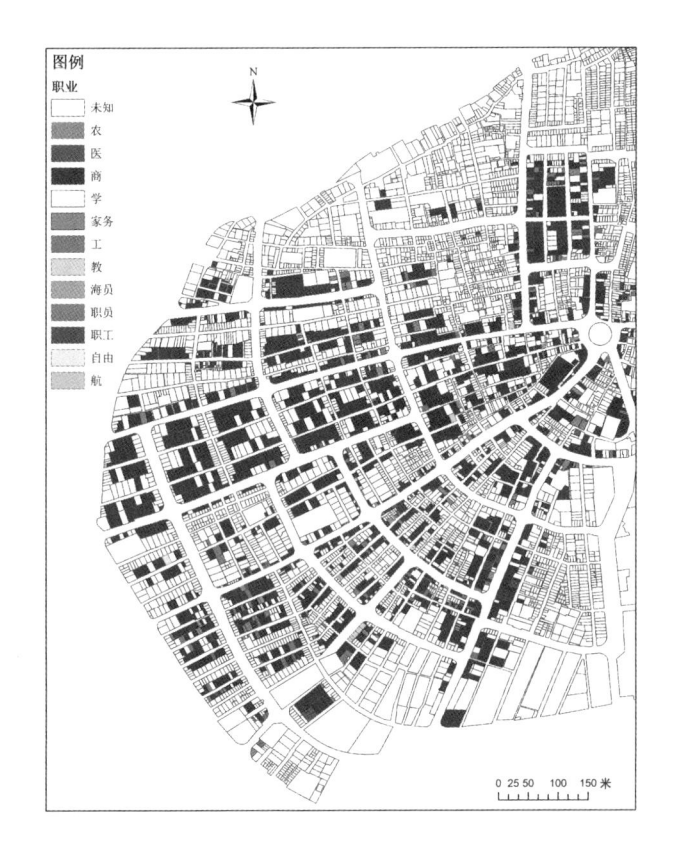

图 4-6　汕头旧商埠区部分房地产业主职业情况分布图（参见彩图 13）

资料来源：根据汕头市房地产档案馆所藏房地产卡片信息整理绘制。

由图 4-6 可知，业主职业为商业的房地产，基本遍布汕头市第一、第二分局和第三分局（乌桥以南部分）的大街小巷。作为全市商业的繁华地段，这种情况并不出人意料，其中尤以"四永一升平"地段让人瞩目，接连不断的房屋大抵属于商人所有；再如安平路，沿路两旁几乎九成以上的业主都是经商的；此外，旧公园和至平路一带，沿路两旁的业主亦皆为商人。由此可见，在汕头 19 多万的人口中，虽然普通户口占大多数，且比商户多一倍左右，但在汕头第一、第二分局和第三分局（乌桥以南部分）等繁华地段，仍由商人拥有大部分房地产业。这些商人可能大部分是各行业公会的代表及会员。我们进一步将图 4-6 和图 3-23 结合分析可知，不管是存有大量 20 世纪头十年建筑的所在之地，还是 20 世纪二三十年代大批新建房屋的所在之地，房地产业主基本都是商人。这也说明在都市化进程中，活跃于汕头的商人对城市空间的建造与发展，以及城市的现代化，起到了重要的驱动作用。

需进一步指出的是，上述汕头房地产业主职业的空间分布，其实与汕头早期空间形态的塑造以及 20 世纪前十几年的发展是一脉相承的。在本书第一章中，由于材料的限制，只重点讨论传教士耶士摩的案例，但该案例中也透露了丁日昌和万年丰会馆等官商势力填海造地的活动。光绪年间，丁日昌看到作为通商口岸的汕头埠空间狭小，萌生了填海造地扩充商场的想法。据称，他向广东藩台申领海坦执照，招集财团填筑成地，大部分形成后来的"四永一升平"片区。① 在当时的情况下，汕头埠的发展由商人主导，作为官绅代表的丁日昌，极有可能将实际的填海活动转由商人承担，并由他们加以利用。再如万年丰会馆，作为汕头首屈一指的商业组织，其填海造地之举自然也是为了扩展自己的土地。19 世纪末期，万年丰会馆承诺开发汕头常关验货厂周围的海滩，即填筑红船湾海坪地。根据会馆与潮州新关达成的协议，填成的土地除了岸上两丈划为马路外，另划出五丈给潮州新关建验货厂，其余归会馆管业并纳租，② 可见，会馆的目的之一是获得更多的土地利益。

这些由官绅、商人等势力填海而成土地，扩充并形成了汕头埠的商场空间。正如前文（第一章第三节）所述，20 世纪初，汕头西社已聚集了大部分中国人的商业行档。虽然目前没有足够的材料说明这部分填地在 19 世纪末到 20 世纪初的权属③及其转移情况，但从

---

① 辛大同:《漫谈汕头市之今昔》，载侨港潮汕文教联议会第二期编撰委员会编印《侨港潮汕文教联议会会刊》第 2 期，1966 年 9 月。

② 《汕头常关地位与工作报告》，载杨伟编《潮海关档案选译》，第 119 页。

③ 由丁日昌向广东藩台申领执照，其海坦地最初权属可能归丁日昌家族所有，与普通的民间填筑官海投税略有不同。

图4-6可以推测，土地及其上盖是逐渐转移到商人手中的，而且是以地基或建筑物的单位逐渐细分的。如上述万年丰填筑红船湾海坪地，大部分于1906年间被两广总督岑春煊充公并租给其他用户，会馆为弥补损失，拆除建设设施和花园，在剩下的土地中留部分地基建造会馆和庙宇，其余分割成小块，通过抽签公开拍卖。① 土地的进一步分割和流转，造成了汕头空间形态的演变，而参与到这个演变过程的商人，大部分是迁居汕头的潮梅各属移民。

这些移民本身的身份背景是多元而复杂的，他们的活动造成汕头空间形态演变的结果，在很大程度反映在房地产的空间分布上。我们进一步整理房地卡片中的籍贯信息，可得表4-10。

表4-10　　　　　汕头市部分房地产业主籍贯信息表

籍贯	宗地数	籍贯	宗地数	籍贯	宗地数	籍贯	宗地数	籍贯	宗地数	籍贯	宗地数	籍贯	宗地数
上杭	4	南京	2	广东	1	揭阳	178	梅县	332	潮阳	734	蕉岭	11
上海	1	南山	1	广州	1	新会	1	汕头	24	澄海	369	诏安	1
东莞	2	南澳	3	广昌	1	明安	2	江西	2	福州	2	连城	4
丰顺	58	同安	1	惠来	11	普宁	126	浙江	5	福建	28	陆丰	3
兴宁	8	大埔	145	惠阳	3	晋江	3	海澄	1	永定	4	顺德	2
安溪	1	平远	8	揭西	1	杭州	1	潮安	402	龙岩	5	饶平	47

注：未知及缺乏信息者未录入此表。
资料来源：根据汕头市房地产档案馆所藏房地产卡片整理。

表4-10中的数据虽然较为有限，但也反映了以下某些事实。在我们所讨论的空间范围之内，房地产业主的籍贯，远者包括上海、南京等地，近者包括潮梅地区各县属及福建等地。其中占有大量房地产的业主，主要来自潮阳、澄海、潮安、梅县等地，其中尤以潮阳人占有多数，所拥有楼房达到700多座，澄海人、潮安人、梅县人则在300座左右。其次还有揭阳、普宁、大埔等地人士拥有房产的数量在100座上下；丰顺人、饶平人拥有的房产较少，皆为几十

---

① 周修东：《红船湾、常关与"海关地"：潮海常关验货厂沿革略考》，《潮学集刊》（第三辑），社会科学文献出版社2014年版，第187—199页。

座。总体而言，各地人士在房地产上的占有量，一定程度上与表4-6中各地代表的数量存在契合性。那么，就业主的籍贯而言，这些房地产在城市的内部空间又呈现怎么样的分布呢？这种分布与城市的空间形态又存在怎样的关系呢？我们将这些籍贯信息关联到地籍图，可得房地产业主籍贯分布情况如图4-7所示。

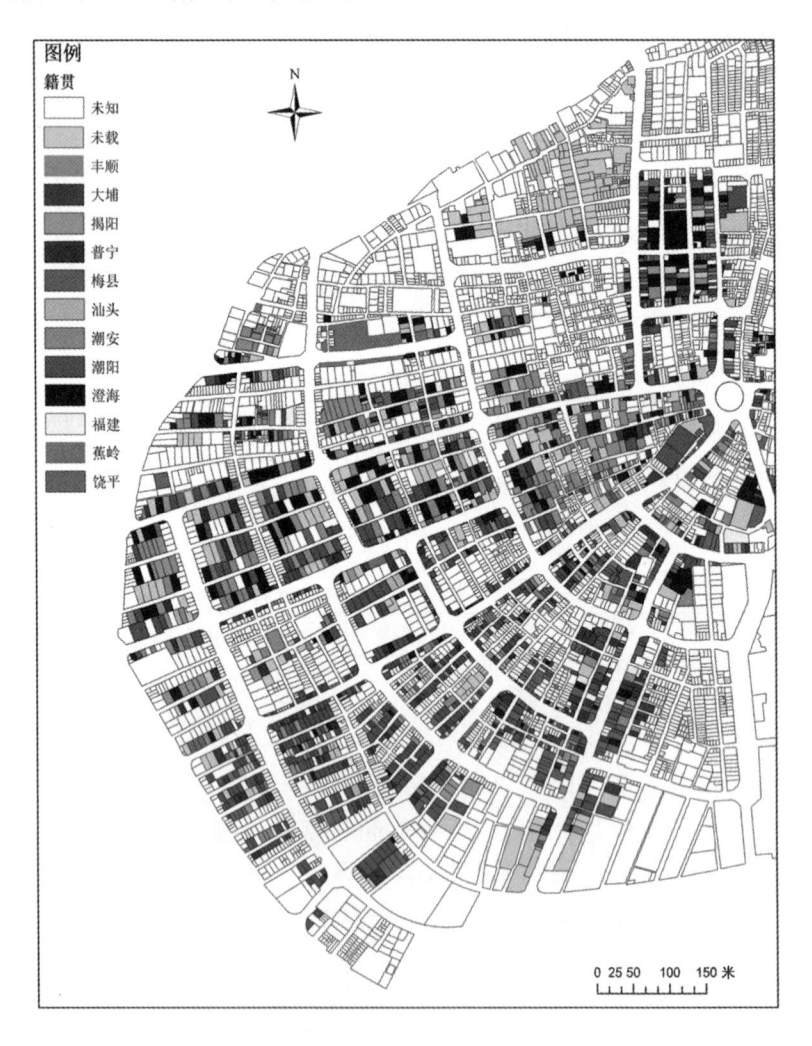

图4-7　汕头旧商埠区部分房地产业主籍贯分布图（参见彩图14）

注：表4-9中宗地数少于10者未在此图绘出。

资料来源：根据汕头市房地产档案馆房地产卡片信息整理绘制。

从图4-7看来，汕头房地产业主的基本上呈现以建筑物为单位的马赛克分布特征。这种特征与我们在第一章所看到的大片土地开发的情况已大相径庭，细加考察可发现自有其内在逻辑。从分布上来看，潮梅各属人士的房地产各自具有一定的聚集性，如"四永一升平"地段而较多集中着澄海人、潮安人及潮阳人的房地产，安平路以西的益安街、吉安街、新潮兴街至镇邦路一带，亦有较多潮阳籍人士的房地产。至于梅县、大埔等客家人的房地产，则主要分布在至平路、居平路及国平路一带，这与他们所经营的旅店、客栈业的分布也存在契合性。再如潮安街一带，基本以潮安人和澄海人的房地产业主占多数。值得指出的是，"四永一升平"片区乃至第一分局所聚集的业主，在籍贯上也和本章第一节所讨论的大资本行业的分布以及他们的行东或经理人有密切相关性。

在上文侨批局、南商业、暹商业等行业空间分布中可以看到，有较大资本额的侨批局基本聚集在"四永一升平"地段；南商业、暹商业则除了聚集在潮安街、荣隆街一带之外，在20世纪40年代也大多出现在"四永一升平"片区。此外，侨批局和汇兑庄关系紧密，二者在空间分布上往往也是比肩而立，在初版《汕头指南》中，便可看到大量汇兑庄聚集上述的繁华地段。值得注意的是，这些大资本行业的东家或经理人籍贯，基本上是以澄海、潮安、潮阳三地为主。譬如在图4-1的侨批局分布图，一些位于"四永一升平"的大规模的侨批局（有较大资本者往往也是汇兑庄），其经理人也大抵是潮阳人、潮安人和澄海人。

由此可以推论，这些来自潮阳、潮安、澄海等地且经营大资本行业的商人，在汕头具有较大的金融优势，而且有相应的行业相互支撑。他们具有较雄厚的资本和较强的能力在汕头进行房地产投资，所投资的房地产业不仅仅限于他们所经营行业附近。与此同时，我们也要进一步意识到，不仅各地人士之间存在密切的关系，不同行业之间也存在商业上的往来。因此，应该进一步说，以澄海为主的海天派（潮安、澄海、饶平），和以潮阳人为主的商运派（潮阳、揭阳、普宁），两派商人在汕头都不乏房地产投资者，更不乏房地产业中的佼佼者。他们的地产投资行为促成汕头城市空间的演变和发展，也影响了以建筑为单位的空间形态之演变。

芒福德在《城市发展史——起源、演变和前景》一书中指出，"商业城市产生的主要建筑形式是以空间的抽象单位为基础的：沿街门面多少平方英尺和立方英尺"，"对于商人来说，理想的城市应该设计得可以最迅速地分成可以买和卖的标准的货币单位。这类可以买和卖的基本单位不再是邻里或区，而是一块块的建筑地块，它的价值可以按沿街英尺数来定，这种办法，对长方形沿街宽度狭而进深的地块，最有利可图。"[①] 由图4-7可以看出，汕头房地产的空间形态大抵如芒福德所说，呈现长方形沿街窄而纵深长的情况。虽然这可能不是政府的有意设计，但从填海造地的发展阶段起，这种土地划分形式，或是由建造铺屋而形成空间形态便已萌生，在某些方面可能受广州等地商业街市中竹筒屋的影响。

从上一章有关城市规划的讨论中，我们已知汕头市政当局对城市的改造是有偏向性的。如萧冠英便提出："旧市区内为避免商人重大损失计，暂定为40尺"[②]，而其他部分的道路大多规划为60—100尺不等。在对"四永一升平""四安一镇邦"两地的路线设计中，也只是有选择性地把部分街道拓宽辟为马路，而非对整个街区的全面改造。如此看来，图4-7所示的这种空间形态，其实与城市改造计划实施前存在一定程度的延续性。此外，这种空间形态不仅有利于开展市政建设，同时也便于房地产买卖。因此，当土地从大片开发到不断分割和发生转卖之后，也就形成了房地产业主在空间上呈现马赛克分布特征，这些特征同时也蕴含了其内在社会性结构。

需要进一步讨论的是，汕头各行各业人士所投资的房地产，还

---

① ［美］刘易斯·芒福德：《城市发展史——起源、演变和前景》，宋俊岭、倪文彦译，中国建筑工业出版社2011年版，第438、454页。

② 萧冠英编：《六十年来之岭东纪略》，第123页。

不仅限于由流动的资金变成不动产，而是在后来的金融活动中，作为不动产的房地产在一定程度上变成"流动的资产"，推动了汕头金融市面的资本流动，进而对城市空间产生重要影响。这种情况与当时汕头的货币政策有关。

晚清至民国年间，汕头市面一直流通着各式各样的货币。为了应付多种货币的缺陷以及现银外流的情况，晚清时期具有雄厚资本的商号便发行纸币来应付市面的要求。各银庄发行的七兑票，也因为能克服硬币在重量、成色不一等缺点，长期作为汕头市面交易的通用银。七兑票的发行无须现金作为准备，也没有法定的机构予以监督，主要依靠汇兑公所的"换纸制度"来控制发行。在实际流通中，不同银庄发行的七兑票都能在汕头行使或到其他庄号兑现。汕头的商人借此掌握了地方的金融权柄。也正因为此，在民国以后，开始出现"纸贵银贱"的现象。1925年以后，随着东征军进驻汕头，总司令部在此设立"建国粤军潮梅海陆丰各属财政总局"，加强对地方货币的管理，当时正值"纸贵银贱"之际，这对后勤补给造成严重问题。与此同时，上海的潮州帮商人和潮梅内地各属的商人也受到影响，他们于是一同推动汕头"废两改元"的货币改革。[①]

在1925年5月为应对货币改革所开的金融大会上，潮梅财政总局局长俞飞鹏对众宣布，今后银庄发行纸币，必须有现金或不动产或同业五家以上之联保为保证，否则将实行取缔[②]，此概为地产与货币发行产生直接联系之滥觞。在此之后，汕头开始进入废用七兑票而采用保证纸币时期。据《潮梅现象》所载：

> 民国十四年潮梅财政局下令改革币制，废两用元，实行取

[①] 有汕头民国时期"废两改元"的问题，可参见陈景熙《官方、商会、金融行会与地方货币控制权——以1925年"废两改元"前后的汕头为例》，硕士学位论文，汕头大学，2002年；陈海忠《近代商会与地方金融——以汕头为中心的研究》，第140—197页。

[②] 陈海忠：《近代商会与地方金融——以汕头为中心的研究》，第179页。

缔各银庄滥发纸票以后，同时并由各界代表大会通过发行纸币办法十四条，呈由是时建国粤军总司令部核准施行，由总商会组织纸币保证委员会，凡银庄发行纸票，概以不动产作保证。其办法，先时由发行庄号将不动产列表连同契据送交总商会纸票保证会审查，保证会接到发行户举报，即派员会同中人前往勘估，为预防地价变动，产值均照时价酌量估少，同时并将估定各价登报通告周知，至一定限期满，而无人异议，始由保证会验明票数盖印保证发行。是项办法，当时各银庄久经无限制之习惯，多借口如无信用，其纸币定不能行使市面，既有信用，何须限制，不肯照行，冀图其自由操纵之迷梦。旋因陈有利庄首先赞同实行，情势所趋，汕头纸币须具不动产保证乃于十五年间实现……当时南洋黄金时代将过，海外华侨纷纷载金归来，年达数千万之票，遂竞投资于地产。①

可见，俞飞鹏所提到的办法，最终由市商会组织委员会落实。虽然初期受到各银庄的抵制，但随后仍由陈有利庄首先响应而得到实施。当时发行纸币的实施办法，共有三种：（甲）现金保证，（乙）不动产保证，（丙）银庄五家联保，结果汕头的各银庄基本都选择了不动产保证之法。由此，保证纸币的推行，为汕头的房地产投资创造了有利的条件。更重要的是，汕头市政当局恰好在此时开始实施城市规划，大量铺屋由于马路计划的实施需要拆让、改建或重建，形成了地产投资的热潮。如杨起鹏所述：

民十六及十七年春，因汕市开辟马路之计划定，及内地不靖之故，彼富裕者，莫不视汕埠为安乐窟，四方来集，月以万计。但彼辈终日无所事事，而其所挟游资，又难生息，于是乎竞购地坦，广建新屋，一方为求安全计，一方则为投资计，冀

---

① 谢雪影编：《潮梅现象》，第63页。

获厚利也。转瞬间汕市骤增无数楼房。当求过于供,风助浪跃,地租价格,一涨再涨,两倍于前。①

可见,正是由于保证纸币办法的推行及城市改造计划的实施,房地产投资应声而起,使得房产、地基价格节节攀升,保证纸币的价值,也随着房价的上升而水涨船高,由此不断地带动资本的流动和房地产的再投资。然而,这也为20世纪30年代的金融危机埋下祸根。如《潮梅现象》中有关保证纸币推行之记载称:

> 此时此日,正值汕市地价飞涨时期,故各纸币保证产虽估值略低,时越数年,事实上保证产所估价格已不及所发行纸巨数额。且保证会委员均为商会中人,发行纸币银商,又尽系商界之巨子,保证会估价之时,遂多感情用事,时有超额之弊,因此地价趋跌以后,银庄偶有倒闭,而纸币收回遂成问题矣。②

在《汕头发行保证纸币办法》实施之后,一些资本雄厚的银庄相继发行货币,到1929年,已有汇兑公所15家,银业公所22家商号发行保证纸币。③ 直至1933年,已增至80家,发行保证纸币共430多万元④,足见纸币发行的数额之巨。无法避免的是,保证纸币所隐含的问题最终在1933年开始爆发出来。

汕头的金融风潮肇始于一些银庄参与上海投机生意失败,因资金周转不灵而宣告倒闭。由此产生的多米诺骨牌效应,使汕头在一年之内连遭三次金融风潮。汕头市商会为挽救局面,以对各银庄纸

---

① 杨起鹏:《十七年汕头市商业颓败的几个原因》,《潮梅商会联合会半月刊》第7、8期合刊,1929年5月16日,第3页(文页)。

② 谢雪影编:《潮梅现象》,第63页。

③ 《汕头金融业之调查》,《潮梅商会联合会半月刊》创刊号,1929年2月1日,第9—11页(栏页)。

④ 谢雪影编:《潮梅现象》,第65—66页。

币及保证白票加盖商会流通券印章暂不兑现继续流通之法应对。至1933年年底，保证纸币制度最终在自行解体，① 随之而起的是商库证（亦称商库证券、库券）的发行。

商库证最初于1933年在全省经济会议上由广州市商会提出，其目的是缓解市面流动资产太过缺乏的状况。当时会议上对此状况提出：

> 治标之法，惟有将本市之不动产，令其于最短时间变为流动资，乃可以对治目前现金枯竭之危病。②

这种治标之法，就是组织商库证发行委员会发行商库证。根据拟定《广州市商库证发行委员会章程草案》，除了委员会须由市各工业公会代表、市商会整理委员会主席及常务委员、广东省银行、广州市立银行、广州市银行业同业公会、银业同业公会等重要人员组成外，还须由省财政厅委派一名监察员。章程草案还规定商人可以用不动产或商店铺底登记作为抵押品，由商库证发行委员会转送评价委员会评定价值，照时价七成申领商库证，且须再缴省行兑现纸币二成作为准备金。③ 不过，广州市商会最终没能推动商库证的发行，反倒是江门和汕头两地成功实行。陈海忠指出，与保证纸币比较，商库证最大的特点是不能兑现大洋，使银庄免受挤兑之苦，而被汕头市商会称为绝境中之一线生机。④

汕头市商会最终在1934年5月组设商库证发行委员会，7月份开始发行商库证。汕头各商户照章缴契请领，发行额增至1300万元，而实际只发出900万余元。商库证原定流通期限为一年半，其

---

① 陈海忠：《近代商会与地方金融——以汕头为中心的研究》，第220—229页。
② 《广东省财政厅呈文抄件》，汕头市档案馆藏，卷宗号：12－9－99，第11页。
③ 《广州市商库证发行委员会章程草案》，汕头市档案馆藏，卷宗号：12－9－99，第13—19页。
④ 陈海忠：《近代商会与地方金融——以汕头为中心的研究》，第273页。

期满无力回赎者，即予拍卖抵偿。① 然而，时至1936年1月，汕头市南北港等行业受私货倾销打击，汇兑和银业则因国家改用法币而规模锐减，市面筹款极为困难，市商会乃向省财政厅呈请展期两年。省财政厅厅长最初只答应展期6个月，但由于时局变动和汕头商民的呈请，最终决定由1937年3月初至1938年1月底共11个月，每个月收回一成。事实上，在1937年间，省会已改组发行委员会为整理委员会，并规定国币与商库证券的比值，限期于1938年2月底止赎回押产，逾期不赎者即行拍卖抵偿，并于1937年8月开始接管抵押产业，至1938年5月底办理完竣，但随后由于抗战紧张，商库证整理工作遂告停顿。② 据《汕头市区房地产志》所载，1937年8月广东省财政厅接管汕头市商会商库证券1500多间房屋抵押产，汕头被日本侵陷后，这批商库证券抵押产被日寇处理租赁。光复后，广东省财政厅派员来汕接管沦陷时期的商库证券抵押产，共接管房屋1523间，地基247片，已领回375户，尚欠证券额6446430元未赎回。省财政决定处理证券以1：833元国币伸算附加100元作为赎回计算办法，多数业主按此计算办法赎回房地产。最后有30多户不赎回，被移送法院裁决执行。③

由此看来，为救市而发行的商库证，发行额高达1000万元上下，发行时期也不短暂，进行抵押而发行商库证的房产，更是高达1500多座。如此一来，这1500多间房屋，连通247片地基，在商库证流通期间，便由不动产变成流动的资金，成为维持市面交易的流动资本。这1500多间房屋在20世纪40年代中后期逐渐被赎回，这正好是图4-7所能展现的最接近的时期。需要郑重指出的是，商库证发行委员会中的委员，他们所在的商号在汕头也应该拥有一定的不动产。由该委员会的名录来看，其中常务委员9人，其中澄海籍2

---

① 谢雪影编：《汕头指南》，1947年版，第79—80页。
② 谢雪影编：《汕头指南》，1947年版，第81页。
③ 汕头市地方志办公室编：《汕头市区房地产志》，第29—30页。

人，潮阳籍4人，潮安籍、饶平籍、江西籍各1人；评价委员会7人，其中澄海籍2人，潮阳籍2人，揭阳、潮安、梅县各1人；保管委员会5人，其中潮阳籍4人，潮安籍1人。这21委员所在的商号之中，尤以汇兑业和南北港占大多数，分别是8个和4个。① 可见，在汕头拥有较大价值不动产作为抵押以发行流通券的商号，汇兑业和南北港运输业应占有较大比重，其经理人基本为澄海、潮阳、潮安等地人士。由此可推测，此三地人士在汕头城市的地产投资中占有重要的地位。换句话说，这三地人士在汕头所投资的地产，很大一部分位于汕头的商业繁盛区域，尤其在汕头的第一分局范围内，那么图4-7中所显示的大部分房地产，在20世纪30年代中期，曾一度化为流动的资本，推动城市空间的再生产。

三 侨资房地产对城市空间的影响

汕头作为韩江流域唯一可以停泊轮船的重要港口，潮梅各地人士既取道于此来往海内外，同时也在此谋求发展，竞相拓展自己的势力。从上文有关地产投资的讨论，我们已知澄海人、潮阳人和潮安人在汕头占有大量的房地产，除此之外，来自潮梅其他地区的人士，也都或多或少拥有一定的房地产业。这种现象自然反映潮梅各地人士在汕头的地产投资及其对城市空间演变的影响。

然而，汕头城市的发展远不只是一段移民由腹地迁往口岸并建造城市的历史。潮海关曾对汕头口岸进出口的旅客进行统计，后来汕头海关将其进行整理并制作成统计表②。统计结果显示了近代汕头与香港、曼谷、新加坡、西贡（今胡志明市）、苏门答腊等地频繁的人员往来，反映了汕头与这些地方的密切关系。正如《潮梅现象》中关于1926年间保证纸币发行的论述所载，"当时南洋黄金时代将

---

① 《汕头市商库证发行委员会举定各委员记候补委员名册》，1934年2月11日，汕头市档案馆藏，卷宗号：12-9-99，第37—40页。

② 《1869—1934年汕头口岸进出口旅客统计表》，中国海关学会汕头海关小组、汕头市地方志编纂委员会办公室编：《潮海关史料汇编》，第238—251页。

过,海外华侨纷纷载金归来,年达数千万之票,遂竞投资于地产"①。这提醒我们,汕头的房地产投资者,不仅仅包括来自腹地潮梅地区的城乡移民,还包括这些地区的海外华侨,而且这两者往往是不能截然区分的。由腹地乡村移居港埠城市,从港埠城市迁往海外,呈现为两个既有所区别又密切联系的移民过程。移民个体可以"侨"居他国和回国发展,同一个家庭中可以既有国际移民和国内移民,如果将范围扩大到超越家庭乃至宗族组织的乡村也是如此。

正如孔飞力所说,侨乡与其海外乡亲通过移民通道构建了跨国性的"移民共同体",它既包括移民群体本身,也包括他们留在家乡的亲属和左邻右舍。② 移居海外的移民可以说是家庭乃至家族在空间上的延伸,他们与原乡保持密切的联系。许多海外移民还广泛参与侨乡的地方事务,对侨乡的交通运输、市政建设、新式教育、公益慈善等公共事业的发展做出了重要贡献,促进了侨乡社会的国际化和地方化。③ 晚清民国时期汕头大峰祖师信仰的普及以及存心善堂的运作,不仅体现了海外移民与原乡地域社会的互动,也体现了具有跨国活动性质的华侨和商人在侨乡的社会事务和公共管理中扮演的重要角色,以及他们在地方社会权力格局中具有的重要地位。④

王纯强的研究展现了海外移民对厦门城市发展和现代化的重要贡献。他引入了博卡尼的理论,即家不是一个静止的概念,移民把在旅途中进入各种社会关系之后创造出来的具有家庭感、安全感、归属感的地方称为家,在这个意义上,移民所谓的"家",或是他们

---

① 谢雪影编:《潮梅现象》,第63页。
② [美]孔飞力:《他者中的华人:中国近现代移民史》,李明欢译,江苏人民出版社2018年版,第45页。
③ 郑振满:《国际化与地方化:近代闽南侨乡的社会文化变迁》,《近代史研究》2010年第2期。
④ 陈春声:《地方故事与国家历史:韩江中下游地域的社会变迁》,第329—345页。

创造家园的行为，源于移民的互动和有目的性的努力。① 因而，他指出中国海外移民一直在努力理解他们所处的社会经济和政治环境以便定居，外国环境和本土的联系在影响他们回国的选择上同样重要，他们把像厦门这样的条约港定义为"家"，因为与他们位于腹地的原乡相比，厦门允许他们创建亲密感、安全感和控制感，并提供了可以实现个人潜力和雄心壮志的环境。② 因此，不只是汕头，其他诸如广州、厦门乃至华南地区的近代开埠城市，都须置于城乡移民和海外华侨的交互过程和作用机制中去理解，方可揭示城市化和近代化的过程中呈现的丰富面相和地域特质。

在许多海外移民的具体商业实践中，其活动的地理空间往往多变且因时而异，或者本身就具有跨国性质。例如侨商李庆元，9岁随父迁居曼谷，21岁返回汕头，其兄弟均善于经商，在汕头创设谦和祥商行，经营杂货及汇兑信局。1915年以后，又南游星洲，易地寻求发展，和兄弟一起创设李庆发兄弟公司。其后事业继续发展，遍及多地。③ 再如新加坡商业巨子林子明，诞生于潮安县，成年后赴汕头学习商务，旋又赴泉州广洽昌任经理，其后回厦门创设启昌公司及诚信公司兼主其事。第一次世界大战以后，因其弟林守明与友人在汕头创办德美合记号经营颜料，于是回汕头主持事业。1923年，林子明再创林德利号于新加坡，继而又设分行于槟城。此后还在上海创办德华行，设厂自制西式木椅家具。第二次世界大战以后，林子明在香港、曼谷设分行，至20世纪40年代后期，分号已遍及新加坡、槟城、吉隆坡、汕头、香港、上海、曼谷等国内外各大商埠。④ 李庆元、林子明等人只是海外移民中的一员。汕头作为重要通

---

① 参见 Paolo Boccagni, *Migration and the Search for Home: Mapping Domestic Space in Migrants' Everyday Lives*, New York: Palgrave Macmillan, 2017.
② Ong Soon Keong, *Coming Home to A Foreign Country: Xiamen and Returned Overseas Chinese, 1843—1938*, Ithaca and London: Cornell University Press, 2021.
③ 潘醒农著：《马来亚潮侨通鉴》，（新加坡）南岛出版社1950年版，第88页。
④ 潘醒农编著：《马来亚潮侨通鉴》，第115—116页。

商口岸，是众多海外移民开展商业活动的重要选择地，他们的各种商业行为，既塑造了汕头在跨国网络中的重要地位，也推动了汕头城市的发展。

众所周知，近代以来闽粤两省许多城市和乡村地区的发展受惠于海外华侨的投资。除了从海外输入国内的大量侨汇之外，华侨及其侨属、侨眷亦大多参与到国内的城乡建设活动中，包括工业、农矿业、交通业、商业、服务业、房地产等行业，改变了城市和乡村的发展路径和具体面貌。早在20世纪30年代末，陈达就关注到了华侨对闽粤地区都市化和交通事业的投资及影响。他提到，汕头和厦门大部分是由南洋华侨所造成的商埠。厦门的地产事业大多来自南洋华侨的投资；汕头的公共事业如自来水公司、电灯厂、永安堂、利生火柴堂等均由南洋华侨投资创办；福建地区的漳厦铁道有三分之二是南洋华侨的投资；连接汕头及其腹地的潮汕铁路、航运、汽车等交通业也大部分由华侨出资。① 林金枝等人把华侨投资分为五个阶段：1872—1919年为初兴期，投资以交通运输业为主，以江门、汕头、广州为多；1919—1927年为发展期，投资以房地产业为主，投资重心从江门转向广州为多；1927—1937年为全盛期，投资的重心主要在房地产业；1937—1945年为低潮期，投资数量迅速下降，投资地区转向梅县等地；1945—1949年为新高潮和崩溃阶段，但新高潮时间短暂，华侨投资畸形发展。② 由此看来，在20世纪二三十年代，海外华侨对广东的投资主要集中在房地产业方面，此期间正值广东地区迅速城市化和城市建设进展加快。这也和当时整个政治、社会环境有关。

20世纪20年代初，广州在孙科主政下率先实行市政改革，接着汕头、江门、台山、海口等地也都实行局部或全面的市政改革，其

---

① 陈达：《南洋华侨与闽粤社会》，商务印书馆1939年版，第170—197页。
② 林金枝、庄为玑编：《近代华侨投资国内企业史资料选辑》（广东卷），福建人民出版社1989年版，第42—67页。

中包括拆旧楼房，筑新马路，建造新街市等具体措施，刺激了华侨的房地产投资。20世纪20年代末陈济棠主政广东之后，粤省处于半独立状态，他为华侨回国投资兴办实业采取了一系列优惠政策，对广东省侨汇的增加起到了积极的作用，特别其中的投资性侨汇。1919—1927年，广东省华侨投资房地产的份额占华侨总投资额的52.95%，1927—1937年，此份额已占总投资额的66.27%。①

海外华侨的房地产业投资对城市空间所产生的重要影响是不言而喻的。彭长歆指出，华侨具有观念和资金优势，他们是岭南近代城市运动的重要参与者和推动者，在局部区域甚至是造城运动的主要发起者，如主要集中在城镇区域的房地产业投资，可以视为直接的造市行为。② 汕头城市空间的建设和发展也得益于海外华侨的房地产投资，尤其是旅居泰国、新加坡、马来西亚等地的南洋华侨。若以汕头地区计，近代华侨在汕头城区的投资占整个汕头地区投资的66.62%，其中房地产业占39.71%，分别占全省华侨总投资的14.77%和16.05%。③ 胡乐伟根据林金枝等人的调查数据，将汕头的房地产投资分为四个阶段，具体如表4-11所示。

表4-11　　　　　1889—1949年华侨投资汕头房地产情况

时期（年）	投资户数	投资户数占各行业比重（%）	投资户数占各时期比重（%）	投资额（千元）	占各行业投资额比重（%）	投资额占各时期比重（%）	户均投资额（元）	年均投资额（元）
1889—1919	189	50.27	6.04	2637.5	12.1	8.4	13955	87917
1919—1937	1864	86.42	59.55	18315	44.67	58.34	9826	1017500
1937—1945	222	75.51	7.09	1865	51.68	5.94	8401	233125
1945—1949	855	69.23	27.32	8575.5	64.22	27.32	10030	2143875

①　林金枝、庄为玑编：《近代华侨投资国内企业史资料选辑》（广东卷），第50、55页。
②　彭长歆：《现代性·地方性——岭南城市于建筑的近代转型》，第101页。
③　林金枝、庄为玑编：《近代华侨投资国内企业史资料选辑》（广东卷），第50、92页；林金枝：《近代华侨在汕头地区的投资》，《汕头大学学报》（人文科学版）1986年第4期。

续表

时期（年）	投资户数	投资户数占各行业比重（%）	投资户数占各时期比重（%）	投资额（千元）	占各行业投资额比重（%）	投资额占各时期比重（%）	户均投资额（元）	年均投资额（元）
合计	3130	77.06	100	31393	39.36	100	10030	523217

资料来源：胡乐伟：《近代汕头的侨资房地产业及其城市发展的影响》，《汕头大学学报》（人文科学版）2014年第1期。

胡乐伟所分的几个阶段，除了原先数据中1919—1927年和1927—1937年合为一个时间段之外，其他部分的分法与林金枝相同。由表4－11看来，在1889—1919年初兴阶段，房地产投资户数的比重虽然不多，却比同时期的其他行业超过一半，且户均投资额在各阶段是最高的。1919—1937年为华侨投资房地产的高峰期，投资户数出现了向房地产一边倒的情况，高达86.42%，投资额也大大增加，远超其他阶段，达到18315000元，[1] 几乎占到整个近代华侨投资汕头房地产额的六成。1937—1945年期间为华侨投资房地产的低谷期，虽然投资户数在各行业的比重仍占有75.51%，但仅占整个近代时期的7.09%，其原因大概是房屋受破坏，以致较多侨汇用于小规模房屋的重建。1945年光复以后，华侨投资房地产有所恢复，4年间的投资额有800多万元，接近高峰期的一半，年均投资额为各时期之首。[2] 总体而言，华侨投资汕头的房地产业，主要集中在汕头成立市政厅以后到抗战前和光复后到中华人民共和国成立前这两个阶段。

已有资料显示，汕头市有侨产2000多座，绝大部分是1929—1937年间所建，因当时适逢市政改革，加上世界性经济大危机，吸引不少华侨来汕头投资，或因海外破产收盘而把剩余的资本转到汕头置产建楼。[3] 此外，如《汕头市区房地产志》所载，据1930—1935

---

[1] 此数额为林金枝等人调查时所折算之人民币，下同。
[2] 胡乐伟：《近代汕头的侨资房地产业及其对城市发展的影响》，《汕头大学学报》（人文科学版）2014年第1期。
[3] 杨群熙辑编：《海外潮人对潮汕经济建设贡献资料》，第223页。

年统计，华侨投资用于购建房 4.25 亿银圆，平均每年增加侨房 3 万平方米，占同期市区增加面积 75%，在全市 4000 多座商号楼房中，侨房占 2000 多座，人均面积 4.05 平方米。① 这种华侨投资国内房地产业盛况，既与汕头与东南亚各地的密切联系有关，也与海外华人一直维持着与家乡之间文化的、社会的、经济的通道有关。

孔飞力的研究指出："从 19 世纪后期到大萧条发生之际，资本主义也沿着旧日的通道在中国的侨乡繁荣兴盛起来。厦门作为历史上福建向外移民的核心区，就是当时一个典型的个案。东南亚的华人资本家利用厦门作为一个投资牟利之地，他们投资尤其集中于地区的基础设施建设和城市的房地产业。"② 与厦门相似，汕头是潮梅地区向海外移民的核心区，潮梅两地的东南亚华侨，也利用汕头进行投资牟利，进军城市的基础设施建设和房地产开发，这使得汕头的发展以及向近代都市转变的过程中，极大地受惠于海外华侨的资本及投资。尤其在 20 世纪二三十年代，既有波及全世界的经济大萧条，也有中国政府对海外华侨投资国内的优惠政策，更有城市现代化建设的契机，海外华侨在汕头的活动体现了华人资本对国内及东南亚地区的政治和经济环境较强的适应性。

在房地产业的投资形式上，汕头华侨大多数是由个人或商号直接投资，或大或小，这与广州多以较大房地产商通过房地产置业公司的形式进行房地产投资的运作模式不同。③ 当然，汕头的华侨也不乏一些投资大户。如 1929—1937 年，泰国的陈黉利公司在汕头购置大片地产，投资建新楼房达 400 多座，后来部分楼房转卖给在汕头经营或定居的华侨，至 1949 年前保有 200 多座。新加坡侨商荣发源当时也在汕头几条街，其中譬如荣隆街的所有新楼房都是其投

---

① 汕头市地方志办公室编：《汕头市区房地产志》，第 2 页。
② 孔飞力：《他者中的华人：中国近现代移民史》，第 189 页。
③ 吴宏岐、胡乐伟：《近代广州侨资房地产业与城市空间结构的变迁》，《华南师范大学学报》（社会科学版）2013 年第 1 期。

资所建。① 除了个人投资之外，当然也有合资设立置业公司的投资方式，如上一章提到的南生公司，其老板李柏桓在原南生公司股东的基础上，广招外股，扩大组织，发动印度尼西亚等地侨胞李耀泉、李远波、李镜泉、李视棠等人，认定股额，筹集巨资，成立"南生股份有限公司"，同时组织"合利置业公司"负责觅地建楼。② 此外，在华侨投资的房地产类型上，则有自住型、商业型、商住结合型和以工业厂房等为代表的其他房型等。③ 在汕头的商业核心区，主要以商业型和商住结合型的房地产类型令人瞩目，如南生百货大楼、永平酒楼等一些旅店、酒楼等商业型房地产，以及上一章所述的沿街骑楼街以及内街商住楼等商住混合型地产。

通过上文对华侨投资地产的各阶段投资额、投资形式及投资类型的论述可知，这些从潮梅各属迁往海外发展的华侨，携款回汕头投资房地产正好是在汕头开始进行拆辟马路进行市政改良的时期，也正好是汕头进行货币改革采用保证纸和商库证的时期。他们当中为发行货币及经商需要所投资的房地产，创造了汕头市繁盛的房地产市场，而这些海外华侨在投资形式和投资类别上的选择，则创造了汕头市在迅速建设时期的城市风貌，这也即一语双关的华侨造"市"。这一经济行为所造成的结果，是直至今日在汕头老市区仍存留很大一部分侨资房地产。这些侨资房地产在汕头商业中心的空间分布如何，对汕头城市的内部结构的意义如何，值得我们深入探讨。

侨资房地产在今天仍能基本以民国时期的形式呈现，与1949年以后的对私有房产和侨产的政策有关。1958年以后，汕头市房管局贯彻全国房产工作会议的精神，制定了《汕头市私有出租房产进行

---

① 杨群熙辑编：《海外潮人对潮汕经济建设贡献资料》，潮汕历史文化研究中心2004年版，第223页。

② 李蔚文：《30年代汕头市"四大公司"》，载汕头市政协文史资料委员会编《汕头文史》（第十辑），1991年版，第131页。

③ 胡乐伟：《近代汕头的侨资房地产业及其对城市发展的影响》，《汕头大学学报》（人文科学版）2014年第1期。

社会主义改造方案（草案）》，开始落实私房出租改造政策。1966—1980年，汕头市中止落实私改政策。1983年12月，汕头市成立落实华侨房屋政策领导小组办公室，负责处理退还挤占的华侨房地产工作。据1984年4月的统计，汕头市区已撤还的侨房累计228宗，面积24288平方米，尚未撤还的侨房50宗，面积1646平方米。1987年市区累计撤还挤占公私房地产1293宗，面积30317平方米，其中侨房822宗，面积26961平方米，占撤还面积88.93%。① 1993年下半年，根据汕头市委、市政府的部署，汕头市侨办和落实侨房采取一系列措施加大落实市区城镇侨房政策的力度，随后至1998年第一季度，共处理落实市区城镇侨房产权479257平方米，累计达739931平方米，占应退房的98.6%。②

根据目前所收集到的《汕头市已撤还侨房产权登记表》（下文简称的《登记表》），可知至20世纪90年代末，属于当时汕头市区范围内的，共撤还侨房案件1226宗，共有楼房2191座。通过这些房产的地址信息，可知道其范围主要包括民国时期的汕头市的核心区（主要为地籍图中的第一至第四测区）和崎碌一带。其中汕头市核心区的华侨产房约有1582座，占72%。可见民国的华侨房产，大部分集中在汕头市的核心区。这当然与核心区地段较好商业繁荣有关，投资过购置核心区的房产，更利于财产保值和赚取利润。

与此同时，我们通过《登记表》中华侨房地产业主的信息进行分类汇总统计，可知汕头市核心区的华侨房产，登记为华侨及港胞的有1230座，占总数77.75%，登记为归侨的有145座，占总数9.16%，登记为侨眷的有85座，占总数5.37%。这反映了汕头华侨房产以华侨个人直接购置为主，由侨眷购置的比例较低。此外，《登记表》中还有不少产权情况未知，所以侨资房地产实际的比例会比

---

① 汕头市地方志办公室编：《汕头市区房地产志》，第35页。
② 王炎荣：《汕头市区全面落实市区城镇侨房政策纪实》，载汕头市政协文史资料委员会编《汕头文史》（第十六辑），1999年版，第75—77页。

上述偏高。不过，这也有可能存在这样一种情况，即虽然由侨眷经手购置的房产，但产权归属仍属于华侨。将何处华侨、侨眷、侨属的房地产皆归为何处华侨的侨资房地产，整理之后可得汕头核心区的1582座侨资房地产业主情况，如表4-12所示。

表4-12　　　　汕头核心区的侨房业主情况登记表　　　　单位：座

何处华侨	数量	何处华侨	数量	何处华侨	数量	何处华侨	数量	何处华侨	数量
加拿大	10	南非	9	印度尼西亚	322	巴西	1	新加坡	174
柬埔寨	21	毛里求斯	26	泰国	306	澳大利亚	11	缅甸	14
美国	10	英国	2	越南	71	香港	345	马来西亚	138
未知	122	总计：1582							

注：1. 本表未区分华侨、归侨及侨眷。
2. 20世纪八九十年代，汕头在落实侨房政策时，业主来自香港的房地产亦在处理之列，故原表中何处华侨包括香港地区。

从表4-12来看，在核心区1582座华侨房产中，业主以香港同胞最多，达到345座。这可能与香港的特殊地位有关。香港自开埠以后便成为自由港，在中国与东南亚乃至欧洲的贸易中，一直充当着交易结算中心和汇兑中心的角色，同时，香港也是移民的转运港，部分移民取道香港再前往海外各国。因此，许多与贸易、金融、侨批业和商业有关的行业，都在香港设立商号，也吸引了韩江流域地区的百姓前去谋生。其次，业主是印度尼西亚华侨、归侨和侨眷也占有大多数，分别是270座、36座和16座。据民国时期李长傅的估算，当时荷属东印度有华人120万，[①] 而该地区也是潮梅地区海外移民主要迁居地，可推测后者当占有一定的比例。再其次，业主是泰国华侨、归侨和侨眷的则排第三位，分别是248座、35座和23座，这和中国汕头与泰国之间频繁的海外移民往来有关。新加坡和马来西亚的华侨、归侨和侨眷业在汕头的侨房中也占有相当的数量，新加坡的有174座，马来西亚的有138座。此外，还有少数越南、毛

---

① 李长傅：《南洋史地与华侨华人研究》，暨南大学出版社2001年版，第60页。

里求斯，英国、美国、加拿大、南非、澳大利亚等处华侨的房产。由此可见，汕头侨房业主的侨居地，包括东南亚、美洲、南非、澳大利亚等，其中尤以东南亚华侨占绝大多数，这与潮梅地区海外移民的移居地是密切相关的。

这些业主来自东南亚各地的侨资房地产，在汕头城市中的分布如何，是我们进一步探讨华侨与城市空间变迁的关键。将《登记表》中的何处华侨的信息进行整理，并关联到地籍图上，可呈现汕头旧商埠区侨资房地产的空间分布情况。

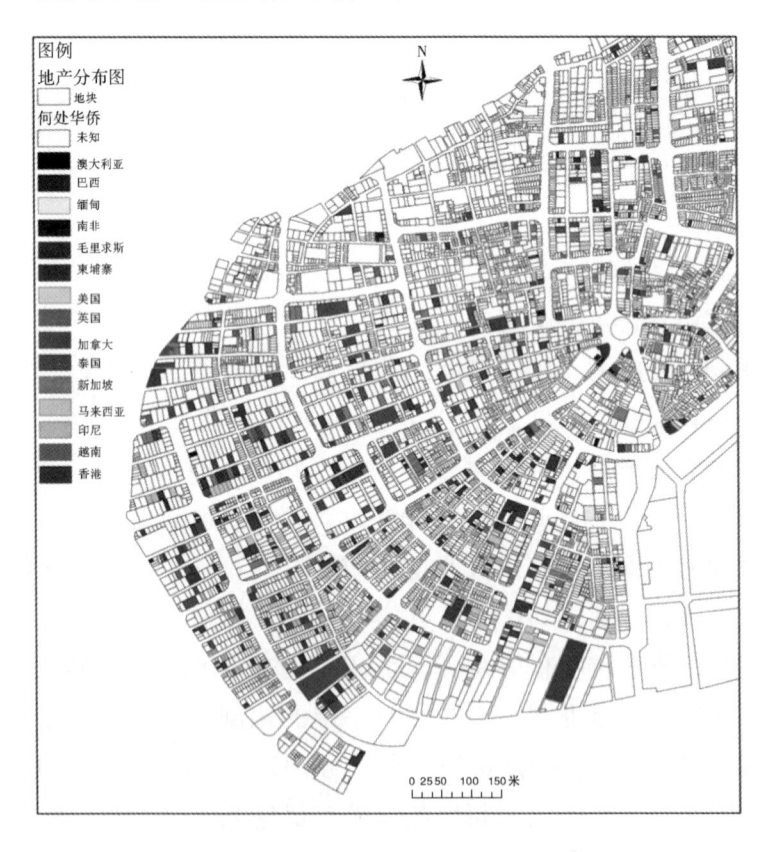

图4-8 汕头旧商埠区侨资地产分布图（参见彩图15）

如图4-8所示，该图首先反映了汕头的侨资房地产业主来自泰国、印度尼西亚、马来西亚等国家和中国香港等地区，这些华侨房地产几乎遍布汕头旧商埠区，大体上分散在各街区，各街区中不少具有一定的集聚性，甚至有的楼屋连续几间皆属于华侨。这种现象不可轻视，其中可能存在同一业主或关系亲近者一同投资的效应。其次，许多集聚并连接在一起的房地产，其业主的侨居地不少都来自同一个国家或地区，如泰国、中国香港、印度尼西亚、马来西亚等，可见，相同地方的华侨，或是同一业主的华侨，投资房子具有一定的集聚性，他们的楼屋经常相连在一起，可能是具有一定资本的华侨。比如表4-12中数量较多的中国香港、泰国、新加坡等地的侨房，较多分布在"四永一升平"地段，其中部分一些房地产便接连在一起。再如"四安一镇邦"地段，有为数不少泰国华侨、印度尼西亚华侨和香港同胞的侨房，其中镇邦路末端甚至连续十几栋楼屋，乃至旷地地基，都属于泰国华侨的房地产。

将《登记表》中何处华侨的信息中所包含的华侨、归侨、侨眷等要素进一步关联到地籍图，以不同色系区分不同地区的华侨，以相同色系不同深浅区分华侨、归侨和侨眷，可得侨资房地产分布情况如图4-9所示。由图中可见，虽然业主是归侨和侨眷的数量较少，但侨资房地产在空间上还是进一步呈现马赛克分布特征，即在空间上侨资房地产的性质更加多元化。这也是因为汕头的侨资房地产虽以个人投资为主，但在投资房地产及其具体选择的过程中，具有多种投资方式。归侨及侨眷房地产的存在，也是海外移民与国内城市发展密切相关的具体呈现。需要进一步指出的是，图4-8和图4-9只是呈现了汕头侨资房地产在空间上的某一个时间剖面，我们还应该认识到，其中不少房地产还存在流转于不同业主（包括华侨、归侨、侨眷或非华侨）的动态过程。

这种动态过程虽然反映了汕头民国时期房地产投资及交易的某些情形，但在一定程度上也影响了我们追溯其最初购置或兴建时的情况。在有限的条件下，我们仍需进一步考虑这些侨资房地产的建筑时间。目前《登记表》中并没有华侨房地产的建筑时间，我们将其与房地产卡片进行关联，并筛选出同时具有华侨信息和建筑时间

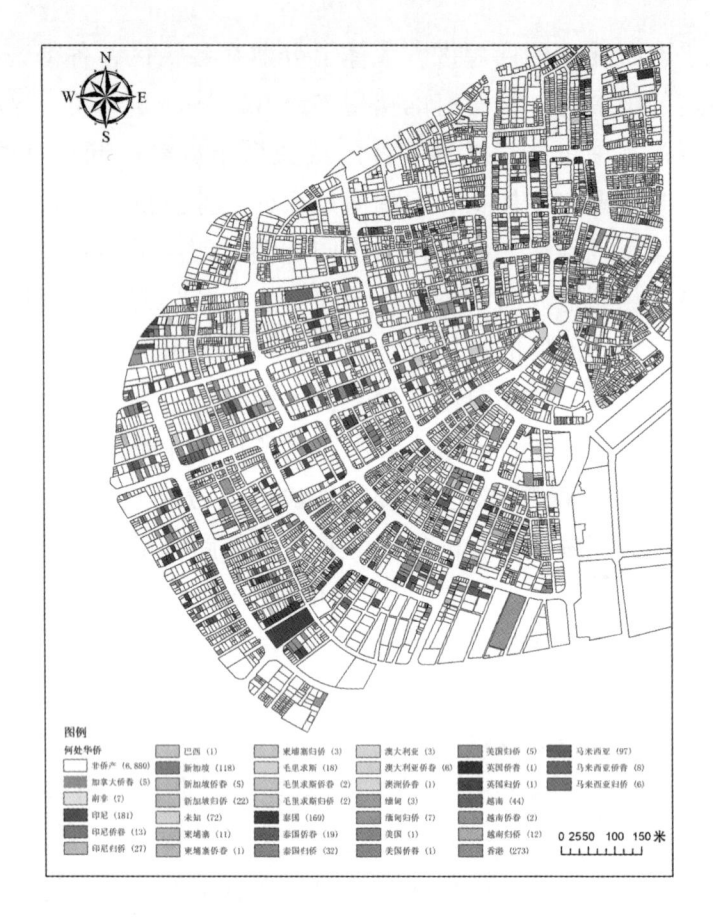

图 4-9 汕头旧商埠区华侨、归侨及侨眷房地产分布图（参见彩图 16）

注：因地籍图暂缺第三测区部分范围，故未能完全覆盖表 4-12 全部数据。
资料来源：根据《汕头市已撤还侨房产权登记表》数据整理绘制。

信息的记录。因条件所限，目前仅能得出 400 多条数据。将这些数据关联地籍图，并按上文胡乐伟划分的各个投资阶段，可绘制部分华侨房地产的建筑时序图。

如图 4-10 所示，1870—1919 年的华侨建筑，大抵分布在"四永一升平"街区的中段，且很多房地产并不位于后来划定的主要干道。该地段一直由中国人占有主要势力，其发展成商业街区相对较早，故此地多为 1919 年以前的建筑。再看 1920—1937 年的建筑，

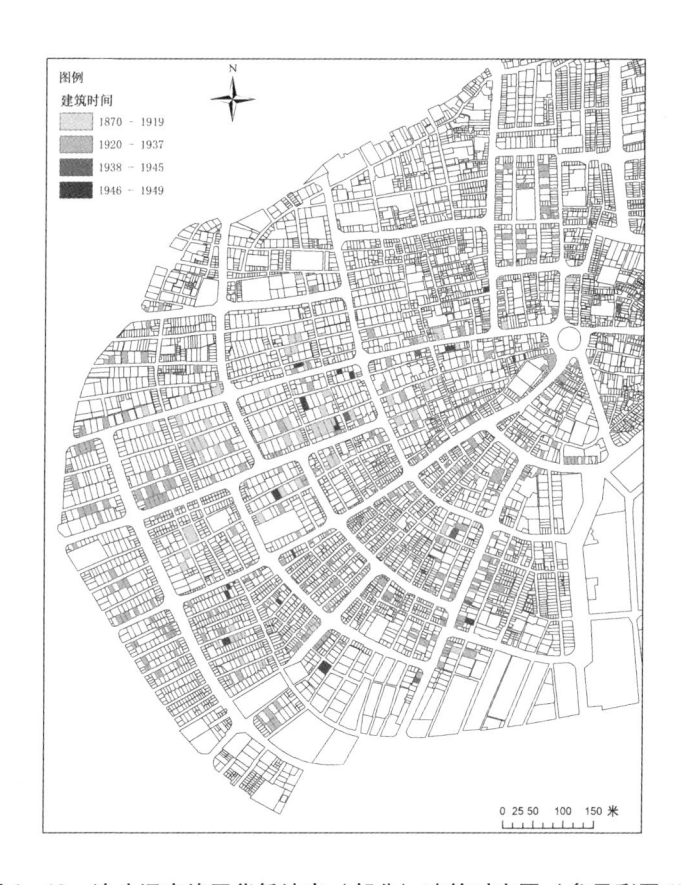

图 4-10　汕头旧商埠区华侨地产（部分）建筑时序图（参见彩图 17）

资料来源：根据《汕头市已撤还侨房产权登记表》及汕头房地产卡片（汕头市房地产档案馆藏）绘制。

可以发现许多房产都位于各主要干道，或者是位于 1920 年以后西扩的西堤海坦，可见华侨在城市改造和市政建设中的重要性。其中尤其需要指出的是，在汕头小公园圆心附近，存在不少由华侨投资的建筑。即便是小公园的中山纪念亭本身，也是由印度尼西亚华侨所捐建的。

从侨资房地产的总体空间分布情况来看，泰国、新加坡、印度尼西亚等地区的华侨、归侨或侨眷，以及香港同胞不仅在汕头拥有数量较多的房地产，而且都分布在地段较好的核心区。其中印度尼西亚华侨、归侨和侨眷的房产大多位于新拆辟的马路，如镇邦路、新马路等，可看出他们的房地产在城市空间变迁上的重要性。由此可以初步推断，这四地的华侨拥有较雄厚的资本在汕头进行房地产投资，对城市空间变迁和城市风貌的塑造起到重要的重要。除此之外，这种空间分布的背后，也隐含着其他较为深沉的含义。

上文我们重建了的侨批局在城市的空间分布情况，也讨论了侨批局的分布与人群构成及商业活动的密切联系，特别是与各地人群之间关系。由此，在探讨华侨地产分布的时候，我们有必要将侨批局的经营网络也纳入考虑。因侨批业的经营特性是将海外侨汇输入国内，其与海外的联系自然不可忽视，其中最重要的是侨批局与南洋地区的网络关系。简言之，即每个侨批局是经营何地侨汇的。从1946年侨批同业公会呈交给汕头市政府的调查材料中，我们可以得知已登记的侨批局经营海外侨汇地的情况。① 将此材料中经营侨汇地的属性关联到侨批局的分布图中，并与图4-8进行叠合，可得侨资房地产及侨批业的空间分布图如图4-11所示。

由图4-11可以清楚地看到，在较多聚集着泰国、新加坡华侨及香港同胞房地产的"四永一升平"地段，侨批局的海外经营网络大致也包括泰国、新加坡两地。尤其是在泰国华侨的房地产集中的地方，有好几家侨批局都是专门经营泰国侨汇的。可见，在侨批局聚集的地方，侨批局经营何处侨汇，与侨资房地产业主属何处华侨具有较为密切的关系，这两者之间有可能是相互影响的。值得一提的是，该处的侨批局基本都具有较大资本额，有些本身就是汇兑庄。他们的经营者可能本身是华侨，或者是有密切的海外关系。他们对经营何处侨汇的选择自然与他们的侨居地或海外关系相关。他们将部分资本用于投资于房地产，自然使得侨资房地产与经营侨汇相契合。此外，因为新加坡还常常扮演着马来西亚和印度尼西亚侨汇中转地的角色，不少经营多国侨汇的批局，通常都包括新加坡。因此，如晏清街出现接连几栋属于新加坡华侨的房地产附近，也存在经营

---

① 王炜中编：《潮汕侨批业档案选编》，第236—238页。

图 4-11　汕头旧商埠区华侨地产与侨批局分布图（参见彩图 18）

资料来源：根据《汕头市已撤还侨房产权登记表》及《潮汕侨批业档案选编》数据整理绘制。

新加坡侨汇的侨批局。不过，在其他华侨房产和侨批局较为分散的地方，看不到经营海外侨汇与华侨房地产之间的密切关系。由此，我们可以认为，汕头侨资房地产在空间分布上与侨批局经营海外侨汇只存在部分相关性，且在城市较为繁盛的核心区域较为密切。

这种现象可能还与海外华侨在汕头的企业投资有关，根据林金枝对汕头市华侨投资的 470 家企业的统计，属泰国华侨投资的有

200家，居第1位，其次是新加坡、马来亚华侨，有151家，居第二位，再次为越南，有39家，居第4位。① 还需要指出的是，由于曼谷是泰国的所有侨汇的中转地，新加坡也往往是马来亚半岛的侨汇中转地，因此这两地都出现一些大型的汇兑庄和侨批局，如上文所说的有信、黉利庄、光益裕、光益等商号，这也必将影响两地华侨在汕头的房地产投资。

此外，华侨房地产的数量和空间分布还与侨汇来源和海外华侨的分布有关。如在1931—1935年，潮汕侨汇中泰国占50%，马来亚占30%，越南占10%，印度尼西亚占6%，其他占4%。② 仅泰国一地的侨汇便已是南洋其他地区之和。与此对应，20世纪30年代有关南洋华侨的统计显示，泰国共有华侨250万人，其中潮州人有150万人之多，占总数的60%。③ 此外，据1949年东南亚华人方言调查结果，潮汕人在东南亚有214.85万人，其中侨居泰国者达116.7万人，印度支那（包括越南、老挝、柬埔寨三国）、马来西亚23万人，新加坡18.4万人，印度尼西亚16.8万人④，其中以泰国占最多数，高达一半以上，而新加坡、印度尼西亚等国则占一成左右。由此可见，各国侨汇额及海外华侨的分布，也和汕头华侨房地产的数量和空间分布有关，尤其与泰国华侨较为显著。

通过上述的讨论可知，在汕头开始施行城市改造计划和改革货币制度期间，由于拆辟马路工程和保证纸币制度的推行，潮梅各属的海外华侨将大量资金输入汕头。这些华侨不仅参与到房地产投资活动中，同时也带动了房地产市场的繁荣，并由此创造了汕头近代

---

① 林金枝：《近代华侨在汕头地区的投资》，《汕头大学学报》（人文科学版）1986年第4期。

② 吴承禧：《汕头的华侨汇款》，《华侨半月刊》第99、100期合刊，1937年4月16日，第13页。

③ 杨建成主编：《三十年代南洋华侨侨汇投资调查报告书》，第12页。

④ Moese, H. B., *Chinese Regionalism in West-Malaysia and Singapore*, Hamburg, 1979, p.148. 转引自夏诚华《近代广东省侨汇研究（1862—1949）——以广、潮、梅、琼地区为例》，第27页。

都市化的城市空间。正因为此，汕头商业中心的内部结构，受到其金融网络、商业网络和人群网络的深刻影响。汕头的城市空间形态，在某种程度上也是这种影响的外在体现。

小　结

汕头开放通商之后发展起来的商埠区，逐渐在20世纪二三十年代摆脱以往因陋就简的样貌，成为一个拥有宽阔马路，新式楼屋、大量而多元的商业店铺以及现代元素的商业文化中心。作为韩江流域唯一可以停泊机器轮船的港口，汕头成为沟通潮梅各地和海外的枢纽港，潮梅各地人士开始会聚于此经营各行各业，形成了一些如汇兑庄、侨批业、轮船行、出口商的大资本行业。这些大资本行业在汕头内部呈现一定的聚集性，且位于汕头市人口密度较高和商业行档较多的地段。大量商业资本的买卖、流通、汇聚和分发，促进了汕头的繁盛，进而影响了城市内部空间演变，而经营这些大资本行业的各地人群，也由此在汕头的商业和城市空间的发展中发挥了主要的力量。

因汕头本隶属于澄海，在汕头商埠初成规模的过程中，澄海籍人士因经营汇兑庄、轮船行等大资本行业，在操控汕头金融权柄上占有先机。其后随着潮阳籍人士在上海兴起并携款进入汕头，开始与澄海籍人士平分秋色。掌握汕头商业命脉的商会，也由此分为以澄海为主的"潮澄饶"海天派和以潮阳人为主的"潮揭普"商运派。

随着20世纪20年代汕头市政当局开始实施城市改造计划和货币改革政策，大量来自潮梅地区的城乡移民和海外华侨开始在汕头投资房地产事业。除了拆辟马路建造铺屋的投资外，保证纸币制度也成为促进房地产投资的重要因素。民国时期汕头的商人通过控制和发行地方货币掌控着地方经济，而政府为扭转此局面，推行保证纸币政策，其办法之一便是要求商号发行纸币时需以不动产作保证，由此促成大量潮梅地区人士、海外华侨进军汕头的房地产业，创造了一个繁荣的房地产市场。由此，保证纸币的价值，也随着房价的上升而水涨船高，由此不断带动资本的流动和房地产的再投资。随着后来金融危机的来袭和保证纸币的崩盘，政府和商界又开始采用类似保证纸币的办法，以不动产作抵押发行商库证，把不动产变成流动的资产。于是，由流动资产置业而成的不动产，再次变成流动的资产，促进城市空间的再生产。

最后，值得指出的是，这些参与到发行货币和房地产投资的经营者常常还有华侨的身份。通过对他们的籍贯和侨居地在空间分布上的考察，可以发现经营大资本行业的人群，与房地产业主的籍贯存在密切相关性。同样，经营何处侨汇的侨批局，在空间分布上也和房地产业主的侨居地也存在部分相关性。此外，侨资房地产在汕头的数量和分布情况，甚至还和侨汇情况和海外华侨分布有关。由此，可以进一步推断，汕头商业中心的内部结构，深刻受到其金融网络、商业网络和人群网络的深刻影响。市政时期汕头城市发展的空间形态与进程，虽然受到城市规划的约束和控制，但也因此而呈现别具一格的内在特征。

结　语

当下中国城市的发展，肇始于晚清民国的近代转型。许多我们日常所见的马路、植树的人行道、骑楼、中西合璧的建筑等现代都市文明的要素，在一百多年来中国城市化和现代化的历程中，不断地在城市空间中得以呈现并不断演变。本书所重点讨论的民国时期汕头商业核心区，在今天也称为历史街区，在改革开放后分别经历了"见缝插针""成片配套"和"大拆大建"的三次改造，形成了"天女散花"的被动局面。① 由于历次旧城改造和更新的失当，这一历史街区没能够很好地利用起来，很快陷入衰颓的境况。近年来，随着地方政府重启保护规划项目，开展修缮工程，大部分路段的沿街建筑得到整修。令人遗憾的是，焕然一新的历史街区到处可见对文化资产的轻视。模式化的建筑外立面破坏了原先大同小异的沿街景观，一些拙劣的装饰也使原有风貌大打折扣。更让人唏嘘的是，原先采用钢筋混凝土建造的小公园纪念亭，在今天虽然保留了原先的外观，却已成为由木结构建造的仿古建筑。

汕头在民国时期的盛况，不仅在当下为人所追忆，在当时也受人称赞。本书以汕头的空间形态为切入点，讲述了汕头如何从濒海的小市镇发展为繁华现代化城市的历史，讨论此历史过程中不同的人群在土地开发、市政制度、城市规划、商业发展、房地产投资等

---

① 有关改造的地块分布，可参见袁奇峰、蔡天抒《基于空间生产视角的历史街区改造困境——以汕头小公园历史街区为例》，《现代城市研究》2016年第7期。

方面的活动，进而探讨人与空间和人与城市的关系，揭示城市空间形态演变的机制。其中所涉及的，可能包括在某种程度上是汕头城市空间形态在城市化和现代化进程所不可回避的地方性问题，但同时也可能是近代开埠城市发展中必须共同面对的一般性问题。

从更长时段的历史和更广袤的地理来讲，中国的通商口岸是南亚和东南亚早期通商口岸制度的一部分。西方人在尝试打开中国市场时，有意在中国主要贸易中心附近寻找开放通商口岸。虽然与他们在印度和大部分东南亚地区建立殖民地的方式和环境不同，但经由中国通商口岸各方面力量增加的国外贸易，可能成为现代化一个有效的输入媒介。① 由此也造成近代中国大多数通商口岸都植基于传统时代的区域贸易中心城镇。② 汕头位于以往贸易港口樟林港和区域中心潮州府附近，自1860年开放通商后成了近代条约体系中的重要港口。与其他条约口岸一样，汕头开始与世界资本主义市场联结在一起，并由此迅速城市化和现代化，这也反映了中国近代开埠城市发展的共性。这种共性又由于历史机缘、地理及人文环境、经济水平等条件的不同影响，使不同城市在发展过程中形成了各自的特性。汕头作为近代中国东南沿海中颇具特色的开埠城市，在此结论中我们需将其放在一个近代通商口岸的时空脉络下进行讨论，并进一步反思以下四个问题：第一，近代开埠城市的土地开发及空间拓展问题；第二，近代市政对城市空间的作用以及民间的响应；第三，在城市化过程中，商业发展及房地产投资对城市空间产生了什么样的影响；第四，海内外的联系赋予了位于南中国海枢纽城市怎样的时空特质。

先就开埠城市的土地问题而言。近代条约以及条约口岸不可避

---

① Rhoads Murphey, "The Traety Ports and China's Modernization", Mark Elvin and G. William Skinner eds., *The Chinese City Between Two World*, California: Stanford University Press, 1974, pp. 18–19.

② 刘石吉：《传统城市与通商口岸：特征、转型及比较》，载张瑾主编《城市史研究的新疆域：内陆与沿海城市的比较研究》，重庆大学出版社2016年版，第55—67页。

免地涉及外国人所关注的两个重要问题，一个是开放对外贸易，另一个是外国人可以在条约口岸居留和租地买地。王尔敏指出，五口通商本身并不只是单纯开放关口进行贸易的商务行为，而是一开始便缠绕于中外交涉的关系中。这使得中外通商关系成为西方列强外交权利的果实。更重要的是，列强使用外交手段继续扩张所享受的权利范围。中国近代港埠都市之形成，因此充分表现出外国势力扩张的意义。[①] 由此也带出近代港埠城市形成的两个问题，即土地的开发拓展和房地产交易。西方各国虽与清廷签订了条约，但条约在地方上执行时仍需与地方官进行交涉。不同的交涉结果使各通商口岸形成了租界、居留地（或称居留区）、租借地等多种形式。这造成各通商口岸在城市化和现代化过程中有着各自的机制，并在随后的土地开发和空间拓展过程中形成各自的空间形态。

事实上，几乎所有近代开埠城市都具有一个共同的发展理路，即"贸易先导，因商而兴"。值得注意的是，近代贸易的发展无疑缘于轮船航运业的兴盛。于是，当外国人开始凭借条约进入各通商口岸时，往往优先考虑占有临江或临海便于停泊轮船之地，并建造码头和扩张占有的空间。如上海英租界临黄浦江而设，各洋行占据沿江土地并建设伸向江面的码头；厦门英租界设于海后滩，各洋行占据沿海之地且建造伸向海面的码头；汕头虽没有租界，但南面和西南面连接深海航道之地也尽为洋商占去，并填海建码头。这些现象反映了各通商口岸在最初阶段所表现出为适应港口贸易的土地开发形式。

随着对外贸易的展开，对口岸土地空间的需求亦随之增加。由于各通商口岸的制度和地理条件不同，在随后空间拓展和土地开发方面呈现各自的特征。如上海是以填浜筑路的方式向陆地拓展空间，厦门、汕头则以填海造地的方式向海面拓展空间。这些通商口岸在空间拓展和土地开发其实还涉及一个重要的问题，也即上文所提到

---

① 王尔敏：《五口通商变局》，广西师范大学出版社2006年版，第301页。

的租界、居留地或租借地的制度。租界是一种以"画地为牢"的方式将土地成片划定区域专供外国人租借，是西方列强在大部分开埠口岸获得土地的方式。但是像汕头这种作为居留地的口岸，并未以这样一种方式处理外国人的租买土地问题，而是由外国人自己向中国人租买。如此一来，虽然同样是外国人在通商口岸租借中国人的土地，但前者是以展拓租界的方式扩展土地，后者是以华洋互争雄长的方式进行土地开发。

像租界这样一种类似"国中之国"的地方，由于具有类似西方制度以及相应的市政机构进行管理，大量洋商投资土地并进行开发建设，在一定程度上受到租界当局的约束。在随后填浜筑路和越界筑路过程中，所形成的城市空间形态也因此带有明显"殖民烙印"。以居留地形式存在的港口，仍处在中国地方官的管治之下。如第一章所述，清末中国地方官虽然管理汕头埠的土地交易，但对土地开发并没有太多约束，造成土地开发往往处于混乱的情况之下。这使得汕头埠的土地空间以自然的形式拓展，并形成了适应通商贸易为导向的空间形态，同时也造成土地权属在一开始就形成华洋混杂的景象，与具有明显殖民色彩的租界和香港不同。值得一提的是，由于居留地形式的口岸缺少像租界工部局之类的强有力机构，洋人在商业贸易和土地开发等方面，并不能与当地的中国商人比肩而立，后者常常掌握着整个口岸商业运转的主导权。这样一种地方权力格局，不只在开埠初影响了条约港的土地开发及空间发展模式，甚至也影响后来20世纪上半叶中国大规模的城市发展和建设。

一般来说，在论及条约港的一般性特点时，往往以设有租界或租界地这样的城市作为典型。① 毕竟大多数条约港均设有外国租界，且以上海、天津这样拥有大片租界的城市受到学界的重点关注，使得通商口岸的西方模式成为人们讨论的热点。这种西方模式包括通

---

① 苏基朗、[美]马若孟编：《近代中国的条约港经济：制度变迁与经济表现的实证研究》，第2页。

商口岸港埠设计及都市规划，如德人在青岛，英人在香港、上海、厦门的都市设计都是显例。① 不过，像汕头这样未设有租界的通商口岸，并没有显示出所谓的西方模式，这或许也是汕头不同寻常的地方。在条约制度、自然地理条件和各方势力的差异下，近代条约港的发展虽然有着相似的驱动力，却表现出诸种复杂的面相，并在城市空间的发展中得以反映。当然，在此我们并不一定非要严格死守"有无租界"之分，而是可以把租界对城市空间的实际影响作为一个考虑的因素。事实上，像广州、厦门这两个与汕头相距不远的开埠城市，其所设的租界实际上对城市空间发展的直接影响不大，可以和汕头放在一定的范畴之内。

如此一来，其实我们在思考近代开埠城市的土地问题时，可以主要关注其中心区域。像上海、天津这些拥有广大租界的城市，其中心区域自然是繁华的租界区，而像广州这类租界影响不大的城市，仍以旧城中心为主体，并向四周扩展；像汕头这类未设有租界的通商口岸，大抵以条约所开设之商埠为中心区域。这些城市不同的空间格局，在很大程度上影响到它们在20世纪以后城市化和现代化的空间进程，尤其是在市政改革及大规模市政建设时期。

就土地问题及其后来的空间发展而言，作为城市核心区的租界，其土地受条约制度的影响，只有外国人能以道契的方式登记以拥有土地，洋商成为土地开发的主体。后来随着租界的发展，中国商人在投资房地产业时则以权柄单的方式拥有登记在外国人名下的土地，并由此享受治外法权，向中国方面隐瞒自己的财产。② 由此，虽然中国商人进军房地产业推动了城市的发展和空间转变，但土地开发仍处在租界的管理体制之下。在城市空间演变的进程中，或多或少都受到租界当局的管束，尤其以法租界最为明显。而像广州、厦门、

---

① 刘石吉：《传统城市与通商口岸：特征、转型及比较》，载张瑾主编《城市研究的新疆域：内陆与沿海城市的比较研究》，第60页。

② 苏基朗、[美]马若孟编：《近代中国的条约港经济：制度变迁与经济表现的实证研究》，第65—67页。

汕头这样的开埠城市，虽然外国人也参与到最初的土地开发活动中，但在后来城市化和现代化的过程中，他们的力量较为薄弱。汕头的案例表明，随着商埠的发展，商业和人口的大量聚集和多元化，先前所开发的土地权属逐渐细化，并大多转移到中国人手上。20世纪以后，像上海、天津的城市核心区，土地问题仍在租界的脉络下发展，而广州、厦门和汕头的土地问题更多的是随着政治环境的变动而发生改变，且土地的权属大多在中国人手上。20世纪上半叶，当中国开始效法西方开始市政改良运动之后，这些城市所要面对的，更多是对由大多数本国业主占据地产的中心城区进行改造。这也涉及下一个要讨论的问题，即开埠城市在城市化和现代化的进程中，新的市政对城市空间的演变发挥的作用以及民间的响应。

中国近代市政的萌生和发展是由于受到租界地区的影响。欧美国家的市政制度在租界地区的施行及其成效令人瞩目。租界市政管理的科学性和市政建设先进性具有很好的示范性。[①] 更重要的是，租界内的西方文明及都市样貌让中国传统城市相形见绌，中国官员和绅商大受刺激，开始效仿西方并探索城市发展的道路。随着清末新政推行，地方上各通都大邑开始设立警察或自治机构，中国早期"市政"由此萌生。这一时期的"市政"对城市空间的影响主要表现在对马路及建筑的管理，如上海华界设立的总工程局，汉口设立的马路工程局，以及广州设立警察厅并颁布取缔建筑条例等。

中国自己推行的近代市政，要数1921年广州颁布实施的《广州市暂行条例》。该条例由孙科等人参照美国的市政制度制定而成，虽然存在与传统相结合的集权施治成分，但新设的市政机构所表现出来的科学化和专业化组织架构，以及由留学人员及崇尚新学的专业人士构成的人事组织，相对于传统时期而言无疑是一种彻底的变革。

---

① 熊月之：《上海租界与近代中国》，第80—81页。

此时期市政"权力集中，行政统一"的特征也使得早期的市政管理及市政建设得以顺利开展。作为设立近代新式市政之始，广州的市政制度具有重要意义，其影响是全国性的。1927年国民政府成立以后，对城市的管理体制也基本运用广州的这种市政制度。新式市政制度涉及城市管理的方方面面，内容庞杂，非本书所能及，在此仅讨论与城市空间相关的内容。

近代市政对城市空间的作用，主要表现在市政组织架构、地方立法、市政建设等方面。广州、汕头两地市政的组织架构，均设有专门负责市政建设的工务部门，由专业人士任其位，体现了市政管理上的专门化。工务部门负责对城市进行规划设计，主导公共工程建设，又管理城市所有建筑，这些都对城市空间变化具有重要影响。与此种市政组织架构紧密相连的是地方立法。市政当局通过颁布章程、例规等法律文件，作为施政过程中的重要依据。这些章程、例规的制定及颁布施行往往因地制宜，因此也容易塑造城市空间的地方性特色。一般而言，市政立法中与道路、建筑相关的章程例规对城市空间的变化具有直接影响。如有关马路的章程为拆辟马路提供合法性的依据，并通过相关部门转化为有效的行政手段。有关建筑的章程确立了报建制度，进而形成了对城市空间实行管治的重要机制和最为直接的控制手段。这也是中国城市近代转向的重要内容。更值得指出的是，广州、汕头的市政制度，既反映了权力的集中，也体现了市政机关行政统一的原则，彰显了近代市政本土化实践的重要特征。在施行市政初期，这一特征使得市政建设得到有力推行。

市政建设是近代市政的重要内容。随着经济的发展和市政运动的兴起，各城市开启了对自身的建设和改造。周锡瑞关注到这种现代城市物质空间的变化和现代城市居民文化之间的关系。他指出，从清末新政时期到中华人民共和国成立期间，中国的城市改造体现在诸多方面：城墙被拆掉；街道被拓宽拉直，并铺设柏油路；公园、广场和体育场等新式公共空间的开辟；博物馆、图书馆、礼堂、电影院和百货公司等新型建筑物的出现等。① 这其实也说明民国时期的城市改造与晚清兴起的城市改良运动是一脉相承的。王笛指出，城市改良运动"便是按照一个统一的模式来改造城市的，这个模式包括整修街道以改进交通，重现城市空间以创造'现代'的城市景观，规定卫生标准以防止疾病，清除街头乞丐以推进'进步'的城市形象，设立各种规则以维持公共秩序，改良休闲娱乐以'启蒙'大众，发扬爱国精神以培养新的国家认同，强化政治以推动国家控制"。② 这些内容都与传统时期有着极大的差异，往往要靠政府自上而下的力量加以推动。同样，近代市政机构往往成为市政建设主要推动者，且往往是大多市政项目的主导者，或者引导者。当然，还有一些由市民自发进行并呈请实施的市政工程项目。大抵而言，近代市政建设的内容主要包括修筑马路桥梁、修建堤岸码头、拆除旧城墙、辟设公共设施、建立公共事业，等等。这些市政建设的内容都能对城市空间的塑造和变化发挥直接的作用，而市政机构，或者说参与决策和执行的市政官员和职员，正是通过推动市政建设来实现对城市空间的改造的。

市政建设中的一项重要内容，要数近代以来效法欧美所进行的城市规划。除租界自有的规划以外，还有一些大城市由中国人自己进行过城市规划。除了本书所论及的汕头率先开始进行城市规划并逐步实施落实外，随后还有广州、武汉、南京、上海等地的市政当局制订或进行过城市总体规划。市政时期的城市规划与传统时期治所城市遵照一定礼制的规划不同，是仿效西方20世纪以来所注重的城市规划，强调以现代的、科学的方式重新规划城市，以此重组城

---

① [美]周锡瑞：《导言：重塑中国城市——城市空间和大众文化》，姜进、李德英主编：《近代中国城市与大众文化》，新星出版社2008年版，第1页。另可参 Joseph W. Esherick, ed., *Remaking the Chinese City: Modernity and National Identity, 1900—1950*, Honolulu: University of Hawaii Press, 1999.

② 王笛：《走进中国城市内部——从社会的最底层看历史》，清华大学出版社2013年版，第95页。

市空间。汕头的城市规划制定的时间最早，完成度最高，对其他城市也产生了一定的影响。在当时的市政改革运动的潮流下，汕头的城市规划自然有许多效仿欧美的地方，这也使得汕头的城市规划不只是表现出因地制宜的地方性，同时也与其他城市的规划存在很多共通性。

在20世纪二三十年代，城市规划似乎是大多新设立的市政机构所重点思考的重要内容，这其实源自晚清以来地方官员及社会精英对城市革新的探索。不过晚清的市政改良只限于局部地区，大多是受租界的刺激而展开的，规划理念及水平都较为有限。直至临近20世纪20年代时，孙科、林云陔这批留学人员，开始提出按照欧美的城市规划来革新中国城市，且为后来其他城市所效仿。当时他们提出的重要内容，除了改良道路外，还包括分区计划和建造"田园都市"的理想。分区计划如汕头分商业区、工业区、游乐区等设想，在后来广州、武汉等地的城市规划文本中也是重点内容。不过，由于当时各个城市自身条件不同，分区计划的实施程度参差不齐。至于建造"田园都市"的理想，虽然当时不少规划提及霍华德的理念，但是实际上大多只是注重对城市环境的美化，并没有达到霍华德所提出的整体统筹和社会改革的深意。无论如何，不管是分区理念还是"田园都市"理想，虽然在实施过程中并不能臻于完善，但也表现了当时市政官员和社会精英对改造城市的摸索。

城市规划中还有一项重要的内容就是道路的规划和建设，其中除了对旧有街巷马路的改造外，还有新路线的规划和建造。道路规划的实施直接影响了城市空间形态。大抵而言，汕头市最初参照欧美所采用的放射线、格子形、圆圈式等规划形式，亦见于后来上海、武汉等地的规划文本中。汕头的城市规划的内容大部分得到落实，相比之下，其他城市的规划实施程度都较为有限。总体而言，20世纪二三十年代，各大城市空间的演变，基本上是在一定的规划下实施的，其背后都由西方现代规划理念所支撑，而与城市规划、道路建设实施过程中所相辅相成的地方性法规，也为城市改造提供法律的依据，由此也形成了我们今日所见许多城市旧城区的城市空间样貌。

谈到这里，我们似乎已经明白近代市政对城市空间的发展和变化的重要作用，以往的研究大多强调市政当局主导性地位。诚然，作为管理城市各方各面的市政机构，在推动市政建设和城市改造方面功不可没。没有政治力量的介入，城市规划也难以实行。然而，我们也不能因此而过分注重市政机构的作用，毕竟市政机构在进行旧城改造时，面对的不仅是复杂的物质空间，更是复杂的社会区域。换句话说，我们一方面要强调市政管理及城市规划对空间具有强制性力量，另一方面我们也不能忽视，近代市政和城市规划所要面对的往往不是一张待绘制的白纸，而是具备各种复杂要素的旧城。这使得城市规划的设计本身是具有偏向性的，而且在规划的实施过程中也面临着不断的谈判和妥协。① 由此，本书通过汕头的案例，反思近代城市发展过程中空间的演变，是如何与城市内部的人群以及他们所经营的行业发生联系的，其中存在什么样的互动及人地机制。

近代条约港开埠后面临的无疑是人口的集聚和空间的扩张，随之迅速城市化和现代化。这种城市化和现代化并不像西方城市那样由工业化推动，更多的是以商业化作为主要的驱动力。因此，城市的商业远比工业发达，城市功能的完善也多偏向商业。这使得大量人口集聚到开埠城市从事商业活动，伴随城市空间拓展的是商业店铺或者商业性地产的大量出现。在此过程中，拥有大量资本的人群以及他们所经营的行业，很大程度上推动了城市空间的发展和演变。作为通商贸易的条约港，往往吸引其周边及腹地的大量人群，如上海则主要吸引江苏、浙江两省的移民，广州主要吸纳省内广府及四邑地区的移民。汕头是新兴的港口，又是潮梅地区的枢纽港，主要

---

① 青岛似乎是个例外，其发展伊开始便由德国方面设计和建设，相当于在一张白纸上进行规划。参见华纳《近代青岛的城市规划与建设》，东南大学出版社 2011 年版。另关于城市规划的强制性，可参见 [日] 青井哲人《彰化一九〇六：一座城市被烙伤，而后自体再生的故事》，张亭菲译，（新北）大家出版 2016 年版。

吸纳了韩江中下游地区各县属的大量移民。条约港"贸易先导、因商而兴"的特性，使得聚集到港口的人群，往往经营与港口的功能相适应的行业，如轮船航运业、进出口行业、金融汇兑业等。经营这些行业皆需要大量资本的流转作为支撑，因此开埠城市中与金融相关的大资本行业具有重要地位，其集聚之地往往成为城市的核心区。这些大资本行业在城市的聚集无疑推动了城市空间的发展。像上海这样拥有租界的开埠城市，大量资本由外国商人注入，其中尤为重要者即为外国商人创办的银行。与上海不同，外国商人在汕头的势力较为有限，汕头的经济命脉仍操纵在周边各县的本土商人手中，他们一早就通过商业组织的形式控制着汕头口岸的商业活动。

虽然各开埠城市在人群构成、行业结构、权力体系等方面不同，但对城市空间的发展和变化发挥重要作用的，无疑从事金融和房地产相关行业的人群。其中，金融及其相关行业把控着主导资本流动，而房地产开发及投资直接影响了城市的建设。值得指出的是，金融行业往往和房地产业存在休戚与共的关系，房地产作为不动产，往往可以被抵押以便获得金融业的贷款，由此获得的资金可再次推动房地产的开发。有趣的是，这两个行业在汕头的密切关系表现得更为彻底，比如在货币政策改革同时也是城市建设迅速发展的时期，银庄发行货币需以不动产作保证的保证纸币政策，乃至发展到后来以不动产抵押发行不兑现的商库证，都在一定程度上把不动产变成流动产，既促进了资本的流通，也推动城市空间的再生产。在近代城市的城市化进程中，各地人群和他们所经营的行业，往往通过投资和空间生产的方式进入城市空间内部的，直接影响了城市空间的发展和演变。

在这样一种城市化的模式下，一些开埠城市往往形成别具一格的特质。汕头除了是其腹地潮梅地区人群的集居地，同时也是他们出洋的必经之地。由腹地乡村移居开埠城市，从开埠城市迁往海外，呈现为两个既有所区别又密切联系的移民过程，这些移民群体的社会流动性以及他们之间的密切联系，乃至他们对于国内外形势变化所表现出来的适应性，既构建了汕头与海外的关系，也赋予了汕头"侨乡"的色彩。频繁的海内外交流为汕头带来大量的华侨华人资本，不只是这些资本的直接挹注影响了汕头的城市空间演变，其中还蕴含了思想、文化、审美等方面的要素。如此一来，汕头的城市空间形态和城市样貌，自然受到其外部贸易活动、金融网络、人群往来和商业发展的影响。汕头的行业结构、商业分布、地产特征，人群构成以及城市风貌等，都显示出特有的空间形式和历史脉络。

最后需郑重指出的是，汕头城市空间形态的演变经历了复杂的历史过程，形形色色的人在此登场，他们因应不同时期政治、经济和社会环境的变化，利用自己所能掌握的资源和可操作的机制，发展自己的事业以及争取自己的利益，他们所运用的制度话语体系以及由此表现出来的能动性，不仅形塑了城市的空间样貌，也使得城市的空间发展蕴含了他们对于城市化和现代化的思想表达。或许可以进一步说，近代以来，中国许多城市的发展和空间演变都不可避免地经历城市化和现代化。然而，活跃于城市中的不同人群，对于城市化和现代化有不同的理解和认识。基于这种理解和认识，他们因应复杂的制度环境和社会经济形势，利用相应话语维护自身的权利并参与到城市的日常政治中。他们林林总总的活动，构建了中国城市化和现代化的实际样貌，由此产生的城市空间演变，蕴含着人与空间以及人与城市的复杂关系。

城市的空间演变仍在持续，当我们面对高楼林立、车水马龙、霓虹灯影时，当我们埋首文献、穿街走巷、触摸历史时，又该有怎样的关怀和遐思？

参考文献

一 基本史料

(一) 档案

《辩论耶士摩遵章填地不得为占由》,"中研院"近代史研究所档案馆藏,档案号01-18-047-03-015。

《呈报汕头建筑码头此段海坪应否归招商局自管或分拨洋行升科请核示由》,"中研院"近代史研究所档案馆藏,档案号01-18-051-01-008。

《广东东区绥靖委员会署令发中山公园至护堤公路架设木桥及架设过程一切文件(卷二)》,汕头市档案馆藏,卷宗号:12-12-038。

《各商在汕头买官地筑码头有德鲁麟行出头拦阻抄录地图文件详察由》,"中研院"近代史研究所档案馆藏,档案号01-18-051-01-004。

《关于国平路建筑文件(一卷)》,汕头市档案馆藏,卷宗号:12-12-31。

《关于国平路建筑文件2》,汕头市档案馆藏,卷宗号:12-12-24。

《关于侨批公会的成立选举的批复及对该业调查、管理与伪省府社会处、建议厅、市邮政局的来往文书》,汕头市档案馆藏,卷宗号:12-9-626。

《美教士耶士摩汕头填地一案办结知照由》,"中研院"近代史研究所档案馆藏,档案号01-18-048-01-015。

《汕关对易马头已咨粤督自行建立由》,"中研院"近代史研究所档案馆藏,档案号 01-20-038-02-004。

《汕头穆副领事代鲁麟行强占地亩因何生此事端希详细照复由》,"中研院"近代史研究所档案馆藏,档案号 01-18-051-01-010。

《汕头拟开船港请咨粤督饬将借地丈量交管以便兴工由》,"中研院"近代史研究所档案馆藏,档案号 01-20-038-03-001。

《汕头市房地产卡片》,3089 份。

《汕头市已撤还侨房产权情况登记表(1984—2009 年度)》。

《汕头招商局增设马头拟与查货厂互换迅即转饬遵办由》,"中研院"近代史研究所档案馆藏,档案号 01-20-038-02-002。

《申述汕头商局欲占海关迤东地假于税关不便照商局之请办理或照税务司所拟办理请酌情核由》,"中研院"近代史研究所档案馆藏,档案号 01-20-038-02-003。

《一九三四年关于发行商库证的文书材料》,1934 年 2 月 11 日,汕头市档案馆藏,卷宗号:12-9-99。

《有关辟筑外马路割让福音医院等文件(甲卷)》,汕头市档案馆藏,卷宗号:12-12-69。

《有关辟筑外马路割让福音医院等文件(乙卷)》,汕头市档案馆藏,卷宗号:12-12-70。

《有关辟筑新兴新马路等文件》,汕头市档案馆藏,卷宗号:12-12-045。

《有关潮阳、澄海两县与汕头市划定市区界限等文件》,1931—1934 年,汕头档案馆藏,卷宗号:12-12-44。

《有关筹款改建小公园及设计图表材料》,汕头市档案馆藏,卷宗号:12-6-402。

《有关改订市区计划文件及图表等》,汕头市档案馆藏,卷宗号:12-12-41。

《有关开阔商平路割让外人产业及拆让福麟洋行案等文件》,汕头市档案馆藏,卷宗号:12-12-71。

《有关修筑新兴马路等文件》，汕头市档案馆藏，卷宗号：12-12-049。

《咨据商局委员禀称汕头开设船港已拨付官地交吴税务司收管由》，"中研院"近代史研究所档案馆藏，档案号01-18-090-03-001。

《咨送耶士摩填地全案由》，"中研院"近代史研究所档案馆藏，档案号01-18-047-03-020。

《总税务司署档案全宗》679（2）/1824 I. G. 来令5号，汕头海关所藏复印件。

《置买本关房契据抄录备案由》《置买本关房地基契抄录备案由》《置买本关扦子房地基契据抄录备查由》，汕头海关藏。

王炜中编：《潮汕侨批业档案选编（1942—1949）》，（香港）天马出版有限公司2010年版。

杨伟编：《潮海关档案选译》，中国海关出版社2013年版。

Chinese Enclosures（Swatow），FO 228/924，London：The National Archives.

Chinese Enclosures（Pakhoi，Shanghai and Swatow），FO 228/1005，London：The National Archives.

William，Sr.'s Land Deed，Ashmore Family Papers（1850—1937），Ax 564 - Series VIII-box 20 - folder 2，University of Oregon Libraries，Special Collections and University Archives.

William Ashmore，Sr.，*Ashmore's Land Case at Swatow*，Ashmore Family Papers（1850—1937），Ax 564 - Series IV-box 14 - folder 16，University of Oregon Libraries，Special Collections and University Archives.

（二）报刊、期刊

《潮梅商会联合会半月刊》，1929年。

《潮梅月刊》，1920年。

《东方杂志》，1922年、1929年。

《工程季刊》，1935年。

《广东建设公报》，1927—1928 年。

《建设》，1919 年。

《礼拜六》，1935 年。

《两广官报》，1911 年。

《岭东日报》，1902—1908 年。

《南侨月报》，1922 年。

《汕头市市政公报》，1921 年，1927—1934 年。

《申报》，1918 年、1921 年、1925 年。

《社会新闻》，1933 年。

《世界画报》，1922 年。

《市政评论》，1947 年。

《新生周刊》，1934 年。

《兴华报》，1922 年。

《银行周报》，1929 年。

The North-China Herald and Supreme Court & Consular Gazette，1909.

（三）方志、专志

广东省汕头市地方志编纂委员会编：《汕头市志》，新华出版社 1999 年版。

饶宗颐总纂：《潮州志》，潮州修志馆 1949 年版。

汕头海关编志办公室编：《汕头海关志》1988 年版。

汕头市地方志办公室编：《汕头市区房地产志》，1992 年（未刊稿）。

（四）其他史料

黄炎培编：《一岁之广州市》，商务印书馆 1922 年版。

马育航等编：《汕头近况之一斑》，1921 年。

潘醒农编著：《马来亚潮侨通鉴》，（新加坡）南岛出版社 1950 年版。

彭泽益主编：《中国工商行会史料集》，中华书局 1995 年版。

汕头市政厅秘书处编：《汕头市市政例规章程汇编》，汕头市政厅公报编辑处 1928 年版。

汕头市政厅编辑股编印：《新汕头》，1928 年。

汕头赈灾善后办事处调查编辑部：《汕头赈灾善后办事处报告书（第一期）》，1922 年。

汪毅、张承棨编：《咸丰条约》，（台北）文海出版社有限公司 1974 年版。

萧冠英编：《六十年来之岭东纪略》，中华工学会 1925 年版。

谢雪影编：《潮梅现象》，汕头时事通讯社 1935 年版。

谢雪影编：《汕头指南》，汕头时事通讯社 1933 年版。

谢雪影编：《汕头指南》，汕头时事通讯社 1947 年版。

杨建成主编：《侨汇流通之研究》，（台北）中华学术院南洋研究所 1983 年版。

杨建成主编：《三十年代南洋华侨侨汇投资调查报告书》，（台北）中华学术院南洋研究所 1983 年版。

杨群熙辑编：《潮汕地区侨批业资料》，潮汕历史文化研究中心、汕头市文化局、汕头市图书馆 2004 年版。

杨群熙辑编：《海外潮人对潮汕经济建设贡献资料》，潮汕历史文化研究中心 2004 年版。

曾国荃：《致总理各国事务衙门》，《曾忠襄公书札》卷十七，《续修四库全书》一五五五·集部·别集类（据上海辞书出版社图书馆藏清光绪二十九年曾忠襄公全集本影印），上海古籍出版社 2003 年版。

曾景辉编：《最新汕头一览》，1947 年。

郑可茵等编：《汕头开埠及开埠前后社情资料》，汕头：潮汕历史文化研究中心、汕头市文化局、汕头市图书馆（内部资料）2003 年版。

中国海关学会汕头海关小组、汕头市地方志编纂委员会办公室编：《潮海关史料汇编》（内部参考），1988 年。

日安重亀三郎『南支汕頭商埠』、南洋協会台湾支部、1923 年。

鉄道院編『朝鮮満洲支那案内』、1919 年。

外務省通商局編『清国広東省汕頭並潮州港情況』、外務省通商局、

1903年。

在汕頭日本領事館編『汕頭事情』、外務省通商局、1915年。

China Imperial Maritime Customs, *Decennial Reports*, 1882—1891, China Imperial Maritime Customs. I Statistical Series: No. 6, Shanghai: The Statistical Department of the Inspectorate General of Customs, 1893.

China Imperial Maritime Customs, *Decennial Reports*, 1892—1901, Vol. II, China Imperial Maritime Customs. I Statistical Series: No. 6, Shanghai: Statistical Department of the Inspectorate General, 1906.

China Imperial Maritime Customs, *Report on Trade at the Treaty Port, for the Year 1880*, China Imperial Maritime Customs. I Statistical Series: No. 4, Shanghai: Statistical Department of the Inspectorate General, 1881.

NB Dennys, William Frederick Mayers, Chailes King, *The Treaty Ports of China and Japan*, Trubner and Co., 1867.

Rev. J. Macgowan, *Pictures of Southern China*, London: The Religious Tract Society, 1897.

Richard J. Smith etc., eds., *Robert Hart and China's Early Modernization: His Journals, 1863—1866*, Cambridge (MA) and London: Harvard University Press, 1991.

Scarth, John, *Twelve Years in China: The People, the Rebels, and Them and Arins; with Illustrations*, Edinburgh, London: Constable and Co., Hamilton, Adams, and Co., 1860.

二 研究论文、著作

(一) 论文

蔡开松:《湖南保卫局论述》,《近代史研究》1990年第1期。

蔡文谟:《汕头通商纪要》,载侨港潮汕文教联谊会会刊第一期编撰委员会编印《侨港潮汕文教联谊会会刊》第1期,1964年6月。

陈春声:《海外移民与地方社会的转型——论清末潮州社会向"侨乡"的转变》,载徐杰舜、许宪隆主编《人类学与乡土中国:人类学高级论坛2005卷》,黑龙江人民出版社2006年版。

陈春声:《近代华侨汇款与侨批业的经营——以潮汕地区的研究为中心》,《中国社会经济史研究》2000年第4期。

陈春声:《近代汕头城市发展与韩江流域客家族群的关系》,《潮学研究》2011年新1卷第3期。

陈荆淮:《民国时期曾两任汕头市长的萧冠英》,《汕头史志》1992年第4期。

陈晶晶:《中国市政组织制度的近代化雏形》,《中山大学研究生学刊》(社会科学版)1999年第4期。

陈景熙:《清末民初地方虚位币制研究——以潮汕"七兑银·七兑票"为个案》,《汕头大学学报》(人文社会科学版)2003年增刊。

陈丽园:《跨国华人社会的脉动——近代潮州人的侨批局网络分析》,《历史人类学学刊》2004年第2期。

陈述经:《先师王雨若先生传》,载侨港潮汕文教联谊会第三期会刊编撰委员会编印《侨港潮汕文教联谊会会刊》第3期,1974年10月。

戴一峰:《区位、空间与城市发展:厦门个案》,《史林》2008年第2期。

戴一峰:《网络化企业与嵌入性:近代侨批局的制度建构(1850s—1940s)》,《中国社会经济史研究》2003年第1期。

丁芮:《警察对近代市政道路的维修——以北洋政府时期的北京为例》,载张利民主编《城市史研究(第30辑)》,社会科学文献2014年版。

房建昌:《潮汕地区中英交涉数事》,《汕头大学学报》(人文科学版)2000年第3期。

冯琼:《政商博弈视角下的汕头近代城市规划研究——从1921至1937》,《城市规划》2015年第11期。

古梦真:《大革命时期汕头商民协会对右派势力的斗争》,载广东省政协学习和文史资料委员会编《广东文史资料存稿选编》第 6 卷,广东人民出版社 2005 年版。

高幸:《新生与转型——中国近代早期城市规划知识的形成(1840—1911 年)》,《城市规划》2021 年第 1 期。

贺跃夫:《晚清县以下基层行政官署与乡村社会控制》,《中山大学学报》(社会科学版)1995 年第 4 期。

洪松森:《潮汕近代工商业述略》,《广东文史资料》(第 70 辑),广东人民出版社 1993 年版。

胡乐伟:《近代汕头的侨资房地产业及其对城市发展的影响》,《汕头大学学报》(人文科学版)2014 年第 1 期。

胡少东等:《近代潮汕侨批网络构建与特征的量化分析》,《中国经济史研究》2017 年第 5 期。

黄光武:《从新发现的勘界碑再见证乾隆中期樟林港的蓬勃发展》,《潮学集刊》(第三辑),社会科学文献出版社 2014 年版。

黄浩瀚:《民国时期汕头埠的"四大百货公司"》,《广东档案》2016 年第 3 期。

黄素娟:《民国时期广州骑楼的规章与实践》,《学术研究》2013 年第 3 期。

黄挺:《商人团体、地方政府与民初政局下之社会权力——以 1921—1929 年的韩江治河处为例》,《潮学研究》(第九辑),花城出版社 2001 年版。

焦建华:《太平洋战争前潮汕沦陷区侨汇业研究(1939.7—1941.12)》,《南洋问题研究》2014 年第 1 期。

李百浩:《中西近代城市规划比较综述》,《城市规划汇刊》2000 年第 1 期。

李百浩等:《上海近代城市规划历史及其范型研究(1843~1949)》,《城市规划学刊》2006 年第 6 期。

李期耀:《美北浸礼会传教士耶士摩汕头地产研究》,《潮青学刊》

（第二辑），社会科学文献出版社2013年版。

李蔚文：《30年代汕头市"四大公司"》，载汕头市政协文史资料委员会编《汕头文史》（第十辑），1991年。

林金枝：《近代华侨在汕头地区的投资》，《汕头大学学报》（人文科学版）1986年第4期。

刘石吉：《传统城市与通商口岸：特征、转型及比较》，载张瑾主编《城市史研究的新疆域：内陆与沿海城市的比较研究》，重庆大学出版社2016年版。

罗婧：《上海开埠初期英租界洋行分布及景观复原初探》，《历史地理》（第二十七辑），上海人民出版社2013年版。

马秀芝：《汕头近代城市的发展与形成》，载汪坦主编《第三次中国近代建筑史研究讨论会论文集》，中国建筑工业出版社1991年版。

马学强：《权力、空间与近代街区内部构造——上海马斯南路街区研究》，《史林》2012年第5期。

牟振宇：《洋商、地产与城市空间变迁——以上海法租界为中心（1845—1865）》，《中国经济史研究》2015年第4期。

牟振宇：《民国时期上海法租界地价时空演变规律研究（1924—1934）》，《中国经济史研究》2021年第5期。

彭长歆：《"铺廊"与骑楼：从张之洞广州长堤计划看岭南骑楼的官方原型》，《华南理工大学学报》（社会科学版）2006年第6期。

皮明勇：《晚清"练军"研究》，《近代史研究》1988年第1期。

屈文生：《早期中英条约的翻译问题》，《历史研究》2013年第6期。

沈陆澄：《城市规划指导下近代汕头城市格局的形成》，《现代城市研究》2010年第6期。

孙倩：《上海近代城市规划及其制度背景与城市空间形态特征》，《城市规划学刊》2006年第6期。

汤黎：《人口、空间与汉口的城市发展》，中国社会科学出版社2010年版。

王炎荣：《汕头市区全面落实市区城镇侨房政策纪实》，载汕头市政协文史资料委员会编《汕头文史》（第十六辑），1999年。

吴桂龙：《清末上海地方自治运动述论》，《近代史研究》1982年第3期。

吴宏岐、胡乐伟：《近代广州侨资房地产业与城市空间结构的变迁》，《华南师范大学学报》（社会科学版）2013年第1期。

吴乾兑：《鸦片战争与1845年〈上海租地章程〉》，《史林》1990年第4期。

吴松弟、杨敬敏：《近代中国开埠通商的时空考察》，《史林》2013年第3期。

吴滔：《〈英国公共档案馆档案〉所见清末两次争地始末》，《清华大学学报》（哲学社会科学版）2009年第4期。

熊月之：《从城乡联系史看城镇化愿景》，载牟振宇主编《城市史研究论丛》（第一辑），上海社会科学院出版社2018年版。

许瑞生：《广州近代市政制度与城市空间》，广东人民出版社2010年版。

许瑞生：《清末民初广州市市政制度的实践与启示》，《规划研究》2009年第5期。

薛德升等：《历史时期全球化作用下的城市空间转变——以1890s～1930s广州东山地区为例》，《地理科学》2014年第6期。

杨颖宇：《近代广州长堤的兴筑与广州城市发展的关系》，《广东史志》2002年第4期。

游子安：《博济仙方——清末以来岭南地区仙方、善书与吕祖信仰》，《中国科技史杂志》2011年第32卷增刊。

袁奇峰、蔡天抒：《基于空间生产视角的历史街区改造困境——以汕头小公园历史街区为例》，《现代城市研究》2016年第7期。

张晓虹、牟振宇：《城市化与乡村聚落的空间过程——开商埠后上海东北部地区聚落变迁》，《复旦学报》（哲学社会科学版）2008年第6期。

张秀芹、洪再生：《近代天津城市空间形态的演变》，《城市规划学刊》

2009 年第 6 期。

张秀蓉：《贸易先导，以港兴市——试论汕头港市的兴起》，载吴松弟、连晓鸣、洪振宁主编《走入历史的深处——中国东南地域文化国际学术研讨会论文集》，上海人民出版社 2011 年版。

章文钦：《从封建官商到买办官僚——吴健彰析论》，《近代史研究》1989 年第 5 期。

赵可：《孙科与 20 年代初的广州市政改革》，《史学月刊》1998 年第 4 期。

赵可：《体制创新与 20 世纪 20 年代广州市政的崛起》，《广西社会科学》2006 年第 3 期。

郑莉：《民国市政厅时期汕头的两次都市计划》，《城市规划学刊》2014 年第 4 期。

郑莘、林琳：《1990 年以来国内城市形态研究述评》，《城市规划》2002 年第 7 期。

郑振满：《国际化与地方化：近代闽南侨乡的社会文化变迁》，《近代史研究》2010 年第 2 期。

钟佳华：《清末潮嘉地区警察的建置与团练的复兴（上）》，《潮学研究》（第八辑），花城出版社 2000 年版。

钟佳华：《清末潮嘉地区警察的建置与团练的复兴（下）》，《潮学研究》（第九辑），花城出版社 2001 年版。

钟佳华：《清末潮汕地区商业组织初探》，《汕头大学学报》（人文科学版）1998 年第 3 期。

周武：《论晚清上海的洋商与传教士》，《史林》1999 年第 2 期。

周锡瑞：《导言：重塑中国城市——城市空间和大众文化》，载姜进、李德英主编《近代中国城市与大众文化》，新星出版社 2008 年版。

周修东：《红船湾、常关与"海关地"：潮海常关验货厂沿革略考》，《潮学集刊》（第三辑），社会科学文献出版社 2014 年版。

周修东：《妈屿新关银行被劫与岛上机构迁入市区》，《潮青学刊》（第二辑），社会科学文献出版社 2013 年版。

朱明:《奥斯曼时期的巴黎城市改造和城市化》,《世界历史》2011年第3期。

朱英:《清政府推行新经济政策的缺陷及其产生的原因》,《中国经济史研究》1999年第1期。

David Faure, "The Verandah: Hong Kong's Contribution to a Southeast Asian and China-coast Urban Design", *Journal of East-Asian Urban History*, Vol. 3, No. 1, June 2021, pp. 139 – 160.

Ian N. Gregory and Richard G. Healey, "Historical GIS: Structuring, Mapping and Analysing Geographies of the Past", *Progress in Human Geography*, 2007, 31 (5), pp. 638 – 653.

Loren Siebert, "Using GIS to Document, Visualize and Interpret Tokyo's Spatial History", *Social Science History*, Vol. 24, No. 3, Fall 2000, pp. 537 – 574.

Peter Bol and Ge Jianxiong, "China Historical GIS", *Historical Geography*, 2005 (33), pp. 150 – 152.

Rhoads Murphey, "The Traety Ports and China's Modernization", Mark Elvin and G. William Skinner, eds. *The Chinese City Between Two World*, California: Stanford University Press, 1974.

(二) 学位论文

陈海忠:《游乐与党化:1921—1936年的汕头市中山公园》,硕士学位论文,汕头大学,2004年。

陈景熙:《官方、商会、金融行会与地方货币控制权——以1925年"废两改元"前后的汕头为例》,硕士学位论文,汕头大学,2002年。

陈琍:《近代上海城乡景观变迁(1843—1863年)》,博士学位论文,复旦大学,2010年。

范毅军:《对外贸易与韩江流域的经济变迁(1867—1931)》,硕士学位论文,台湾师范大学,1981年。

李寒清:《近代在华传教士的土地活动》,硕士学位论文,南京师范大学,2013年。

李期耀:《差传教会与中西互动——美北浸礼会华南差传教会研究（1858—1903）》，博士学位论文，山东大学，2014年。

林冲:《骑楼型街屋的发展与形态的研究》，博士学位论文，华南理工大学，2000年。

吴俊范:《从水乡到都市：近代上海城市道路系统演变与环境（1843—1949）》，博士学位论文，复旦大学，2008年。

郑莉:《近代汕头城市建设发展史研究》，博士学位论文，华南理工大学，2018年。

Fusheng Luo, *Merchant Guilds, Local Autonomy, and Municipal Governance in A South China Treaty Port: Shantou 1858—1939*, MA thesis, Illinois State University, 2015.

（三）著作

陈春声:《地方故事与国家历史：韩江中下游地域的社会变迁》，生活·读书·新知三联书店2021年版。

陈达:《南洋华侨与闽粤社会》，商务印书馆1939年版。

陈海忠、黄挺:《地方商绅、国家政权与近代潮汕社会》，暨南大学出版社2013年版。

陈海忠:《近代商会与地方金融——以汕头为中心的研究》，广东人民出版社2011年版。

陈汉初、陈杨平:《汕头埠图说》，中国文史出版社2009年版。

陈泳:《城市空间：形态、类型与意义——苏州古城结构形态演化研究》，东南大学出版社2006年版。

董佳:《民国首都南京的营造政治与现代想象（1927—1931）》，江苏人民出版社2014年版。

方秋梅:《近代中国城市社会发展进程中的民间市政参与研究》，中国社会科学出版社2018年版。

费成康:《中国租界史》，上海社会科学院出版社1991年版。

高路:《"城市中国"的探讨：民国前期（1912—1937年）社会精英对城市现代化道路的求索》，中国社会科学出版社2016年版。

韩廷龙、苏亦工等:《中国近代警察史》,社会科学文献出版社 1998年版。
胡华颖:《城市·空间·发展——广州城市内部空间分析》,中山大学出版社 1993 年版。
华纳:《近代青岛的城市规划与建设》,东南大学出版社 2011 年版。
黄素娟:《从省城到城市:近代广州土地产权与城市空间变迁》,社会科学出版社 2018 年版。
黄绍生等编著:《汕头——黄金海岸的明珠》,海洋出版社 1985 年版。
江伟涛:《近代江南城镇化水平新探——史料、方法与视角》,社会科学文献出版社 2017 年版。
孔飞力:《他者中的华人:中国近现代移民史》,李明欢译,江苏人民出版社 2018 年版。
李欧梵:《上海摩登》,浙江大学出版社 2017 年版。
李长傅:《南洋史地与华侨华人研究》,暨南大学出版社 2001 年版。
连玲玲:《打造消费天堂——百货公司与近代上海城市文化》,社会科学文献出版社 2018 年版。
林家劲等:《近代广东侨汇研究》,中山大学出版社 1999 年版。
林琳:《港澳与珠江三角洲地域建筑——广东骑楼》,科学出版社 2006 年版。
刘剀:《晚清汉口城市发展与空间形态研究》,中国建筑工业出版社 2010 年版。
鲁西奇:《中国历史的空间结构》,广西师范大学出版社 2014 年版。
罗澍伟主编:《近代天津城市史》,中国社会科学出版社 1993 年版。
牟振宇:《从苇荻渔歌到东方巴黎——近代上海法租界城市化空间过程研究》,上海书店出版社 2012 年版。
彭长歆:《现代性·地方性——岭南城市与建筑的近代转型》,同济大学出版社 2012 年版。
皮明庥:《近代武汉城市史》,中国社会科学出版社 1993 年版。
瞿同祖:《清代地方政府》,法律出版社 2003 年版。

史明正：《走向近代化的北京城——城市建设与社会变革》，王亚龙、周卫红译，北京大学出版社1995年版。

苏基朗、[美]马若孟编：《近代中国的条约港经济：制度变迁与经济表现的实证研究》，成一农、田欢译，浙江大学出版社2013年版。

涂文学：《城市早期现代化的黄金时代》，中国社会科学出版社2009年版。

万勇：《近代上海都市之心——近代上海公共租界中区的功能与形态演进》，上海人民出版社2014年版。

王笛：《走进中国城市内部——从社会的最底层看历史》，清华大学出版社2013年版。

王尔敏：《五口通商变局》，广西师范大学出版社2006年版。

隗瀛涛主编：《中国近代不同类型城市综合研究》，四川大学出版社1998年版。

隗瀛涛主编：《近代重庆城市史》，四川大学出版社1991年版。

隗瀛涛主编：《中国近代不同类型城市综合研究》，四川大学出版社1998年版。

吴沙：《近代广州警察》，社会科学文献出版社2014年版。

夏诚华：《近代广东省侨汇研究（1862—1949）——以广、潮、梅、琼地区为例》，（新加坡）新加坡南洋学会1992年版。

熊月之：《上海租界与近代中国》，上海交通大学出版社2019年版。

徐公肃、丘瑾璋：《上海公共租界制度》，《上海公共租界史稿》，上海人民出版社1980年版。

徐智：《改造与拓展：南京城市空间形成过程研究（1927—1937）》，齐鲁书社2020年版。

姚曾荫：《广东省的华侨汇款》，商务印书馆1943年版。

叶文心：《上海繁华》，（台北）时报出版社2010年版。

张伟然等：《历史与现代的对接：中国历史地理学最新研究进展》，商务印书馆2016年版。

张仲礼主编：《东南沿海城市与中国近代化》，上海人民出版社1996年版。

张仲礼主编：《近代上海城市研究》，上海文艺出版社2008年版。

周修东：《潮海关史事丛考》，中国海关出版社2013年版。

朱绍侯主编：《中国古代治安制度史》，河南大学出版社1994年版。

庄林德、张京祥编著：《中国城市发展与建设史》，东南大学出版社2002年版。

邹金盛：《潮帮批信局》，（香港）艺苑出版社2001年版。

曾旭波：《汕头埠史话》，暨南大学出版社2018年版。

［澳］巴里·谢尔顿等：《香港造城记：从垂直之城到立体之城》，胡大平、吴静译，电子工业出版社2015年版。

［法］白吉尔：《上海史：走向现代之路》，王菊、赵念国译，上海社会科学院出版社2014年版。

［美］大卫·哈维：《巴黎城记：现代性之都的诞生》，黄煜文译，广西师范大学出版社2010年版。

［美］丹尼尔·约瑟夫·蒙蒂等：《城市的人和地方：城市、市郊和城镇的社会学》，杨春丽译，江苏凤凰教育出版社2017年版。

［美］何伟亚：《英国的课业：19世纪中国的帝国主义教程》，刘天路、邓红风译，社会科学文献出版社2007年版。

［美］凯文·林奇：《此地何时：城市与变化的时代》，赵祖华译，时代文化书局2016年版。

［美］刘易斯·芒福德：《城市发展史——起源、演变和前景》，宋俊岭、倪文彦译，中国建筑工业出版社2011年版。

［美］罗威廉：《汉口：一个中国城市的商业和社会（1796—1889）》，江溶、鲁西奇译，中国人民大学出版社2016年版。

［美］墨菲：《上海——现代中国的钥匙》，章克生等译，上海人民出版社1986年版。

［美］施坚雅主编：《中华帝国晚期的城市》，叶光庭等译，中华书局2001年版。

［美］斯皮罗·科斯托夫：《城市的形成——历史进程中的城市模式和城市意义》，单皓译，中国建筑工业出版社 2005 年版。

［美］魏斐德：《大门口的陌生人：1839—1861 年间华南的社会动乱》，王小荷译，新星出版社 2014 年版。

［日］滨下武志：《中国近代经济史研究：清末海关财政与通商口岸市场圈》，高淑娟、孙彬译，江苏人民出版社 2008 年版。

［日］村上卫：《海洋史上的近代中国：福建人的活动与英国、清朝的因应》，社会科学文献出版社 2016 年版。

［日］青井哲人：《彰化一九○六：一座城市被烙伤，而后自体再生的故事》，张亭菲译，（新北）大家出版 2016 年版。

［日］斯波信义：《中国都市史》，布和译，北京大学出版社 2013 年版。

［英］A. E. J. 莫里斯：《城市形态史——工业革命以前》，成一农等译，商务印书馆 2011 年版。

［英］彼得·霍尔：《明日之城：一部关于 20 世纪城市规划与设计的思想史》，童明译，统计大学出版社 2009 年版。

［英］方德万：《潮来潮去：海关与中国现代性的全球起源》，姚永超、蔡维屏译，山西人民出版社 2017 年版。

［英］康泽恩：《城镇平面格局分析：诺森伯兰郡安尼克案例研究》，宋峰等译，中国建筑工业出版社 2011 年版。

濱下武志『華僑·華人と中華網：移民·交易·送金ネットワークの構造と展開』、（東京）岩波書店 2013 年版。

Joseph W. Esherick, ed., *Remaking the Chinese City: Modernity and National Identity, 1900—1950*, Honolulu: University of Hawaii Press, 1999.

Mark Elvin and G. William Skinner, ed., *The Chinese City Between Two World*, California: Stanford University Press, 1974.

Ong Soon Keong, *Coming Home to A Foreign Country: Xiamen and Returned Overseas Chinese, 1843—1938*, Ithaca and London: Cornell University Press, 2021.

Paolo Boccagni, *Migration and the Search for Home: Mapping Domestic Space in Migrants' Everyday Lives*, New York: Palgrave Macmillan, 2017.

索　引

B

八二风灾　116，121，147，149－151，155，160，161，225，242－303，305－307，309－327，329，335

保证纸币　301－304，306，322－324，335

C

拆让　108，125，131－135，139－141，172，174，176－178，193，194，198－200，202，207，214－216，225，226，243，302

潮海关　5，6，21，25－27，33，40－51，53，55，58－62，75，77，79，85，88－90，104，113，126，147，148，150－152，154，236，247，279，281－283，296，306

潮汕　10，11，28，41，77，79，94，97，98，100，103，111，112，116，127，129，147－150，159，163，164，167－169，171，229，243，245，247，249，253，254，257－261，263，267－269，271，272，274，278－280，282，283，285，288，289，296，309，311，313，320－322

D

东南亚　8，11，20，209，212，214，234，247，253，258－261，264，278，281，312，315，316，322，326

F

范其务　2，128，129，164，167－174，176，182，192－195，206，215，243，282

房地产　4，12，14，17，19，24，64，66，80－82，111，160，161，192，218，221，222，224－226，248，264，272，279，289，293

福音医院 151，192-206

G

改造计划 2，23，66，79，117，128，142-145，148，163，164，167-171，173-178，180-183，186，192，193，201，206-209，215，217，223，227，230，237，243，244

工务计划 128，141，159，161，164，165，167-169，173，174，176，183，215，243

工务局 112，114，116，123-125，127，128，135，136，141，145，147，172，190，213，219

工务科 129，160，161，163，168，169，174，176，178，179，186，188，195，196，243

规划 1-5，9，10，17，21，23，24，27，31，58，62，76，89，100，101，107，115，123-125，129-131，136，137，139，141-148，151，160，161，164-167，170，171，173-178，182-189，192，197，198，201，206-208，215，217，219，221，237，243-245，263，300，302，324，325，329，331-334

H

华侨 97，100，129，184，214，240，257-262，273，274，289，293，302，307-324，336

汇兑庄 249，250，253-255，257，262-266，274，278，285，288，299，320，322，323

惠潮嘉道 5，21，32，34，36-39，54，62，71，74，79，97，103，105

J

警察 5，8，10，11，22，93，101-113，118，123-125，127，130，131，142，143，151，190，213，214，219，234，330

旧商埠 6，162，163，166，169，175，186，207，208，215，217-219，221，222，224-226，236，243-247，264，272，291，294，295，298，316-319，321

K

开辟 29，89，131-133，135，137-141，160，165，169，176，177，179-186，188-191，193，195，197，199，202，203，206-208，214-217，221，225，243，302，331

客家 10，100，246，281，282，299

空间形态 1-7，9-11，13，16，

索　引　357

17，19－21，24，25，27，41，61－63，65，67，76，77，88－92，111－113，123－125，128，130，141－145，147，167，174，175，186，210，214，225，242，245，247，263，296－298，300，323－328，333，336

M

码头　7，8，34，41，44－46，49－51，53，55，58－63，69，71，76－79，82－85，87－90，151，152，178，184，192，234，236，327，332

N

南生公司　225，237－242，313

南洋　118，237，257，259－262，269，273，281，302，306，309，310，315，320，322

Q

骑楼　1，124，125，139，140，188，189，191，205，206，209－219，221，225，238，244，245，313，325

侨批　10，250，253，258－275，278，285，299，315，320－324

S

商会　5，12，71，94，95，97，98，100，101，103，111，150，158，159，179，185，206，236，248，257，280，282－286，288，289，301－305，323

商库证　257，304－306，313，324，335

商人　6－8，10－12，21－23，25，26，28，30，32－34，42，43，45，89，93－97，100，101，104，105，110，111，133，148，166，167，206，211，214，228，240，241，245－247，250，254，262，263，277，279，281－283，285，289，293，295－297，299－301，304，307，323，328，329，335

商业　4，6－12，19，22，24，25，65，76，77，86，88，92－98，101，108，111，117，140－142，145，148，150，152，156，160－163，165，167，171－173，175，187，201，208，209，211，212，215，221，226－231，234，236－242，244－250，253－265，272，274－283，285－287，289，291，293－296，299，300，303，306，308，309，313－315，318，320，323－326，328，330，333－336

市长　114－116，119，121，123－130，132，135，137，138，143，

147, 158, 159, 163, 164, 167 –
169, 174, 178 – 181, 187, 188,
193, 195, 198 – 200, 202, 203,
205 – 208, 216, 217, 242, 243,
282

市政　5, 6, 8, 9, 11, 12, 14,
16, 17, 21 – 24, 26, 30, 31,
76, 80, 86, 89 – 93, 95, 100,
101, 105 – 109, 111 – 121, 123 –
148, 150, 151, 157, 158, 160,
161, 163 – 166, 168, 169, 171 –
174, 176 – 183, 186 – 203, 206 –
208, 213 – 221, 223, 225, 234 –
237, 240 – 243, 245 – 247, 268,
269, 282, 285, 289, 291 – 293,
300, 302, 307, 309, 311, 313,
314, 319, 320, 323 – 326, 328 –
334

四安一镇邦　160, 209, 227, 228,
230, 233, 234, 242, 244, 300,
317

四永一升平　79, 160, 209, 227,
228, 230, 233, 234, 236, 242,
244, 265 – 268, 271, 273 – 276,
278, 291, 295, 296, 299, 300,
317, 318, 320

T

条约　6, 7, 14, 19 – 21, 26 –
29, 31, 38 – 40, 43, 62 – 64,

77, 88, 89, 163, 166, 171,
192, 194, 203, 206, 211, 245,
308, 326 – 329, 334, 335

W

万年丰会馆　35, 37, 42, 65, 71,
79, 82, 94 – 98, 104, 142, 279,
281 – 283, 285, 296

网络　8, 20, 101, 167, 175, 185,
209, 211, 258, 259, 261, 263,
264, 268, 278, 309, 320, 323,
324, 336

X

现代化　3, 6, 9, 13 – 15, 22,
23, 91, 92, 113, 114, 118, 127,
130, 132, 137, 141, 144, 146,
246, 279, 289, 296, 307, 312,
325 – 327, 329, 330, 334, 336

萧冠英　2, 117, 128, 129, 132,
141, 147, 159 – 169, 173, 174,
183, 208, 215, 242, 243, 255,
282, 284, 300

小公园　1, 162, 165, 167, 178,
184, 185, 208, 227, 236, 237,
240 – 242, 244, 264, 319, 325

Y

耶士摩　6, 31, 35 – 37, 39, 46,
47, 49, 50, 63 – 76, 79, 82, 85,

89，96，296

移民　8，20，258，280－282，297，306－309，312，315－317，323，334，335

Z

张斐然　136，178，179，183，186，188

章程　21，29－33，38，39，49－51，70－72，74，92，97－99，104，109，123，129－143，168，172，176，177，182，188，194，206，213，214，216，219－221，255，269，282，285，304，331

招商局　55，58－60，62，63，82，83，87，88，90，229

后 记

  每次看到身边师友出书，总是好生羡慕。如今轮到自己的书行将付梓，心中自是欢喜，但也有几分不安。这本书是在博士论文的基础上修改而成的，虽做了些努力，但还是难除稚嫩之气，一些观点也不大成熟，很多老师提的意见也未能落实，纰漏更是在所难免。就这样担心了很久，后来转念一想，出版后能得到更多人的批评指正，这不正是学术分享的意义吗？在此要感谢几位匿名评审专家的支持和国家社科基金项目的资助，让我的博士论文有了修改成书并刊行于世的机会。

  书稿的修改和审校迁延了不少时日。毕竟出书是正经大事，虽时间有限，也应尽可能地交出自己满意之作。当然，也由于我生性疏懒，且时常有其他事情耽搁，不得不时作时辍。改完书稿那天，我终于鼓起勇气，把打印稿交给业师谢湜老师，请他批评和赐序。谢老师一诺无辞。后来在一次闲谈中，谢老师说他说看出了我修改的用意，我因此高兴了许久！

  谢老师是最熟悉我博士论文的人了。那些年，谢老师常利用中午的时间，在办公室跟我吃饭，其间我报告读书读史料的心得，他从中点拨。我在学业上也由此略有寸进。在我的论文开始动笔之后，谢老师要求我每写完一部分，便找他讨论，然后修改完善。如此多次讨论，多次修改，博士论文渐渐成型。

  谢老师是最关心我这本书的人了。毕业后，他鼓励我自由探索，也鼓励我将论文修改成书，好几次说要找机会帮我出书。后来他得知我获得出版资助，甚是欢喜，连忙相告身边师友。随后谢老师便催促我赶紧将论文的部分章节修改投稿。不过，由于论文中很多章节不好拆分，我思考再三，决定将其中有关骑楼和华侨房地产的内容作进一步探讨。我和谢老师经过多次讨论，确定新的切入视角，并增补大量材料，重新写成两篇专题论文。后来，我再把相关的推进改到书稿中。

这本书或许没能达到谢老师的期望，但却凝聚了他对我悉心栽培的心血。更重要的是，在多年来的请益闲谈中，谢老师治学的方法和精神、学术的视野和胸襟，以及谦逊坚毅的品格，一直深刻地影响着我。从师问学，实我之幸。学未有成，我甚愧之。

我很幸运能在读书期间亲聆吴滔老师和于薇老师的教诲，得窥治史门径。他们对我论文的指导，既循循善诱，亦常一针见血。作为博士学位论文的答辩委员，吴滔老师和张侃老师、张晓虹老师、林耿老师、李郇老师都提出了切中肯綮的批评和建议，使我受益匪浅。博士后在站期间，林耿老师的悉心教导和刘志伟老师的呵护关切，我铭记在心，不胜感荷！在中大的日子里，我还从黄国信老师、刘勇老师、杨培娜老师、薛德升老师、梁育填老师、杨忍老师、杨帆老师那里获得无数宝贵的教益。

因为研究汕头的关系，我好几次有机会，跟随陈春声老师，跟随滨下武志老师到潮汕地区考察，在他们的带领下走向历史现场，在历史现场中向他们求教。陈老师和滨下老师谆谆开导，让我获益无数。数次在汕头开会和调研，我有机缘得到黄挺老师和周修东老师的指点，更承他们惠赠珍贵的文献资料，感激之心，岂胜言表！

本书的研究工作，曾在不同的学术场合报告，幸蒙李庆新老师、董少新老师、范毅军老师、水岛司老师、周鑫老师、程昌秀老师、王潞老师、江伟涛老师、李大海老师、钟翀老师、李榭熙老师、孟刚老师、孙涛老师、陈刚老师、陈景熙老师、陈海忠老师、吴榕青老师、廖泫明老师、黄素娟老师、黄汉伟老师等多位学者指教。作为本书基础的博士论文，在送审后得到三位匿名专家的肯定和批评指正。与本书相关内容的论文发表过程中,《近代史研究》《中国历史地理论丛》《广东社会科学》等刊物的匿名评审专家和编辑部各位专家提出的许多宝贵建议,让我深受教益。凡此种种,在此一并敬致谢忱。

读书虽是乐事,写作却是苦差。收集资料、埋首纸堆、整理史料、构思论文、撰写成稿,这个过程旷日经久,劳神费心。好在一路走来,有很多志同道合的师友相伴相助。

我时常感念林立兄对我的大力帮助。在他的多方努力下,我得以接触并收集到许多重要的资料。虽然个中艰辛难以言表,但好在功夫不负有心人。不过由于资料数量太多,且大部分只能手抄,仅凭二人之力难以胜任。好在张子健多次出手相助,并一同学习交流。后来李进辉、纪展鸿、蔡美玲等师弟师妹亦帮我一起抄录、复印和整理录入。对于他们无私的帮助,我非常感动也非常感谢!我犹记得,十年前第一次到汕头档案馆时吕珏生师兄对我的帮助,我也记得九年前结识同样在汕头查档的钟逸明博士。这么多年来我还时不时麻烦他们,向他们请教。谨此深致感谢!

我永远无法忘记康乐园诸多好友的关怀。多年来,何韵始终给予我各方面的帮助。陈嘉顺多次赐教并惠赠资料。韦春竹、符天蓝、刘晨、何薇、侯彦伯、林锋、黄友灏、李贤强在论文写作上惠我良多。牛楷、李斌、金子灵、易嘉碧、张程娟、武堂伦、洪维晟、蔡芹、郭润绿、林展、阮宝玉、张坚、陈妙丹等诸位好友,常年相与谈笑,切磋琢磨。王波、黄耿志、刘立欣、郎嵬、吕洋、蓝图、孙昌麒麟等好友时常过从,相互砥砺。我还要感谢叶磊、许美祺帮助我处理日文文献。感谢张叶、谢林辉、蔡群、张爱萍、卢卓瑜、童境如、蔡群、郑心羽、胡晶晶、郑大超、聂阜江在本书写作过程中对我的帮助。感谢姜超、陈树霞、马腾州、庄婧等人在地图绘制上的大力支持。

读博期间,我多次外出收集材料,得到汕头市档案馆、汕头市房地产档案馆、广东省立中山图书馆、广东省档案馆、中山大学图书馆、香港中央图书馆、香港科技大学图书馆、香港中文大学图书馆、"中研院"近代史研究所档案馆和图书馆等机构的支持和帮助。博士论文开题后，我申请中山大学饶宗颐研究院的研究生论文资助计划，仰蒙各位专家的肯定，侥幸入选。在此表示衷心的感谢！

  本书的出版，责任编辑吴丽平老师花费不少时间和精力。每一次核对引文和参考文献，每一次看到校样上不同的笔迹，无不深感编校工作之难。古人云，校书如扫尘，一面扫，一面生，诚不我欺。在此对编辑和校对本书的各位老师致以诚挚的谢意。

  我想，我这支拙笔难以写出对父母的感恩之情。在那个特殊的年代没能好好读书，是他们一直以来的遗憾。从小到大，他们总告诉我要好好读书，要与人为善，要虚心礼让。多年来，父母默默为我操劳，让我可以毫无顾虑地追逐自己喜欢的事业，我却常常因为忙于工作而无法多陪伴他们。每当他们在电话那头叮咛我多喝热水、多下楼散步的时候，我总是感到深深的愧歉。我想，对戴童茵说过多感谢的话会显得俗气。这些年，柴米油盐，酸甜苦辣，我们始终相携相行，生活亦能如歌如诗。